普通高等教育“十二五”应用型本科规划教材

经济法原理与实务

主　编　李运华　许　英
副主编　佘发勤
参　编　封　筠　刘胜红

中国人民大学出版社
·北京·

图书在版编目（CIP）数据

经济法原理与实务/李运华，许英主编. —北京：中国人民大学出版社，2015.5
普通高等教育“十二五”应用型本科规划教材
ISBN 978-7-300-21148-0

Ⅰ.①经… Ⅱ.①李… ②许 Ⅲ.①经济法-中国-高等学校-教材 Ⅳ.①D922.29

中国版本图书馆 CIP 数据核字（2015）第 078435 号

普通高等教育“十二五”应用型本科规划教材
经济法原理与实务
主　编　李运华　许　英
副主编　佘发勤
参　编　封　筠　刘胜红
Jingjifa Yuanli yu Shiwu

出版发行　中国人民大学出版社
社　　址　北京中关村大街 31 号　　　邮政编码　100080
电　　话　010－62511242（总编室）　　010－62511770（质管部）
　　　　　010－82501766（邮购部）　　010－62514148（门市部）
　　　　　010－62515195（发行公司）　010－62515275（盗版举报）
网　　址　http://www.crup.com.cn
　　　　　http://www.ttrnet.com（人大教研网）
经　　销　新华书店
印　　刷　北京昌联印刷有限公司
规　　格　185mm×260mm　16 开本　　版　次　2015 年 6 月第 1 版
印　　张　18.25　　　　　　　　　　印　次　2018 年 6 月第 4 次印刷
字　　数　425 000　　　　　　　　　定　价　39.00 元

前言

“市场经济就是法治经济”，这是一个历久弥新的命题。法治经济的理念要求立法者、执法者、市场的参与者更加自觉地运用法治思维和法律手段解决市场经济发展过程中的问题。经济管理类专业人才作为市场经济建设的重要力量，更需要培养法治思维和提高法律素质。我国各地方本科院校为了满足本地经济发展对人才的需求，普遍开设了经济管理类专业，并且立足于21世纪发展的战略高度，将人才培养目标定位于“既懂经济又懂法律的复合型人才”。因此，实践性和应用性很强的经济法便成为经管类专业一门重要的必修课和专业基础课。以应用型本科院校人才培养目标为指挥棒，本教材的编写具有以下特色：

在适用范围和对象上，本教材主要适用于应用型本科院校经济与工商管理类专业的本科经济法课程教学，同时也可作为法学等其他相关专业经济法课程教学的参考教材。

在体例上，本教材主要突出其实用性和引导性，并注重知识的延展性。在每章前指明学习目标，选取典型案例作为章节内容导读，在每章节相关知识点处援引法条规定，或添加“法律链接”、“思考与练习”、“概念解析”、“知识拓展”、“动态实训”等，强化对知识的理解与运用。每章节末尾有“案件聚焦”、“本章小结”和“参考文献”，突出对知识的概括总结和提升。

在内容上，本教材以教学大纲为基础，并充分考虑学生的知识结构、认知能力进行内容的优化整合。遵循实用原则，围绕“市场交易”这条主线，将与市场交易密切相关的法律制度按其内在逻辑关系进行编排。即以第一章“经济法律的一般理论”及第二章“基本民事法律制度”为基础，依次展开：市场主体——公司法、企业法；市场竞争淘汰机制——企业破产法；交易的对象——物权、债权、知识产权；交易的法律形式——合同法；金融交易及其监管——证券法、保险法、票据法、信托法；交易、竞争监管机制——反不正当竞争法、反垄断法、对外贸易法；交易弱势方保护——产品质量与消费者权益保护法；交易纠纷的解决机制——经济仲裁与经济诉讼。上述内容编排既符合法律思维逻辑，又能与经济类、工商管理类其他专业课程相衔接。

本教材编写人员的分工情况如下（按撰写章节先后顺序）：

佘发勤撰写第一章、第十章、第十一章；

刘胜红撰写第二章、第六章；

李运华撰写第三章、第四章、第五章；

封筠撰写第七章；

许英撰写第八章、第九章。

在本教材编写过程中，编写者对所参考的文献、案例资料等竭尽所能地作了标注和说明。尽管该教材在内容、结构和体例上作了一些新的尝试，力求将经济法律的系统性、科学性与趣味性融为一体，并突出应用性与引导性，但是由于编者经验及水平有限，本教材还存在许多缺点和错误，敬请各位同仁及读者提出批评和建议，以便我们将来修正完善。

编　者

2015 年 2 月

目 录

第一章　经济法律的一般理论

目　标　学过本章之后，你应该能够

1. 讨论经济关系的法律调整方式；
2. 界定法律及其效力；
3. 描述我国的法律体系；
4. 熟悉法律规范及其结构；
5. 掌握法律关系及其要素。

关键词

法律　法律规范　法律关系　法律关系主体　法律行为　权利义务　法律事实

案例导读　宠物狗能否继承主人财产？

看看桌上的存单，再看看窗口外的老人，储蓄小姐脸上渐渐有了愠色："你不是在耍我吧？"存单上的储户名叫"申培欢"，但他不是一个人，而是一条白色的狮子狗。可是老人很认真，他说他是按照父亲的遗嘱，前来为这只狗开户存款的。"喏，这是狗的领养证。"老人掏出一个小本子。

储蓄小姐笑起来，这种怪事，她还是头一回碰上，"不行，不行。国家有规定，开户存款必须提供身份证，这申培欢的领养证只能证明你可以养这只狗，却不能作为它的身份证明；再说，我们还从来没有见过以狗的名义开户存款的。"

为狗办理存款的老人名叫申学发，今年62岁，是四川音乐学院附中的退休教师。其父申庭美于2002年3月9日去世，申学发在家中收拾东西时，发现父亲临终前在枕头、抽屉等处放了4份内容一样的"遗嘱"：凡是我的名义收的钱财均交申学发保管，以作小狗"欢欢"的生活费。长期以来，因我卧病不起，夜里、白天都是它在陪我，消除了我的苦闷，解除了你们没时间照料我的困难，故将我一生的积蓄作报酬，答谢"欢欢"，让它今后的生活有个着落，我死也瞑目了。不情之处，望众子孙原谅。为了实现申庭美老人的遗愿，申学发老人才带着小狗去办理储蓄存款。

问题：1. 从法律的角度来看，为什么不能给"申培欢"开立存款户头？

2. 申庭美老人的"遗嘱"行为是否有效？

3. 应当如何处理申庭美老人的财产？

第一节 法的基础知识

一、法与法律规范

（一）法的概念与特征

依法治国已经写入《中华人民共和国宪法》，建立社会主义法治国家也成为社会主义中国的发展目标之一。法与法律成为社会生活中的重要部分，人们开始越来越多地关注、了解、学习法律。因此，法是什么，法律是什么，法律规范又是什么，成了人们越来越关注的话题。

对于“法”是什么，一直以来都是争论不休的问题，有各种各样的定义。如：法是主权者的命令；法是在法庭里被法官认可并予以适用的那些行为规范；法就是“对法院将要做些什么的预言”等等。

在我国，通常人们认为：法是由国家制定或认可的、代表统治阶级意志、并由国家强制力保证实施的行为规范的总称。这一定义说明法具有以下一些特点：

1. 法与国家密切相关，有了国家才有法律

法律是国家意志，国家可以通过制定的方式，也可以通过认可的方式，将某些行为规范确认为法律。因此这一定义将与国家意志没有关系的行为规范排除在法律之外。

2. 法同时也与统治阶级意志密切相关

统治阶级的意志决定了法的内容，只有获得统治阶级认可的行为规范才能成为法律。因此，法律的内容不是超越阶级的。统治阶级的意志是通过国家的意志表现出来的。在中国，人们往往将法的这一统治阶级意志性，理解为法的本质特征。当然，统治阶级的意志不是凭空而来的，而是源于统治阶级的物质生活条件，统治阶级对法律内容的认定，离不开自己所处的经济条件。

3. 法所确立的行为规范是通过国家的强制力来保障实施的

这与我们所常见的道德规范不一样。道德规范虽然也对人们的行为提出要求，但是违反了道德规范，国家不会采取强制手段予以纠正或处以责任。而违反了法律规范，国家则是通过各种强制的法律责任予以追究。如盗窃犯会被处以刑罚；不履行合同的，会被强制履行或强制其给予对方以经济赔偿。

4. 法是一类行为规范的总称

也就是说法的内容就是一类行为规范。行为规范，简单说就是关于行为的标准，就是对各种行为提出要求。法就是这样一类行为规范：以国家的名义确立行为的标准，以国家强制力来保障这些行为的标准得以实现。

5. 法的效力具有普遍性

作为行为规范的法，是基于享有立法权的国家机关的制定或认可而产生的。产生之后，就对其管辖之下的所有人都具有约束力。如国务院作为中央政府，根据《中华人民共和国税收征收管理法》的授权制定了《中华人民共和国税收征收管理法实施细则》，那么该《实施细则》就在全国范围内具有效力，而广东省人民代表大会制定的《广东省道路交

通管理条例》，则仅在广东省范围内具有效力。

（二）法律规范的概念与逻辑结构

与法这个概念相关的概念是法律，通常人们并不去严格区分法与法律。但在中国学术界还是对此进行区分。通常对法律进行广义和狭义的区分，狭义的法律专门用来指全国人大及其常委会依照立法程序制定和颁布的规范性文件；广义的法律则是所有由国家制定或认可的并由国家强制力保障实施的各种行为规范的总称。可见，广义上的法律是与“法”同义的。

但实际上由于语言习惯问题，很多时候人们使用的“法”与狭义上的法律同义。

同样由于语言习惯，我们通常使用“法律规范”而不是“法规范”。法律规范是指通过法律条文表现出来的、具有一定内在逻辑结构的特定的行为规范，它是构成法的最基本的组织细胞。

法律规范作为行为的标准，它有自己的逻辑结构。对此人们有不同的认识。常见的有两种学说，一种是“三要素说”，一种是“两要素说”。

1. 三要素说

该学说认为，法律规范由“假定”、“处理”和“制裁”三个部分组成。

“假定”，就是法律规范中关于某种情况和条件的规定。通俗地说就是对行为人进行某种行为的假设。如《中华人民共和国公司法》中规定：“设立公司必须依照本法制定公司章程”中的“设立公司”。再比如“杀人者死”中的“杀人”。

“处理”，就是当出现了“假定”中规定的情况，应当如何去行为。如上文“设定公司必须依照本法制定公司章程”中的“依照本法制定公司章程”。这是对假定的情形出现后，或者说当事人如果要去从事某项法律规定的行为，应当遵循的法律要求。

“制裁”，就是规定如果没有按照“处理”中的法律要求来行事，将要承担的不利的法律后果，也就是法律责任。

根据“三要素说”，法律规范的逻辑结构就是“如果……则……否则……”。

2. 两要素说

该学说通常认为法律规范只包括“行为模式”和“法律后果”两个要素。“行为模式”实际上就是法律关于某类行为的要求，“法律后果”则是没有按照该要求，所要承担的法律责任。“两要素说”实际上就是将“三要素说”中的“假定”和“处理”合二为一，认为这二者是密不可分的，“假定”中的行为与法律对该行为的要求——“处理”是高度统一的，没有必要去区分。

无论是“三要素说”还是“两要素说”都承认，法律规范与法律条文不是一回事。法律规范的逻辑结构是理论上的，在同一法律条文中往往不会完整地出现这些要素。如上文所举的“设立公司必须依照本法制定公司章程”，在该条文中就没有出现不制定公司章程的责任。因此，法律规范不同于法律条文。二者的关系是：

法律规范都是通过法律条文来表达出来的，但一个完整的法律规范往往不是通过一条法律条文来表达。常见的是关于“制裁”（“法律后果”）部分往往都会用单独一个条文来表达，这是立法技术使然。同时，有时一个法律条文又属于不同法律规范的一部分。如2013年修改后的《公司法》第214条规定：“公司违反本法规定，应当承担民事赔偿责任和缴纳罚款、罚金的，其财产不足以支付时，先承担民事赔偿责任。”这条关于责任追究方式的规定，适用于所有相关的违法行为。它作为对法律责任的规定，成为相关法律规范的“制裁”部分。

此外，有的法律条文不具有规范性，它们不是任何一条法律规范的一部分，它们是非规范性的，是为了帮助人们准确理解和适用该法律文件的。如《公司法》第216条的规定，实际控制人，是指虽不是公司的股东，但通过投资关系、协议或者其他安排，能够实际支配公司行为的人。这是关于“实际控制人”的法律定义，为了帮助人们认识公司法中的“实际控制人”是什么。

二、法律渊源

法律渊源是指法律规范的表现形式，就是指该法律规范是何种享有国家立法权的机关制定出来的。每个具有国家立法权的机关制定出来的法律，由于制定它们的国家机关在国家中的地位与角色的不同而不同，其中最重要的是法律效力上的差别。

（一）正式渊源

在我国，根据《中华人民共和国宪法》与《中华人民共和国立法法》的规定，我国的正式法律渊源可以分以下几种：

1. 宪法

宪法是国家的根本大法，规定国家的基本制度。在效力上它是最高的，是所有立法的依据，其他形式的立法都不得与其相冲突，否则是无效的。

2. 法律

这里所称的法律是专门指全国人民代表大会及其常务委员会制定的规范性文件，即狭义的法律。它的效力是宪法之外所有形式的法律中最高的，除了宪法，其他任何形式的法都不得与其相冲突。

3. 行政法规

行政法规是指国务院正式制定的规范性文件。国务院以中央政府的名义，通过正式立法程序而制定的规范性文件，同法律一样，在全国范围内有效。这里所说的正式立法程序是指经过国务院常务会议审议或者国务院审批，通过国务院总理签署国务院令的方式予以公布实施的。因为是中央政府制定的，因此不得与宪法相冲突，也不得与国家最高权力机关——全国人民代表大会及其常务委员会制定的法律相冲突。

4. 自治条例和单行条例

自治条例和单行条例，是民族区域自治地方的人民代表大会，依据宪法、民族区域自治法和其他法律规定的权限，结合当地的政治、经济和文化的特点，所制定的适用于当地民族自治地方的规范性文件。根据级别分为：自治区的自治条例和单行条例；自治州、自治县的自治条例和单行条例。前者报全国人大常务委员会批准后生效；后者报省或自治区人民代表大会常务委员会批准后生效，并报全国人大常委会备案。自治条例和单行条例在一些具体制度上可以与全国范围内适用的法律不一样，但也是要遵守宪法的规定，不得与宪法的基本原则、基本制度相冲突。

5. 地方性法规

地方性法规是地方人民代表大会及其常务委员会制定的规范性文件。但不是所有的地方人民代表大会及其常务委员会都有权制定地方性法规，只有省级和市级两级地方人民代表大会可以。具体是指：省级人民代表大会及其常务委员会包括省、自治区与直辖市的人民代表大会及其常务委员会；市级人民代表大会及其常务委员会。

在市一级中，并非所有的市的人大及其常委会都可以，只有设区的市有权制定地方性法规：（1）省、自治区人民政府所在地的市；（2）特区所在地的市；（3）国务院批准的较大的市。只有这三类市的人民代表大会及其常务委员会有权制定地方性法规。

6. 行政规章

行政规章是指国务院各部委各职能部门以及地方人民政府通过正式程序制定的规范性文件。又分为两类：部门规章和地方规章。

部门规章是指中央人民政府的各部委、各职能部门根据法律和行政法规，经部委会议或者委员会会议决定，由本部门首长签署命令的方式予以颁布施行的规范性文件。其效力低于行政法规。

地方规章，不是所有的地方人民政府都可以制定地方规章，只有省、自治区、直辖市人民政府，以及三类市（省、自治区人民政府所在地的市，特区所在地的市，国务院批准的较大的市）的人民政府可以制定地方规章。地方规章不得与法律、行政法规相冲突，也不等与上级国家权力机关、本级国家权力机关制定的地方性法规相冲突。

根据《立法法》，同级别的国家行政机关制定行政规章在各自管辖的范围内适用，而不存在效力上的高低。如部门规章与省人民政府制定的地方行政规章之间，并无效力上的上下等级，在各自管辖的范围内适用。

（二）特殊的法律渊源

除了上述六种正式的法律渊源，在我国还有一些特殊的法律渊源，它们也具有法律效力：

1. 法律解释

作为法律渊源的法律解释，我们也称之为“有权解释”或“正式解释”①，包括立法解释、司法解释、行政解释。② 上述正式法律渊源中的有立法权的国家机关都有权对自己的立法进行解释，这种解释与该立法本身具有同等的效力。国家权力机关即全国人大和有立法权的地方各级人大及其常委会所做的法律解释为立法解释，最高人民法院、最高人民检察院所做的解释为司法解释，有权的行政机关所做的解释则为行政解释。

通常而言，就效力位阶而论，立法解释优于司法解释和行政解释，司法解释又优于行政解释。司法解释不仅对法院的司法裁判具有约束力，对行政机关的行政行为也具有约束力。

2. 国际条约、惯例

国际条约与国际惯例，一经我国承认，便是我国法律的一部分，在中华人民共和国范围内有效，中国政府声明保留的除外。

---

① 除了作为非正式法律渊源之一的正式解释外，法律解释还有非正式解释，即无权解释，也就是不具有法律效力的解释，对社会关系没有约束力的解释，主要包括学理解释和任意解释。

② 这一规定源于1981年全国人民代表大会常务委员会通过的《关于加强法律解释工作的决议》。

三、我国的法律体系

（一）法律部门的概念

与法律密切相关的一个概念是部门法，也就是法律部门。法律部门就是按照一定的标准和原则所划定的同类法律规范的总称。通常人们首先是以法律的调整对象（即法律调整的社会关系）为标准来进行法律部门的划分，例如调整劳动关系与社会福利的法律规范的总和就形成了劳动法部门，调整平等者之间的人身关系和财产关系的法律规范的总和就形成了民法部门法；其次人们也会按照调整方式来进行部门法的划分，如刑法是因为它是用特殊的调整方式——刑事责任来调整社会关系而构成一个独立的部门法，虽然刑法调整各种各样的社会关系。

根据全国人民代表大会常务委员会的有关解释，我国的法律部门通常包括：宪法及与宪法相关的立法（如相关的政府组织法）、民商法、行政法、经济法、刑法、劳动与社会保障法、诉讼与非诉讼程序法（如仲裁法）等等。

（二）法律体系的概念

一个国家现行的所有法律规范通常都是可以划分为若干法律部门的，所谓的法律体系就是指由这些法律部门组成、一国现行的、具有内在联系且相互协调统一的法律整体。由于这一法律整体虽然包含多种多样的内容和形式，但它们并不是杂乱无章，而是紧密联系的，因而构成一个有机的统一体，所以我们通常就会称之为法律体系。

我国的法律体系根据立法者的权限与位阶，是由宪法、法律、法规、自治条例与单行条例、行政规章组成的。

第二节　法律关系

一、法律关系的含义

（一）法律关系的定义与特征

法律关系是指法律规范在调整社会关系主体的行为过程中所形成的一种特殊的社会关系，即具有法律上的权利（权力）与义务内容的社会关系。法律关系是以社会关系为基础的，也就是说，存在原本的社会关系，当这种社会关系被法律所调整后，即法律对社会关系的当事人赋予法律上的权利与义务时，该社会关系即转化为法律关系。如：张三去超市买生活用品，本身是生活中人与人之间关系的一种，但法律对此进行调整，也即法律规范对此类社会关系的当事人赋予法律上的权利与义务，使得张三与超市之间形成法律关系。不是所有的社会关系都会被法律所调整，不被法律所调整的社会关系，则不会成为法律关系。如：张三与李四是好朋友，张三一时兴起，对李四说这个周六晚上我请你去吃西餐，李四表示答应。此时张三与李四之间形成一种事实上的社会关系，但由于法律不对此类社会关系赋予当事人以权利和义务，也即法律不调整此类社会关系，也就不形成法律关系。

作为一种特殊的社会关系，法律关系具有以下特征：

（1）法律关系是一种人与人之间的社会关系。法律关系是法律对现实的人与人之间的关系进行调整，即对当事人赋予法律上的权利（力）与义务而形成的关系，因此它只能是人与人之间的关系，而不能是人与物之间，人与动物之间的关系，更不是（动）物与（动）物之间的关系。因此，法律关系的主体是人与由人组成的社会组织，包括法人。

(2) 法律关系是一种意志关系。法律关系具有意志性，这种意志性是说法律关系的产生与内容是基于意志的，这种意志首先是国家的意志。社会生活中人与人之间有各种各样的关系，某类关系，之所以成为法律关系，是国家通过立法的方式予以承认的结果。因此，法律关系首先体现了国家的意志性。此外，有些法律关系还会体现法律关系当事人的意志，如：合同关系中的权利与义务主要是由当事人的意志决定；基于遗嘱而发生的继承关系；申请许可证而产生的行政法律关系，其产生基于当事人的申请，许可与否通过行政机关的意志而实现。

(3) 法律关系与其他的社会关系不同，其内容是法律上的权（力）利与义务。很多非法律关系的社会关系，当事人之间的关系内容是由伦理或习俗决定。如：同学之间聚会而产生的费用承担关系。

（二）法律关系的种类

> 《中华人民共和国民法通则》第二条　中华人民共和国民法调整平等主体的公民之间、法人之间、公民与法人之间的财产关系与人身关系。

法律关系如同我们的社会关系一样，按照不同的标准可以做不同的分类。除了按照前文部门法的划分，即法律关系可以分为民事法律关系、行政法律关系、刑事法律关系、劳动法律关系等部门法律关系外，法律关系还可以做如下分类：

(1) 按照法律关系属性的不同，可以区分为：人身性法律关系和财产性法律关系。人身性法律关系包括自然人之间的具有人身属性的法律关系，如父母子女之间的法律关系（父母对未成年子女的抚养与保护关系、成年子女对父母的赡养关系等）、夫妻之间的权利义务关系；人身性关系在组织体与法人方面的表现就是组织法律关系，如公司成立中股东之间的关系（典型的是公司章程所规定的股东之间的权利义务关系）、公司的组织管理关系等。财产性法律关系主要是指以一定的具体的财产权益或与财产相关的行为为客体而产生的法律关系。财产性法律关系是不以特定的人身关系为前提的；而人身性法律关系中也会涉及一些财产权益，但其财产权益是以特定的人身关系为前提的。

(2) 按照法律关系中当事人之间的权利属于实体权利还是程序权利，法律关系可以分为实体法律关系和程序法律关系。如当事人之间订立买卖合同，其合同关系中的主要权利为实体性的，即当事人一方有权获得买卖标的物的所有权，另一方有权获得价款。而当事人履行合同过程中发生纠纷，通过诉讼方式或仲裁方式处理纠纷，处理纠纷过程中当事人所有享有的权利，是为程序性的。如当事人有提请仲裁的权利，这种权利是为了实现合同实体权利的目的而存在的，其自身并不直接与权益相关联。

(3) 绝对权法律关系和相对权法律关系。根据在法律关系中的双方当事人中，是单方具体化的还是双方具体化的，将法律关系区分为：绝对权法律关系和相对权法律关系。如果权利方是具体的，而义务方是不具体的，那么就是绝对权法律关系。如所有权法律关系中，张三是手机的所有者，是权利主体，张三以外的所有人，都是义务人，都负有不得侵犯或妨碍张三占有、支配、使用手机的义务。当法律关系的当事人都是特定、具体的时候，就是相对权法律关系，如：张三与李四之间买卖手机、一家三口之间的家庭关系、张三和李四之间的夫妻关系、公司内部股东之间的关系等等。

（4）调整性法律关系和保护性法律关系。根据法律关系的产生依据是否是基于国家的制裁，将法律关系区分为：调整性法律关系和保护性法律关系。前者的产生不是基于国家的制裁，如，合同法律关系、成立公司法律关系；后者的发生是基于国家的制裁，典型的如刑事法律关系、行政处罚法律关系。这一区别不是说调整性法律关系是不受法律保护的，而是说它的发生不是基于制裁的目的，而是确立正常的当事人之间的权利义务关系。所有的法律关系都是受到法律保护的。

动态实训

下列属于法律关系的是（　　）。

A. 甲、乙为朋友，相约周末甲宴请乙

B. 丙、丁为恋人，丙答应情人节送丁礼物

C. 张、李为师生，张安排周末帮李补课

D. 王、赵为舅、甥，二人约定赵考上名牌大学，王送赵笔记本

二、法律关系的三要素

法律关系是由法律关系的主体、法律关系的客体和法律关系的内容构成的，缺少其中的任何一个，都不能构成一个法律关系。

（一）法律关系的主体

1. 法律关系主体的概念

法律关系的主体是指参加到法律关系之中，依法享有权利（力）、承担义务的当事人。通俗地说，法律关系的主体就是法律关系的参加者，当然是在法律上享有权利（力）、承担义务的参加者。通常，享有权利的一方，被称之为权利人；承担义务的一方，被称之为义务人。正是因为法律关系的主体享有权利，承担义务，有时又被称为权利主体或义务主体。

法律关系的主体具有两个属性，一是社会性，二是法律性。社会性是指法律关系主体之所以成为法律关系的主体是由其历史的社会生活条件决定的，如在奴隶社会，奴隶是自然意义上的“人”，但不是社会意义上的人，而是“会说话的工具”，因此奴隶不是社会意义的人，也就不可能成为法律意义的人。法律关系主体的法律性，是指要能够成为法律关系的主体，必须要有法律的认可。如我国婚姻法规定，男子年满 22 周岁，女子年满 20 周岁，才可以结婚，这就意味着在中国，男女要成为婚姻法律关系的主体，必须要达到上述年龄。

在一个具体的法律关系中，法律关系主体的多少取决于具体的情形，可多可少。但是，由于法律关系是人与人之间的一种社会关系，因此，每个法律关系都至少有两个当事

人，即形成权利义务关系的一对当事人。

2. *法律关系主体的种类*

什么样的人、什么样的组织能够成为法律关系的主体，是基于一个国家法律的规定和承认，根据我国法律，法律关系的主体主要包括：

（1）自然人。自然人就是有血有肉的人类的个体。这与公民的概念不是一回事，在我国，公民是指具有中华人民共和国国籍的人。自然人包括公民和非公民，非公民即指外国人或无国籍的人。因此，自然人是最为广泛的概念，泛指所有的人类个体。

除了自然人个体，生活中还有自然人的简单组合，自然人的简单组合，也属于自然人主体，在我国，根据《中华人民共和国民法通则》的规定，包括：个人合伙、个体工商户、农村承包经营户三种。

（2）组织。组织就是，为了实现共同的生活目的或者达到其他各种目的，社会中的人类相互协助并合作而形成或设立的各种社会生活团体。社会生活中存在着各种各样的组织，包括国家、集体等等。在法律上通常将那些具有正式结构形式的组织视为“法人”，它是法律上最主要的组织，因此在法律领域通常直接使用“法人”，而不是“组织”来表示这类主体。但“法人”以外的组织，也可以成为法律关系的主体①。

法人，是组织中最重要的一类法律关系主体。法人与“其他组织”的区别在于，法人是依据法律的规定、通过正式的法律程序获得法律的承认，而且还通过法律规定的方式和程序对外予以公示。因此法人具有正式性。

根据法人成立的目的，法人可以分为“公法人”和“私法人”。“公法人”是以公共利益或社会公共事务为目的而正式成立的组织；“私法人”是以营利为目的，即其成立本身就是为了谋求成员的利益。前者如国家、各种国家机关，以及各种从事文化、艺术、宗教、慈善等方面的公益活动的社团或财团；后者最典型的就是各种公司和企业。

法人以外的其他社会组织，通常就是没有取得法律认可的法人资格，但是其本身也是社会中存在的组织，最常见的是法人的分支机构②。

3. *法律关系主体的权利能力、行为能力和责任能力*

法律关系的主体要参与到法律关系之中，从事各种法律活动，是需要具备条件和资格的。这不同于资产阶级革命时期的口号“天赋人权”，法律领域认为法律关系主体之所以能够从事法律行为、进行法律活动，是因为其在法律上具有资格。主体在法律上的资格就分为：权利能力、行为能力和责任能力。

（1）权利能力。所谓权利能力，是指法律关系主体参与到法律关系并享受权利承担义务的法定资格。这种能力是法律赋予的。如古罗马时期，奴隶是不可以从事任何法律行为、进行任何法律活动的，他们没有权利能力。③ 奴隶以外，也只有成年男子才有从事交

① 很多立法中都使用“自然人、法人或其他组织”来说明法律关系的主体范围。如《中华人民共和国民事诉讼法》第3条规定：“人民法院受理公民之间、法人之间、其他组织之间以及他们相互之间因财产关系和人身关系提起的民事诉讼，适用本法的规定。”

② 如我国的商业银行，每个商业银行在法律上只是一个法人，各地的分行、支行不具有法人资格，但是在特定的法律关系中享有权利和承担义务，而成为法律关系的主体。

③ 奴隶与奴隶之间的婚姻，在当时也只是被视为奴隶主在从事法律行为而已，如同牲口交配。

易的能力和资格。[1] 现代社会的法律普遍承认：从出生到死亡，所有自然人都享有权利能力，都能成为法律关系的主体，并且权利能力是不可剥夺、不可转让的。[2]

（2）行为能力。行为能力是指，法律关系主体以自己的行为享有权利、承担义务的能力。主体有权利能力只是为主体参与法律关系提供了法律上必不可少的前提，而主体要现实地参与到法律关系之中，使自己享有权利、承担义务，则需要行为能力。有权利能力是具有行为能力的前提，但对于自然人而言，有权利能力也不一定有行为能力。这是因为，要通过自己的行为获得权利、承担义务，要求行为人有正确理解、认识自己行为的智力水平。因此世界各国都普遍制定法律，根据自然人的年龄和健康方面的因素，将自然人的行为能力分为"完全行为能力人"、"限制行为能力人"和"无行为能力人"。

完全行为能力人，是自己完全有能力根据自己的行为，从事法律活动，参与到法律关系，使自己获得法律权利、承担法律义务。根据我国《民法通则》第 11 条的规定[3]，年满 18 周岁，或者年满 16 周岁并以自己的劳动所得为自己的主要生活来源的，是完全行为能力人。

限制行为能力人，是可以从事与自己智力相适应的法律活动，而使自己享有法律权利、承担法律义务，超出自己智力之外的法律活动，由法定代理人进行代理。根据《民法通则》的相关规定[4]，年满 10 周岁的未成年人和不能完全辨认自己行为的精神病人，属于限制行为能力人。

无行为能力人，是完全没有行为能力，其法律活动是通过法定代理人来完成的。根据《民法通则》的规定，在我国未满 10 周岁的未成年人和不能辨认自己行为的精神病人是无行为能力人。

（3）责任能力。责任能力是某人因为违反法律而承担法律责任的能力。责任能力是行为能力的一种特殊形式，因此在多数情况下，责任能力无需特别规定。但是在刑事法律关系中，刑事责任能力具有独立的意义。只有具有刑事责任能力的人，从事了违法犯罪行为，才承担刑事责任。根据我国《刑法》，不满 14 周岁的，以及不能辨别或不能控制自己行为的精神病人，是无刑事责任能力人；年满 14 周岁不满 18 周岁的人，是限制刑事责任能力人，只有犯有特定犯罪才承担刑事责任；[5] 年满 18 周岁，精神正常的人是完全刑事责任能力人。

---

① 古罗马因为常年打仗，很多家庭中的成年男子都外出打仗，家中就没有人有法律上的资格对外进行法律上的交易和往来，就必须要找有权利能力的人来管理家庭的对外交易，这个就产生了原始的信托制度。

② 在法国、俄国的历史上，曾经短暂地实施过"民事死亡"制度，就是在法律上剥夺自然人的"民事权利能力"。后来被证明是一项"野蛮"的制度，而被废除。

③ 《民法通则》第 11 条规定："十八周岁以上的公民是成年人，具有完全民事行为能力，可以独立进行民事活动，是完全民事行为能力人。十六周岁以上不满十八周岁的公民，以自己的劳动收入为主要生活来源的，视为完全民事行为能力人。"

④ 《民法通则》第 11 条规定："十周岁以上的未成年人是限制民事行为能力人，可以进行与他的年龄、智力相适应的民事活动；其他民事活动由他的法定代理人代理，或者征得他的法定代理人的同意。不满十周岁的未成年人是无民事行为能力人，由他的法定代理人代理民事活动。"

第 13 条规定："不能辨认自己行为的精神病人是无民事行为能力人，由他的法定代理人代理民事活动。不能完全辨认自己行为的精神病人是限制民事行为能力人，可以进行与他的精神健康状况相适应的民事活动；其他民事活动由他的法定代理人代理，或者征得他的法定代理人的同意。"

⑤ 法律规定：又聋又哑的人或盲人犯罪，可以从轻、减轻或免除刑事处罚。因此，也有人称之为限制刑事责任能力人。

（二）法律关系的内容

法律关系的内容就是法律关系的当事人依据法律所享有的权利和承担的义务。法律关系主体之间的权利义务，是由法律规定的，是得到国家确认和保护的，正是由于这个原因，才称之为法律上的权利和义务。虽然这种权利与义务有可能与社会认识相一致，但因为是法律确认的，而受到法律的保护，具有法律性。

法律上的权利，是指法律所允许的权利人为了满足自己的利益而采取的、由其他人的法律义务来予以保证的法律手段。由此我们可见法律上的权利具有三个特点：首先，法律上的权利，是由国家通过法律予以确认和保护的，具有正式性；其次，法律上的权利对于权利人而言，是可以保证为其带来利益的一种法律上的手段；第三，权利的实现是需要通过他人的义务来实现。

法律上的义务，是指法律所规定的法律关系的主体应该按照权利主体的要求或意愿，从事一定的行为或者是不行为，以满足权利人利益的法律手段。义务人通过两种方式来实现其义务，一种是积极的作为，如合同中给付对方价款；另一种是不作为，如对于他人的财产，不得侵犯、干扰他人行使财产权益。

（三）法律关系的客体

法律关系的客体，是指法律关系中权利义务所指向的对象。作为法律关系的客体，它是法律关系主体权利义务的载体，也就是满足法律关系主体利益的各种物质或非物质的财富，或者是满足主体利益的行为。能够作为法律关系客体的事物是一个历史的范畴，如奴隶社会中奴隶即为法律关系之客体；当今社会中环境质量、无线电频率等可以成为法律关系的客体。

通常认为法律关系的客体包括：

1. 物

作为法律关系客体的物，既可以是自然物，也可以是人造物。人造物就是人类劳动的创造物，如机器、工具、货币、各种票据等。传统理论认为作为法律关系客体的物，通常都是有体物，但网络的发展、环境保护的法律化已经突破了这一观念。无体物，也可以成为法律关系的客体，如比特币、网络空间、污染物排放量等等。

2. 非物质财富

作为法律关系客体的非物质财富，包括两类：一类是与人身相关联的非创造物，如：公民的姓名、组织的名称、公民的肖像、名誉、尊严、人格、人身和身份等；另一类是智力成果，这类创造活动的产品包括：科学著作、各类文化艺术作品、科学发明或发现、合理化建议、商标等等。这类智力成果是具有创造性的，因此是与其内容的创新性密切相关，而不同于这些作品的复制品。也就是说，一本书，可以是“物”意义上的法律关系客体，买卖它、借用它；也可以是“非物质财富”意义上的客体，作者的创新观念不能被抄袭，其他出版社不能私自去出版、印刷。

3. 行为

行为作为法律关系客体，是指法律权利与义务所依附的行为，也就是说有些法律权利或法律义务不体现为物或非物质财富，而是体现为人的行为，如快递公司的运送行为、建筑公司的建筑行为。

三、法律事实

（一）法律事实的含义

法律事实就是法律规范规定的，导致法律关系产生、变更或终止的客观事实。法律关系是社会关系的法律化，社会关系经由法律调整而成为法律关系。社会关系是一个动态的过程，其必然有产生、变更和终止这样的发展过程。法律也要直面法律关系的这个变化过程，因此，在法律规范中就会有具体一类法律关系产生、变更和终止的规定。法律规范会根据具体的客观事实的状态，规定法律关系的产生、变更和终止。这些引起法律关系产生、变更和终止的客观原因，我们就称之为法律事实。之所以称之为“法律事实”而不是称之为“客观事实”，是因为这些客观事实得到法律规范的确认，从而使其具有法律上的价值——使得法律关系得以产生、变更或终止。

（二）法律事实的分类

法律事实分为“行为”和“事件”两大类，事件是法律确认的，与人的意志无关的客观情况；而行为则是那些导致法律关系产生、变更或终止的人的有意识的举止。

1. 行为

通常人的行为是人内在意志的表达，因此，行为是人的有意识的、将内心意志表现于外的举止。在法律上，根据行为所导致法律关系产生、变更或终止的结果以及法律关系的内容（即主体之间的权利义务），是否与行为人的主观追求相关，行为又分为“法律行为”和“事实行为”。前者如：订立合同、成立公司、制定公司章程、结婚、收养、立遗嘱等等；后者如：侵权行为、犯罪行为、无因管理行为等等。作为“事实行为”，它的法律后果是由法律直接规定，即这种行为导致的法律关系内容的产生、变更与终止，与当事人行为时的主观追求没有关系，是法律强加的一种结果。

根据法律对行为的评价，行为又可以分为：合法行为和违法行为。

2. 事件

作为法律事实的事件，是与人的意志行为无关的，法律直接规定的现实情况，这种现实情况一旦出现，在法律关系主体之间就有某种权利义务关系的产生、变更或终止。如：孩子出生，就产生了父母子女关系；发生保险事项中出现的情形，就产生保险公司的理赔等等。

动态实训

不能导致法律关系发生变化的是（　　）。

A. 交通事故　　B. 签订合同　　C. 教师授课　　D. 洪水毁桥

四、法律关系的保护

法律关系体现了国家的意志，换句话说法律关系中主体之间的权利义务状态，是国家通过法律规范的方式表达了其意愿。因此，所有的法律关系都是获得法律保护的，也就是说获得国家的强制保护。通过对法律关系的保护，实际上也就是保护了主体权利实现和义务的履行。法律对法律关系进行保护，通过三个环节予以完成：

首先，确立法律关系主体的权利与义务。这是对法律关系进行保护的前提，如果不能明确法律关系中主体之间的权利义务关系，那么保护就失去了明确的对象。保护法律关系，实际上就是保护主体间的权利义务关系，因此，首先需要通过法律来明确法律关系主体间的权利义务。

其次，确立义务主体不履行义务而导致权利者的权利不得实现时，义务不履行者的法律责任。也就是通过确立法律责任来督促义务人去履行义务。一般而言，法律责任分为：

(1) 民事责任。民事责任是指平等的自然人之间、法人之间、其他组织之间以及三者相互之间，没有履行民事义务而导致权利人的合法权利与利益受损时，应当向权利人承担的责任。典型的责任形式是赔偿损失，此外还有：赔礼道歉、消除影响、恢复原状、消除危险、排除妨碍，以及违约金、重作、修理、继续履行等等。

(2) 刑事责任。当义务人的不履行义务的违法行为产生重大社会危害性时，也就是立法对严重危害社会，构成犯罪的行为，追究刑事责任。刑事责任包括主刑和附加刑。主刑有：管制、拘役、有期徒刑、无期徒刑和死刑等五种；附加刑包括：罚金、剥夺政治权利、没收财产、驱逐出境等四种。主刑不能叠加适用于特定的一个犯罪行为，附加刑可附加于主刑适用，也可以单独适用。

(3) 行政责任。行政责任主要是指行政管理的相对人（即被管理者），违反了有关国家行政管理方面的法律法规，构成违法，但没有严重到触犯刑法，而应当承担的行政处罚责任。通常表现为受到行政处罚。行政处罚主要有：警告、罚款、拘留、吊销营业执照、吊销许可证、吊销资格证、责令停业整顿等。

再次，追究违法者的法律责任。法律确立了权利与义务，并且确立违法者的法律责任，还需要对责任的实际追究，才能真正保护法律关系。有责任不去追究，就使得法律对法律关系的保护成了空头支票，得不到实现。因此需要追究违法者的法律责任。

追究违法者的法律责任，有两种途径：一是权利人自已去实现；二是通过国家权力的强制作用予以实现。前者我们称之为“私力救济”，后者我们称之为“公力救济”或“正式救济”。一般情况下，私力救济是受到法律的严格限制的。通常只允许通过和平手段实现，如民事主体间的和解与调解、自己去追讨欠款；只有在特殊情况下才允许使用有限的暴力，如遇到吃霸王餐的，经营者可以暂时限制其人身自由，以便为求救于警察获得时间保障。

> 《中华人民共和国行政复议法》第二条　公民、法人或者其他组织认为具体行政行为侵犯其合法权益，向行政机关提出行政复议申请，行政机关受理行政复议申请、作出行政复议决定，适用本法。

公力救济的途径通常包括：行政机关的裁决、行政复议、诉讼。

行政机关进行行政裁决作为一种公力救济，是指特定种类的民事纠纷①的当事人，申

① 根据我国相关法律规定，这类民事纠纷包括：房屋、土地、滩涂、草地、林木等所有权或使用权发生的纠纷；专利、商标等知识产权发生的纠纷；人身伤害；道理交通事故中的赔偿；环境污染的损害赔偿；食品、药品引起的损害赔偿等。

请具有管理权限的行政机关对他们之间的权利义务进行裁决。通常这类裁决，不是终局的，当事人不服可以向法院提起诉讼。

行政复议，是对行政机关所做的具体行政行为不服的利害关系人，可以就行政行为的合法性与合理性向有权的机关请求重新予以审查，以此来保障其权利不受不正当的行政权力的侵犯。通常行政复议也不是终局的，当事人不服复议决定，在法定的时间内，可以提起诉讼。

诉讼是最典型的，也是最终的救济途径。它是法院通过审理案件的方式来确定违法者的责任，包括民事责任、刑事责任与行政责任。

第三节　现代市场经济关系的法律调整

一、自然经济关系的法律调整

在人类从原始社会进入到奴隶社会以后，直到资本主义商品经济发展起来的很长一段历史时期中，受制于生产力水平的低下，自然经济占据主导地位。在这一经济背景之下，并受到人类文化发展水平，以及法律文明水平的影响，法律对于社会调整，主要为维护奴隶主与封建主的统治服务，法律为适应这种残酷阶级统治的需要，自身也是非常重视制裁。对于经济领域的违法行为，往往也是主要以刑事责任的方式予以制裁。

在中国古代，一直到清末引进西方制度之前，中国的法律一直是民事、刑事法律制度不分的，如中国古代的秦律、汉律、唐律、宋律、明律直至清律，都是民事、刑事不分，实体制度与诉讼制度不分，刑事处罚也适用于民事纠纷中。在西方，虽然民事制度相对较为发达，但是总体上同中国古代一样也是不分的。如民商事制度异常发达的古罗马市民法，也是包括行政法、刑法与诉讼法在内的综合性法律制度。

民事与刑事制度不区分，适用刑事责任来制裁民事纠纷中的违法者，意味着当时的法律制度体现了统治者将经济领域内的法律关系也视为重要的、体现国家威严的、不可侵犯的统治秩序。从这个意义上来讲，对经济领域社会关系的法律调整的目的，总体上不是基于对法律关系主体权利的保护，而是为了保护经济秩序，并将其视为重要的统治秩序和统治权威的表现。

二、近代市场经济关系的法律调整

从西方的经济发展与法律发展的历史来看，近代对经济关系出现专门的部门法进行调整，主要有民商法和行政法两种模式。

（一）民商法调整模式

当人类进入资本主义社会阶段，商品经济日益发展起来，逐步成了社会的主导经济模式，传统的诸法合一已经不能满足商品经济发展的要求。伴随着西方法学界和法律实践中对古罗马法中民商事制度的研究与运用，民商事法律制度在欧洲迅速发展起来，民商事法律最终从诸法合一的综合体中独立出来。其标志性事件是1804年法国革命胜利以后颁发的《法国民法典》以及后来的1900年施行的《德国民法典》。

民法以平等的民事主体之间的财产关系与人身关系为调整对象，它确立了一些基本的原则，而这些原则满足了商品经济的内在需求。

首先，私有财产权神圣不可侵犯原则。商品经济以商品的生产与交换为主要环节，确立私有财产权不可侵犯，才能保证商品生产者与经营者的物质权益，他们才有可能积极经营。

其次，民法确立了平等、自由的原则。它彻底废除了封建等级特权，确立了在民事领域全体社会成员一律平等原则。这一原则确保在商品的生产与交换中，生产者与参与交换者意志是自由的，与对方是平等的，不受制于别人的干涉。商品经济要求商品生产者具有自由、独立的地位，根据市场需求决定自己的商品生产，根据市场与成本自主决定销售价格与销售方式。民法恰恰是以主体之间的平等与自由为根本原则，这符合商品经济的内在要求。

第三，与平等、自由原则相适应的是等价有偿原则。等价有偿恰恰是商品交换的核心，商品交换就是基于自发形成的价格来进行的。价格的形成是自由主体之间通过博弈而形成的，价格的形成体现了自由，以价格为基础进行交易，这就是等价有偿。

（二）行政法调整模式

行政法调整模式起源于前苏联。前苏联是人类历史上的第一个社会主义国家，实行的是生产资料社会主义公有制。当国家或政府掌握着社会中的绝大多数生产资料时，商品交换也就压缩到非常有限的领域，私人财产就显得无足轻重。并且针对资本主义经济中普遍存在的市场失灵，前苏联对国民经济按照计划进行，也就是实行中央计划经济体制，生产、交换与分配，都是基于国家制定的计划进行的，计划的实施是通过执行行政命令的方式完成的。因此，这是依据行政法来对社会经济进行调整的。民法仅限于私人之间非常狭小的简单交换领域。

这种模式对于国家计划的作用与中央机构的计划能力过于自信，完全排斥了私人的经济计算能力，进而排斥市场自身的调节作用与市场力量，最终导致供求失衡、资源的浪费、经济结构失调。

三、现代市场经济关系的法律调整

市场经济是当代世界共通的经济方式，是生产高度社会化、利益主体多元化、经济矛盾复杂化的经济方式。面对这样的市场经济，一个法律部门难以胜任，因此世界各国普遍形成一个综合的法律体系对经济关系进行调整。各法律部门对经济关系的调整重点有别、主旨不尽相同，但又相互衔接、共同调整市场经济关系。

传统民商法对自由竞争的保护方式是一种消极保护，即任由主体自由契约，在不违反国家强制法和善良风俗的前提下，只要不发生强制、胁迫、欺骗对方，就保护协议。传统民商法的这种消极保护，能够起到保护形式平等和自由，而不能保证实质平等与自由。譬如，利用某种优势地位（包括经济优势、技术优势等），使得合同的另一方没有选择而接受强势一方的条件。

> 《中华人民共和国反垄断法》第一条　为了预防和制止垄断行为，保护市场公平竞争，提高经济运行效率，维护消费者利益和社会公共利益，促进社会主义市场经济健康发展，制定本法。

如同任何事物的发展都会走向其反面，经济领域的自由也会走向其反面。到了 19 世纪末 20 世纪初期，自由经济开始走向垄断。垄断是在自由竞争的自发发生过程中逐渐形成的，但其反过来破坏了自由、平等精神。另一方面，随着自由资本主义发展到垄断资本主义，整个社会经济发展无序性的危害也越发明显，经济周期越来越短、经济危机更加频繁且危害越来越大，这些使得人们充分认识到市场缺陷的严重性与“无形之手”的有限性。

《中华人民共和国合同法》第一条　为了保护合同当事人的合法权益，维护社会经济秩序，促进社会主义现代化建设，制定本法。

第三条：合同当事人的法律地位平等，一方不得将自己的意志强加给另一方。

第四条：当事人依法享有自愿订立合同的权利，任何单位和个人不得非法干预。

第五条：当事人应当遵循公平原则确定各方的权利和义务。

第六条：当事人行使权利、履行义务应当遵循诚实信用原则。

因此，资本主义国家之间放弃政府对经济的不作为传统，放弃“夜警”国家理念，开始对社会经济进行一定的干预，企图通过政府的“有形之手”来弥补市场这个“无形之手”的缺陷。在法律领域也就开始为国家干预经济提供法律依据。经济法就是国家运用公权力对私人经济领域进行调整的法律制度，这一制度首当其冲的就是“反垄断法”。

国家运用公权力对私人经济开始干预，相对于传统民商法，其基本理念开始有所变化：传统民商法所谓的“平等、自由”更多的是形式上的平等，主要表现为法律关系当事人在从事法律活动时意志是自由的，不受对方的强制、胁迫与欺骗。而经济法更多强调的是实质“平等与自由”，从而强调实质公平。这就是说经济法是禁止使用经济上的、技术上的优势地位，使得对方实际上是屈从于强势地位者（虽然形式上其没有被对方强迫）。

但是，运用经济法来调整当今的市场经济关系，并非是排斥民商法。民商法的基本理念：私有财产权、主体平等、自愿、等价有偿，都是最基本的价值，是任何承认个人财产、承认经济交换制度的根基。因此我们认为，调整当今市场经济关系的法律是一个综合调整模式，它是以民商法为基础、以经济法为重点的一个综合法律体系。本教材意义上“经济法”恰恰就是这种综合意义上的调整市场经济的综合法律体系。

本章小结

法是由国家制定或认可的、代表统治阶级意志、并由国家强制力保证实施的行为规范的总称。法律规范对社会关系进行调整，被调整的社会关系即上升为法律关系。法律关系是法律规范确认的人与人之间以法律确定的权利（力）、义务为内容的社会关系，法律关系的产生可以是基于事件，也可以是因为行为，但都是以法律的规定为依据的。

经济关系是众多社会关系中非常重要的一种，法律对社会关系进行调整经历了三个阶段：以民商法调整为主的阶段、以行政法调整为主的阶段，和当代综合运用民商法、行政法和经济法调整的阶段。

参考文献

葛洪义．法理学（第三版）．北京：中国人民大学出版社，2011
罗燕，李运华等．经济法教程（第九版）．广州：华南理工大学出版社，2012
佘发勤．经济法律行为范畴研究．北京：中国检察出版社，2011
李昌麒．经济法学．北京：法律出版社，2007

第二章　基本民事法律制度

目　标 学过本章之后，你应该能够

1. 了解物权的种类、效力、物权变动的原则；
2. 比较物权与债权的区别；
3. 了解担保的方式；
4. 明确代理法律关系的构成、代理权取得的途径及表见代理的法律后果；
5. 清楚法人成立的条件、法人与非法人组织之间的区别。

关键词

物权　物权的优先效力　物权法定　债权　债权的要素　担保　代理　表见代理　法人　非法人组织

知识链接“民法”的语源及意义

“民法”一词并非我国土生土长的法律概念。通说认为我国作为法律术语的民法一词是从近邻日本移植而来的。如果再循着历史长河溯溪而上，“民法”一词来源于古罗马的市民法（ius civile）。古罗马将其法律分为市民法和万民法，市民法最初是专属罗马市民适用的法律，万民法则适用于非罗马市民。随着罗马地域范围的扩大，非罗马市民逐渐获得罗马公民权，市民法与万民法相互渗透、补充，二者的区别逐渐消失，构成罗马私法体系的主要组成部分。公元6世纪东罗马帝国皇帝查士丁尼在位时，进一步汇总整理编成法典，到12世纪称为《查士丁尼民法大全》（即罗马法）。恩格斯说罗马法是：我们所知道的以私有制为基础的法律的最完备形式。罗马法的理论体系对现代民法尤其是民法法系国家（法国、德国为代表）民法有极大的影响。我国民法更多承袭了民法法系的传统与特征。

孟德斯鸠曾说：“在民法慈母般的眼神里，每个人就是整个国家。”因此，民法也称为人法。民法是关乎人民大众的法律，在从“摇篮到坟墓”的人生旅程中，民法始终与我们息息相关，作为社会生活的一员，我们可以一辈子不和刑法打交道，不和诉讼法打交道，但我们无法不和民法打交道。民法调整的社会关系广泛，涉及每个人、每个家庭、每个企

业和其他各类组织，涉及各类主体之间的人身关系与财产关系，可以说社会生活的各个方面都与民法不可分离。

民法准则是社会经济生活条件在法律上的确认。民法的发展完善也是衡量一个国家文明程度的标准。梅因说："判断一个国家文明程度的高低，只要观察一下民法和刑法在该国法律文化中的地位即可获知。大凡文明程度高的国家，民法就发达，并在整个国家的法律文化中居于核心、灵魂地位；而在文明程度低的国家，刑法则特别发达，民法则相对萎缩。"

第一节　物权

一、物权概述

（一）物权的概念和特征

物权是指权利人对特定的物享有直接支配和排他的权利。我国《物权法》第 5 条规定："物权的种类和内容，由法律规定。"基于物权法定主义原则，我国物权法规定的物权类型包括所有权、用益物权和担保物权。其中，所有权是最完整的物权。物权具有以下法律特征：

1. 物权是权利人直接支配物的权利

所谓直接支配其标的物，是指物权人可以依自己的意志就其标的物上直接行使其权利，无须他人的意思或义务人的行为的介入。因此，物权是绝对权。

物权的客体是物。这里的物既包括有体物，如不动产（土地、房屋等）、动产（桌椅、杯子、汽车等）以及虽然不占据一定空间或具备一定形状但是能为人力所控制的电、气、光波、磁波等物，也包括法律明确规定的权利，如权利质权。在权利上设定的物权，为准物权。

概念解析

动产：性质上不需破坏、变更而能移动其位置的物。

不动产：性质上不能移动其位置，或非经破坏变更则不能移动其位置的物。

由物权是权利人对于物的直接的支配权的性质决定，如果标的物不特定化，物权人也无从对其进行直接的支配，因此物权的客体必须为特定物，它可以是某个独一无二的物，也可以是特定化了的种类物。同时，物权的客体一般应是独立物，即能够单独、个别地存在的物。

2. 物权是权利人直接享受物的利益的权利

民法中的权利根据权利所涉及的利益，可分为人身权、财产权以及兼具人身性与财产性的综合性权利。物权是一种具有物质内容的、直接体现为财产权益的权利，是财产权中的重要部分。因此，物权的目的在于享受物之利益，具体包括：物的归属；物的利用；就物的价值而设立债务的担保。

3. 物权是排他性权利

物权是一种具有独占性的权利，具有排他性。物权的排他性表现为：(1) 物权人有权排除他人对于他行使物上权利的干涉；(2) 同一物上不许有内容不相容的物权并存，如同一栋房子不能同时存在两个所有权。但是同一物可以有多个人共同享有同一个所有权，如两个或两个以上的人可以共同享有一栋房子的所有权。一物之上可以设定两个以上的抵押权。

(二) 物权的效力

1. 物权的优先效力

物权的优先效力是指同一标的物上有数个相互矛盾、冲突的权利并存时，具有较强效力的权利排斥具有较弱效力的权利的实现。

(1) 物权相互间的优先效力。物权相互间的优先效力，一般是以物权成立时间的先后确定物权效力的优先顺序。例外的是限制物权是根据所有人的意志设定的物上负担，起着限制所有权的作用，因此虽然限制物权成立于所有权之后，但是限制物权的效力优先于所有权。

概念解析

限制物权：又称定限物权，指在他人所有之物上设定的权利，是于特定方面支配物的物权。限制物权是所有权以外的物权。如土地所有权人在自己的土地上为他人设定建设用地使用权，就只能由享有建设用地使用权的人使用土地。

两个在性质上不能共存的物权不能同时存在于一个物上，后发生的物权当然不能成立；如果两个物权在性质上并非不能共存，则后发生的物权仅于不妨碍先发生的物权的范围内得以成立，先发生的物权优先于后发生的物权。

具体而言，各类物权依其性质是否可以并存的情况表现为：用益物权与担保物权原则上可以并存，例外的是以占有为要件的质权、留置权与用益物权不能并存；用益物权与用益物权一般都难以并存，但地役权（主要是消极地役权）有时可与其他用益物权并存；担保物权与担保物权一般能够并存，但当事人有特别约定时不能并存，以占有为要件的留置权等担保物权之间也不能并存。

(2) 物权对于债权的优先效力。同一标的物上物权与债权并存时，物权有优先于债权的效力。主要变现为：

第一，在同一标的物上，既有物权，又有债权时，则物权有优先于债权的效力。这是因为物权是直接支配物的权利，债权的实现则要依靠债务人的行为，不能对物进行直接的支配。但在法律有特别规定的情况下，也有极少数的例外，如“买卖不破租赁”。

第二，在债权人依破产程序或强制执行程序行使其债权时，作为债务人财产的物上存在他人的物权时，该物权优于一般债权人的债权：在债务人的财产上设有担保物权的，担保物权人享有优先受偿的权利——别除权；在破产时，非属于债务人所有之物，所有人有取回该物的权利——取回权。

《合同法》第二百二十九条　租赁物在租赁期间发生所有权变动的，不影响租赁合同的效力。

“抵押不破租赁”

《担保法解释》第六十五条　抵押人将已出租的财产抵押的，抵押权实现后，租赁合同在有效期内对抵押物的受让人继续有效。

《企业破产法》第一百零九条　对破产人的特定财产享有担保权的权利人，对该特定财产享有优先受偿的权利。

2. 物上请求权

物权人在其权利的实现上遇有某种妨碍时，有权请求造成妨害事由发生的人排除此等妨害，这种权利称为物上请求权或物权请求权。

物上请求权是基于物权是绝对权、对世权，物权的实现无须他人行为的介入。物上请求权赋予物权人各种请求权，以排除对物权的享有和行使造成的各种妨害，从而恢复物权人对其标的物的原有的支配状态。物上请求权是以物权为基础的一种独立的请求权，由于物上请求权派生于物权，其命运与物权相同，即其发生、移转与消灭均从属于物权，不能与物权分离而单独存在。

物上请求权的行使不必非得依诉讼的方式进行，也可以依意思表示的方式为之，即物权受到妨害后，物权人可直接请求妨害人为一定的行为或不为一定的行为，包括请求妨害人返还原物（如果原物已经灭失，就只能请求赔偿损失）、排除妨害、消除危险等。

动态实训

案例分析：

张某与王某签订房屋买卖合同，约定张某先支付房款的50%，尾款3个月内付清，待房款付清后，由王某负责办理产权过户手续。在张某支付了部分房款，尚未办理产权过户登记期间，王某又把该房子卖给李某，并办理了产权过户登记手续。张某知道后，便强行入住该房。现李某要求张某搬出。

问题：谁对该房享有所有权？张某应该搬出吗？

（三）物权的变动

1. 物权变动的概念

物权的变动是物权的产生、变更和消灭的总称。从权利主体方面观察，即物权的取得、变更和丧失。

物权的取得即物权人取得了物权，它在特定的权利主体与不特定的义务主体之间形成了物权法律关系，并使特定的物与物权人相结合。物权的取得分为原始取得和继受取得。

物权的变更包括物权的主体、客体或内容的变更。

物权的消灭包括绝对消灭和相对消灭。

概念解析

原始取得：不以他人的权利及意思为依据，而是依据法律直接取得物权。如因生产、征收等取得所有权。

继受取得：以他人的权利及意思为依据取得物权。如因买卖、赠与等取得所有权。

2. 物权变动的原则

物权是对于物进行直接支配的权利，具有优先权和物上请求权的效力。如果不以一定的可以从外部查知的方式表现物权的产生、变更、消灭，就会给第三人带来难以预测的损害，必然会产生各种纠纷，难以确保交易安全。因此，物权变动需要具有以下原则。

(1) 公示原则。登记为不动产物权的公示方法，不动产登记制度在很大程度上起着维护不动产交易安全的作用；交付为动产物权的公示方法，即转移占有来表现动产物权的变动。

(2) 公信原则。公信原则的含义是：物权的变动以登记和交付为公示方法，当事人如果信赖这种公示而为一定的行为，即使登记或交付所表现的物权状态与真实的物权状态不符，也不能影响物权变动的效力。

该原则具体包括两方面的内容：第一，记载于不动产登记簿的人推定为该不动产的权利人，动产的占有人推定为该动产的权利人，除非有相反的证据予以推翻；第二，凡善意信赖公示的表象而为一定的行为，在法律上应当受到保护。

一般说来，物权的变动本来应当是在事实和形式上都是真实的才会产生变动，但由于以上两个原则被采用的结果，就会发生即使事实上已经变动，但形式上没有采取公示方法，仍然不发生物权变动的效力；如果形式上已经履行变动手续，但事实上并未变动，仍然发生物权变动的效力。

3. 物权变动的原因

(1) 物权的取得。引起物权取得的原因有：第一，民事行为，如买卖、互易、赠与、设定抵押权等；第二，民事行为以外的原因，主要有：因取得时效取得物权；因征收或没收取得物权；因法律的规定取得物权；因附合、混合、加工取得所有权；因继承取得物权；因拾得遗失物、发现埋藏物或隐藏物取得所有权；因合法生产、建造取得物权；因人民法院、仲裁委员会的法律文书取得物权；孳息的所有权取得。

概念解析

孳息指由原物所产生的额外收益。孳息分为天然孳息和法定孳息。天然孳息是依据物的自然性能或者物的变化规律而取得的收益。如：母鸡生的蛋、牲畜下的幼崽、果树长出的果子；法定孳息是指由法律规定因出让所属物一定期限内的使用权而得到的收益。例如：存款得到的利息、出租房屋或物品得到的租金。

《物权法》第一百零六条　无处分权人将不动产或者动产转让给受让人的，所有权人有权追回；除法律另有规定外，符合下列情形的，受让人取得该不动产或者动产的所有权：

（一）受让人受让该不动产或者动产时是善意的；

（二）以合理的价格转让；

（三）转让的不动产或者动产依照法律规定应当登记的已经登记，不需要登记的已经交付给受让人。

受让人依照前款规定取得不动产或者动产的所有权的，原所有权人有权向无处分权人请求赔偿损失。

当事人善意取得其他物权的，参照前两款规定。

(2) 物权的消灭。引起物权消灭的原因有：

第一，民事行为，如抛弃、合同、撤销权的行使等。

第二，民事行为以外的原因，如标的物灭失、法定期间的届满、混同等。

二、所有权

（一）所有权的概念、特征

所有权是所有人在法律规定的范围内独占性的支配其所有的财产的权利。《民法通则》第 71 条规定，财产所有权是指所有人依法对自己的财产享有占有、使用、收益和处分的权利。《物权法》第 39 条规定，所有权人对自己的不动产或者动产，依法享有占有、使用、收益和处分的权利。由此可知，所有权人对其所有的财产有占有、使用、收益、处分的权能，以充分实现所有权，发挥物的效用。所有权是最完全的物权，除具有物权的所有特征外，还具有以下特征：

第一，所有权是最完全的物权。所有权人对其所有物的支配不仅包括对于物的占有、使用、收益，还包括对物的最终处分。相对于其他物权，所有权的内容最全面、充分。而且，所有权还是他物权的源泉，他物权仅仅只是享有所有权的部分权能。

第二，所有权具有弹力性。所有权的权能能与所有权人发生全部或部分的分离，如所有权人就其所有物为他人设定抵押权时，所有人仍保持对其物的支配权，所有权并不消灭。当所有物上设定的其他权利消灭时，分离出去的权能仍复归于所有权人，所有权仍能恢复圆满状态。

第三，所有权具有永久性。所有权的存在不能预先设定存续期间，其与其客体物的自然寿命相依存。

（二）所有权的类型

第一，以所有制为标准，所有权的类型有国家所有权、集体所有权与私人所有权。

第二，以民事主体为标准，所有权的类型有自然人所有权、法人所有权与非法人组织所有权。

第三，以所有人人数为标准，所有权的类型有单独所有权与共有。

第四，以物的性质、特征为标准，所有权的类型有动产所有权与不动产所有权。

三、用益物权

用益物权是指对他人所有的物在一定范围内占有、使用和收益的权利。我国物权法规定了土地承包经营权、建设用地使用权、宅基地使用权、地役权、典权、探矿权、采矿权等。用益物权具有以下特征：

第一，用益物权以对物的使用、收益为其主要内容，并以对物的占有为前提。

第二，用益物权是他物权、限制物权和有期限物权。

他物权是指在他人所有物上设定的物权，是非所有人根据法律的规定或当事人的约定，对他人所有物享有的使用、收益的权利。用益物权显然属于他物权，其客体物是他人所有之物，其是由所有权派生出的权利。但是用益物权一旦产生，就具有独立性，用益物权人不仅可以排除他人对于其行使用益物权的干涉，而且可以直接对抗物的所有人对其权利的非法妨害。

用益物权毕竟只是在一定方面支配标的物，不具有全面的支配权，属于限制物权，此外，用益物权是根据所有人的意见在所有权上设定的负担，起着限制所有权的作用，用益物权的效力范围优于所有权。

与所有权不同，用益物权有一定的期限，期限届满权利归于消灭。

四、担保物权

（一）担保物权的概念

担保物权是指为确保债权的实现而设定的，在债务人或第三人的物上设定的以直接取得或支配其交换价值为内容的权利。我国关于担保物权的法律依据主要包括《民法通则》、《担保法》（及《担保法司法解释》）、《物权法》。

（二）担保物权的特征

担保物权具有以下特征：

第一，担保物权以确保债务履行为目的。

第二，担保物权是在债务人或第三人的特定物上设定的权利。

第三，担保物权以支配担保物的价值为内容。

第四，担保物权具有从属性和不可分性。所谓从属性，是指担保物权以主债的成立为前提，随主债的转移而转移，并随主债的消灭而消灭。所谓不可分性，是指担保物权所担保的债权的债权人得就担保物的全部行使其权利，具体表现为：

（1）债权一部分消灭，债权人仍就未清偿债权部分对担保物全部行使权利；

（2）担保物一部分灭失，残存部分仍担保债权全部；

（3）分期履行的债权，已届履行期的部分未履行时，债权人就全部担保物有优先受偿权；

（4）担保物权设定后，担保物价格上涨，债务人无权要求减少担保物，担保物价格下跌，债务人也无提供补充担保的义务。

第二节 债权

一、债的本质与要素

（一）债的本质

债是按照合同的约定或者依照法律的规定，在当事人之间产生的特定的权利和义务关系。债是特定当事人之间的民事法律关系。

（二）债的要素

债的要素，是指构成债所必须具备的因素，包括债的主体、债的内容和债的标的。

1. 债的主体

债的主体，是指参与债的关系的当事人。其中，享有债权的主体叫作债权人，负有债务的主体称为债务人。在某些债中，债权人仅享有债权而不负有债务，债务人仅负担债务而不享有债权。而在多数情况下，债权人既享有债权又负有债务，债务人亦然。债权人和债务人是相互对立、相互依存的，缺少任何一方，债的关系就不能成立和存续。

2. 债的内容

债的内容主要由债权和债务构成。债权是债权人得请求债务人为给付的权利。债务是指债务人依约定或法定所应负担的应为给付的义务。其内容包括实施积极的特定行为，也包括不实施特定的行为。

3. 债的标的

债的标的，又称债的客体，是指债权债务所指向的对象。债权债务所指向的对象就是债务人的给付。从债权人方面观察，债权是一种能够请求债务人为一定给付的权利；自债务人方面而言，债务系应债权人请求而为一定给付的义务。

二、债的种类

根据不同的标准，债可分为以下种类：

第一，根据发生原因及债的内容是否以当事人的意志决定，债可以分为法定之债与意定之债。法定之债包括侵权损害赔偿之债、不当得利之债、无因管理之债及缔约过失之债。意定之债主要是指合同之债。

第二，根据标的物属性的不同，债可以分为特定物之债与种类物之债。

第三，根据债的主体双方人数，债可以分为单一之债与多数人之债。

第四，根据各方各自享有的权利或承担的义务及相互间关系，债可以分为按份之债与连带之债。按份之债的各债务人只对自己分担的债务份额负清偿责任，债权人无权请求各债务人清偿全部债务。在连带之债中，连带债权人在任何一方接受了全部履行，或者连带债务人的任何一方清偿了全部债务时，虽然原债归于消灭，但连带债权人或连带债务人之间则会产生新的按份之债。

第五，根据债的标的有无选择性，债可以分为简单之债与选择之债。

第六，根据两个债之间的关系，债可以分为主债与从债。主债是从债存在的依据，从债的效力决定于主债的效力，主债消灭从债也随之消灭。

第七，根据债务人的义务是提供财物还是提供劳务，债可以分为财物之债与劳务之债。

三、债权与物权之比较

物权是物权人依法对特定的物进行管领支配并享受物之利益的排他性财产权利。债权是债权人根据法律的规定或合同的约定请求债务人为一定给付的权利。物权与债权既有区别，同时又是互相联系、交错与融合的。

物权与债权的联系：物权与债权均为财产权，债权以物权为其基础，债权则是物权变动的法律媒介，债权的实现以债权人取得物权为结果。

物权与债权的区别：

第一，物权与债权反映不同的财产关系，实现的目的不同

物权反映静态的财产支配关系，通过确认财产的归属，旨在维系财产的“静”的安全。债权反映动态的财产流转关系，旨在促进财产的流转交易，维护财产的“动”的安全。

第二，物权是对世权、绝对权、支配权，债权是对人权、相对权、请求权

物权为对世权、绝对权、支配权，权利人对物有直接支配的权利，权利人以外的任何人都依法负有不干涉、妨碍他人行使物权的不作为义务，以不特定的任何人为义务主体。债权为对人权、相对权、请求权，以特定的债务人为义务主体，特定的债务人依债的内容对债权人负担给付财产或提供劳务等作为的义务，债权人只能请求特定的债务人履行相应的义务，而不能对债务人的人身或财产直接予以支配。

第三，物权优先于债权

同一物上既存在物权又存在债权的，物权往往具有优先于债权的优先效力。

第四，物权采法定主义，债权采任意主义

物权法对物权采法定主义，物权的种类和内容均由法律直接规定，民事主体只能创设法律已做规定的物权，不能创设法律没有规定的物权，也不能变更法定的物权内容。债法对债权的种类和内容并不采法定主义。除侵权行为之债、不当得利之债、无因管理之债等法定之债外，对合同之债的创设采任意主义。

第五，物权的变动采公示主义，债权的变动则无须公示

物权为对世权，其效力及于全社会，任何人对物权人的物权均负有不作为的义务。为确保交易安全，物权的变动采公示主义。而债权为对人权，其效力仅及于特定的债务人，不及于其他人，因此其无须公示。

第六，物权具有优先性，债权具有平等性

同一物上存在的数个相同性质的物权，先成立的物权优先于后成立的物权，但针对同一物产生的数个债权，则不因成立时间在先而具有优先性。

第三节　担保

担保通常是为预防债务的不履行所事先采取的确保债权实现的手段，其根本作用在于

保障债权的实现。我国《担保法》规定的担保种类有：保证、抵押、质押、留置、定金。其中，保证属于人的担保，即信用担保，后四种属于物的担保，即财产担保。根据《担保法》的规定，在同一债权中，既有保证又有物的担保的，保证人对物的担保以外的债权承担保证责任。债权人放弃物的担保的，保证人在债权人放弃权利的范围内免除保证责任。第三人为债务人向债权人提供担保时，可以要求债务人提供反担保。反担保是债务人向第三人新设的担保，完全适用《担保法》关于担保的规定，在保证、抵押、质押等担保方式中，均可设定反担保。

一、保证

保证是经济往来中经常采用的一种担保方式。保证是指保证人与债权人约定，当债务人不履行债务时，保证人按照约定履行债务或者承担责任的行为。其是由第三人以其财产或信用，为债务履行所作的担保。该第三人称作保证人。

（一）保证人的条件及范围

根据《担保法》规定，具有代为清偿债务能力的法人、其他组织或者公民，可以作为保证人。国家机关，学校、幼儿园、医院等以公益为目的的事业单位、社会团体，企业法人的分支机构、职能部门，均不得为保证人。但企业法人的分支机构有法人书面授权的，可以在授权范围内提供保证。任何单位和个人不得强令银行等金融机构或者企业为他人提供保证。

（二）保证合同的形式及条款

保证人与债权人应当以书面形式订立保证合同。保证合同应包括以下内容：

（1）被保证的主债权种类、数额。

（2）债务人履行债务的期限。

（3）保证方式。有一般保证和连带责任保证，当事人对保证方式没有约定或者约定不明确的，按照连带责任保证承担保证责任。一般保证的保证人在主合同纠纷未经审判或者仲裁，并就债务人财产依法强制执行仍不能履行债务前，对债权人可以拒绝承担保证责任。连带责任保证是指保证人与债务人对主债务承担连带责任的保证，债权人可先向保证人要求其履行保证义务，而无论主债务人的财产是否能够清偿。

（4）保证担保的范围。包括主债权及利息、违约金、损害赔偿金和实现债权的费用。保证合同另有约定的，按照约定。当事人对保证担保的范围没有约定或者约定不明确的，保证人应当对全部债务承担责任。

（5）保证的期间。一般保证的保证人与债权人未约定保证期间的，保证期间为主债务履行期届满之日起 6 个月。

保证合同不完全具备前款规定内容的，可以补正。

（三）保证责任的承担

无论是一般保证方式还是连带责任保证方式，保证人依法承担保证责任后，有权向债务人追偿。保证期间内，债权人依法将主债权转让给第三人的，保证人在原保证范围内继续承担保证责任。下列情形保证人不承担保证责任：

（1）保证人对未经其同意转让的债务，不再承担保证责任。

（2）主合同当事人双方串通，骗取保证人提供保证的。

（3）主合同债权人采取欺诈、胁迫等手段，使保证人在违背真实意思的情况下提供保证的。

二、抵押

抵押，是指债务人或者第三人以担保债务清偿为目的，不转移占有地就自己的财产为债权人设定处分权和卖得价金优先受偿权的物权行为。其中特定的财产叫作抵押物，提供特定财产的债务人或者第三人称作抵押人，有权依法将抵押物变卖折价的债权人叫作抵押权人。为了确保债权人债权的实现，抵押担保的债权额不得超出抵押物的价值。

（一）抵押物的财产范围

1. 可以设定抵押的财产

（1）建筑物和其他土地附着物。

（2）建设用地使用权。

（3）以招标、拍卖、公开协商等方式取得的荒地等土地承包经营权。

（4）生产设备、原材料、半成品、产品。

（5）正在建造的建筑物、船舶、航空器。

（6）交通运输工具；

（7）法律、行政法规未禁止抵押的其他财产。

2. 不得设定抵押的财产

（1）土地所有权。

（2）耕地、宅基地、自留地、自留山等集体所有的土地使用权。但是，以乡（镇）、村企业的厂房等建筑物抵押的，其占用范围内的土地使用权同时抵押。

（3）学校、幼儿园、医院等以公益为目的的事业单位、社会团体的教育设施、医疗卫生设施和其他社会公益设施。

（4）所有权、使用权不明或者有争议的财产。

（5）依法被扣押、查封、监管的财产。

（6）依法不得抵押的其他财产，如法律、法规禁止流通的财产或者不可转让的财产。

（二）抵押物登记

1. 强制登记

以下列财产抵押的，应当办理抵押物登记，抵押权自登记之日起成立：

（1）建筑物和其他土地附着物。

（2）建设用地使用权。

（3）以招标、拍卖、公开协商等方式取得的荒地等土地承包经营权。

（4）正在建造的建筑物。

2. 自愿登记

当事人以其他财产抵押的，可以自愿办理抵押物登记，企业、个体工商户、农业生产经营者以生产设备、原材料、半成品、成品抵押的，登记部门为抵押人所在地的工商行政管理部门；以交通运输工具抵押的，登记部门为该交通运输工具的登记部门；以其他动产抵押的，登记部门为公证部门。以生产设备、原材料、半成品、成品、交通运输工具以及正在建造的船舶、航空器抵押的，抵押权自抵押合同生效时设立。当事人未办理抵押物登记的，不得对抗善意第三人。

抵押期间，抵押人应当妥善保管、使用抵押物。抵押人转让已办理登记的抵押物的，应当通知抵押权人并告知受让人转让物已经抵押的情况，未通知或者未告知的，转让行为无效。

（三）抵押合同的形式及条款

抵押人和抵押权人应当以书面形式签订抵押合同。抵押合同应当包括以下内容：

（1）被担保的主债权种类、数额。

（2）债务人履行债务的期限。

（3）抵押物的名称、数量、质量、状况、所在地、所有权权属或者使用权权属。

（4）抵押担保的范围。包括主债权及利息、违约金、损害赔偿金和实现抵押权的费用。抵押合同另有约定的，按照约定。

（5）当事人认为需要约定的其他事项。抵押合同不完全具备前款规定内容的，可以补正。订立抵押合同时，抵押权人和抵押人在合同中不得约定在债务履行期届满抵押权人未受清偿时，抵押物的所有权转移为债权人所有。

（四）抵押权的实现

债务履行期届满抵押权人未受清偿的，可以与抵押人协议以抵押物折价或者以拍卖、变卖该抵押物所得的价款受偿；协议不成的，抵押权人可以向人民法院提起诉讼。抵押物折价或者拍卖、变卖后，其价款超过债权数额的部分归抵押人所有，不足部分由债务人清偿。

同一财产向两个以上债权人抵押的，拍卖、变卖抵押物所得的价款按照以下规定清偿：

（1）抵押合同以登记生效的，按照抵押物登记的先后顺序清偿；顺序相同的，按照债权比例清偿。

（2）抵押合同自签订之日起生效的，该抵押物已登记的，按照前述规定清偿；未登记的，按照合同生效时间的先后顺序清偿，顺序相同的，按照债权比例清偿。抵押物已登记的先于未登记的受偿。

三、质押

质押，是指债务人或者第三人将其特定财产移交债权人占有，作为债权的担保，债务人不履行债务时，债权人有权依法将该特定的财产折价或者以拍卖、变卖该特定财产的价款优先受偿。其中用于担保的财产称作质物，提供特定财产以供担保的债务人或者第三人为出质人，享受质权的债权人为质权人。根据出质财产的不同，质押分为动产质押和权利质押。

（一）质押的类型

1. 动产质押

动产质押是以动产为标的物的质押，出质人和质权人应当以书面形式订立质押合同，质权自出质人交付质押财产时设立。

2. 权利质押

权利质押是以权利为标的质押。可以质押的权利有：

（1）汇票、支票、本票、债券、存款单、仓单、提单。以上述权利出质的，应当在合同约定的期限内将权利凭证交付质权人，质押合同自交付之日起生效。

（2）依法可转让的股份、股票。出质人与质权人签订的书面合同应当向证券登记机构办理出质登记，自登记之日起生效。

（3）依法可转让的商标专用权、专利权、著作权中的财产权。出质人与质权人签订的书面合同应当向上述权利管理部门登记，自登记之日起生效。

（4）依法可质押的其他权利。

（二）质押合同的条款

（1）被担保的主债权种类、数额。

（2）债务人履行债务的期限。

（3）质物的名称、数量、质量、状况或被质押权利的状况。

（4）质押担保的范围。

（5）质物移交或权利凭证移交、登记的时间。

（6）当事人认为需要约定的其他事项。质押合同不完全具备前款规定内容的，可以补正。出质人和质权人在合同中不得约定在债务履行期届满质权人未受清偿时，质物的所有权转移为质权人所有。

四、留置

留置是指债权人按照合同的约定占有债务人的动产，债务人不按照合同约定的期限履行债务的，债权人有权依照法律规定留置财产，以该财产折价或者以拍卖、变卖该财产的价款优先受偿。同其他担保方式不同，留置担保是由法律规定而设置。《担保法》第 84 条规定，因保管合同、运输合同、加工承揽合同发生的债权，债务人不履行债务的，债权人有留置权。其他合同，没有法律规定的，债权人不享有留置权。其中，依合同占有债务人动产的人为留置权人，被占有的债务人的动产为留置物。

留置权人负有妥善保管留置物的义务，因保管不善致使留置物灭失或者损毁的，留置权人应当承担民事责任。债权人与债务人应当在合同中约定，债权人留置财产后，债务人应当在不少于两个月的期限内履行债务。未约定的，债权人留置后，应当确定两个月以上的期限，通知债务人在该期限内履行债务。债务人仍不履行的，债权人可以与债务人协议以留置物折价，也可以依法拍卖、变卖留置物，所得价款超过债权数额的部分归债务人所有，不足部分由债务人清偿。

知识拓展

抵押、质押与留置

1. 留置担保是由法律规定而设置，当事人不能任意创设，但允许当事人约定排除留置权；抵押、质押一般是由当事人约定而设置。

2. 可用于抵押、质押与留置的财产不同。抵押标的为动产与不动产；质押标的为动产与权利，留置的标的为债权人依合同占有的债务人的动产。

3. 抵押物不移转占有；质物则需移转占有。

五、定金

定金是当事人在合同中约定一方向另一方给付一定的金钱，作为债权的担保。定金应当以书面形式约定，定金合同从实际交付定金之日起生效。定金数额由当事人约定，但不得超过主合同标的额的 20%。

债务人履行债务后，定金应当抵作价款或者收回。定金不同于“订金”，定金作为担保的一种，在适用上遵循“定金罚则”，即给付定金的一方不履行约定的债务的，无权要求返还定金；收受定金的一方不履行约定的债务的，应当双倍返还定金。

知识拓展

定金与订金、违约金

1. 订金与定金仅一字之差，在法律性质上却有天壤之别。订金不是一个规范的概念，在法律上仅作为一种预付款的性质，是当事人的一种支付手段，不具有担保性质。合同履行的抵充价款，不履行的也只能如数返还。预付款是一种支付手段，其目的是解决合同一方周转资金短缺。预付款不具有担保债的履行的作用，也不能证明合同的成立。收受预付款一方违约，只需返还所收款项，而无须双倍返还。

2. 违约金是由当事人约定的或者由法律直接规定的，在违约方不履行合同时偿付给守约方的一定数额的货币，当事人可以约定一方违约时应当根据违约情况向对方支付一定数额的违约金，也可以约定因违约产生的损失赔偿额的计算方法。约定的违约金低于造成的损失的，当事人可以请求人民法院或者仲裁机构予以增加；约定的违约金过分高于造成的损失的，当事人可以请求人民法院或者仲裁机构予以适当减少。当事人就迟延履行约定违约金的，违约方支付违约金后，还应当履行债务。若当事人既约定违约金，又约定定金的，一方违约时，对方可选择适用违约金或定金条款。

第四节 代理

一、代理的概念、适用范围及其特征

（一）代理的概念

代理，是指代理人以被代理人（又称本人）的名义，在代理权限内与第三人（又称相对人）为法律行为，其法律后果直接由被代理人承受的民事法律制度。例如，某甲接受某乙的委托，以某乙的名义与某丙签订合同，而在某乙和某丙之间形成债权债务关系。可见，代理活动涉及三方主体：代理人、被代理人、相对人。其中，代他人实施民事法律行为的人，称为代理人；由他人以自己的名义代为民事法律行为，并承受法律后果的人，称为被代理人；与代理人实施法律行为的人称为第三人或相对人。代理法律关系也包含三方面的内容：一是被代理人与代理人之间产生代理的基础法律关系，如委托合同；二是代理人与第三人所为的民事法律行为，称为代理行为；三是被代理人与第三人之间承受代理行为产生的法律后果，即基于代理行为而产生、变更或消灭的某种法律关系。代理关系可通过图 2—1 直观地体现：

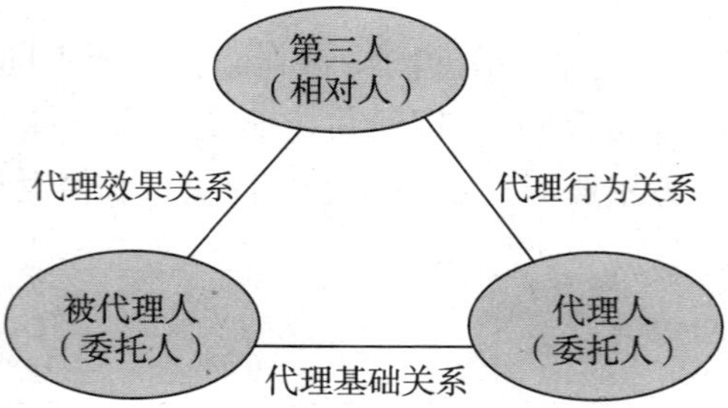

图 2—1　代理关系中的主体

知识拓展

代理人与法定代表人

法定代表人是依照法律或者法人章程规定，能够对外代表法人从事法律行为、为法人设立民事权利义务关系的负责人。根据相关法律规定，法人的正职负责人是法人的法定代表人。没有正职负责人的，由主持工作的副职负责人担任法定代理人。设有董事会的法人，以董事长为法定代表人；没有董事长的法人，经董事会授权的负责人可作为法人的法定代表人。公司法定代表人依照公司章程的规定，由董事长、执行董事或者经理担任。

法定代表人与所代表的法人是同一主体，法定代表人是法人的意思机关，其实施的行为被视为法人自身的行为，不发生法律后果移转的问题。法定代表人实施的行为十分广泛，既包括法律行为，也包括事实行为、违法行为。而代理人与被代理人是各自独立的主体，代理人只能代为实施法律行为，行为的后果归属于被代理人。当然，法定代表人也可以委托代理人代其实施法律行为。

（二）代理的适用范围

从主体上看，公民、法人以及其他组织均可通过代理人进行民事活动。从行为上来看，绝大多数法律行为都可以代理。

不能代理的行为包括：

（1）具有人身性质的法律行为。如结婚、离婚、继承、收养等等。

（2）违法行为。

（3）依照法律规定或者当事人双方约定，应当由本人实施的其他法律行为。

动态实训

案例分析：

某市甲酒店为了装修酒店，请乙题字5幅，乙满口答应。后来因为种种原因，没有时间完成作品，就让自己的几个学生以自己的名义代做了3幅，自己仅题了2幅交给了该酒店。由于其学生的作品与乙的风格相差很大，水平也远不及乙，结果代做的事被该酒店经理发现。双方发生纠纷，甲酒店只同意支付2幅字画的报酬，并要求乙承担因为耽误装修给酒店造成的损失。甲则坚持认为自己已交付了作品。

问题：乙应否承担因为耽误装修给酒店造成的损失？

（三）代理的法律特征

一般而言，代理具有以下特征：

第一，代理行为是能够引起民事法律后果的民事法律行为。

通过代理人所为的代理行为，能够在被代理人与第三人之间产生、变更或消灭某种民事法律关系，如代订合同而建立了买卖关系、代为履行债务而消灭了债权债务关系。代理行为具有法律上的意义，同样是以意思表示作为构成要素。因此，代理行为区别于事务性的委托承办行为。诸如代为整理资料、校阅稿件、计算统计等行为，不能在委托人与第三人之间产生民事法律关系，不属于民法上的代理行为。

第二，代理人一般应以被代理人的名义从事代理活动。

我国《民法通则》第63条第2款规定：代理人在代理权限内。以被代理人的名义实施民事法律行为。在代理关系中，代理人是代替被代理人从事法律行为，以实施被代理人所追求的民事法律后果。显然，基于代理行为所产生的民事法律关系的主体应是被代理人，故代理人一般应以被代理人的名义从事代理行为。

但是，根据我国《合同法》第402条和第403条的规定，受托人以自己的名义，在委托人授予权限范围内与第三人订立的合同也对委托人产生约束力。因此可见，我国立法既在原则上确认显名代理，也在法定条件下承认隐名代理。

第三，代理人必须在代理权限内进行活动。

代理权是代理关系产生的基础，代理人实施法律行为必须以代理权为依据，不得超出代理权限的范围，否则就会形成无权代理。

第四，代理人在代理权限内独立进行意思表示。

虽然代理人在实施法律行为时不得超出代理权限范围，但是代理人在进行代理行为时并不是被代理人的附庸，而是具有独立的法律地位，其在代理权限内独立地向第三人作出意思表示或接受意思表示。

第五，代理行为的法律效果最终归属于被代理人。

代理人在代理权限范围内所谓的行为，等同于被代理人自己所为的行为，产生与被代理人自己行为相同的法律后果。因此，由代理行为产生的权利、义务、责任均由被代理人承受。

知识拓展

代理与传达、居间、行纪、委托的区别

1. 代理与传达

传达是传达人将表意人已经确定的意思表示如实转达给第三人的行为。传达人只原封不动地转达表意人的意思表示，不独立为意思表示，由于传达人传达有误造成的损失由表意人承担。代理则不同，在代理行为中，代理人独立进行意思表示、实施法律行为，若代理人存在失误，须向被代理人承担责任。

2. 代理与居间

居间是根据双方约定，一方为他方报告交易机会或提供商业信息，他方在居间人介绍的交易成立后，向其给付一定报酬的行为。居间人是以自己的名义进行居间活动，仅在委托人与第三人之间起牵线搭桥的媒介作用，不向第三人作出或接受意思表示。

3. 代理与行纪

行纪是行纪人接受委托以自己的名义进行商事活动并收取佣金或差价的行为。行纪人为营利法人，其是以自己的名义进行法律行为，行纪行为的后果先归于行纪人，再移转于委托人，行纪行为均为有偿行为。

4. 代理与委托

委托是委托人与受托人之间为处理委托事务而约定相互权利义务关系的合同行为。委托仅涉及委托人与受托人两方当事人，委托是产生一切委托事务的依据和基础。

二、代理制度的意义

第一，补充和扩张了民事主体的民事行为能力。

民事主体中的无民事行为能力人、限制民事行为能力人都不能独立实施民事法律行为或超出其行为能力范围的民事法律行为。有了代理制度，就使得无民事行为能力人或限制民事行为能力人的民事行为能力通到代理得到弥补。

完全民事行为能力人，虽有民事行为能力，但受时间、精力、专业知识、地域的限制，也不能凡事都事必躬亲来处理，代理制度则给他以分身之术，使其民事行为能力得以扩张。

法人民事行为能力的实现要通过法定代表人实现，而法人业务的广泛性和复杂性，也决定了其行为能力的实现依赖法定代表人委托代理人代理的方式。

因此，代理制度的主要功能就是补充和扩张了各类民事主体的行为能力。

第二，充实了民事自由，使当事人意思自治得以真正实现。

民法以意思自治为原则，允许当事人依其自由意思表示，为其依法设定权利、承担义务。意思自治原则不仅允许当事人依其意思亲自为法律行为，而且包括当事人依其自由意思授权他人代为意思表示，从而充实了当事人进行民事活动的自由，使其意思自治得以充

分实现。

三、代理的种类

1. 委托代理

委托代理是指基于被代理人的委托而发生的代理关系。委托代理是最重要的代理种类。委托代理适用于有完全民事行为能力人有代理需要的情形。

2. 法定代理

法定代理是依法律的规定发生代理权的代理。法定代理适用于无民事行为能力和限制民事行为能力人需要代理人的情形。

3. 指定代理

指定代理是指按照人民法院或有关单位的指定发生代理权的代理。指定代理适用在有义务担任无民事行为能力和限制民事行为能力人的监护人有争议的情形。

四、表见代理

表见代理制度是基于本人的过失或本人与无权代理人之间存在特殊关系，使相对人有理由相信无权代理人享有代理权而与之为民事法律行为，代理行为的后果由本人承受的一种特殊的无权代理。表见代理实质上是无权代理，是广义无权代理的一种。若无权代理行为均由被代理人追认决定其效力的话，会给善意第三人造成损害，因此，在表见代理的情形之下，规定由被代理人承担表见代理行为的法律后果，更有利于保护善意第三人的利益，维护交易安全，并以此加强代理制度的可信度，建立正常的民事流转秩序。由此可知，表见代理本属于无权代理，但因本人与无权代理人之间的关系具有外表授权的特征，致使相对人有理由相信行为人有代理权而与其进行民事法律行为，法律使之发生与有权代理相同的法律效果。

> 《合同法》第四十九条　规定行为人没有代理权、超越代理权或者代理权终止后以被代理人名义订立合同，相对人有理由相信行为人有代理权的，该代理行为有效。

构成表见代理需要具备下列要件：

第一，须行为人无代理权；

第二，须有客观上使相对人相信行为人具有代理权的事实或理由，如代理权被撤销或终止，但本人的行为仍然有足以造成相对人相信代理权继续存在的外观而形成的表见代理（如仍持有被代理人盖有公章的合同书等）或者因本人自己的行为给相对人造成了对表见代理人授权表象的表见代理或者职务授权中本人对代理人代理权的限制，相对人难以知晓，代理人越权形成的表见代理；

第三，须第三人为善意且无过失；

第四，须行为人与相对人之间的民事行为具备代理的表面特征及民事法律行为的有效要件；

第五，本人对无权代理行为不予追认。

表见代理的法律后果为：对本人而言，产生与有权代理相同的法律效果。被代理人承受代理行为的效果后，如因此造成损失，有权向表见代理人请求赔偿；对第三人而言，既可主张狭义无权代理，也可主张成立表见代理。（相对人具有选择权，只能二者选其一。）

动态实训

甲公司与乙公司是长期合伙伙伴，乙是甲公司的业务员，一直代表甲公司与乙公司进行业务联系。后来乙被甲公司解雇，甲公司未及时告知丙公司，乙拿着盖有甲公司公章的空白合同书与丙公司又签了货物买卖合同，丙公司找甲公司索要货款，甲公司能否拒绝？为什么？

第五节　法人

一、法人的概念、特征及成立条件

（一）法人的概念、特征

法人是具有民事权利能力和民事行为能力，依法享有民事权利和承担民事义务的社会组织。法人是法律创设的与自然人相对应的主体。关于法人的本质有“法人拟制说”、“法人否认说”、“法人实在说”。我国民法中将法人分为企业法人、机关法人、事业单位法人以及社会团体法人。法人具有以下特征：

第一，法人是一种社会组织：可以是自然人的联合体，如有限责任公司、学会、协会等；也可以是财产的联合体，如基金等。

第二，法人是依法独立享有民事权利和承担民事义务的社会组织。这种独立性具体表现为：组织上的独立性，不因单个成员的存在与否影响组织；财产上的独立性，与成员的个人财产相区分；责任上的独立性，以自己的独立财独立承担民事责任。

动态实训

2012 年 12 月，甲、乙两人合资开办了一家网络技术服务公司，向工商局办理了设立登记。其中甲出资 6 万元；乙向朋友丙借款 4 万元，作为自己的出资。2014 年 1 月，网络公司因管理不严而发生严重的失窃事件，公司财产损失严重，只剩下 1 万元存款，而负债却高达 6 万元，其中向个体户丁借款 4 万元，向某电脑公司购买电脑欠货款 2 万元。网络公司因此宣告破产。

网络公司破产后，丙、丁和电脑公司都找到甲、乙两人，要求他们清偿欠款，甲、乙提出其所开办的公司为有限责任公司，只能以账面所剩的 1 万元资金，在三者间按 2∶2∶1的比例清偿。丙等人不同意，便向人民法院起诉。

问题：该案应如何处理？

（二）法人的成立条件

1. 依法成立

依法成立是指依照法律规定而成立。首先，法人组织设立的目的、宗旨必须符合法律规定，符合国家利益和社会公共利益的要求；其次，法人成立须有其具体的法律依据；再次，法人成立的程序符合法律、法规的规定。

2. 有独立的财产或经费

这是法人以自己的名义独立进行民事活动的物质基础，也是其独立承担民事责任的财产保障。所谓必要的财产或经费是法人要有与其设立的宗旨、性质、规模、活动范围等相适应的资产。

3. 有自己的名称、组织机构和活动场所

法人的名称、组织机构和场所是法人作为独立民事主体不可或缺的条件。法人的名称只能有一个，而且要符合法律、法规的要求。如《企业名称登记管理条例》规定，企业的名称应依次由字号、行业或者经营特点、组织形式组成，并在名称前冠以企业所在地省或市或县行政区划名称。法人的组织机构是法人对内管理法人事务，对外代表法人进行民事活动的常设机构的总称。法人意志总是要通过一定的机构产生，并通过一定的机构来具体实现。任何社会组织要成为法人就必须有自己的组织机构。不同的法人有不同的组织机构，如公司企业法人设有权力机构（股东会或股东大会）、执行机构（董事会）、监督机构（监事或监事会）。法人的场所是法人开展业务活动的处所。法人的场所可以是自己所有的，也可是租赁他人的，但必须有固定活动的场所。法人的场所和法人的住所不同，法人的住所是法人主要办事机构所在地，一个法人可以有多个场所，但只能有一个住所。

> 《公司法》第二十三条　设立有限责任公司，应当具备下列条件：……（二）有符合公司章程规定的全体股东认缴的出资额；……
>
> 第七十六条　设立股份有限公司，应当具备下列条件：……（二）有符合公司章程规定的全体发起人认购的股本总额或者募集的实收股本总额；……

知识拓展

法人机关

法人机关是指根据法律、章程或条例的规定，在法人成立时产生的不需特别授权就能够以法人的名义对内管理法人的事务，对外代表法人进行民事活动的集体或者个人。如有限责任公司的股东会、董事会、监事会或监事就是公司法人机关。

二、法人的能力和责任

（一）法人的民事权利能力

法人的民事权利能力，是指法人作为民事主体所具有的能够参与民事法律关系并且享有民事权利和承担民事义务的资格。它是法人成为民事主体必须具备的能力，是法人民事主体资格的标志。法人与自然人虽都是民事主体，都具有民事权利能力，但由于法人是社会组织，自然人是生命体，所以，二者的民事权利能力是有差异的。与自然人相比较，法人的民事权利能力有如下特点：

第一，法人的民事权利能力从法人成立时发生，到法人终止时消灭。自然人的民事权利能力开始于出生，终止于死亡。

第二，法人是社会组织体，不享有自然人基于生命享有的诸如生命、健康、肖像、配偶等方面的权利能力，不如自然人的民事权利能力那样广泛。

第三，自然人的民事权利能力一律平等，而法人则因其成立的目的、宗旨、活动范围等不同，民事权利能力也呈现出差异性。如国家机关法人不能从事经营活动，但法人的权利能力的差异，并不影响法人在民事活动中的法律地位，各法人在他所能参与的民事活动中的法律地位仍然是平等的。

（二）法人的民事行为能力

法人的民事行为能力，是指法律赋予法人以自己的行为取得民事权利和承担民事义务的资格。与自然人的民事行为能力相比较，法人民事行为能力有以下特点：

第一，法人的民事行为能力与其民事权利能力同时开始同时终止。而自然人的民事权利能力从出生时开始，死亡时终止；民事行为能力则于自然人达到一定年龄且智力状况健康时才开始，死亡时终止，且有丧失民事行为能力的情况。

第二，法人的民事行为能力与其民事权利能力的范围是一致的，每一个具体的法人有什么民事权利能力，也就有什么民事行为能力。而自然人的民事行为能力和民事权利能力对无民事行为能力和限制民事行为能力人来讲是不一致的。

第三，法人的民事行为能力由法人机关或代表人实现，法人机关或代表人以自己的意思表示代表着法人的团体意思，它们根据法律或法人章程而实施的民事行为，就是法人的行为，其法律后果由法人承担，而自然人只要具备民事行为能力，即可自己实施民事行为，为自己取得权利，设定义务。

（三）法人的民事责任能力

法人的民事责任能力，是法人对自己的侵权行为承担民事责任的资格。法人承担民事责任的要件有：

第一，必须是法人机关或法人工作人员的行为。法人机关包括意思机关、执行机关、代表机关或临时有权代表法人实施行为的人，这些机关在对外活动中代表法人本身，二者是同一人格，因而机关行为就是法人行为。

第二，法人机关或法人工作人员的该行为必须是执行职务的行为。法人机关在活动中以法人名义进行，或虽未言明以法人名义进行但依社会共同经验足以被认为是在执行职务的行为，都是法人行为。充任法人机关的自然人进行的与执行职务无关的行为，是自己行为，不是法人行为。法人机关或法人工作人员在执行职务时的行为，无论是违法行为还是合法行为都是法人行为，其后果均由法人承担。但如果假借法人名义或超越法人权利能力所为的行为，则不是法人行为。

三、法人组织与非法人组织

非法人组织是指不具有法人资格但可以自己的名义进行民事活动的组织，亦称非法人团体。民法关于民事主体的理论和立法经历了一个从承认单一主体（自然人）到多元主体的发展过程。二战以后民法学界在承认非法人组织具有民事主体性上得到了普遍的认同。非法人组织，在德国仅指无权利能力社团；在日本包括非法人社团和非法人财团；在我国台湾地区称为非法人团体。我国《民法通则》未规定“非法人组织”的概念，《合同法》、《民事诉讼法》、《行政诉讼法》、《著作权法》等法律、法规及司法解释的称谓是“其他组织”。

《民法通则》第四十三条　企业法人对它的法定代表人和其他工作人员的经营活动，承担民事责任。

《最高人民法院关于审理人身损害赔偿案件适用法律若干问题的解释》第八条第一款　法人或者其他组织的法定代表人、负责人以及工作人员，在执行职务中致人损害的，依照民法通则第一百二十一条的规定，由该法人或者其他组织承担民事责任。上述人员实施与职务无关的行为致人损害的，应当由行为人承担赔偿责任。

动态实训

王某是甲公司的法定代表人，以甲公司名义向乙公司发出书面要约，愿以 10 万元价格出售甲公司的一块清代翡翠。王某在函件发出后 2 小时意外死亡，乙公司回函表示愿意以该价格购买。甲公司新任法定代表人以王某死亡，且未经董事会同意为由拒绝。关于该要约，下列哪一表述是正确的？

A. 无效　　B. 效力待定

C. 可撤销　　D. 有效

非法人组织的形态主要有：非法人企业，包括非法人私营企业、合伙企业、非法人集体企业、非法人外商投资企业以及企业集团、企业法人的分支机构、个人独资企业、个体工商户；筹建中的法人组织如筹备处、筹建委员会、筹建指挥部等；以及非法人公益组织，包括非法人机关事业单位、社会团体等。

非法人组织同法人组织一样都属于社会组织，都是独立的民事主体。其与法人组织不同的地方在于民事责任的承担上，非法人组织不能完全独立承担民事责任，当非法人组织不能清偿到期债务时，应由非法人组织的出资人或开办单位承担连带责任，法人组织在不能清偿到期债务时一般不能由其出资人承担连带责任。

本章小结

民法是保障市场经济健康发展的重要法律。本章对民法中与经济生活联系密切的法律制度如民事权利制度、担保制度、代理制度、法人及非法人制度等进行了简洁清晰的阐述。

参考文献

魏振瀛主编. 民法（第五版）. 北京：北京大学出版社、高等教育出版社，2013

刘凯湘. 民法总论（第三版）. 北京：北京大学出版社，2011

李显冬主编. 案例民法学总论. 北京：中国法制出版社，2012

第三章　公司法律制度

目　标 学过本章之后，你应该能够

1. 理解公司的概念、区分公司与其他企业的本质不同；
2. 掌握公司的组织机构、分权与制衡制度、议事规则；
3. 熟悉现代股份公司的治理制度；
4. 运用公司法律知识分析和解决简单的公司法律事务；
5. 依法经营，并能应用法律规则保护自身合法权益。

关键词

公司　企业　资本　股份　董事会　股东大会　监事会　高级管理人员　合并　分立　解散　清算

案例导入

孟威经过潜心研究发明了一种可以用来生产新型电子元器件的新技术，他将这种技术成功申请注册了一项发明专利。孟威不仅具有很强的科技研发能力，也具有企业家的潜质，经过深思熟虑，他决定以自己的专利出资来建立一个企业生产电子元器件。在筹建过程中，他面临一系列的问题，但是在注册企业时，他首先要决定应将企业注册成一个什么类型的企业，你能否为他拟定一个组建企业的方案并分析其利弊？

公司在当代市场经济中占有举足轻重的地位，发挥着巨大的经济能量。从个人企业到合伙企业再到公司，企业形态的更替反映的是社会经济的发展与进步，公司使得经营行为突破了血缘与地缘的限制，在经济全球化时代，更是突破了政治与国界的限制。从 17 世纪到 20 世纪 70 年代，被经济学家认为改变了人类生活的 160 种主要创新中，80%以上都是由公司完成的。因此，德国著名管理学家赫尔曼·西蒙说，历史上几乎所有的重大革新都是在公司，而不是在国家层面产生的。今天，全世界 70%的专利和 2/3 的研究开发经费出自跨国公司。公司发挥着越来越大的经济能量，影响世界格局的不仅仅是政治力量，还有公司的力量。公司是一种企业、一种组织、一种制度、一种文化。公司是在合伙基础上形成的高级企业形态，公司制度萌芽于中世纪的欧洲，1600 年成立的英国东印度公司是

现代股份公司的发端。工业革命以后，资本主义经济迅猛发展，随着法人制度的形成，股份有限公司大量产生，到19世纪末20世纪初，公司已成为资本主义国家企业的基本组织形式。公司法是调整公司的设立、组织、活动、解散及其他对内对外关系的法律规范的总称。公司制度与公司立法的发展是相互促进、渐趋完善的。我国封建社会历史漫长，商品经济不发达，现代公司组织形式的企业起步晚，发展缓慢，公司立法一直落后于发达资本主义国家。新中国第一部《公司法》在1993年颁布，1994年7月1日实施。此后，为了适应经济发展及公司制度发展的需要，全国人大常委会先后在1999年、2004年、2005年对《公司法》进行修订。2013年，根据国务院常务委员会会议精神，为了进一步创建“宽进、高效、严管”的商事登记制度，降低创业成本，激发社会投资活力，全国人大常委会对《公司法》和《公司登记管理条例》进行了修订，并于2014年3月1日起实施。

第一节　公司与企业

一、企业的基本类型

公司是企业的一种，也是最重要的企业形态。为了分散风险、节约交易成本，人们通过设立企业从事商业经营活动。现代经济学理论认为，企业本质上是一种资源配置的机制，其能够实现整个社会经济资源的优化配置，降低整个社会的交易成本。从经济学或管理学意义上讲，企业是以盈利为目的，运用各种生产要素，向市场提供产品或服务的经济组织。从法律意义上讲，企业是依法设立的，从事经营性活动并具有独立或相对独立的法律人格的组织。根据企业的组织形式，企业主要分为个人独资企业、合伙企业和公司；根据企业是否具有独立的法人资格，企业可分为法人企业和非法人企业。公司是典型的法人企业，非法人企业主要包括合伙企业与个人独资企业。我国针对不同类型的企业分别颁布了专门的法律，包括《中华人民共和国个人独资企业法》（以下简称《个人独资企业法》）、《中华人民共和国合伙企业法》（以下简称《合伙企业法》）、《中华人民共和国公司法》（以下简称《公司法》）。见表3—1。

表3—1　　企业的分类

分类标准	企业形态			是否法人		资本来源				规模大小			
类别	公司	合伙企业	个人独资企业	法人企业	非法人企业	国有企业	集体企业	民营企业	外资企业	大型企业	中型企业	小型企业	微型企业

注：关于中小企业划分标准见《中小企业划型标准规定》（国发〔2009〕36号）。

二、非法人企业

（一）个人独资企业

《个人独资企业法》于1999年颁布，2000年1月1日起实施。根据该法，个人独资企业是指依法在中国境内设立，由一个自然人投资，财产为投资人个人所有，投资人以其个人财产对企业债务承担无限责任的经营实体。该企业具有如下特点：

1. 投资人为一个自然人

由于只有一个投资者，不存在投资人之间的利益冲突，企业事务完全由投资者一个人决定，投资人对企业具有完全的参与权和控制权。此外，法律、法规禁止从事盈利性活动的人，不得作为投资人申请设立个人独资企业，这类人主要包括法官、检察官及国家公务员等。

2. 投资人对企业债务承担无限责任

个人独资企业虽然可以以自己的名义从事相关民事活动，但其不具备法人资格，不能独立承担民事责任，投资人对企业的债务承担无限责任，企业的财产即是投资人的财产，企业的债务即是投资人的债务。

3. 企业内部机构设置简单，经营管理方式灵活

个人独资企业的投资人即是企业财产的所有者，也是企业的经营管理者，因此，《个人独资企业法》对个人独资企业内部组织机构及经营管理方式的规定较为宽松，这有利于充分调动投资人的自主经营积极性，同时降低经营成本。根据《个人独资企业法》的规定，个人独资企业投资人可以自行管理企业事务，也可以委托或聘用其他具有民事行为能力的人管理企业事务。

4. 个人独资企业无须缴纳企业所得税

根据我国财政部与税务总局 2000 年联合颁发的《关于个人独资企业和合伙企业投资者征收个人所得税的规定》，个人独资企业与合伙企业的经营收益无须交纳企业所得税，而是由投资人根据其投资收益比照个体工商户交纳个人所得税，避免了双重税负。

（二）合伙企业

合伙是一种古老的以合伙协议为基础的组织。在西方社会，合伙经历了从普通合伙到隐名合伙，再到有限合伙与有限责任合伙的形态演变历程。在公司制度高度发达的今天，合伙不仅没有走向衰落，反而得到了空前的发展，类型越来越多样化，适应性越来越强。究其原因，主要是因为合伙制度具有的经营灵活、设立简便、内部结构简单以及单重税负等优势。现代社会，合伙已发展成为具有较强组织性的经营实体——合伙企业，合伙人的身份也从单一的自然人扩大到自然人、法人和其他组织。

所谓合伙企业，是指两个或者两个以上的合伙人订立合伙协议，共同投资，共同经营，共享收益、共同承担经营风险，且至少有一个合伙人对企业债务承担无限责任的盈利性组织。根据《合伙企业法》，在我国，合伙企业有如下三种类型。

1. 普通合伙企业

普通合伙企业是由普通合伙人组成，全体合伙人对企业债务承担无限连带责任的合伙企业。其名称中应当标有“普通合伙”的字样。

普通合伙企业应当有两个或两个以上的合伙人。合伙人为自然人、法人或其他组织。合伙人为自然人的，应当具有完全民事行为能力；国有独资公司、国有企业、上市公司以及公益性的事业单位、社会团体不得成为普通合伙人。合伙人可以用货币、实物、知识产权、土地使用权或者其他财产权利出资，也可以用劳务出资。合伙人的出资、以合伙企业名义取得的收益和依法取得的其他财产，均为合伙企业的财产，合伙企业的全部财产为全体合伙人共有。合伙协议是合伙企业设立、运作的基础性法律文件，也是合伙人享有权

利，履行义务的法律依据。合伙人对执行合伙事务享有同等的权利，按照合伙协议的约定或者经全体合伙人决定，可以委托一个或者数个合伙人对外代表合伙企业，执行合伙事务。企业重大事项须经全体合伙人一致同意。合伙企业的利润分配、亏损分担，按照合伙协议的约定办理；合伙协议未约定或者约定不明确的，由合伙人协商决定；协商不成的，由合伙人按照实缴出资比例分配、分担；无法确定出资比例的，由合伙人平均分配、分担。

知识拓展

无限连带责任

无限连带责任是指在企业的全部财产不足以偿还到期债务时，各合伙人均有义务以其个人其他财产对企业的剩余债务承担清偿责任，而不是按照合伙协议约定的或者法定的比例偿还，当合伙人偿还企业债务后，超出合伙协议约定的分担比例的，可以向其他合伙人追偿。

2. 特殊的普通合伙企业

特殊的普通合伙企业一般是以专门知识或专业技能为客户提供有偿服务的专业服务机构，如律师事务所、会计师事务所等。此种合伙在合伙人责任分担上不同于普通合伙，特殊的普通合伙企业应在其名称中标明“特殊普通合伙字样”。根据《合伙企业法》的规定，在特殊的普通合伙企业中，一个合伙人或者数个合伙人在执业活动中因故意或者重大过失造成合伙企业债务的，应当承担无限责任或者无限连带责任，其他合伙人以其在合伙企业中的财产份额为限承担责任。所谓重大过失，是指明知可能会造成损失而轻率地作为或不作为。为了保证专业服务机构的健康发展，同时保障债权人利益，基于公平原则，对于专业服务机构不能简单地以无限连带责任来归责，而是应该分清责任，将在执业活动中因故意或重大过失造成合伙企业债务的合伙人与其他合伙人区别开来。当一个合伙人或者数个合伙人在执业活动中因故意或者重大过失造成合伙企业债务的，仅由该合伙人承担无限责任或者无限连带责任，其他合伙人则以其在合伙企业中的财产份额为限承担责任；对合伙人在执业活动中非因故意或重大过失造成合伙企业债务的，仍然由全体合伙人承担无限连带责任。因此，为了化解经营风险，特殊的普通合伙企业应当建立职业风险基金制度、为合伙人办理职业保险。除此之外，特殊的普通合伙与普通合伙并无区别。

3. 有限合伙企业

有限合伙企业是指由有限合伙人和普通合伙人共同组成，普通合伙人负责合伙事务的执行，且对合伙企业债务承担无限连带责任，而有限合伙人不执行合伙事务，仅以其认缴的出资额为限对合伙企业债务承担责任的合伙企业。有限合伙企业的名称中应当有“有限合伙”的字样。

早期的合伙组织中，合伙人对合伙组织的债务均承担无限责任，风险很大，为了降低投资风险，吸引更多资金投资到合伙企业，西方发达国家逐步允许在一定条件下部分合伙人可以出资额为限对企业债务承担有限责任，从而产生了有限合伙企业。我国于 2006 年修改《合伙企业法》时引入有限合伙制度，有利于充分调动投资热情，实现投资者与创业者的最佳结合，风险投资行业普遍采取有限合伙的组织形式。

有限合伙与普通合伙在合伙人资格、权利享有、责任承担以及合伙事务的执行方面有明显区别。普通合伙企业的合伙人均为普通合伙人，而有限合伙企业由2～50个合伙人组成，其中有一部分有限合伙人，最少有一个普通合伙人，当仅剩有限合伙时，合伙企业应当解散，当仅剩普通合伙人时，应当转为普通合伙企业。根据《合伙企业法》，有限合伙人可以用货币、实物、知识产权、土地使用权或者其他财产权利作价出资，但不得以劳务出资。有限合伙人不执行合伙企业事务，也不得对外代表企业。

（三）个人独资企业与合伙企业的异同

1. 两者的共同点

（1）不具有法人资格。本质上，个人独资企业可视为投资者个人“财产”的一部分，与投资者的法律人格是混同的，投资者即代表企业本身，企业不具有独立的民事主体地位。合伙企业虽然具有相对独立性，但是在法律上，合伙企业不能作为完全独立的民事主体存在，因此，普通合伙企业的全体合伙人、有限合伙企业至少有一个合伙人对企业债务承担无限责任。

（2）以盈利为目的，独立经营。投资人设立企业是为了从事某一经营活动以获得经济利益，为了方便企业从事经营活动，法律规定个人独资企业与合伙企业应当有合法的企业名称，并可以企业商号独立地从事经营活动，凡是以商号名义进行的经营活动，其法律后果都归属于投资人或全体合伙人。

（3）单重税负。根据法律规定，个人独资企业的经营所得和其他所得由投资人比照个体工商户缴纳个人所得税；合伙企业的经营所得和其他所得由各合伙人分别缴纳交纳所得税。

2. 两者的区别

（1）出资人数量及身份不同。个人独资企业由一个自然人出资设立，合伙企业由两个或两个以上的合伙人出资设立，且合伙人可以是自然人，也可以是法人或其他组织。合伙企业在资金筹措上更具优势，加上合伙人按照约定的比例或法定方式分担风险，因此，合伙有利于筹集资金并分散风险，合伙人之间也可以实现优势互补，而个人独资企业的经营风险由投资者独自承担。

（2）企业财产性质不同。个人独资企业的财产为投资人个人所有，因此，企业的财产与投资人财产不分离。而合伙企业的财产与合伙人财产相对分离，属于全体合伙人共有，合伙人在合伙企业清算前，不得请求分割合伙企业的财产，也不得私自转移或者处分合伙企业财产。合伙企业处分不动产、知识产权及其他权利应经全体合伙人一致同意。

（3）经营方式与决策方式不同。个人独资企业由投资人享有绝对的经营决策权；合伙企业由合伙人共同经营，合伙人对合伙企业事务享有平等的表决权，对企业重大事项的决策，须经合法表决程序，达到约定或法定的表决比例才能通过，法定事项还需要全体合伙人一致同意才能做出决定，在企业事务的决策和执行上不如个人独资企业简便易行。

三、公司

（一）公司的含义与特征

公司是一个历史概念，由于各国在法律制度、经济结构、民族传统、语言习惯上存在差异，公司概念也不尽相同。作为法律意义上的公司概念，各国一般由商法典或公司法予以界定。如日本《商法典》第52条规定：“本法所称的公司，是指以从事商行为为目的而设立的社团。以盈利为目的社团，虽不以实施商行为为业，也视为公司。”我国台湾地区《公司法》第1条规定：“本法所称公司，谓以盈利为目的，依照本法组织、登记、设立之社团法人。”我国《公司法》第2条规定：“本法所称公司是指依照本法在中国境内设立的有限责任公司和股份有限公司。”著名的《布莱克法律词典》对公司的定义是：根据州的法律创造出来的虚构的个人或法律团体……无论其成员发生何种变化，法律允许该团体继续存在，公司的寿命可以是有限的或者是永久的。在法律允许的范围之内，公司以其名义为团体的共同目的行动。

对公司概念进行界定，目的在于揭示公司的本质属性。一般来讲，所谓公司，是指依法设立的以盈利为目的的企业法人。公司具有如下法律特征：

1. 依法设立

世界各国一般都制定专门的公司法来规范公司的组织和行为，公司的设立、变更、解散与清算都必须遵循法定的条件与程序。为了加强对公司的监管，规范公司经营行为，我国公司法对公司的种类、设立条件与程序、组织机构、股东的权利义务等作了明确规定。

2. 以盈利为目的

公司的盈利性使其区别于不以盈利为目的的公益法人。所谓以盈利为目的是指公司的经营活动是以获取经济上的利益，并通过合理的利润分配使股东也获得投资收益为目的。发起人设立公司、投资人投资于公司以及公司从事经济活动的目的都在于盈利。传统公司法理论认为，公司作为一种商事组织，其组织和营运的根本目的在于满足股东利益最大化需要，而现代公司社会责任理论认为，股东利益最大化虽然是公司所应实现的最为重要的目标，但并非是公司组织的唯一目标，公司作为一种商事组织，与整个社会环境息息相关，公司在追求盈利的同时还应承担相应的社会责任。我国《公司法》第5条第1款规定：“公司从事经营活动，必须遵守法律、行政法规，遵守社会公德、商业道德，诚实守信，接受政府和社会公众的监督，承担社会责任。”

3. 具有法人资格

> 《公司法》第二十条第三款　公司股东滥用公司法人独立地位和股东有限责任，逃避债务，严重损害公司债权人利益的，应当对公司债务承担连带责任。

公司是企业法人。公司之所以是法人，因为其具备法人的基本特征和条件，即公司依法成立，拥有必要的经费和财产，有自己的名称、组织机构和住所，并且能够独立承担法律责任。公司的法人性特征使其区别于个人独资企业和合伙企业。公司作为企业法人，拥有独立的法人财产，由内部机关形成决议进行独立的意思表示，并能够独立承担责任。但是，为了防止滥用公司独立人格危及交易安全和债权人利益，我国《公司法》引入了公司法律人格否认制度，即当公司股东滥用公司法人独立地位和股东有限责任，逃避债务，严重损害公司债权人利益时，否认公司的独立人格及其背后股东的有限责任，责令公司的股东直接对公司债务承担连带责任。

4. 公司决策遵循资本多数决原则

所谓“资本多数决”，又称股份多数决，是指在符合法定人数或表决权数的股东（大）

会上，决议以（出席）股东（大）会股东表决权的多数通过才能生效，法律则将股东（大）会中多数股东的意思视为公司的意思，并对少数派股东产生拘束力。资本多数决是股东决策的基本原则，同时也是股东民主的一项重要内容，在资本多数决原则中，“多数”一词有狭义、广义之分。狭义的“多数”是指股东持有的股份超过半数为多数；广义的“多数”是指在持股不足半数的情况下，能够控制公司的相对多数。在“多数”股份的组成结构方面，它既可以是单个股东持有，也可以由多个股东共同持有。

（二）公司的历史

公司是由合伙企业演变而来的高级企业形态，也是资本主义生产关系的产物，它随着资本市场经济关系的发展而发展，并逐步完善。从西方发达国家企业发展的历史来看，最早在13世纪产生了无限公司，法国《商法典》将这种公司称为“合名公司”，即公司的商号上必须冠以所有股东的姓名，且全体股东对公司债务承担无限连带责任。其后的14世纪，产生了两合公司，这种公司由负无限连带责任的股东和负有限责任的股东组成。无限公司和两合公司在公司发展的进程中并没有产生深远的影响，因为这两种公司与合伙并无本质差别，只不过是冠以公司之名并且采取更为严密的组织结构。在公司发展的历史长河中真正产生划时代意义的是股份有限公司。1600年成立的英国东印度公司和1602年成立的荷兰东印度联合公司被公认是世界上最早的股份有限公司，随后，欧洲各国纷纷效仿，举国家之力成立以海外贸易为使命的股份有限公司。工业革命以后，法人制度和有限责任制度逐步确立并完善，股份有限公司的设立由垄断走向平等，由特设走向自由，股份有限公司的大量出现大大加速了资本的集中过程，推动了资本主义市场经济的飞速发展。因此，国外一些经济学家和法学家将股份有限公司视为新时代最伟大的发明，认为其重要性超过了蒸汽机和电力。二战以后，股份公司在世界经济发展中扮演着越来越重要的角色，数量越来越多，规模越来越大，因其筹资能力强、分散投资风险、组织机构严密等优点，股份公司成为西方国家占主导地位的组织形式。最晚形成的公司是有限责任公司，它是由德国1892年《有限责任公司法》所创制的。有限责任公司综合了无限公司和股份有限公司的优点，具有人资两合性，既吸收了股份有限公司的有限责任，又在组织结构和设立程序上吸收了无限公司的简便、灵活的优点，是一种更适合中小企业采用的公司形式。

我国在漫长的封建社会里，自给自足的农业经济一直占主导地位，尽管在某一历史阶段出现了资本主义的萌芽，但由于我国封建社会重农抑商的国策严重抑制了工商业的发展，因而缺乏公司制度产生和发展的土壤。鸦片战争以后，随着资本主义的侵入，我国沿海开放口岸相继出现了殖民公司，清政府为了振兴商务，在洋务运动中设立了一些官督民办的公司，最具代表性的如“轮船招商局”，后来，国人纷纷效仿，投资设立民间资本公司，民族资产阶级发展壮大，掀起了我国历史上第一次公司热潮。千年帝制土崩瓦解后，国民党政府统治下的中国迎来了公司发展的新机遇，股份公司不断建立，上海成为股票交易的中心。但是由于政局动荡，民族存亡，这一轮公司热并没有持续发展。新中国成立后，人民政府将官僚资本公司收归国有，组建一批国有公司，对民营公司根据其组织形式改组为无限公司、有限公司、两合公司、股份有限公司及股份两合公司。1956年，社会主义改造完成后，公司这种企业形式便退出了历史舞台。改革开放以后，对外开放政策实施，从上世纪80年代开始，公司形式首先被外商投资企业采用，从1985年开始，我国政府允许设立股份有限公司与有限责任公司，并着手制定公司法，1993年，《中华人民共和国公司法》颁布，我国的公司发展进入了全新的历史时期。

（三）公司与非法人企业比较

1. 法律依据不同

公司的设立及其组织行为依据《公司法》，而个人独资企业与合伙企业依据《个人独资企业法》、《合伙法》。公司设立的条件相对严格，设立程序相对繁琐，而个人独资企业与合伙企业的设立条件相对宽松，设立程序相对简便。

2. 法律地位不同

公司是典型的企业法人，具有法人资格；而个人独资企业与合伙企业虽然有自己的名称，可独立进行经济活动和参加诉讼活动，但它们是非法人企业，不具备法人资格。

3. 责任形式不同

公司因其法人性，股东对公司债务以出资额或所持股份为限承担有限责任；而个人独资企业的投资人、合伙企业的合伙人则以其个人财产对企业债务承担无限责任。

4. 财产归属不同

公司对其财产享有法人财产权，公司财产与股东个人财产彼此分离，股东投入到公司的财产及其产生的收益归公司所有，股东对公司拥有股权，并按其出资份额或所持股份享有剩余索取权；而个人独资企业与合伙企业的财产与投资人财产并未严格分离，尤其是个人独资企业的财产往往与业主个人的财产混为一体。

5. 组织机构不同

公司作为典型的企业法人，应依法设置相应的机构实现分权与制衡，尤其是股份公司，必须依法设立股东大会、董事会、监事会分别行使决策权、执行权与监督权。个人独资企业与合伙企业经营管理模式灵活多样，无须设立相应的组织机构。

（四）公司的种类

公司是一个历史的概念，因而在不同的国家，公司的种类不尽相同。根据不同的标准，可将公司分类如下（见表3—2）。

表3—2　　公司的种类

分类标准	种类	基本特征
股东责任形式	无限公司	股东承担无限责任
	有限责任公司	股东承担有限责任
	股份有限公司	股东承担有限责任
	两合公司	部分股东承担有限责任 部分股东承担无限责任
对外信用的基础	人合公司	凭股东个人信用
	资合公司	凭公司资本信用
	人资两合公司	股东个人信用和公司资本信用兼具
股东构成及股份转让方式	开放公司	股东多，股份可自由转让
	封闭公司	股东少，股份不自由流通

续前表

分类标准	种类	基本特征
公司之间的控制依附关系	母公司	拥有子公司一定比例的股权或通过协议对子公司进行实际控制的控股（制）公司
	子公司	被控股（制）公司
组织管辖关系	总公司	统辖系统内的所有分公司，具有法人资格
	分公司	依法设立，受总公司管理，不具备法人资格
国籍	本国公司	依照本国公司法在本国登记设立的公司
	外国公司	依照外国法律在中国境外登记设立的公司
	跨（多）国公司	实体分布于两个以上的国家，通过一个以上决策中心，在一个决策系统的统辖之下开展经营活动

我国《公司法》第 2 条规定："本法所称公司是指依照本法在中国境内设立的有限责任公司和股份有限公司。"所谓有限责任公司，是指由 50 个以下股东共同出资设立，股东以其认缴的出资额为限对公司承担责任，公司以其全部资产对其债务承担责任的企业法人；所谓股份有限公司是指由 2 人以上 200 人以下的发起人通过发起设立或募集设立的方式设立，股东以其认购的股份为限对公司承担责任，公司以其全部资产对公司债务承担责任的企业法人。

第二节　有限责任公司

一、有限责任公司的设立

（一）设立条件

见表 3—3。

表 3—3　　公司设立条件比较

	有限责任公司	股份有限公司
出资人或发起人	50 人以下	2～200 人，半数以上在中国境内有住所
出资	有符合章程规定的全体股东认缴的出资额	有符合公司章程规定的全体发起人认购的股本总额或募集的实收股本总额
章程	股东共同制定公司章程	股东共同制定公司章程，采用募集方式设立的经创立大会通过
名称	有符合要求的名称	有符合要求的名称
组织机构	建立符合有限责任公司要求的组织机构	建立符合股份有限公司要求的组织机构
住所	有公司住所	有公司住所

1. 股东符合法定人数

由于有限责任公司具备一定的人合性质，其股东人数有上限。《公司法》规定有限责任公司由五十个以下股东出资设立，允许设立一人有限责任公司。公司在设立时要遵守股东人数限制，在存续期间也应符合该规定，即股东向其他人转让出资或吸收新的出资人时，必须确保股东人数不超过50人。

2. 有符合公司章程规定的全体股东认缴的出资额

《公司法》取消了最低出资额的要求，即不再规定公司设立的最低法定出资额，股东可根据实际条件和需要自由出资。每个股东的出资方式、出资额及出资时间由章程规定，全体股东认缴的出资额与章程规定的出资总额一致，注册资本为在公司登记机关登记的全体股东认缴的出资额。值得注意的是，根据“特别法优于普通法”原则，法律对特定行业的公司出资额有特别规定的，从其规定。

3. 股东共同制定公司章程

公司章程是公司设立时的核心文件，其性质和作用相当于公司的“宪法”，它是公司组织和行为的纲领性文件，也是处理公司内外部关系的法律依据。因此，各国公司法都将章程作为公司设立的法定必备条件，在设立登记时由登记机关审查备案。

4. 有公司名称，建立符合有限责任公司要求的组织机构

公司的名称是公司作为独立的法律主体的人格标志。根据《公司登记管理条例》及《企业名称登记管理规定》等相关文件的规定，公司只能使用一个名称，在登记主管机关辖区内不得与已登记注册的同行业企业名称相同或者近似。有限责任公司名称依次由四部分组成：所在地行政区划名称、字号（或者商号）、行业或者经营特点、有限责任公司（或有限公司）。全国性公司或历史悠久、字号驰名的公司及外商投资公司可以不冠以所在地的行政区划名称。

有限责任公司的组织机构由股东会、董事会和监事会组成。其中一人有限责任公司不设股东会，股东人数较少或者规模较小的有限责任公司，可以设一名执行董事，不设董事会，也可以设一到二名监事，不设监事会。

5. 有公司住所

公司的住所是公司主要办事机构所在地，经公司登记机关登记的公司的住所只能有一个。

（二）设立程序

1. 名称预先核准

根据《公司登记管理条例》，设立公司应当先进行名称预先核准登记。必须报经批准，或者公司经营范围中包含须经前置审批的项目的，应当在报送批准前办理公司名称预先核准，并以公司登记机关核准的公司名称报送批准。设立有限责任公司，应当由全体股东指定的代表或者共同委托的代理人向公司登记机关申请名称预先核准，预先核准的公司名称保留期为6个月。

2. 制定章程

有限责任公司章程由全体股东共同制定，股东应当在章程上签名、盖章。有限责任公司章程应载明下列事项：公司名称和住所；公司经营范围；公司注册资本；股东的姓名或者名称；股东的出资方式、出资额和出资时间；公司的机构及其产生办法、职权、议事规则；公司法定代表人以及股东会会议认为需要规定的其他事项。

3. 出资

股东可以用货币出资，也可以用实物、知识产权、土地使用权等可以用货币估价并可以依法转让的非货币财产作价出资，但不得以劳务、信用、自然人姓名、商誉、特许经营权或者设定担保的财产等作价出资。对作为出资的非货币财产应当评估作价，核实财产，不得高估或者低估作价。

4. 申请设立登记

设立有限责任公司，应当由全体股东指定的代表或者共同委托的代理人向公司登记机关申请设立登记。申请人可以到公司登记机关提交申请，也可以通过信函、电报、电传、传真、电子数据交换和电子邮件等方式提出申请，并提交下列文件：公司法定代表人签署的设立登记申请书；全体股东指定代表或者共同委托代理人的证明；公司章程；股东的主体资格证明或者自然人身份证明；载明公司董事、监事、经理的姓名、住所的文件以及有关委派、选举或者聘用的证明；公司法定代表人任职文件和身份证明；企业名称预先核准通知书；公司住所证明；国家工商行政管理总局规定要求提交的其他文件。此外，法律、行政法规或者国务院决定规定设立有限责任公司必须报经批准的，还应当提交有关批准文件。登记机关经过审查之后决定予以登记的，做出准予登记的决定，颁发《企业法人营业执照》，公司营业执照签发日期为公司成立日期。公司凭公司登记机关核发的《企业法人营业执照》刻制印章，开立银行账户，申请纳税登记。

5. 签发出资证明书

有限责任公司成立后，应当向股东签发出资证明书，出资证明书应当载明下列内容：公司名称；公司成立日期；公司注册资本；股东的姓名或者名称、缴纳的出资额和出资日期；出资证明书的编号和核发日期。出资证明书由公司盖章。

二、有限责任公司的股东

股东即公司成员，是指通过向公司出资或认购公司股份或通过其他合法途径取得公司股权，对公司享有权利承担义务的人。具体来说，有限责任公司股东是指在公司成立时向公司出资或在公司成立后依法继受取得股权，对公司享有权利和承担义务的人。

（一）股东的主要权利

1. 民主性权利

（1）知情权。股东有权查阅、复制公司章程、股东会会议记录、董事会会议决议、监事会会议决议和财务会计报告、公司会计账簿等。

（2）决策表决权。股东有权参加股东会，并根据出资比例或章程规定行使表决权。

（3）选举权和被选举权。股东有权选举和被选举为董事会成员、监事会成员。

（4）解散公司请求权。公司经营管理发生严重困难，继续存续会使股东利益受到重大损失，通过其他途径不能解决的，持有公司全部股东表决权10%以上的股东，可以请求人民法院解散公司。

（5）临时股东会的提议召集权。代表十分之一以上表决权的股东可以提议召集临时股东会。

2. 财产性权利

（1）收益权。股东有权依照法律、法规、公司章程规定获取红利，在公司解散后依法分配公司剩余财产。

（2）优先权。经股东同意转让的股权，在同等条件下，其他股东有优先购买权。

（3）出资转让权。有限责任公司的股东之间可以相互转让其全部或者部分股权，也可以经其他股东过半数同意向股东以外的人转让股权。

3.. 诉讼权

（1）直接索赔权。当董事或者高管的个人行为对股东个人造成直接的利益损害，股东有权直接向法院起诉要求赔偿。

（2）派生诉讼权。股东派生诉讼是指当公司的合法权益受到他人侵害，特别是受到有控制权的股东、母公司、董事和高级管理人员的侵害而公司怠于行使诉权时，符合法定条件的股东以自己名义为保护公司的利益对侵害人提起诉讼，追究其法律责任的诉讼制度。

（二）股东的主要义务

1. 按章程规定缴纳出资，并不得抽逃出资

股东应按照章程的规定缴纳出资，若不按章程规定缴纳出资的，除应当向公司足额缴纳外，还应当向已按期足额缴纳出资的股东承担违约责任。虚假出资，未交付或者未按期交付作为出资的货币或者非货币财产的，由公司登记机关责令改正，处以虚假出资金额百分之五以上百分之十五以下的罚款。公司成立后，股东不得抽逃出资，否则，由公司登记机关责令改正，处以所抽逃出资金额百分之五以上百分之十五以下的罚款。

2. 遵守公司章程

章程对全体股东有约束力，股东必须遵守章程规定。

3. 不得滥用公司独立法人地位和股东有限责任

股东不得滥用股东权利损害公司或者其他股东的利益；不得滥用公司法人独立地位和股东有限责任损害公司债权人的利益。公司股东滥用股东权利给公司或者其他股东造成损失的，应当依法承担赔偿责任；公司股东滥用公司法人独立地位和股东有限责任，逃避债务，严重损害公司债权人利益的，应当对公司债务承担连带责任。

三、有限责任公司的组织机构

（一）股东会

1. 股东会的职权

有限责任公司股东会由全体股东组成。股东会是公司的权力机构，对公司的重大事项作出决策。根据《公司法》第 37 条的规定，股东会行使下列职权：（一）决定公司的经营方针和投资计划；（二）选举和更换非由职工代表担任的董事、监事，决定有关董事、监事的报酬事项；（三）审议批准董事会的报告；（四）审议批准监事会或者监事的报告；（五）审议批准公司的年度财务预算方案、决算方案；（六）审议批准公司的利润分配方案和弥补亏损方案；（七）对公司增加或者减少注册资本作出决议；（八）对发行公司债券作出决议；（九）对公司合并、分立、解散、清算或者变更公司形式作出决议；（十）修改公司章程；（十一）公司章程规定的其他职权。对上述事项股东以书面形式一致表示同意的，可以不召开股东会会议，直接作出决定，并由全体股东在决定文件上签名、盖章。

2. 股东会的议事规则

股东会会议分为定期会议和临时会议。定期会议依照公司章程的规定按时召开；代表

十分之一以上表决权的股东，三分之一以上的董事，监事会或者不设监事会的公司的监事提议召开临时会议的，应当召开临时会议。

首次股东会会议由出资最多的股东召集和主持，此后召开股东会会议，设立董事会的公司，股东会会议由董事会召集，董事长主持；若董事长不能履行职务或者不履行职务，由副董事长主持；副董事长不能履行职务或者不履行职务的，由半数以上董事共同推举一名董事主持。不设董事会的公司，股东会会议由执行董事召集和主持。若董事会或者执行董事不能履行或者不履行召集股东会会议职责，由监事会或不设监事会的公司的监事召集和主持；监事会或者监事不召集和主持的，代表十分之一以上表决权的股东可以自行召集和主持。除公司章程另有规定或者全体股东另有约定外，召开股东会会议，应当于会议召开十五日前通知全体股东。

除章程另有规定外，股东会会议由股东按照出资比例行使表决权。股东会的议事方式和表决程序由公司章程规定。但股东会会议作出修改公司章程、增加或者减少注册资本的决议，以及公司合并、分立、解散或者变更公司形式的决议，必须经代表三分之二以上表决权的股东通过。股东会应当对所议事项的决定作成会议记录，出席会议的股东应当在会议记录上签名。

（二）董事会

有限责任公司设董事会作为其业务执行机构，董事会成员为 3～13 人，通常为单数，国有投资主体设立的有限责任公司应当有职工代表担任董事，董事会中的职工代表由公司职工通过职工代表大会、职工大会或者其他形式民主选举产生。规模较小和股东人数较少的公司可设 1 名执行董事，不设董事会。

1. 董事会的职权

根据《公司法》第 46 条的规定，董事会对股东会负责，行使下列职权：（1）召集股东会会议，并向股东会报告工作；（2）执行股东会的决议；（3）决定公司的经营计划和投资方案；（4）制订公司的年度财务预算方案、决算方案；（5）制订公司的利润分配方案和弥补亏损方案；（6）制订公司增加或者减少注册资本以及发行公司债券的方案；（7）制订公司合并、分立、解散或者变更公司形式的方案；（8）决定公司内部管理机构的设置；（9）决定聘任或者解聘公司经理及其报酬事项，并根据经理的提名决定聘任或者解聘公司副经理、财务负责人及其报酬事项；（10）制定公司的基本管理制度；（11）公司章程规定的其他职权。不设董事会的公司，上述职权由执行董事行使。

2. 董事会的议事规则

董事会设董事长一人，可以设副董事长 1～2 人。董事长、副董事长的产生办法由公司章程规定。董事任期由公司章程规定，但每届任期不得超过三年。董事任期届满，连选可以连任。董事会会议由董事长召集和主持；董事长不能履行职务或者不履行职务的，由副董事长召集和主持；副董事长不能履行职务或者不履行职务的，由半数以上董事共同推举一名董事召集和主持。董事会决议的表决，实行一人一票，除此之外，董事会的议事方式和表决程序，由公司章程规定。

（三）经理

有限责任公司可以设经理负责公司的日常经营管理。经理由董事会决定聘任或者解聘，并对董事会负责。经理行使下列职权：(1) 主持公司的生产经营管理工作，组织实施董事会决议；(2) 组织实施公司年度经营计划和投资方案；(3) 拟订公司内部管理机构设置方案；(4) 拟订公司的基本管理制度；(5) 制定公司的具体规章；(6) 提请聘任或者解聘公司副经理、财务负责人；(7) 决定聘任或者解聘除应由董事会决定聘任或者解聘以外的负责管理人员；(8) 董事会授予的其他职权。公司章程对经理职权另有规定的，从其规定。经理可以由公司股东担任，也可以由非股东担任，公司董事、董事长或执行董事可以兼任公司经理，经理列席董事会会议。

(四) 监事会

监事会是有限责任公司的监督机构，有权检查公司的财务状况、经营状况，监督董事会及其成员、高级管理人员的职务行为。有限责任公司设监事会，其成员不得少于三人。股东人数较少或者规模较小的有限责任公司，可以设一至二名监事，不设监事会。监事会应当包括股东代表和适当比例的公司职工代表，其中职工代表的比例不得低于三分之一。监事可以由股东担任，但是公司董事、高级管理人员不得兼任监事。

1. 监事会的职权

根据《公司法》第 53 条的规定，监事会、不设监事会的公司的监事行使下列职权：(1) 检查公司财务；(2) 对董事、高级管理人员执行公司职务的行为进行监督，对违反法律、行政法规、公司章程或者股东会决议的董事、高级管理人员提出罢免的建议；(3) 当董事、高级管理人员的行为损害公司的利益时，要求董事、高级管理人员予以纠正；(4) 提议召开临时股东会会议，在董事会不履行本法规定的召集和主持股东会会议职责时召集和主持股东会会议；(5) 向股东会会议提出提案；(6) 依照本法第一百五十二条的规定，对董事、高级管理人员提起诉讼；(7) 公司章程规定的其他职权。监事可以列席董事会会议，并对董事会决议事项提出质询或者建议。

2. 监事会的议事规则

监事会设主席一人，由全体监事过半数选举产生。监事会主席召集和主持监事会会议；监事会主席不能履行职务或者不履行职务的，由半数以上监事共同推举一名监事召集和主持监事会会议。监事的任期每届为三年。监事任期届满，连选可以连任。监事会每年度至少召开一次会议，监事可以提议召开临时监事会会议。监事会决议应当经半数以上监事通过。除此之外，监事会的议事方式和表决程序由公司章程规定。

四、一人有限责任公司及国有独资公司的特别规定

(一) 一人有限责任公司的特别规定

一人有限责任公司是指只有一个自然人或法人股东的有限责任公司。如一个自然人股东出资设立有限责任公司、母公司出资设立的全资子公司或者有限责任公司因股东退出后只剩下一个股东而转化为一人有限责任公司。根据《公司法》的规定，一个自然人只能投资设立一个一人有限责任公司，而该一人有限责任公司不能投资设立新的一人有限责任公司。一人有限责任公司应当在公司登记中注明自然人独资或者法人独资，并在公司营业执照中载明。一人有限责任公司的股东不能证明公司财产独立于股东自己的财产的，应当对公司债务承担连带责任。

(二) 国有独资公司的特别规定

国有独资公司，是指国家单独出资、由国务院或者地方人民政府授权本级人民政府国

有资产监督管理机构履行出资人职责的有限责任公司。根据《公司法》的规定，国有独资公司不设股东会，由国有资产监督管理机构行使股东会职权。国有资产监督管理机构可以授权公司董事会行使股东会的部分职权，决定公司的重大事项，但公司的合并、分立、解散、增加或者减少注册资本和发行公司债券，必须由国有资产监督管理机构决定；其中，重要的国有独资公司合并、分立、解散、申请破产的，应当由国有资产监督管理机构审核后，报本级人民政府批准。国有独资公司设董事会，依法行使职权。董事每届任期不得超过三年。董事会成员中应当有公司职工代表。国有独资公司监事会成员不得少于五人，其中职工代表的比例不得低于三分之一，监事会成员由国有资产监督管理机构委派；但是，监事会成员中的职工代表由公司职工代表大会选举产生。监事会主席由国有资产监督管理机构从监事会成员中指定。

思考与练习

经过周密筹划，孟威最终决定将企业注册为公司。除孟威外，还有其他四位发起人。公司该如何设立？请为他制定一个公司设立方案并撰写相关法律文件。

第三节　股份有限公司

一、股份有限公司的设立

（一）设立条件

与有限责任公司一样，股份有限公司应当具备符合法律规定的名称、组织机构和住所，此外，设立股份有限公司还应具备下列条件。

1. 发起人符合法定人数

发起人就是股份有限公司的设立人、筹建人或创办人。发起人承担公司筹办事务，通过订立发起人协议明确各自在公司设立中的权利、义务，并对公司设立承担法定责任。关于发起人的人数，各国公司法规定不尽相同。我国《公司法》第 78 条规定，设立设立股份有限公司，应当有二人以上二百人以下为发起人，其中须有半数以上的发起人在中国境内有住所。

2. 有符合公司章程规定的全体发起人认购的股本总额或者募集的实收股本总额

股份公司以发起方式设立的，全体发起人认购的股本总额要符合章程的规定，公司注册资本为全体发起人认购的股本总额；以募集方式设立的，全体发起人认购的股份不得少于公司股份总数的百分之三十五（法律、行政法规另有规定的，从其规定），注册资本为在公司登记机关登记的实收股本总额。

3. 股份发行、筹办事项符合法律规定

发行股份是股份公司区别于有限责任公司的重要标志，股份发行既是股份公司设立的条件，也是设立程序。发行股份既涉及公司法的规定，也涉及证券法的规定，法律条文众多。

4. 发起人制定公司章程，采用募集方式设立的经创立大会通过

对于股份公司来说，章程既是公司组织和行为的根本准则，也是公众据以了解公司的重要文件。股份有限公司的章程应当载明下列事项：（1）公司名称和住所；（2）公司经营

范围；（3）公司设立方式；（4）公司股份总数、每股金额和注册资本；（5）发起人的姓名或者名称、认购的股份数、出资方式和出资时间；（6）董事会的组成、职权和议事规则；（7）公司法定代表人；（8）监事会的组成、职权和议事规则；（9）公司利润分配办法；（10）公司的解散事由与清算办法；（11）公司的通知和公告办法；（12）股东大会会议认为需要规定的其他事项。由于股份公司股东人数众多，尤其是公开发行股份的公司股东更多，无法让每一个股东都参与公司章程的制定，因此，《公司法》规定，以募集方式设立的股份公司，章程应当经创立大会讨论通过，公司章程一经创立大会通过并经依法登记，不仅对发起人有效，对其他所有股东及公司董事、监事和经理均有法律约束力。

（二）股份有限公司设立的方式及其程序

1. 发起设立及其程序

股份有限公司可以采取发起设立和募集设立两种方式设立。所谓发起设立，是指发起人认购公司应发行的全部股份而设立公司。相对于募集设立而言，发起设立的程序较为简便，根据《公司法》及相关法律、法规的规定，除依法进行名称预先核准、经营范围涉及前置审批的需履行相关行政审批程序外，发起设立股份公司遵循以下程序：

首先由发起人认足股份。采取发起设立的方式设立股份有限公司，全体发起人应当按照章程规定的份额认足股份，并按照公司章程规定缴纳出资。发起人的出资方式与有限责任公司相同，若发起人以非货币财产出资，还应依法办理其财产权的转移手续。发起人认足公司章程规定的出资后，应当选举董事会和监事会，由董事会向公司登记机关报送公司章程以及法律、行政法规规定的其他文件，申请设立登记。

2. 募集设立及其程序

募集设立是指由发起人认购公司应发行股份的一部分，其余部分向社会公开募集而设立公司。募集设立因发行股份，所涉程序较为复杂。

首先，发起人认购股份。各国公司法均允许以募集设立方式设立股份公司，同时要求发起人必须首先认购公司部分股份，比例不等。我国《公司法》第 84 条规定："以募集设立方式设立股份有限公司的，发起人认购的股份不得少于公司股份总数的百分之三十五；但是，法律、行政法规另有规定的，从其规定。"

发起人认购法定股份后，依法经国务院证券监管机构核准，可向社会公开募集剩余股份。发行股份的股款缴足后，必须经依法设立的验资机构验资并出具证明。

发起人应当自股款缴足之日起三十日内主持召开公司创立大会。创立大会由发起人、认股人组成，应有代表股份总数过半数的发起人、认股人出席，方可举行。创立大会审议发起人关于公司筹办情况的报告；通过公司章程；选举董事会、监事会成员；对公司的设立费用进行审核；对发起人用于抵作股款的财产的作价进行审核；发生不可抗力或者经营条件发生重大变化直接影响公司设立的，可以作出不设立公司的决议。创立大会对前款所列事项作出决议，必须经出席会议的认股人所持表决权过半数通过。

董事会应于创立大会结束后三十日内，向公司登记机关报送公司登记申请书、申请设立登记、创立大会的会议记录、公司章程、验资证明、发起人的法人资格证明或者自然人身份证明、公司住所证明，以及法定代表人、董事、监事的任职文件及其身份证明等文件，申请设立登记。

虽然《公司法》明确规定可以采用募集设立的方式设立股份公司，但是目前实践中股份公司一般只能采取发起设立的方式。因为 2006 年中国证监会发布的《首次公开发行股票并上市管理办法》规定，首次公开发行股票的发行人应当是依法设立且合法存续的股份有限公司，持续经营时间应当在3年以上，除非经国务院批准。此外，有限责任公司依法变更为股份有限公司的，也须经国务院批准，才可以采取募集方式设立股份公司。因此，除非经国务院批准，首次公开发行股票需在股份公司成立并持续经营3年以后。实践中以募集方式设立股份公司的，通常是国有企业经国务院批准改制为股份公司，首次公开发行股票并上市。

二、股份有限公司的股份

（一）股份的含义

股份，从公司资本的角度而言，是均分公司资本的基本单位，即股份公司的资本均分为若干等额股份，每一股股份就是一个资本单位，股东所持股份总额即公司股本总额；从股东角度而言，股份是股东享有权利和承担义务的基础和依据；从股票的角度而言，股份是股票的价值之所在，股票是股份的形式体现，也是证明股东所持股份的凭证，股份份数和每股之金额通过股票记载和表示，因此，人们往往把股票与股份视为一体，混同使用。综上所述，股份是以股票为表现形式，均等划分股份有限公司资本的，表示股东享有股东权利和承担义务的基本计量单位。股份具有金额性、平等性、不可再分性及可转让性。

（二）股份的种类

股份因其所依据的标准不同而有不同的划分，从而形成不同的种类（见表3—4）。

表3—4　　股份的分类

分类标准	种类	特点
股东权内容	普通股	股份公司通常发行的股东权利平等、股息红利随着公司经营利润的多寡而浮动的股份。
	优先股	股份持有人优先于普通股股东分配公司利润和剩余财产，且股息率固定，但参与公司决策管理等权利受到限制。
	混合股	优先于普通股分红，公司清算时在普通股股东之后分配公司剩余财产。
票面形式	记名股	股票票面和股份公司的股东名册上记载股东姓名或名称。
	无记名股	股票票面不记载股东姓名或名称。
交易的币种	A股	以人民币标明面值，以人民币认购和交易。
	B股	以人民币标明面值，以美元或港币认购和交易。
	H股	注册地在内地、上市地在香港的外资股。
投资主体	国家股	有权代表国家投资的部门或机构以其依法可支配的资产投入股份公司所持有的股份。
	法人股	企业法人以其依法可支配的资产投入公司所形成的股份。
	个人股	社会公众以其合法个人财产投入公司所形成的股份。
	外资股	外国投资者和我国港澳台地区投资者投资于我国股份公司所形成的股份。
公司业绩	绩优股	绩优股就是业绩优良公司的股票，投资者衡量绩优股的主要指标是每股税后利润和净资产收益率。
	垃圾股	垃圾股指的是业绩较差甚至进入亏损行列的公司的股票。

股份有限公司的股东因其所持股份性质或股份数之不同，可相应分为普通股东、特别股东、记名股东、无记名股东、大股东、小股东、法人股东、个人股东等。

（三）股份的发行和转让

1. 股份的发行

股份有限公司股份的发行分为设立发行和新股发行。设立发行的条件和程序遵循公司设立的相关规定。新股发行是指股份公司成立之后，因融资或调整股权结构等需要而再次发行股份的法律行为。在实行“法定资本制”的国家，新股发行为增资发行，在实行“授权资本制”的国家，新股发行为非增资发行。

知识拓展

法定资本制与授权资本制

法定资本制是指公司设立时，必须在章程中对公司的资本总额作出明确规定，并须一次发行、由股东全部认足或募足的资本制度。

授权资本制是指公司设立时，虽然要在公司章程中确定注册资本总额，但发起人只需认购部分股份，公司就可正式成立，其余的股份则授权董事会根据公司生产经营情况和证券市场行情再分次发行的资本制度。

根据我国《公司法》的规定，股份的发行，实行公平、公正的原则，同种类的每一股份应当具有同等权利。股票发行价格可以按票面金额，也可以超过票面金额，但不得低于票面金额。公司发行新股募足股款后，必须向公司登记机关办理变更登记，并公告。

2. 股份的转让

> 《公司法》第一百四十二条第一款　公司不得收购本公司股份。但是，有下列情形之一的除外：（一）减少公司注册资本；（二）与持有本公司股份的其他公司合并；（三）将股份奖励给本公司职工；（四）股东因对股东大会作出的公司合并、分立决议持异议，要求公司收购其股份的。

除非在法定条件下公司回购本公司股份，否则，股份有限公司的股东在公司存续期间是不能退股的。但是股东所持股份可依法转让。所谓股份的转让是指股东依照法定的方式和程序将其所持股份转移给受让人的法律行为。从经济学的角度来看，股份的转让是股东收回投资的一种方式；从法律的角度来看，股份的转让意味着股东权的转让，受让人继受取得股东权而成为公司股东。

股东转让其股份，应当在依法设立的证券交易场所进行或者按照国务院规定的其他方式进行。股份转让的方式因股票记名与否而有所不同。其中，记名股票，由股东以背书方式或者法律、行政法规规定的其他方式转让，且由公司将受让人的姓名或者名称及住所记载于股东名册；无记名股票的转让，由股东将该股票交付给受让人后即发生转让的效力。原则上，股东可依法自由转让股份，为了保护公众投资者和债权人的合法权益，公司法对特定股东转让股份作了限制性规定。如发起人持有的本公司股份，自公司成立之日起一年内不得转让；公司公开发行股份前已发行的股份，自公司股票在证券交易所上市交易之日起一年内不得转让。此外，公司董事、监事、高级管理人员应当向公司申报所持有的本公司的股份及其变动情况，在任职期间每年转让的股份不得超过其所持有本公司股份总数的百分之二十五；所持本公司股份自公司股票上市交易之日起一年内不得转让。上述人员离职后半年内，不得转让其所持有的本公司股份。

三、股份有限公司治理结构

20世纪30年代，美国著名学者贝利和明斯（Berle and Means）在《现代公司与私有财产》一书中提出了著名的两权分离理论，认为现代公司已经发生了“所有与控制的分离”，公司实际已由职业经理组成的“控制者集团”所控制。美国著名经济学家艾尔弗雷德·D·钱德勒认为，股权分散的加剧和管理的专业化，使得拥有专门管理知识并垄断了专门经营信息的经理实际上掌握了对企业的控制权，导致“两权分离”。两权分离理论为公司代理理论奠定了基石。代理理论认为，股东和公司管理层是委托—代理关系，股东作为委托人将企业的资产管理和经营决策权授权给经理，经理就是代理人，为股东经营企业并领取报酬。由于二者的利益不完全一致及信息不对称，可能发生经理追求自身利益最大化而损害股东利益，因而出现代理问题。为解决代理问题而发生的成本及股东最终承担的损失称之为代理成本，它包括股东的监督成本、对经理的监督成本以及股东的剩余损失。

公司治理（corporate government）也叫公司治理结构或法人治理结构。经济发展与合作组织（OECD）对公司治理的定义是：公司治理是一种据以对公司进行管理和控制的体系。它明确规定了公司各参与者的责任和权力分布，诸如董事会、经理层、股东和其他利益相关者，并清楚说明了决策公司事务时应遵循的规则和程序。同时，它还提供了一种结构，使之用以设置公司目标，也提供了达到这些目标和监控运营的手段。广义的公司治理由外部治理和内部治理两部分构成。外部治理主要来自市场、政府和社区，其中市场体系包括产品市场、资本市场和经理人市场。狭义的公司治理是指内部治理，即由股东大会、董事会、经理和监事会组成的分权与制衡机构。

（一）股东大会

1. 股东大会的性质与职权

股东大会由股份公司股东组成，是公司的权力机构，依法行使公司重大事项的决策权、批准权和选举董事、监事的权利。股东大会的具体职权与前文所述有限责任公司股东会的职权相同，除公司法和章程规定应由董事会行使的职权之外，公司重大事项皆由股东大会决议。由于股东大会是股份公司最高权力机构，它是一个表意机关，并不直接执行业务，股东大会依法形成的决议由董事会负责执行。

2. 股东大会的召开

股东大会可分为股东大会年会和临时股东大会两种类型。股东大会年会应当每年召开一次，于每个会计年度结束后的一定期间举行，主要是董事会和监事会报告工作，并由股东大会对公司重大事项进行决议。临时股东大会则是由于法定事由的出现而临时不定期召开的股东大会。这些法定事由是：（1）董事人数不足本法规定人数或者公司章程所定人数的三分之二时；（2）公司未弥补的亏损达实收股本总额三分之一时；（3）单独或者合计持有公司百分之十以上股份的股东请求时；（4）董事会认为必要时；（5）监事会提议召开时；(6) 章程规定的其他情形。

股东大会会议由董事会召集，董事长主持；董事长不能履行职务或者不履行职务的，由副董事长主持；副董事长不能履行职务或者不履行职务的，由半数以上董事共同推举一名董事主持。董事会不能履行或者不履行召集股东大会会议职责的，监事会应当及时召集和主持；监事会不召集和主持的，连续九十日以上单独或者合计持有公司百分之十以上股份的股东可以自行召集和主持。召开股东大会会议，应当将会议召开的时间、地点和审议的事项于会议召开二十日前通知各股东；临时股东大会应当于会议召开十五日前通知各股东；发行无记名股票的，应当于会议召开三十日前公告会议召开的时间、地点和审议事项。无记名股票持有人出席股东大会会议的，应当于会议召开五日前至股东大会闭会时将股票交存于公司。

3. 股东大会的议事规则

股东出席股东大会会议，所持每一股份有一表决权。但是，公司持有的本公司股份没有表决权。股东也可以委托代理人出席股东大会会议，由代理人向公司提交股东授权委托书，并在授权范围内行使表决权。股东大会作出决议，必须经出席会议的股东所持表决权过半数通过。但是，股东大会作出修改公司章程、增加或者减少注册资本的决议以及公司合并、分立、解散或者变更公司形式的决议，必须经出席会议的股东所持表决权的三分之二以上通过。股东大会应当对所议事项的决定作成会议记录，主持人、出席会议的股东应当在会议记录上签名。会议记录应当与出席股东的签名册及代理出席的委托书一并保存。

> 《公司法》第一百零五条　股东大会选举董事、监事，可以依照公司章程的规定或者股东大会的决议，实行累积投票制。本法所称累积投票制，是指股东大会选举董事或者监事时，每一股份拥有与应选董事或者监事人数相同的表决权，股东拥有的表决权可以集中使用。

(二) 董事会与经理

1. 董事会的性质和职权

董事会是股份有限公司的必设机关。董事会是由 5 至 19 名董事组成的，对内执行公司业务，对外代表公司的经营决策机构。董事会的任期与职权与前文所述有限责任公司董事会相同。董事会依法设董事长 1 名，副董事长 1～2 名，董事长和副董事长以全体董事的过半数选举产生。董事长召集和主持董事会会议，检查董事会决议的实施情况。副董事长协助董事长工作，董事长不能履行职务或者不履行职务的，由副董事长履行职务；副董事长不能履行职务或者不履行职务的，由半数以上董事共同推举一名董事履行职务。

2. 董事会会议

董事会为会议体机构，必须通过召开会议行使其职权。董事会会议根据会期之不同，分为定期董事会会议和临时董事会会议。定期董事会会议依法每年度至少召开 2 次，每次会议应当于会议召开十日前通知全体董事和监事；临时董事会会议则根据需要临时不定期召开，代表十分之一以上表决权的股东、三分之一以上董事或者监事会，可以提议召开董事会临时会议。董事长应当自接到提议后十日内，召集和主持董事会会议。

董事会会议，应由董事本人出席；董事因故不能出席，可以书面委托其他董事代为出席，委托书中应载明授权范围。董事会会议应有过半数的董事出席方可举行。董事会决议的表决，实行一人一票。董事会作出决议，必须经全体董事的过半数通过。董事会应当对会议所议事项的决定作成会议记录，出席会议的董事应当在会议记录上签名。董事应当对董事会的决议承担责任。董事会的决议违反法律、行政法规或者公司章程、股东大会决议，致使公司遭受严重损失的，参与决议的董事对公司负赔偿责任。但经证明在表决时曾表明异议并记载于会议记录的，该董事可以免除责任。

3. 经理

股份有限公司经理主持公司日常生产经营与管理。根据《公司法》的规定，股份有限公司经理由董事会决定聘任或者解聘，董事会成员可以担任。股份有限公司经理的职权与有限责任公司经理相同。

（三）监事会

现代股份公司的权力中心在董事会，且董事会权力越来越大，为了防止董事会滥用职权，损害公司利益和股东利益，股份有限公司必须依法设置监事会，对公司经营状况和财务状况进行监督。股份有限公司监事会成员不得少于 3 人，其中应包括股东代表和适当比例的职工代表，且职工代表的比例不低于三分之一。由于监事会是公司的监督机构，依法对董事和经理执行职务的情况进行监督，因此，公司法明文规定，公司董事、高级管理人员不得兼任监事。

监事的任期为每届 3 年，届满可以连选连任。监事会设主席一人，可以设副主席。监事会主席和副主席由全体监事过半数选举产生。监事会主席召集和主持监事会会议；监事会主席不能履行职务或者不履行职务的，由监事会副主席召集和主持监事会会议；监事会副主席不能履行职务或者不履行职务的，由半数以上监事共同推举一名监事召集和主持监事会会议。

股份有限公司监事会的职权与有限责任公司监事会相同。监事会每六个月至少召开一次会议，会议决议应当经半数以上监事通过。

四、公司董事、监事、高级管理人员的资格和义务

公司高级管理人员俗称“高管”，是指公司的经理、副经理、财务负责人，上市公司董事会秘书和公司章程规定的其他人员。

（一）公司董事、监事、高级管理人员的资格

公司董事、监事和高级管理人员是代表公司行使职权的人，在公司具有举足轻重的地位，为了保证其具有履行职权的能力，公司法对他们的任职资格做了一定限制。根据《公司法》第 146 条之规定，有下列情形之一的，不得担任公司的董事、监事、高级管理人员：（1）无民事行为能力或者限制民事行为能力；（2）因贪污、贿赂、侵占财产、挪用财产或者破坏社会主义市场经济秩序，被判处刑罚，执行期满未逾五年，或者因犯罪被剥夺政治权利，执行期满未逾五年；（3）担任破产清算的公司、企业的董事或者厂长、经理，对该公司、企业的破产负有个人责任的，自该公司、企业破产清算完结之日起未逾三年；（4）担任因违法被吊销营业执照、责令关闭的公司、企业的法定代表人，并负有个人责任的，自该公司、企业被吊销营业执照之日起未逾三年；（5）个人所负数额较大的债务到期未清偿。

有上述情形的人员被选举、委派董事、监事或者聘任高级管理人员的，该选举、委派或者聘任无效。董事、监事、高级管理人员在任职期间出现上述情形的，公司应当解除其职务。

（二）公司董事、监事、高级管理人员的义务

在两权分离的公司组织结构下，除非股东担任董事、监事、高级管理人员才能直接参与公司经营管理，否则，股东只能通过出席股东（大）会行使表决权来对公司重大事项进行决策。两权分离促进了公司经营的专业化，但是也带来了公司治理的监督问题，即如何确保负责公司经营管理的董事、高级管理人员不会为了自身利益而损害公司利益和股东利益、如何保证监事认真履行监督职责成为公司法需要重点解决的问题。对此，各国公司法都对公司董事、监事和高级管理人员施加了一定的法律义务，一般区分为忠实义务和勤勉义务两大类。

1. 忠实义务

所谓忠实义务是指公司董事、监事以及高级管理人员应当遵守法律法规和公司章程，以公司利益和整体股东利益最大化为目标，不得损害公司利益或整体股东利益，更不得以权谋私，背离公司利益或股东利益最大化目标。根据《公司法》的规定，公司董事、监事及高级管理人员不得利用职权收受贿赂或者其他非法收入，不得侵占公司的财产。公司董事、高级管理人员还不得：(1) 挪用公司资金；(2) 将公司资金以其个人名义或者以其他个人名义开立账户存储；(3) 违反公司章程的规定，未经股东会、股东大会或者董事会同意，将公司资金借贷给他人或者以公司财产为他人提供担保；(4) 违反公司章程的规定或者未经股东会、股东大会同意，与本公司订立合同或者进行交易；(5) 未经股东会或者股东大会同意，利用职务便利为自己或者他人谋取属于公司的商业机会，自营或者为他人经营与所任职公司同类的业务；(6) 接受他人与公司交易的佣金归为己有；(7) 擅自披露公司秘密等。公司董事、经理若有上述行为，所得违法收入应当归公司所有。

公司法对公司董事、高级管理人员的忠实义务要求较高，因为其负责公司经营决策和经营管理，容易发生利益冲突。公司董事、高级管理人员自身利益与公司利益、股东利益冲突明显的场合有关联交易、篡夺公司商业机会以及同业竞争。但基于复杂的商业环境，公司法并未完全禁止，只要股东（大）会同意或依章程规定而为均可。

知识拓展

关联交易

关联交易就是具有关联关系者之间的交易。根据《公司法》第 216 条，关联关系是指公司控股股东、实际控制人、董事、监事、高级管理人员与其直接或者间接控制的企业之间的关系，以及可能导致公司利益转移的其他关系。

---

2. 勤勉义务

所谓勤勉义务是指公司董事、监事及高级管理人员在执行职务时应勤勉尽责，尽最大努力为公司利益和股东利益而服务。勤勉义务主要适用不存在利益冲突的场合。勤勉包含两层含义：一方面是对义务主体的积极要求，即勤勉尽责；另一层含义是如果公司管理层履行了勤勉尽责的义务，不能因为决策中蕴含的商业风险而追究其公司法上的责任，这是对公司管理层的一种保护，也是对公司利益和管理层利益之间的一种平衡，在美国司法实践中称之为商业判断规则（The Business Judgment Rule）。

五、上市公司

上市公司是指所发行的股票经过证券交易所审核同意，公开上市交易的股份有限公司。上市公司是股份公司的一种，因其一部分股份为公众持有，股东人数众多，《公司法》及相关法律法规作了如下特别规定：

1. 增加股东大会特别决议事项

上市公司在一年内购买、出售重大资产或者担保金额超过公司资产总额的30%的，应当由股东大会作出决议，并经出席会议的股东所持表决权的2/3以上通过。

2. 上市公司设董事会秘书及独立董事

上司公司设董事会秘书，负责公司股东大会和董事会会议的筹备、文件保管以及公司股权管理，办理信息披露等事宜。董事会秘书为公司高级管理人员。

上市公司独立董事是指不在公司担任除董事外的其他职务，并与其所受聘的上市公司及其主要股东不存在可能妨碍其进行独立客观判断的关系的董事。独立董事对上市公司及全体股东负有忠实和勤勉义务，应当认真履行职责，维护公司整体利益，尤其要关注中小股东的合法权益不受损害。独立董事应当独立履行职责，不受上市公司主要股东、实际控制人、或者其他与上市公司存在利害关系的单位或个人的影响。上市公司董事会成员中应当至少包括三分之一独立董事，其中至少包括一名会计专业人士（会计专业人士是指具有高级职称或注册会计师资格的人士）。独立董事的任期与其他董事相同，期满可以连任，但连任不得超过六年。

为了充分发挥独立董事的作用，独立董事除应当具有公司法和其他相关法律、法规赋予董事的职权外，上市公司还应当赋予独立董事以下特别职权：（1）重大关联交易（指上市公司拟与关联人达成的总额高于300万元或高于上市公司最近经审计净资产值的5%的关联交易）应由独立董事认可后，提交董事会讨论；（2）向董事会提议聘用或解聘会计师事务所；（3）向董事会提请召开临时股东大会；（4）提议召开董事会；（5）独立聘请外部审计机构和咨询机构；（6）可以在股东大会召开前公开向股东征集投票权。此外，独立董事对上市公司的重大事项如提名、任免董事，聘任或解聘高级管理人员，公司董事、高级管理人员的薪酬等发表独立意见。

3. 实行累积投票制

所谓累积投票制，是指在股东大会选举董事或监事时，股东所持的每一有表决权的股份拥有与拟选董事或者监事人数相同的投票权，股东既可以把全部投票权集中选举一人，亦可分散选举数人，最后按得票多寡决定当选董事或者监事的一种投票制度。累积投票制旨在平衡大股东与中小股东的投票表决权，以弥补资本多数决原则的缺陷，一定程度上为中小股东的代言人进入董（监）事会提供保障，从而起到保护中小股东利益的作用。

4. 关联关系董事表决权排除制度

上市公司董事与董事会会议决议事项所涉及的企业有关联关系的，不对该项决议行使表决权，也不得代理其他董事行使表决权。该董事会会议由过半数的无关联关系的董事出席即可举行，董事会会议所作决议经无关联关系董事过半数通过。

案例分析

孟威开办的公司取名为新科公司，经过几年经营，公司实现了利润和营业额的高速增长，因扩大经营需要融资，新科公司引入投资者华中科技公司，增资扩股，变更为股份公司并成功上市。后来又经过几次扩股融资，公司的总股本达2亿元，股东人数为12 000人。在股权结构中，华伟先生和其他五位发起人股东的持股比例均降到5%以下，第一大股东华中科技公司持有45%的股份，两个投资基金分别持有5%和8%的股份，其余为社会公众持股。目前新科公司拥有员工3 000人，其中高管及技术骨干300人。由于新科公司的股权高度集中，大股东华中科技公司在新科公司的股东大会、董事会及经理层都有举足轻重的作用，其中7名董事会成员中，华中科技公司占4名，公司的董事长、总经理以及财务副总和人事副总均来自华中科技公司，在这种公司治理结构下，中小股东对参与公司治理失去了信心和兴趣。利用控股地位，华中科技公司对新科公司连续3年获得的5 000万元利润不但不对股东分红，而且将其投资于它下属的另一家子公司。对于这些做法，华伟等中小股东强烈不满，并试图阻止。

分析与讨论：

1. 新科公司的治理中存在什么问题？原因在哪里？

2. 根据现行公司法，可否为华伟先生制定一套维护中小股东权益的方案，并分析其可行性及利弊？

第四节　公司财务、会计制度

一、公司财务会计报告

（一）公司财务、会计制度的作用

公司财务会计制度是由公司财务制度和会计制度两部分组成的，公司财务制度是指公司运用财务手段处理货币资金的筹集、支配和使用活动的法律制度；而公司会计制度则是指公司办理会计实务所应遵循的方法、规则和程序的总称。两者紧密结合甚至融为一体。公司是一个资本集合体，任何经营活动都与公司的资产运行紧密相关，因而财务会计在公司的经营活动中极为重要，规范公司的财务会计制度有利于保护投资者和债权人利益，也有利于政府进行宏观管理。

（二）公司财务、会计的基本要求

公司财务会计活动除了应遵循《中华人民共和国会计法》、《企业财务通则》、《企业

会计准则》、《企业财务会计报告条例》等规定之外，还应遵守《公司法》的特别规定，公司法关于财务会计的规定优先于一般财务会计法律制度。为了完善公司的经营管理制度，提高其经济效益，保护股东和债权人合法权益，维护国家和社会公共利益，《公司法》作了如下规定：(1) 公司应当依照法律、行政法规和国务院财政部门的规定建立本公司的财务、会计制度。(2) 公司应当在每一会计年度终了时编制财务会计报告，并依法经会计师事务所审计。(3) 有限责任公司应当依照公司章程规定的期限将财务会计报告送交各股东。(4) 股份有限公司的财务会计报告应当在召开股东大会年会的二十日前置备于本公司，供股东查阅；公开发行股票的股份有限公司必须公告其财务会计报告。

公司财务会计报告由资产负债表、损益表、财务状况变动表、财务情况说明书、利润分配表以及会计报表附注等文件组成。董事会是公司经营管理决策机构，公司财务会计报告应由董事会负责编制，董事会也可以依法授权经理负责公司财务会计报告的编制工作。公司编制财务会计报告遵循真实性、准确性、完整性、及时性原则，公司负责人对其真实性、完整性负责。若公司违反法律规定，在法定的会计账簿以外另立会计账簿的，由县级以上人民政府财政部门责令改正，处以五万元以上五十万元以下的罚款；在依法向有关主管部门提供的财务会计报告等材料上作虚假记载或者隐瞒重要事实的，由有关主管部门对直接负责的主管人员和其他直接责任人员处以三万元以上三十万元以下的罚款。

二、公司的利润分配

(一) 公司利润分配原则

公司是以盈利为目的的企业法人，股东投资于公司的目的是为了获取利润，因此利润分配请求权是股东的一项基本权利。为了巩固公司的财务基础，保护投资者和债权人合法权益，维护交易安全和市场秩序，《公司法》对公司的利润加以一定限制，公司分配利润首先应遵循以下原则：(1) 依法纳税原则；(2) 税后利润按法定顺序分配原则；(3) 无盈余不分配原则；(4) 按比例分配原则。

(二) 公司利润分配顺序

公司当年度经营所得的利润，应当首先向国家缴纳企业所得税。如果公司上一年度有亏损，应先用公司的公积金弥补亏损，如果公积金不足以弥补上一年度的亏损，则当年利润依法先用于弥补亏损，然后缴纳企业所得税。税后盈余按下列顺序分配：(1) 依法提取法定公积金和法定公益金；(2) 依据章程提取任意公积金；(3) 按股东的出资比例或持有的股份比例向股东分配股利，章程规定不按出资比例或持股比例分配利润的除外。

> 《企业所得税法》第十八条　企业纳税年度发生的亏损，准予向以后年度结转，用以后年度的所得弥补，但结转年限最长不得超过五年。

三、公积金制度

公积金是公司为了弥补亏损、扩大经营规模、稳固公司资本，依照法律和公司章程的规定以及股东（大）会的决议，从公司盈余或资本收益中提取的一种储备金。

见表 3—5。

表 3—5　　公积金的种类、提取方式与用途一览表

种类	盈余公积金		资本公积金
	法定公积金	任意公积金	
提取方式	按税后利润 10%提取，累计额为公司注册资本的 50%以上的，可以不再提取。	根据章程规定或经股东（大）会决议提取。	发行股份所得的溢价款以及依法应列入资本公积金的其他收入。
用途	弥补亏损、扩大生产经营或者转为增加公司资本。	专项资金，专款专用。	扩大公司生产经营或者转为增加公司资本。

第五节　公司的变更、解散与清算

一、公司变更

公司变更又称为公司改组，广义的公司变更包括公司的合并、分立、登记事项的改变以及公司形式的变更。狭义的公司变更仅指公司登记事项中一项或某几项的改变。根据《公司登记管理条例》（2014）的规定，公司变更名称、住所、法定代表人、经营范围、股东、公司类型以及增加或减少注册资本，应当向原公司登记机关申请变更登记。

（一）公司合并

现代社会经济飞速发展，市场竞争加剧，公司为了增强竞争力而相互合并已成为普遍存在的客观现象。公司合并一方面可以优化社会资源的配置，促进经济发展和市场繁荣，另一方面也可能形成行业垄断，从而妨碍市场的公平竞争。因此，市场经济国家均以反垄断法对公司合并进行调控。我国公司法对公司合并的法律问题进行了专门规定。

所谓公司合并，是指两个或两个以上的公司为了生产经营管理的需要，依照法定程序归并为一个公司的法律行为。公司合并的形式有吸收合并与新设合并。吸收合并又称为存续合并，是指一个公司吸收其他公司，被吸收的公司解散；新设合并又称为创设合并，是指参与合并的各方均解散，组建一个新的公司。

公司合并应依照法定的程序进行。首先由合并各方董事会拟定公司合并方案，提交股东（大）会讨论。股东会作出公司合并的决议须经代表 2/3 以上表决权的股东通过；股东大会作出公司合并的决议须经出席会议的股东所持表决权的 2/3 以上通过。股东（大）会作出决议之后，合并各方经平等协商签订合并协议。然后编制资产负债表及财产清单。为了保护债权人的合法权益，公司还应当自作出合并决议之日起十日内通知债权人，并于三十日内在报纸上公告。债权人自接到通知书之日起三十日内，未接到通知书的自公告之日起四十五日内，可以要求公司清偿债务或者提供相应的担保。实施合并之后，因合并而存续的公司，应当办理公司变更登记；因合并而解散的公司，应办理公司注销登记；因合并而新设的公司，应办理公司设立登记。此外，公司合并时，合并各方的债权、债务，应当由合并后存续的公司或者新设的公司承继。

（二）公司分立

公司分立是随着社会分工越来越精细而出现的一种社会现象，与公司的合并正好相反，公司分立通常是为了专业化、精细运作而将一个公司分解为两个或两个以上的公司。我国公司法对公司分立的形式没有作明确规定，但从国外法律规定及我国公司分立的实践来看，公司分立有派生分立和解散分立两种形式。所谓派生分立，是指将原公司的资产和业务分出一部分或若干部分，组建成新的公司，而原公司继续存在的分立形式。解散分立，顾名思义，就是原公司解散，将其分解成两个或两个以上新的公司，原公司注销，新组建的公司依法登记成立。

公司分立的方向与公司合并正好相反，分立程序与公司合并大体相同。值得注意的是，公司分立与债权人合法权益密切相关，为了保护债权人合法权益，《公司法》明确规定："公司分立前的债务由分立后的公司承担连带责任。但是，公司在分立前与债权人就债务清偿达成的书面协议另有约定的除外。"

（三）公司增资、减资

公司的注册资本是公司登记事项之一，一经登记不得随意变更。因为公司增加资本虽然对债权人有利，但也可能给股东分红带来不利影响，而减少资本意味着降低了清偿债务的限度，无疑对债权人不利。

公司增加或减少注册资本，应修改章程，并经股东（大）会特别决议通过。公司增加注册资本简称"增资"。有限责任公司增加注册资本，由股东依法认缴新增资本的出资；股份有限公司增加注册资本，可以采取发行新股、债转股以及将资本公积金转增为注册资本等方式。公司减少注册资本必须编制资产负债表及财产清单，且自作出减少注册资本决议之日起十日内通知债权人，并于三十日内在报纸上公告。债权人自接到通知书之日起三十日内，未接到通知书的自公告之日起四十五日内，有权要求公司清偿债务或者提供相应的担保。

二、公司解散和清算

公司依法成立后，不但会变更，而且会因为法定事由的出现或章程的规定而终止。但是，公司作为企业法人，其法律资格不像自然人那样随着身体的死亡而消失，而是依照法定程序处理完未了事务而消失。公司终止的正常程序是公司解散，破产是公司终止的特殊程序。

（一）解散事由

《公司法》规定，公司因下列原因解散：（1）公司章程规定的营业期限届满或者公司章程规定的其他解散事由出现；（2）股东会或者股东大会决议解散；（3）因公司合并或者分立需要解散；（4）依法被吊销营业执照、责令关闭或者被撤销；（5）公司经营管理发生严重困难，继续存续会使股东利益受到重大损失，通过其他途径不能解决的，人民法院依持有公司全部股东表决权百分之十以上的股东的请求予以解散。

（二）公司清算

除公司合并或分立需要解散的以外，其他情形下公司的解散均需要依法进行清算。公司应在解散事由出现后 15 日内成立清算组予以清算。有限责任公司的清算组由股东组成，股份有限公司的清算组由董事或者股东大会确定的人员组成。清算组在清算期间负责如下事务：清理公司财产，分别编制资产负债表和财产清单；通知、公告债权人；处理与清算有关的公司未了结的业务；清缴所欠税款以及清算过程中产生的税款；清理债权、债务；处理公司清偿债务后的剩余财产以及代表公司参与民事诉讼活动。清算期间，公司存续，但不得开展与清算无关的经营活动。公司财产在分别支付清算费用、职工的工资、社会保险费用和法定补偿金，缴纳所欠税款，清偿公司债务后的剩余财产，有限责任公司按照股东的出资比例分配，股份有限公司按照股东持有的股份比例分配。公司财产在未清偿债务前，不得分配给股东。公司进行清算时，不依法通知或者公告债权人的，由公司登记机关责令改正，对公司处以一万元以上十万元以下的罚款；隐匿财产，对资产负债表或者财产清单作虚假记载或者在未清偿债务前分配公司财产的，由公司登记机关责令改正，对公司处以隐匿财产或者未清偿债务前分配公司财产金额百分之五以上百分之十以下的罚款；对直接负责的主管人员和其他直接责任人员处以一万元以上十万元以下的罚款。

> 《公司法》第一百八十九条第三款　清算组成员因故意或者重大过失给公司或者债权人造成损失的，应当承担赔偿责任。

公司清算结束后，清算组应当制作清算报告，报股东会、股东大会或者人民法院确认，并报送公司登记机关，申请注销公司登记，公告公司终止。清算组在清理公司财产、编制资产负债表和财产清单后，发现公司财产不足清偿债务的，应当依法向人民法院申请宣告破产。

案例分析

李某是某物资有限责任公司的股东，也是董事长。2013 年 8 月，该物资公司的业务员陈某以公司的名义与某建筑公司签订了一份买卖合同，约定在当年 10 月由物资公司向建筑公司提供一批钢材和木材。合同签订后，建筑公司按照约定用支票支付了 5 万元定金和 5 万元预付款，但物资公司没有履行合同。根据我国《合同法》的规定，物资公司的行为是违约行为，应当承担违约责任，必须返还建筑公司 5 万元预付款，并双倍返还定金 10 万元。正在建筑公司向物资公司索赔时，该年 12 月，物资公司经董事会决议解散了。李某按照董事会的决议，将公司的全部财产变卖掉分配给各位股东。建筑公司见其债权求偿无门，遂向法院起诉要求追究李某和陈某的法律责任。

法院刚受理建筑公司的诉讼，又接到物资公司的其他债权人以及该公司部分职工的联名起诉，分别要求物资公司清偿债务和偿还拖欠的职工工资。

分析与讨论：

1. 某物资公司在解散过程中有哪些违法行为？
2. 建筑公司如何维权？

本章小结

公司是企业的一种，作为典型的法人企业，公司具有其他企业类型难以比拟的优势。我国公司的法定形式为有限责任公司和股份有限公司。法人制度、有限责任制度、公司治理制度是传统公司法的基石，即公司具有独立于股东的法律人格；股东以出资或所持股份为限对公司债务承担有限责任；公司实行股东（大）会、董事会、监事会分权制衡的公司治理结构。公司股东（大）会享有重大事项决策权，作为股东（大）会成员和公司最终所有人的股东享有投票表决权、选择管理者的权利、投资收益权、出资转让权、诉讼权等各项权利；公司董事会享有经营决策权并有权聘任经理执行董事会决议；公司监事会享有监督权，监督董事及经理执行公司职务的行为。公司依法定条件和程序以发起设立或募集设立方式设立，公司成立时获得企业法人资格，在经营过程中依法定程序增资、减资、合并、分立。在解散事由出现后公司解散，并组成清算组予以清算，清算完毕后，清算组应当制作清算报告报送公司登记机关，申请注销公司登记，公告公司终止。

参考文献

罗燕，李运华等. 经济法教程（第九版）. 广州：华南理工大学出版社，2012

覃有士. 商法学（第四版）. 北京：高等教育出版社，2012

陈文浩. 公司治理. 上海：上海财经大学出版社，2011

第四章　企业破产法律制度

目　标 学过本章之后，你应该能够

1. 讨论破产法律制度的积极意义；
2. 界定破产原因；
3. 描述破产的一般程序；
4. 熟悉破产重整与和解程序；
5. 掌握破产财产分配规则。

关键词

破产　破产原因　管理人　债权人会议　重整　和解　破产清算　破产财产　破产债权

案例导读 日航破产的启示

生存，还是毁灭？这是个问题。

2010 年 1 月 19 日，日本最大的航空公司——日本航空公司（以下简称日航）向日本东京地方法院正式申请破产保护，即申请适用《公司更生法》的程序，以求获得挽救。据报道，日航破产重整案是日本金融机构以外最大的破产案件，也是日本历史上第六大破产案。那么，从此次日航破产案中，我们可以得到哪些启示呢？

谈到破产，很多人都认为这不是件好事情，其实不然。人有生老病死，市场经济下的企业亦然，优胜劣汰乃自然与社会规律，无人能够抗衡。让那些经营不善、负债累累又无挽救希望的企业有秩序地退出、消亡，是社会发展的需要，如果还让其继续留在世间，便似生长在社会肌体中的癌症，难免四处扩散债务危机，贻害他人，危及公众利益与社会秩序，故破产实乃社会自我调节的必要制度，这已是国际上的通则。但是，企业尤其是大型企业的破产，往往会造成大量职工失业、相关企业连锁破产，引发经济衰退，造成诸多社会问题。所以，现代破产法不仅包括破产清算制度，还创设了以挽救债务人免于破产、维护社会整体利益为目的的重整等法律制度。我们常在报刊上看到的某企业申请破产保护，就是申请适用重整程序，避免破产，并不是关闭企业进行破产清算。在这方面，我国的企业破产法也规定了重整制度，实践中也有许多大型企业甚至包括一些上市公司适用重整程序获得了再生。但总体上讲，积极运用重整制度挽救困境企业，还未被企业界及政府有关

部门所重视，很多人遇到问题仍习惯于找政府使用行政手段解决。所以，日航破产案给我们的第一个启示就是，要积极主动地运用破产与重整法律制度，以应对世界金融危机，解决经济与社会问题。

其次，破产重整虽然是市场经济的标志性法律制度，但并不等于说政府就此便可以袖手旁观。像日航这样的超大型企业，危机爆发后困境颇深，社会影响极大。据报道，日本航空的破产将对约 1 500 家与其有直接业务往来的日本小企业产生广泛的影响，而总计有近 3 000 家日本企业与日航有业务往来。所以，如果政府不适当地施以援手，其挽救往往也难。故此，日本政府与民间共同出资组建的“企业再生支援机构”已决定向日航提供援助。而在美国的金融企业以及通用、克莱斯勒等大型企业陷于危机时，美国政府也不得不直接出手，“拉兄弟一把”。为此，我国在遇到此类情况时，不仅司法机关要能动司法，各级政府也应当主动介入，配合司法程序想办法解决社会危机，共渡难关。不过，这种援助绝非要恢复到过去计划经济的直接行政干预局面。探究日航破产之原因，可谓“仁者见仁，智者见智”，但总的来说，政府因官僚的“政绩思想”而导致的决策失误在其中难脱干系。类似的问题在我国是否也存在？他山之石可以攻玉，及早解决这些问题，可以避免我们再蹈日航之覆辙。

在市场经济下，企业破产并不可怕，可怕的是缺乏正确的法律机制与社会机制解决问题。我国企业破产法的出台，为我们依法处理困境企业问题提供了法律依据，下一步便是如何保证破产法的正确实施。破产法的实施与其他法律有所不同，因为一个企业的破产会产生众多的社会问题。这些问题虽然是随企业破产而产生的，但并非是只靠一部破产法、仅靠人民法院就能解决的。许多社会问题并不属于破产法的调整范围，也不属于人民法院的审判职权范围，而是需要多部门积极相互配合、主动地发挥综合作用才能完成的系列社会工程。日航的破产也向我们昭示了这个问题，比如破产企业失业职工的社会保障、就业安置等问题，就应当由社会保障法、劳动法等立法解决，由各级政府有关部门而不是人民法院通过履行行政法定职责解决，否则便难以顺利形成社会主义市场经济模式下的和谐社会。

资料来源：根据王新欣《日航破产的启示：破产重整，需要法律与社会的联动》（载《法制日报》2010 年 1 月 26 日）整理。

第一节　企业破产法概述

一、破产的含义

从语源上考证，我国古语所称“破产”意为“倾尽家财”（见《后汉书·齐武王传》“倾身破产，交结天下俊雄”）。作为一种法律制度，破产译自英语“bankcruptcy”，据考证，“bankruptcy”来源于意大利语“banca rotta”，意思是“砸烂摊位”。当今社会，破产一词常在两种意义上使用：一是经济意义上的破产，指债务人不能清偿债务的经济状态，它意味着经营失败；一是法律意义上的破产，是指债务人不能清偿到期债务时，为保护债权人和债务人的利益，法院依当事人申请或依职权对债务人财产进行分配的一种程序。

> 《企业破产法》第二条　企业法人不能清偿到期债务，并且资产不足以清偿全部债务或者明显缺乏清偿能力的，依照本法规定清理债务。
>
> 企业法人有前款规定情形，或者有明显丧失清偿能力可能的，可以依照本法规定进行重整。

传统意义上的破产一般是指破产清算，即对丧失清偿债务能力的债务人，经法院审理，强制清算其全部财产，公平清偿全体债权人的法律程序。随着当代破产法律制度的演进，以破产重整程序和破产和解程序为代表的旨在挽救濒临倒闭企业的重建程序被吸收到破产法律制度中来，从而扩展了“破产”的含义。根据《布莱克法律大词典》，“bankruptcy”指传统的清算型破产，“insolvency”指广义的破产，包括破产清算、和解与重整，后两者属于破产预防或破产保护制度。

根据《企业破产法》第二条，企业破产是指当债务人缺乏清偿到期债务的能力时，由法院对债务人的全部财产进行整体性的强制执行，使全体债权人获得公平清偿的一种法律制度。

二、破产法的制定及其作用

（一）企业破产法的制定

破产法是市场经济的法治化标志。基于社会主义市场经济体制下破产法则逐步规范和完善的需要，我国破产法的立法工作在1994年启动，几经波折，《中华人民共和国企业破产法》（以下简称《企业破产法》）于2006年由第十届全国人大常委会第二十三次会议审议通过，自2007年6月1日起施行，这是我国大陆地区正式颁布的第一部破产法。在此之前，1991年全国人大常委会修改《民事诉讼法》时专章规定了“企业法人破产还债程序”，《企业破产法》实施后，全国人大常委会对《民事诉讼法》作出相应修改，删除了该章。更早的破产立法是1986年颁布的《中华人民共和国企业破产法（试行）》，该法实行专门针对国有企业的政策性破产制度，在试行的二十多年里，国有企业的生死存亡主要是由关、停、并、转等行政手段完成，这种计划手段与市场经济的发展格格不入。为了顺应我国社会主义市场经济发展的需要，企业破产法吸收了我国破产审判实践经验，借鉴了国外先进的破产制度，并充分考虑到我国国情，弥补修改了原有法律制度的不足，实现了立法宗旨的创新和制度创新。

（二）破产法的意义

市场经济主体的行为规则主要由三大机制组成：入市机制、市场运行机制和退出机制。破产法就是退出机制，它解决的是市场主体遭遇竞争失败时如何以对整个经济体伤害最小的方式退出市场或实现重生的问题。作为规范市场主体的基本法，企业破产法在经济生活中扮演着重要的角色。具体来说，企业破产法的作用主要体现在以下几个方面：

第一，有利于建立企业优胜劣汰机制，改善社会信用状况。市场经济的文化特质是竞争文化和信用文化，“优胜劣汰”是基本的竞争法则，信用越来越成为市场运行的基础，破产本身就是优胜劣汰的反映，破产法对于信用意识的养成、信用文化的培育及信用制度的建设无疑具有重要意义。

第二，有利于建立对陷入困境企业的挽救制度。现代社会中，债权债务关系不光影响债权人和债务人自身的利益，还有可能影响他人利益，尤其是公用企业、金融企业、超大型企业的破产甚至会严重影响到社会公众的利益，故当代各国法律均十分重视对陷入债务危机的大型企业的挽救，以避免因破产倒闭所产生的负面作用。通过重整、和解程序使陷入困境但有挽救希望的企业恢复生机，可以优化社会资源的配置，增进社会整体利益。

第三，有利于公平保护破产案件当事人各方的合法权益，全面规范企业破产行为。债务人在濒临破产后，从理论上来讲，其全部财产应用于清偿债权，出资人对其丧失权益，因而易引发种种道德风险。破产法律程序是一种对债权债务进行集中处理的司法程序，为了公平保护所有债权人的利益，破产法禁止个别清偿，禁止债务人隐匿、抽逃资产或非法处分财产以逃避债务。

第四，有利于社会主义市场经济法制的统一，促进经济体制改革的深入发展。我国公司法、证券法、合伙企业法、商业银行法、保险法等法律都对相关企业的破产与清算作了规定，企业破产法注重与这些现有的、成熟的市场经济法律法规相衔接。

第二节　破产的申请与受理

一、破产原因：不能清偿到期债务

破产原因又称为破产条件或破产界限，是指当事人得以提出破产申请，法院据以启动破产程序的法律事实。破产原因的立法体例主要有两种。一是列举主义，即在破产法中一一列举债务人应受破产宣告的事实。英美法系国家早期主要采用此种方式，美国 1978 年破产法改为概括主义。二是概括主义，即抽象概括债务人应受破产宣告的事实，大陆法系国家主要采用此种方式。根据我国《企业破产法》第 2 条的规定，破产原因是债务人不能清偿到期债务，并且资产不足以清偿全部债务或者明显缺乏清偿能力。债务人不能清偿到期债务是各国破产法普遍适用的破产原因，资产不足以清偿全部债务或者明显缺乏清偿能力是二选一的条件，只要符合其中一个即可。我国破产法规定的破产原因具有以下几层含义：

其一，破产原因适用于企业法人破产。企业法人以外的组织破产，如事业法人或非法人企业的破产清算由其他法律规定。

其二，破产原因的普遍适用标准是不能清偿到期债务。所谓不能清偿到期债务是指债务人穷尽各种手段均不能支付到期债务。如无相反证据，停止支付可推定为不能清偿到期债务。

其三，破产原因具体分为两种选择性情形。一种是企业法人不能清偿到期债务，并且资不抵债，适用于债务人提出破产申请且资产负债表显示资不抵债。资不抵债可以视为推定“不能清偿到期债务”的证据。另一种是企业法人不能清偿到期债务，明显缺乏清偿能力，适用于提出破产申请时难以通过形式审查判断是否资不抵债的情形，明显缺乏清偿能力视为推定“不能清偿到期债务”事由。《最高人民法院关于适用〈企业破产法〉若干问题的规定（一）》对认定债务人不能清偿到期债务的情形作了具体规定。

二、破产申请

破产申请的提出是启动破产程序的前提。破产程序启动的立法体例有两种：申请主义和职权主义，申请主义是指依民法“不告不理”的原则，根据破产申请人的申请开始破产程序，职权主义是指司法机关在无破产申请的情况下主动依职权启动破产程序，这体现了公力救济主义。早期资本主义国家破产法一般以职权主义为主，近、现代破产法一般以申请主义为主，以职权主义为例外。我国企业破产法采用了申请主义。

（一）提出破产申请的当事人

1. 债务人

债务人不能清偿到期债务且资不抵债，或者明显缺乏清偿能力的，可以向人民法院提出重整、和解或者破产清算申请。

2. 债权人

债务人不能清偿到期债务，债权人可以向人民法院提出对债务人进行重整或者破产清算的申请。

3. 依法负有清算责任的人

企业法人已解散但未清算或者未清算完毕，资产不足以清偿债务的，依法负有清算责任的人应当向人民法院提出破产清算的申请。

4. 国务院金融监管机构

根据《企业破产法》第134条的规定，商业银行、证券公司、保险公司等金融机构发生破产原因的，国务院金融监管机构可以向法院提出对该金融机构进行重整或破产清算的申请。

向人民法院提出破产申请，应当提交破产申请书和有关证据。人民法院根据破产申请书和有关证据判断债务人是否达到破产界限。

（二）破产案件的管辖

破产案件的管辖是指各级人民法院及同级人民法院之间受理破产案件的分工和权限。申请人应当向有管辖权的法院提出破产申请。根据企业破产法，破产案件由债务人所在地人民法院管辖。所谓债务人所在地是指债务人的主要办事机构所在地，若无办事机构的，由其注册地法院管辖。根据相关司法解释，基层人民法院管辖县一级工商行政管理机关核准登记企业的破产案件，中级人民法院一般管辖地市级以上工商行政管理机关核准登记企业的破产案件。

三、破产案件的受理

破产案件的受理是指人民法院经过审查，决定将破产申请立案的诉讼活动。破产申请的受理标志着破产程序开始启动。

1. 破产案件的受理程序

人民法院依申请人提交的材料对破产申请经过形式审查和表面事实的实质审查后，对认为确有理由并符合法律规定的，予以受理。人民法院收到申请之日起5日内通知债务人。债务人对申请有异议的，应当自收到人民法院的通知之日起7日内向人民法院提出。法院应当自异议期满之日起10日内裁定是否受理。除以上情形之外，法院应当自收到破产申请之日起 15 日内裁定是否受理。

2. *破产申请受理的效力*

破产申请受理后，产生以下效力：

（1）破产程序正式开始，人民法院要进行一系列诉讼活动。如指定管理人、在法定期限内向债务人送达裁定书、通知已知债权人并予以公告等。

（2）债务人的相关人员承担妥善保管其占有和管理的财产、印章及账簿、文书等资料的义务；债务人对个别债权人的清偿无效。

（3）管理人接管债务人在境内外的财产，有权决定解除或者继续履行尚未履行完毕的合同。

（4）有关债务人财产的保全措施解除，执行程序应当中止；已经开始而尚未终结的有关债务人的民事诉讼或者仲裁应当中止；在管理人接管债务人的财产后，该诉讼或者仲裁继续进行。

（5）人民法院受理破产申请后，有关债务人的民事诉讼，只能向受理破产申请的人民法院提起。

（6）债权人申报债权。人民法院受理破产申请后，应当确定债权人申报债权的期限。债权申报期限自人民法院发布受理破产申请公告之日起计算，最短不得少于三十日，最长不得超过三个月。债权人应当在人民法院确定的债权申报期限内向管理人申报债权，劳动债权不必申报，由管理人调查后列出清单并予以公示。

第三节　管理人

一、管理人制度的一般理论

（一）管理人的含义

管理人制度是我国企业破产法引入的新制度，以管理人制度取代旧法中以政府官员为主导的清算组制度，是我国企业破产法走向规范化、市场化、国际化的重要一步。管理人是破产程序中最为重要的机构。通常，管理人是指在人民法院受理破产申请后接管债务人财产，处理破产事务及其他相关事务的专业人员或机构。管理人概念有狭义和广义之分。狭义的管理人仅负责破产清算程序中的工作，因而又称破产管理人。广义的管理人在重整程序中也承担管理工作。企业破产法使用的是广义管理人的概念。

（二）管理人的法律地位

关于管理人的法律地位存在多种学说。如英美法系的信托说；大陆法系的代理说、职务说、财团代表说等；在我国理论界有特殊机构说、破产企业法定代表人说、双重地位说等。管理人法律地位的界定，事关管理人的资格条件、选任的方式、职责的范围、义务的大小及承担责任的方式。

有学者认为，现代破产法学理论对破产法的价值目标已达成了一致认识，即破产法的本质功能是对债权人、债务人利益与社会公共利益的平衡，这就要求管理人在破产程序中保持中立地位，基于中立性特征，管理人应具备独立的民事主体资格，独立从事法律行为，在破产案件中与债务人、债权人等不存在可能影响其公正从事管理活动的利害关系，并具有相应的专业能力。以发展的眼光看，赋予管理人独立的法律地位有助于管理人专门化、职业化，最终向公司化发展。事实上，自《企业破产法》实施以来，我国广州、上海、武汉等城市已相继出现大量破产清算事务所，破产管理人职业化将成为我国管理人制度的必然选择。

二、管理人的资格及选任

1. 管理人的选任

为了避免债务人财产在法院受理破产申请后处于无人管理状态，人民法院受理破产申请时指定管理人。这也可以在一定程度上防止债务人的相关人员恶意转移财产，损害债务人和债权人利益。人民法院指定管理人后，债权人会议认为管理人不能依法、公正执行职务或者有其他不能胜任职务情形的，可以申请人民法院予以更换。

2. 管理人资格

国外破产法一般都对管理人有严格的资格限制。我国破产法规定了管理人的积极资格和消极资格。管理人可以由有关机构担任，也可以由专业人士担任，个人担任管理人的，应当参加执业责任保险。

> 《企业破产法》第二十四条第一款　管理人可以由有关部门、机构的人员组成的清算组或者依法设立的律师事务所、会计师事务所、破产清算事务所等社会中介机构担任。

三、管理人的职责与义务

（一）管理人的职责

管理人作为债务人财产的管理者和破产事务的处理者，具体履行如下职责：（1）接管债务人的财产、印章和账簿、文书等资料；（2）调查债务人财产状况，制作财产状况报告；（3）决定债务人的内部管理事务；（4）决定债务人的日常开支和其他必要开支；（5）在第一次债权人会议召开之前，决定继续或者停止债务人的营业；（6）管理和处分债务人的财产；（7）代表债务人参加诉讼、仲裁或者其他法律程序；（8）提议召开债权人会议；（9）人民法院认为管理人应当履行的其他职责。

（二）管理人的义务

管理人负有勤勉、忠实义务，应当勤勉尽责，忠实执行职务。管理人必须依法执行职务，向人民法院报告工作并接受债权人会议和债权人委员会的监督。管理人违反勤勉、忠实义务给债权人、债务人或者第三人造成损失的，依法承担赔偿责任；构成犯罪的，依法追究刑事责任。

四、管理人的报酬

管理人报酬是指依法成立的管理人在履行破产管理事务的过程中应获得的物质回报。《企业破产法》第41条将管理人执行职务的费用、报酬和聘用工作人员的费用三者分开，这表明，管理人报酬是管理人提供劳务的纯粹所得。与多数国家一样，我国将管理人报酬的确定权归于法院，债权人会议有权提出异议。根据相关司法解释，管理人报酬的确定遵循最高额限制原则、根据地区差异浮动原则及责、权、利相结合原则。

法律链接

《最高人民法院关于审理企业破产案件确定管理人报酬的规定》

第四节　债权人会议

一、债权人会议的成员及其权利

（一）债权人会议的组成

债权人会议是由依法申报债权的债权人组成，行使债权及破产事务处理参与权的临时性决议机构。依法申报债权的债权人不论债权性质如何，不论数额多寡，均有权参加债权人会议，并依法行使表决权。享有担保权的债权人，未放弃优先受偿权利的，对于通过和解协议以及破产财产的分配方案等事项不享有表决权。债权人会议应当有债务人的职工和工会代表参加，对有关事项发表意见。债权人会议设主席一人，由人民法院从有表决权的债权人中指定。债权人会议主席主持债权人会议。

动态实训

A 债权人对 B 债务人拥有 300 万元的债权，其中，B 债务人将其所有的价值 100 万元的财产对 A 债权人的债权设定了担保。根据规定，A 债权人在和解会议上享有表决权的债权额为（　　）。

A. 100 万元　　B. 200 万元　　C. 250 万元　　D. 300 万元

（二）债权人会议的职权

1. 核查债权

债权是确定债权人能否按照破产程序获得清偿的依据。债权人会议有权核查债权的有无、债权的性质及其数额。

2. 监督管理人

为了维护债权人的整体利益，债权人会议有权审查管理人的费用和报酬，监督管理人是否依法履行其职责。债权人会议认为管理人不能依法、公正执行职务或者有其他不能胜任职务情形的，可以申请人民法院予以更换。

3. 选任和更换债权人委员会成员

由于债权人委员会代表债权人会议，它只对债权人会议负责，所以，债权委员会成员由债权人会议选任和更换。

4. 对破产程序中重大事项的决定权

债权人会议有权讨论通过和解协议、重整计划草案；决定继续或者停止债务人的营业；通过债务人财产的管理方案；通过破产财产的变价和分配方案。

二、债权人会议的召开及其决议

1. 债权人会议的召开

第一次债权人会议由人民法院召集，自债权申报期限届满之日起15日内召开。以后的债权人会议，在人民法院认为必要时召开，或者由管理人、债权人委员会、占债权总额四分之一以上的债权人向债权人会议主席提议召开。

2. 债权人会议的决议

债权人会议的决议，由出席会议的有表决权的债权人过半数通过，并且其所代表的债权额占无财产担保债权总额的二分之一以上。债务人财产的管理方案和破产财产的变价方案经债权人会议表决未通过的，由人民法院裁定。破产财产的分配方案经债权人会议二次表决仍未通过的，由人民法院裁定。

三、债权人委员会

债权人委员会是代表债权人会议监督管理人活动和破产程序，处理债权人会议授权事项的常设机构。债权人委员会由债权人会议选任的债权人代表和一名债务人的职工代表或者工会代表组成。其成员不得超过9人，且应当经人民法院书面决定认可。

债权人委员会行使下列职权：(1) 监督债务人财产的管理和处分；(2) 监督破产财产分配；(3) 提议召开债权人会议；(4) 债权人会议委托的其他职权。管理人应当接受债权人委员会的监督。破产流程如图4—1所示。

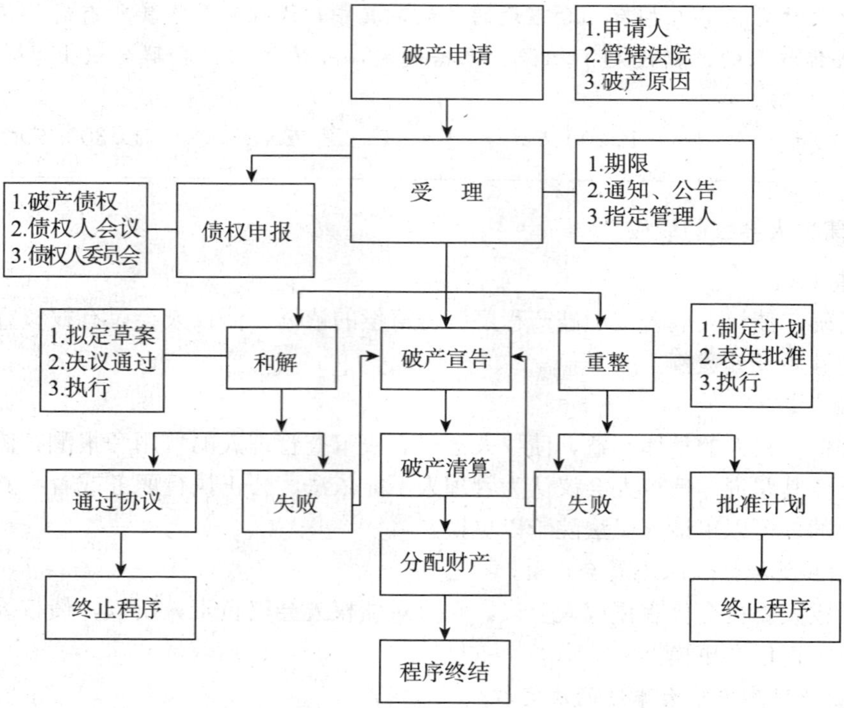

图4—1　破产流程图

第五节 重整与和解

一、重整与和解的目的、意义

重整，日语称作“再生”，英语为“reoganization”。根据我国破产法，重整是在指债务人无力偿债的情况下，或者有明显丧失偿债能力的可能时，依照司法程序，对债务人进行生产经营上的整顿和债权债务关系的清理，使其摆脱困境，走向复兴的再建型债务清理制度。重整制度突破了破产就是“退出市场”、“清算”、“死亡”的传统观念，使企业破产法成为一部企业拯救法，体现了再生为主，清算为辅的立法价值取向。

和解是指债务人向人民法院提交和解协议草案申请和解，要求减免或者缓期偿还债务，若债权人会议通过和解协议的决议，债务人则按照和解协议规定的条件清偿债务，以避免破产清算的法律制度。企业破产法将和解作为一项独立的程序加以规定，使之与破产清算和重整程序并列。由于重整程序复杂、费用高昂、耗时长，所以实践中重整程序主要适用于大型法人企业，尤其是上市公司，中小企业往往采用较为简便的和解程序。

重整与和解都是破产预防制度，也称为再生程序。两者共同的作用在于给有挽救希望的债务人起死回生的机会，使其免遭破产清算、被淘汰出市场的厄运。重整与和解既有利于维护债权人与债务人利益，也有利于维护社会整体利益。

小思考

重组与破产重整有何联系与区别？

二、重整制度

（一）重整申请

债务人、债权人或者债务人的特定出资人均可以向法院申请对债务人进行重整。债务人或者债权人可以依法直接向人民法院申请重整；债权人申请对债务人进行破产清算的，在人民法院受理破产申请后、宣告债务人破产前，债务人或者出资额占债务人注册资本十分之一以上的出资人，可以向人民法院申请重整。

值得注意的是，根据《企业破产法》第 2 条第 2 款，重整原因不同于破产原因。重整原因存在两种情况，第一是已经发生破产原因，第二是有明显丧失清偿能力的可能。对于第一种情况，上述主体都可以提出重整申请，对于第二种情况，债权人往往难以举证，所以一般只适用于债务人主动自愿提出重整申请。

（二）重整计划的制订、表决和批准

1. 重整计划的制订

债务人或者管理人应当自人民法院裁定债务人重整之日起 6 个月内，同时向人民法院和债权人会议提交重整计划草案。债务人自行管理财产和营业事务的，由债务人制作重整计划草案；管理人负责管理财产和营业事务的，由管理人制作重整计划草案。重整计划草案应当包括下列内容：（1）债务人的经营方案；（2）债权分类；（3）债权调整方案；

(4) 债权受偿方案；(5) 重整计划的执行期限；(6) 重整计划执行的监督期限；(7) 有利于债务人重整的其他方案。

概念解析

常见的重整措施：债转股、股权让与、资产出售与置换、重组人出资。

2. 重整计划的表决

债权分为四类，分别是享有担保的债权、职工劳动债权、债务人所欠税款以及普通债权，重整计划草案由债权人会议根据上述债权分类实行分组表决。出席会议的同一表决组的债权人过半数同意重整计划草案，并且其所代表的债权额占该组债权总额的三分之二以上的，即为该组通过重整计划草案。各表决组均通过重整计划草案时，重整计划即为通过。若重整计划草案未获通过的，该表决组可以经协商后再表决一次。仍未通过的，债务人或者管理人可以申请人民法院批准重整计划草案。

3. 重整计划的批准

自重整计划通过之日起10日内，债务人或者管理人应当向人民法院提出批准重整计划的申请。人民法院经审查认为符合规定的，应当自收到申请之日起30日内裁定批准，终止重整程序，并予以公告。

(四) 重整计划的执行

重整计划获得批准之后，管理人向债务人移交财产和营业事务。重整计划由债务人负责执行。在重整计划规定的监督期内，管理人监督重整计划的执行，债务人向管理人报告重整计划执行情况和财务状况。

重整计划应全面执行，按照重整计划减免的债务，自重整计划执行完毕之日起，不再清偿。若债务人不执行或不能执行重整计划的，人民法院应管理人或利害关系人请求，裁定终止计划的执行，并宣告债务人破产。

概念解析

重整期间：自人民法院裁定债务人重整之日起至重整程序终止的期间。不包括重整计划被批准后的执行时间。在重整期间内，债务人的特定财产享有的担保权暂停行使；债务人的出资人不得请求投资收益分配；债务人的董事、监事、高级管理人员未经法院同意不得向第三人转让其持有的债务人的股权。

三、和解制度

和解具有简单易行、成本低廉、快捷高效的优点，主要适用于没有设定重大物权担保的企业及中小型企业。和解申请只能由债务人一方提出，债务人申请和解，应当提出和解协议草案。人民法院经审查认为和解申请符合规定的，应当裁定和解，予以公告，并召集债权人会议讨论和解协议草案。

债权人会议通过和解协议的决议，由出席会议的有表决权的债权人过半数同意，并且其所代表的债权额占无财产担保债权总额的三分之二以上。债权人会议通过和解协议的，由人民法院裁定认可，终止和解程序，并予以公告。和解程序终止后，管理人应当向债务人移交财产和营业事务，并向人民法院提交执行职务的报告。

经人民法院裁定认可的和解协议，对债务人和全体和解债权人均有约束力。债务人应当按照和解协议规定的条件清偿债务。按照和解协议减免的债务，自和解协议执行完毕之时起，不再清偿。因债务人的欺诈或者其他违法行为而成立的和解协议，人民法院应当裁定无效，并宣告债务人破产。债务人不能执行或者不执行和解协议的，人民法院经和解债权人请求，应当裁定终止和解协议的执行，并宣告债务人破产。

概念解析

和解债权人：指法院受理破产申请时对债务人不享有担保物权的债权人。对债务人特定财产享有担保权的债权人对和解协议无表决权，因而也不受和解协议的约束，其依物权担保享有优先受偿的权利（又称别除权）。有财产担保的债权人在担保物价款不足以清偿其担保债权时，就未受清偿的债权额在债权人会议上享有表决权。

第六节　破产清算

一、破产宣告

破产宣告是指受理破产案件的法院，依法裁定和宣布债务人破产的一项法律程序。在下列情况下，人民法院依法宣告债务人破产。

（1）债权人或债务人申请破产清算，符合法定破产要件，并且不存在重整与和解申请的。

（2）重整程序遭遇障碍不能继续或者重整计划不被执行的。

（3）和解程序遭遇障碍不能继续、和解协议被裁定无效或者和解协议不被执行的。

债务人被宣告破产后，债务人称为破产人，债务人财产称为破产财产，人民法院受理破产申请时对债务人享有的债权称为破产债权。

二、破产财产

破产财产是指破产申请受理时属于债务人的全部财产，以及破产申请受理后至破产程序终结前债务人取得的财产。为了防止债务人通过隐匿、转移财产等非法手段来逃避债务、损害他人合法权益，企业破产法规定了与债务人财产相关的有关权利。

1. 撤销权

撤销权是指对破产债务人在破产程序开始前一定期限内所实施的有害于债权人整体利益的行为，管理人享有请求人民法院予以撤销的权利。撤销权行使的对象有：

（1）人民法院受理破产申请前一年内，涉及债务人财产的下列行为，管理人有权请求人民法院予以撤销：①无偿转让财产的；②以明显不合理的价格进行交易的；③对没有财产担保的债务提供财产担保的；④对未到期的债务提前清偿的；⑤放弃债权的。（《企业破产法》第31条）

（2）人民法院受理破产申请前6个月内，债务人已达到破产界限，仍对个别债权人进行清偿的，管理人有权请求人民法院予以撤销。但是，个别清偿使债务人财产受益的除外。（《企业破产法》第32条）

2. 追回权

追回权是指债务人及其相关人员在破产案件受理前的法定时间内和受理案件后实施处分财产的行为，有损于债权人整体利益的，管理人依法追回该财产的权利。追回权的行使涉及两种情况：

> 《企业破产法》第三十三条　涉及债务人财产的下列行为无效：
>
> （一）为逃避债务而隐匿、转移财产的；
>
> （二）虚构债务或者承认不真实的债务的。

（1）因被法院撤销或被确认无效的行为而取得的债务人的财产，管理人有权追回。

（2）债务人的董事、监事和高级管理人员利用职权从企业获取的非正常收入和侵占的企业财产，管理人应当追回。

3. 取回权

取回权是指人民法院受理破产申请后，债务人占有的不属于债务人的财产，该财产的权利人享有通过管理人取回财产的权利。

4. 抵销权

抵销权是指债权人在破产申请受理前对债务人负有债务的，可以向管理人主张抵销的权利。

动态实训

甲公司严重资不抵债，因不能清偿到期债务向法院申请破产。下列哪一财产属于债务人财产？（　　）

A. 甲公司购买的一批在途货物，但尚未支付货款

B. 甲公司从乙公司租用的一台设备

C. 属于甲公司但已抵押给银行的一处厂房

D. 甲公司根据代管协议合法占有的委托人丙公司的两处房产

三、破产财产的变价、分配

破产财产变价方案由管理人拟定，提交债权人会议讨论。债权人会议通过破产财产变价、分配方案的决议由出席会议的有表决权的债权人过半数通过，其所代表的债权额，必须占无财产担保债权总额的半数以上。管理人按照债权人会议通过或者人民法院依法裁定的变价方案适时变价出售破产财产。除债权人会议另有决议外，变价出售破产财产应当通

过拍卖进行，破产财产的分配应当以货币方式进行。

对破产人的特定财产享有担保权的权利人，对该特定财产享有优先受偿的权利。破产财产在优先清偿破产费用和共益债务后，依照下列顺序清偿：(1) 破产人所欠职工的工资和医疗、伤残补助、抚恤费用，所欠的应当划入职工个人账户的基本养老保险、基本医疗保险费用，以及法律、行政法规规定应当支付给职工的补偿金；(2) 破产人欠缴的除前项规定以外的社会保险费用和破产人所欠税款；(3) 普通破产债权。破产财产不足以清偿同一顺序的清偿要求的，按照比例分配。破产企业的董事、监事和高级管理人员的工资按照该企业职工的平均工资计算。除债权人会议另有决议外，破产财产的分配应当以货币分配方式进行。见表 4—1。

概念解析

破产费用：是指在破产程序中产生的成本性支出，如诉讼费、拍卖费、管理费用等；共益债务是指为了维护全体债权人的共同利益，继续破产企业的营业、继续履行合同、进行破产财产管理而产生的新的债务。

表 4—1　　破产财产分配

<table>
<tr><td rowspan="2">破产财产 P</td><td>破产费用和共益债务 F</td><td>破产财产分配</td></tr>
<tr><td>破产债权 R</td><td rowspan="2">P —H
—F
—W
—T
————
S
普通债权清偿率 r=S/K</td></tr>
<tr><td>全部财产的变现价值 A
管理人予以追回的财产 B
财产所有人取回的财产 C</td><td>有担保的债权（别除权）H
职工劳动债权 W
欠税等 T
普通债权 K</td></tr>
<tr><td>破产财产 P=A+B−C</td><td>破产债权 R=H+W+T+K</td><td>普通债权人清偿额=债权额×r</td></tr>
</table>

四、破产程序的终结

在下列情形下，破产程序终结：(1) 和解、重整程序顺利完成；(2) 人民法院受理破产申请后，债务人与全体债权人就债权债务的处理自行达成协议的，并经人民法院裁定认可的，破产程序终结；(3) 破产宣告前，第三人为债务人提供足额担保或者为债务人清偿全部到期债务的，或者债务人已清偿全部到期债务的，人民法院应当裁定终结破产程序；(4) 破产人无财产可供分配或者破产财产分配完结，管理人应当提请人民法院裁定终结破产程序。

在前三种情况下终结破产程序，债务人可以免于破产倒闭，继续经营。在最后一种情况下终结破产程序，将产生三方面的法律效力：(1) 破产企业解散，管理人应当向破产人的原登记机关办理注销登记。(2) 破产债权人未得到清偿的债务不再清偿。但是，破产程序终结两年内发现破产人有依法应当追回的财产或者有应当供分配的其他财产的，可以请求人民法院按照破产财产分配方案进行追加分配。(3) 破产人的保证人和其他连带债务人，在破产程序终结后，对债权人依照破产清算程序未受清偿的债权，依法继续承担清偿责任。

动态实训

甲企业被宣告破产后，清算组决定解除甲企业与乙公司签订的尚未履行的合同。该合同约定，甲企业不履行合同时，应向乙公司按合同金额的20%支付违约金。下列对该项违约金的处理方式中，正确的是（　　）。

A. 作为破产费用从破产财产中优先拨付　　B. 作为破产债权清偿

C. 作为有财产担保债权优先清偿　　D. 不予清偿

案件聚焦 三鹿破产，一盘未下完的棋

三鹿集团股份有限公司是中国食品工业百强、中国企业500强、农业产业化国家重点龙头企业。三鹿奶粉产销量连续14年实现全国第一，三鹿奶粉、液态奶被确定为国家免检产品，“三鹿”商标被认定为“中国驰名商标”。

2008年8月，三鹿奶粉被检出含有三氯氰胺，三鹿奶粉和液态奶被勒令全部召回，“三聚氰胺”事件全面爆发。

2008年9月，三鹿集团全面停产。

2008年12月，经财务审计和资产评估，三鹿集团净资产高达负11亿元，严重资不抵债。与此同时，据官方统计，在本次事件中直接受害的婴儿高达30万人 。

2008年12月，三鹿集团正式进入破产清算程序。

2009年2月，石家庄中院宣告三鹿集团破产。

2009年11月底，三鹿破产程序终结。裁定书显示，在优先偿还员工工资、社保、抵押债权等债权之后，对普通债权的清偿率为零，“结石宝宝”求偿无望。

三鹿破产了，曾经的乳业巨头灰飞烟灭。三鹿破产遗留一系列亟待解决的问题，社会关注的焦点集中于对毒奶粉受害者的赔偿——受害群体能不能成为优先获赔对象？三鹿集团破产后，谁来保障他们的权益？受害者所享有的债权为侵权之债，企业破产法对此类债权的清偿没有明文规定，因而只能纳入普通债权在最后一个序列清偿。而普通债权通常得不到全额清偿甚至根本得不到清偿，这无疑将受害人置于非常不利的地位，显然有失公平。在类似因重大公共安全事件导致企业破产的案例中，政府应该以何种方式介入、如何给予受害的消费者合理的赔偿是值得深入探讨的问题。

本章小结

破产法是市场经济的法治化标志。作为市场经济的退出机制，破产法在经济运行中扮演着重要角色。破产作为一种法律制度，其本质上是强制性的集中还债程序，目的在于公平地了结债权债务关系，尽可能平抑利益冲突，从而保障经济的有序性。破产程序分为：

破产清算、破产重整与和解，三条路径各自独立又可以相互转换。破产重整与和解是挽救机制，适用于具有挽救意义的企业，若成功，则债务人获得重生，若失败，则债务人终难逃破产清算的厄运。破产清算即债务人以其全部财产清偿债务，最终导致债务人解体从而消亡，在破产清算还债的过程中，破产财产按照法定顺序清偿，同一顺序不足以清偿的，按比例清偿。

参考文献

罗燕，李运华等．经济法教程（第九版）．广州：华南理工大学出版社，2012

王新欣．破产法理论与实务疑难问题研究．北京：中国法制出版社，2011

中国注册会计师协会．经济法．北京：中国财政经济出版社，2013

覃有士．商法学（第四版）．北京：高等教育出版社，2012

第五章　合同法律制度

目　标 学过本章之后，你应该能够

1. 理解合同的含义、特征以及合同法的基本原则；

2. 初步辨别合同的效力；

3. 拟定简单的合同文本；

4. 掌握合同的订立、履行、变更、转让、终止及违约责任等基本原理；

5. 运用合同法律制度的基本原理解决经济生活中的合同纠纷，维护自身合法权益。

关键词

合同　格式条款　要约　承诺　意思表示　抗辩权　代位权　违约责任

案例导读 货物未保价损坏，承运人是否应全额赔偿？

黄某注册登记经营公路货物运输公司。兰某、黄某某用黄某的营业执照在宜州设点经营公路货物运输业务。罗某在生产经营中经常将货物交给兰某、黄某某承运。2012 年 12 月 7 日，罗某将折断的塑料机螺杆托运给兰某承运到玉林市厂家修理（焊接）。兰某收货后出具“快运货物承运合同”给罗某，在合同的首部提示：1. 托运方在发货时请详细阅读托运事项：托运货物必须声明价值，本部收取声明价值附加费 3‰，货损、货差按声明价值全额理赔。未声明价值无论出现破损、丢失每件货物最高赔偿额不超过 100 元，超过部分由发货人或收货人自负。2. 开出货单与发货合同如发货人未声明价值和未签名的均按每件最高赔偿额 100 元。……货到玉林厂家后，厂家告知罗某货已断为三截，要焊接两个接口。罗某认为是兰某在承运中将货物再次折断的，即与兰某协商赔偿多出一个接口的焊接费，兰某只同意按合同约定未保价货物每件赔偿 100 元。双方协商未果，兰某将货物运回给罗某。罗某收货后，提起诉讼，请求被告赔偿机械螺杆损坏修理费 2 300 元及运费、误工费 1 300 元。

在日常生活、生产经营中，人们购买、使用商品或接受服务时，所订立的合同大部分含有格式条款，在垄断性的行业中，格式条款尤其常见。本案中的运输合同即含有典型的格式条款，双方争议的焦点是有关货损赔偿的格式条款是否有效？承运人应当按照货物实

际损失赔偿还是按照约定的格式条款赔偿？

资料来源：根据东方法眼网（http：//www.dffyw.com/sifashijian/al/201405/36041.html）案例资料整理。

第一节　合同概述

一、合同的概念与特征

（一）合同的概念与特征

合同的本质即合意（双方当事人意思表示一致）。依罗马法，合同为双方当事人之间发生债权债务的合意。《法国民法典》第1101条规定：“合同为一种合意，依此合意，一人或数人对于其他一人或数人负担给付、作为或不作为的债务。”《布莱克法律辞典》将合同定义为：“两个或者两个以上的人创立为或不为某一特定事情的义务的协议。”广义的合同泛指确定权利、义务关系的协议，包括行政合同、劳动合同及有关财产、身份关系的民事合同等。狭义的合同是指民事合同，最狭义的合同仅指债权合同。我国《合同法》规定：“合同是平等主体的自然人、法人、其他组织之间设立、变更、终止民事权利义务关系的协议。”可见，我国合同法采取了狭义的合同概念。

合同具有如下特点：

（1）合同是一种协议。合同订立的主体为两人或两人以上，其成立乃是各方当事人意思表示一致的结果。

（2）合同是当事人在平等基础上达成的协议。法律地位平等是市场经济的必然要求，在合同中，当事人的法律地位平等，任何一方不得将自己的意志强加给另一方。

（3）合同是当事人之间设立、变更、终止民事权利、义务关系的协议。订立合同是一种民事法律行为，可引起民事法律关系的产生、变更或终止。

二、合同的分类

1. 有名合同与无名合同

根据合同法是否赋予合同特定名称，理论上将合同分为有名合同与无名合同。有名合同又称为典型合同，是指法律加以规范并赋予特定名称的合同。我国合同法分则规定了15种有名合同。分别是：买卖合同，供用电、水、气、热力合同，赠与合同，借款合同，租赁合同，融资租赁合同，承揽合同，建设工程合同，运输合同，技术合同，保管合同，仓储合同，委托合同，行纪合同及居间合同。无名合同是指有名合同以外的、尚未统一确定特定名称的合同。由于社会生活中债权债务关系的复杂性，法律不可能对所有合同一一加以规定，因此无名合同大量存在。无名合同如经法律确认或在形成统一的交易习惯后，可以转化为有名合同，如投资合同、旅游合同等。

2. 诺成合同与实践合同

按照合同的成立是否需要交付标的物，可将合同分为诺成合同与实践合同。诺成合同是指当事人意思表示一致即可成立的合同，如买卖合同等；实践合同又名要物合同，是指合同的成立除了当事人意思表示一致外，还需要交付标的物的合同，如保管合同、民间借贷合同等。区分诺成合同与实践合同的意义在于确定合同是否成立以及标的物风险转移时间。

3. 双务合同与单务合同

按照当事人之间合同权利义务的关联性，将合同分为双务合同与单务合同。双务合同是指双方当事人在合同中相互享有权利和承担义务的合同，一方的权利正好是对方的义务，彼此形成对价关系；单务合同则只有一方当事人承担义务，另一方当事人只享有权利，彼此没有对价关系。在经济生活中，多数合同都是双务合同。

4. 要式合同与不要式合同

依据合同的成立是否需要符合特定的形式，将合同分为要式合同与不要式合同。要式合同是指法律要求采用特定形式才能成立的合同，如商品房买卖合同必须采用书面形式；不要式合同是指不需要采用特定形式即可成立的合同。一般而言，除法律有特别规定或当事人另有约定外，合同均为不要式合同。区分要式合同与不要式合同有助于确定合同是否成立。

5. 主合同与从合同

按照合同能否独立存在，将合同分为主合同与从合同。主合同是指能够独立存在的合同，如借款合同；从合同是指依附于主合同而存在的合同，如抵押合同。

此外，合同还可以分为有偿合同与无偿合同、为己合同与涉他合同、附条件的合同与附期限的合同等。买卖合同是体现意思自治最全面的合同，买卖合同是有名合同、双务合同、诺成合同、不要式合同、有偿合同、主合同。

小思考

赠与合同是实践合同吗?

【解析】不是。传统民法理论一直将赠与合同作为典型的实践合同。现行合同法则将赠与合同规定为诺成合同。且具有救灾、扶贫等社会公益、道德义务性质的赠与合同或者经过公证的赠与合同，赠与人在赠与财产的权利转移之前不能撤销赠与。这是为什么?

三、合同法及其调整范围

合同法是调整合同关系的法律规范的总称。《中华人民共和国合同法》于 1999 年 3 月 15 日由第九届全国人大第二次会议通过，当年 10 月 1 日实施，是我国第一部较为完备的合同基本法，全面系统地规定了合同基本法律制度。合同法分为总则、分则和附则三个部分，总则主要规范合同的订立、效力、履行、变更、转让、终止以及违反合同的法律责任等问题，分则具体规定了 15 种有名合同。

根据我国《合同法》第 2 条的规定，合同法是调整平等主体之间的财产流转关系的法律，是我国民法的重要组成部分。首先，合同法只调整平等主体之间的关系，非平等主体之间的合同关系，如行政合同、劳动合同等由相应的行政法和劳动法来调整。其次，合同法只调整平等主体之间的财产流转关系，因为我国《合同法》第 2 条第 2 款规定："婚姻、收养、监护等有关身份关系的协议，适用其他法律的规定。"可见，并非所有的平等主体之间有关民事权利义务关系的合同都由《合同法》来调整，诸如婚姻、收养、监护等有关身份关系的协议由《婚姻法》、《收养法》、《民法通则》等法律来调整。

四、合同法的基本原则

合同法的基本原则是指其效力贯穿于整个合同法律制度和规范之中的根本准则，是合同当事人在合同活动中应当遵守的基本准则，也是人民法院、仲裁机构在解决合同纠纷时应遵循的原则。我国合同法规定了以下基本原则：

1. 平等原则

《合同法》第 3 条规定："合同当事人的法律地位平等，一方不得将自己的意志强加给另一方。"该条体现了合同法的平等原则。在法律上，合同当事人的地位是平等的，没有高低从属之分，也不存在命令与服从、管理与被管理的关系。

2. 自愿原则

《合同法》第 4 条规定："当事人依法享有自愿订立合同的权利，任何单位和个人不得非法干预。"该条体现了合同法的自愿原则。自愿即"意思自治"，自愿原则允许当事人通过协商，自主决定和调整相互的权利义务关系，包括订不订合同的自愿、与谁订合同的自愿、合同内容以不违法为前提的自愿约定以及自愿协议变更、解除合同内容等，自愿原则贯穿于合同活动全过程。

3. 公平原则

《合同法》第 5 条规定："当事人应当遵循公平原则确定各方的权利和义务。"该条体现了公平原则。公平原则要求合同当事人之间的权利义务要对等，利益与风险的分配要均衡，根据合同所取得的利益与付出的代价相适应。

4. 诚实信用原则

《合同法》第 6 条规定："当事人行使权利、履行义务应当遵循诚实信用原则。"所谓诚实信用原则，是指当事人在订立、履行合同以及合同终止后的全过程中，都要诚实、讲信用并且相互协作，不得有欺诈或其他违背诚实信用的行为。诚实信用原则在大陆法系常被称为债法中的最高指导原则或"帝王条款"，该原则要求当事人以对待自己事务的注意善意对待他人事务，保证法律关系的当事人各方都能得到自己应得的利益。

5. 遵守法律，不得损害社会公共利益的原则

《合同法》第 7 条规定："当事人订立、履行合同，应当遵守法律、行政法规，尊重社会公德，不得扰乱社会经济秩序，损害社会公共利益。"合同不仅仅是当事人之间的关系，有时也会涉及社会公共利益、社会公德以及经济秩序，因此，合同的订立、履行均应在法律许可的范围内进行，并不得损害社会公共利益。

第二节　合同的订立

一、合同的形式与内容

（一）合同的形式

合同形式是合同当事人所达成的协议的表现形式，是合同内容的载体。合同法规定，

当事人订立合同，有书面形式、口头形式和其他形式。

1. 书面形式

书面形式是指合同书、信件和数据电文（包括电报、电传、传真、电子数据交换和电子邮件）等可以有形地表现所载内容的形式。书面形式的优点有：明确具体、有据可查，发生纠纷时便于举证，有利于当事人主张权利，因此，对于关系复杂的合同、价款或报酬数额较大的合同，通常采用书面形式。此外，法律、行政法规规定采用书面形式的，应当采用书面形式。当事人约定采用书面形式的，应当采用书面形式。书面合同若经过见证、公证、登记或审批的为特殊的书面合同。

小思考

判断：书面合同就是合同书。

【解析】不正确。合同书只是书面合同的一种，除合同书外，书面合同还有信件和数据电文等。

2. 口头形式

口头形式是指当事人以对话的方式相互作出意思表示而订立合同的形式。口头形式的优点在于能保证交易的便捷和快速，缺点在于缺乏客观记载，一旦发生纠纷，不利于举证，因此口头合同一般适用于即时结清的交易或小额交易。

3. 其他形式

其他形式是指采用书面形式、口头形式以外的方式来表现合同内容的形式，主要包括推定的形式，即当事人不以书面或口头方式进行意思表示，而是通过实施某种行为订立合同。如卖方设置自动售卖机，顾客将硬币投入售卖机内，买卖合同即告成立。

(二) 合同的内容

合同的内容是合同当事人的权利和义务。根据合同自愿原则，除法律有直接规定外，合同内容由当事人平等、自愿协商一致，体现在合同条款上。

1. 合同的主要条款

(1) 当事人的名称或者姓名和住所。当事人是合同法律关系的主体，也是合同权利义务的承受者，没有当事人，合同法律关系缺乏主体要素，合同权利义务也失去了存在的意义。名称是对法人或其他组织而言，姓名是对自然人而言。

(2) 标的。标的即合同当事人权利义务共同指向的对象，标的可以是物（买卖合同等）、行为（运输合同等），也可以是智力成果（技术合同等）。任何合同都应当有标的，否则，当事人的权利义务就无所指向，因此，标的条款是合同的必备条款，没有标的，合同不能成立。

(3) 数量。数量是用计算单位和数字来衡量标的的尺度，它决定了权利义务的多少。

(4) 质量。质量也是对标的的具体描述，是检验标的内在素质和外观形态优劣的标志，一般包括规格、性能、等级、型号等等。质量详细具体。

(5) 价款或报酬。价款是有偿合同中一方获得标的物所应支付的金钱，如买卖合同中的货款、租赁合同中的租金等。报酬是指以行为为标的的有偿合同中取得合同利益的一方当事人作为取得该利益的代价而向对方支付的金钱，如保管合同中的保管费等。

（6）履行期限、地点和方式。是指当事人行使权利履行义务的时间界限、场所和方法。

（7）违约责任。违约责任是合同当事人不履行合同或履行合同不符合约定时应承担的民事责任。违约责任有助于促使当事人履行义务，且在一方违约时作为解决合同争议的依据。

（8）解决争议的方法。当事人可以在合同中约定以协商、仲裁或诉讼等方式解决合同争议。

合同一般包括以上主要条款，其中当事人名称或姓名、标的、数量、质量以及价款和报酬应当明确具体。合同条款是否齐备、准确，决定了合同能否成立、生效以及能否顺利履行。

2. 格式条款

格式条款是指当事人为了重复使用而预先拟定、并在订立合同时未与对方协商的条款。合同中采用格式条款一般有两种形式：一种是合同的部分内容为格式条款；一种是合同的所有内容都是格式条款。后者又称为格式合同或标准合同，它适应了社会化大生产的需要，简化了合同订立的程序，提高了交易效率。但是格式合同提供一方往往利用其优势地位，在合同中列入有悖公平原则的“霸王条款”。为了维护公平，保护弱者，我国合同法规定了有关格式条款的规则：

（1）格式条款提供方应当遵循公平原则确定当事人之间的权利和义务，并采取合理的方式提请对方注意免除或者限制其责任的条款，按照对方的要求，对该条款予以说明。

（2）格式条款有法律规定的无效情形，或者提供格式条款一方免除其主要责任、加重对方责任、排除对方主要权利的，该条款无效。

> 《合同法》第五十三条　合同中的下列免责条款无效：（一）造成对方人身伤害的；（二）因故意或者重大过失造成对方财产损失的。

（3）对格式条款的理解发生争议的，应当按照通常理解予以解释。对格式条款有两种以上解释的，应当作出不利于提供格式条款一方的解释。格式条款和非格式条款不一致的，应当采用非格式条款。

二、合同的订立程序

合同的订立是缔约方为达成协议而进行接触、磋商、意思表示一致的全过程。《合同法》第13条规定，当事人订立合同，采取要约、承诺方式。

（一）要约

要约又叫发盘、报价或发价，是缔约一方作出的希望和他人订立合同的意思表示。

知识拓展

意思表示

意思表示是指当事人把内心旨在发生一定法律后果的意思对外通过语言、文字或行为表达出来的行为。

---

1. 要约的构成要件

（1）内容具体确定，即要约应当具备与他人拟订立的合同的必备条款。但何谓具体确定？我国合同法没有明确规定。

（2）表明经受要约人承诺，要约人即受该意思表示约束。即表明要约人订立合同的决心，这种意旨表明可以是明示的，也可以是隐含的。

若意思表示不具备上述条件，则不能构成要约，而是要约邀请。所谓要约邀请，是指希望他人向自己发出要约的意思表示。要约与要约邀请区别如表5—1所示。

表5—1　　要约与要约邀请比较

	要约	要约邀请
含义	希望和他人订立合同的意思表示	希望他人向自己发出要约的意思表示
合同订立的步骤	第一步：要约 第二部：承诺	第一步：要约邀请 第二部：要约 第三部：承诺
具体类型	内容明确具体 （标的、数量、质量、价款）	寄送的价目表 拍卖公告 招标公告 招股说明书 商业广告 （内容具体明确的为要约）

2. 要约的效力

（1）要约的生效。要约到达受要约人时生效。要约到达时间因合同的形式不同而不同。口头形式的要约以受要约人了解要约的时间为到达时间；书面形式的要约为受要约人收到要约的时间。此外，合同法规定，采用数据电文形式订立合同，收件人指定特定系统接收数据电文的，该数据电文进入该特定系统的时间，视为到达时间；未指定特定系统的，该数据电文进入收件人的任何系统的首次时间，视为到达时间。

（2）要约的撤回与撤销。在特定条件下，要约可以撤回，也可以撤销。要约撤回是指在要约发出后、生效前，要约人收回该项要约的意思表示。撤回要约的通知应当先于或同时与要约到达受要约人。要约的撤销是指要约生效后，受要约人承诺前取消要约，使其失去法律效力的意思表示。撤销要约的通知应当在受要约人发出承诺通知之前到达受要约人。由于撤销要约可能会损害受要约人的利益，合同法规定了两种不得撤销要约的情形：其一，要约人确定了承诺期限或者以其他形式明示要约不可撤销；其二，受要约人有理由认为要约是不可撤销的，并已经为履行合同作了准备工作。

（3）要约的失效。要约失效是指已经生效的要约因某种原因失去法律效力，要约人与受要约人均不受其约束的状况。在四种情形下要约失效：拒绝要约的通知到达要约人；要约人依法撤销要约；承诺期限届满，受要约人未作出承诺；受要约人对要约的内容作出实质性变更。受要约人对要约的内容作出实质性变更的，为新要约。有关合同标的、数量、质量、价款或者报酬、履行期限、履行地点和方式、违约责任和解决争议方法等的变更，是对要约内容的实质性变更。

（二）承诺

承诺又称接盘或接受，是指受要约人同意要约的意思表示。受要约人一旦作出承诺，合同即告成立，合同订立程序结束。

1. *承诺应具备的条件*

（1）承诺须由受要约人向要约人作出。由于合同主体的相对性，受要约人以外的人作出的接受要约的意思表示不是承诺，而是一种要约，承诺可由代理人作出，但是代理人要有合法的授权。与此同时，受要约人向非要约人作出的同意要约的意思表示也不构成承诺，因为非要约人没有订立合同的意思表示。

（2）承诺的内容要与要约的内容一致。承诺是对要约的同意，这种同意是无条件的、绝对的同意，不得对要约的内容作出实质性变更，否则不构成承诺，而视为新要约或者反要约。

（3）承诺应在要约有效期内作出。当要约规定了承诺的期限时，承诺应在要约确定的期限内到达要约人。受要约人超过期限作出承诺的，除非要约人及时通知受要约人该承诺有效外，不发生承诺的效力，应视为新要约。

2. *承诺的方式*

承诺一般以通知的方式作出，即受要约人以口头或书面的方式明确告知要约人其同意要约的内容。此外，根据交易习惯或者要约表明可以通过行为作出的，积极的行为可以构成承诺。

3. *承诺的生效*

承诺生效是指承诺发生法律上的约束力。以通知方式作出承诺的，承诺通知到达要约人时生效；以行为作出承诺的，在该行为作出时承诺生效。承诺可以撤回，但是撤回承诺的通知应当在承诺通知到达要约人之前或者与承诺通知同时到达要约人。

三、合同成立的时间、地点

合同成立是指当事人就合同内容协商一致。承诺生效时，合同成立。如果采取合同书形式订立合同，自双方签字或盖章时合同成立。当事人采用信件、数据电文等形式订立合同的，可以在合同成立之前要求签订确认书，签订确认书时合同成立。法律、行政法规规定或者当事人约定采用书面形式订立合同，当事人未采用书面形式但一方已经履行主要义务，对方接受的，该合同成立。同理，采用合同书形式订立合同，在签字或者盖章之前，当事人一方已经履行主要义务，对方接受的，该合同成立。

合同成立的地点为承诺生效的地点。当事人采用合同书形式订立合同的，双方当事人签字或者盖章的地点为合同成立的地点。

第三节　合同的效力

合同的效力是指合同具有法律所赋予的拘束力，依法有效的合同对合同当事人以及合同效力所涉及的第三人具有法律强制力。当事人不依约履行合同义务时，权利人可请求司法机关强制义务人履行义务或承担相应的违约责任。

一、有效合同

（一）合同生效

合同生效是指合同在当事人之间开始产生了法律约束力，根据《合同法》第 44 条的规定，依法成立的合同，自成立时生效。但是有例外情形：（1）法律、行政法规规定应当办理批准、登记等手续生效的，在依法办理手续时生效；（2）依合同自愿原则，当事人可以就合同的生效约定条件或期限，当所约定的条件成熟或期限到来时，合同生效。

（二）合同有效的条件

合同生效时，该合同即具有法律效力，为有效合同。一个有效的合同应该具备以下条件：

（1）主体合法，即当事人具有能够通过自己的行为缔结合同并享有合同权利、承担合同义务的资格。

（2）意思表示真实，即订约人的外在行为能够真实地反映其内心意旨。

（3）不违反强制性法律规范以及公序良俗。

二、无效合同

（一）合同无效的原因

无效合同是指虽经当事人协商一致而成立，但因违反了法律的强制性规定或损害了社会公共利益，不发生法律效力，不受法律保护的合同。无效合同已经成立，但是因为违反了国家意志而不可能产生法律效力，因而不得履行。合同因下列原因而无效：一方以欺诈、胁迫的手段订立合同，损害国家利益；恶意串通，损害国家、集体或者第三人利益；以合法形式掩盖非法目的；损害社会公共利益；违反法律、行政法规的强制性规定。

（二）合同无效的后果

无效的合同自订立时起便不发生当事人所预期的法律效力。合同被确认无效后，应当将当事人之间的财产关系恢复到合同订立之前的状态，即恢复原状，采取返还财产为主，折价补偿和赔偿损失为辅的原则。

1. 返还财产

合同被确认无效后，自始无效，因合同取得的财产，应当予以返还，不能返还或没有必要返还的，应当折价补偿。当事人恶意串通，损害国家、集体或者第三人利益的，因此取得的财产收归国家所有或者返还集体、第三人。

此外，合同部分无效的，不影响合同中其他条款的法律效力，合同无效的，合同中有关解决争议的方法的条款依然有效。

2. 赔偿损失

合同无效如果是由于一方的过错造成的，有过错的一方应当赔偿对方因此所受到的损失，如果双方都有过错的，应当各自承担相应的责任。

三、可撤销或可变更合同

（一）可撤销或可变更合同的含义与特征

可撤销或可变更合同是指虽已成立，但是由于意思表示不真实，当事人可以向法院或仲裁机构申请将其撤销或变更其内容的合同。

可撤销或可变更不同于无效合同，其具有如下特征：

(1) 合同已成立，但是欠缺有效条件，表现为意思表示不真实，区别于损害社会公共利益的无效合同。法律将意思表示不真实的合同规定为可撤销、可变更合同，是出于对当事人利益与意志的尊重。

(2) 合同成立后，被撤销前是有效的，当事人行使撤销权后，合同无效，并且追溯至合同订立之时。若当事人申请变更合同，合同依然有效。

(3) 拥有撤销权的当事人有权向法院或仲裁机构主张合同无效或变更合同，法院或仲裁机构不能主动依职权确认合同无效。

（二）可撤销或可变更合同的种类

1. 因重大误解而订立的合同

重大误解是指一方当事人因自己的过失对合同的内容发生错误的认识而订立合同的行为。一般来说，行为人因对行为的性质、对行为当事人、标的物的品种、质量、规格和数量等的错误认识，使行为的后果与自己的意思相悖，并造成较大损失的，可以认定为重大误解。

2. 在订立时显失公平的合同

显失公平是指一方当事人利用自身优势或利用对方没有经验，致使双方的权利义务明显违反公平、等价有偿原则。该情形下订立的合同使双方利益严重失衡，其中一方遭受重大不利，经当事人请求，可以撤销或变更合同。

3. 因欺诈、胁迫或乘人之危，使对方在违背真实意思的情况下订立的合同

欺诈是指一方故意告知对方虚假情况，或隐瞒真实情况，诱使对方作出错误意思表示的行为。欺诈主要表现为两种手段：制造假象或隐瞒真相，使对方陷入错误的认识。胁迫包括威胁和强迫，是指以不法损害相恐吓，或者使用非法的身体强制手段，使表意人陷入恐惧或无法反抗的境地，作出非真实的意思表示。乘人之危是指行为人利用对方的危难处境或紧急需要，为谋取不正当利益，迫使其违背真实意思而订立合同，严重损害对方利益的情形。

（三）撤销权和变更权的行使

因重大误解订立的合同和订立时显失公平的合同，任何一方均有权请求法院或仲裁机构予以变更或撤销，实践中通常是误解方或受损害方行使请求权。一方以欺诈、胁迫的手段或乘人之危，使对方在违背真实意思的情况下订立的合同中，受损害方享有请求权。当事人请求变更的，法院不得撤销。且撤销权的行使是有期限的：自当事人知道或应当知道撤销事由之日起 1 年内行使，否则撤销权消灭。

合同撤销之后，自始没有法律效力，其后果与无效合同一致。

四、效力待定的合同

效力待定的合同是指虽已成立，但是法律效力尚未确定，只有经过权利人追认才能生效的合同。效力待定的合同是由于当事人缺乏缔约能力、代理资格以及处分权而造成的，合同能否生效取决于有权人是否予以追认。效力待定的合同有以下几种类型。

1. 限制民事行为能力人超越其缔约能力而订立的合同

限制民事行为能力人有权订立纯获利益的合同及与其年龄、智力、精神状况相适应的合同，除此之外的合同须经其法定代理人同意，如限制行为能力人超越其缔约能力而订立的合同，事后经过其法定代理人追认的，该合同有效。

此类合同在法定代理人追认之前效力处于不确定状态，对相对人是不利的，为了平衡双方权益并维护交易的安全，合同法赋予相对人催告权和撤销权。相对人可以催告法定代理人在一个月内予以追认，法定代理人未作表示的，视为拒绝追认，合同无效。为了保护善意相对人的合法权利，合同被追认之前，善意相对人有权以通知的方式撤销合同。

2. 无权代理人以他人名义订立的合同

行为人没有代理权、超越代理权或者代理权终止后以被代理人名义订立的合同，未经被代理人追认，对被代理人不发生效力，由行为人承担责任。反之，被代理人予以追认的，该合同对被代理人发生效力，由被代理人承担责任。同理，相对人有催告权，且善意相对人享有撤销权。

此外，行为人没有代理权、超越代理权或者代理权终止后以被代理人名义订立合同，相对人有理由相信行为人有代理权的，为表见代理。该代理行为有效，由代理人承担责任。

3. 无权处分他人财产的合同

无权处分是指行为人没有处分权，却以自己的名义对他人财产实施法律上的处分行为，如转让、抵押、赠与等。无处分权的人处分他人财产，经权利人追认或者无处分权的人订立合同后取得处分权的，该合同有效；反之无效。

第四节　合同的履行

合同的履行，是指合同当事人按照合同的约定或者法律的规定，全面、适当地完成各自的义务，使债权人的权利得以实现的过程。合同的履行是合同效力的体现，也是合同关系终止的原因之一。

一、合同履行的原则

1. 全面履行原则

全面履行，又称正确履行或适当履行，是指除债权人同意之外，当事人必须按照合同规定的标的及其数量、质量、履行期限、履行地点、方式等要求，全面完成合同义务。按照全面履行原则，债权人可以拒绝债务人提前履行债务或者部分履行债务，但是，提前履行或者部分履行不损害债权人利益的除外。因债务人提前履行或者部分履行债务给债权人增加的费用，由债务人承担。

2. 协作履行原则

协作履行是指合同当事人一方不仅应各自严格履行合同债务，还应协助对方履行其义务。在整个合同履行过程中，合同当事人相互之间团结互助、相互协作是诚实信用原则在合同履行中的体现。协作履行原则的主要内容有：及时互通情况，以便及时发现问题，迅速解决问题；如因客观原因不能履行合同时，及时通知对方，积极采取措施加以补救，尽量减少损失；债务人在履行合同中遇到困难时积极予以帮助；保守在合同履行过程中知悉的对方的商业秘密等。

二、合同履行中的相关规则

（一）合同条款约定不明时的履行规则

合同生效后，当事人就质量、价款或者报酬、履行地点等内容没有约定或者约定不明确的，可以协议补充；不能达成补充协议的，按照合同有关条款或者交易习惯确立。

采取上述两种方法仍不能确定的，直接使用法律的补充性规范来弥补合同条款约定不明的缺陷。根据我国《合同法》第62条的规定，法律的补充性规范主要有：

（1）质量要求不明确的，按照国家标准、行业标准履行；没有国家标准、行业标准的，按照通常标准或者符合合同目的的特定标准履行。

（2）价款或者报酬不明确的，按照订立合同时履行地的市场价格履行；依法应当执行政府定价或者政府指导价的，按照规定履行。

（3）履行地点不明确，给付货币的，在接受货币的一方所在地履行；交付不动产的，在不动产所在地履行；其他标的，在履行义务一方所在地履行。

（4）履行期限不明确的，债务人可以随时履行，债权人也可以随时要求履行，但应当给对方必要的准备时间。

（5）履行方式不明确的，按照有利于实现合同目的的方式履行。

（6）履行费用的负担不明确的，由履行义务的一方负担。

（二）合同履行过程中价格发生变动时的履行规则

执行政府定价或者政府指导价的合同，在合同履行过程中政府定价或指导价发生变化的，遵循《合同法》第63条的规定。

（1）合同交付期限内价格调整时的履行规则。在合同交付期限内，当事人均按照合同约定履行各自义务，此时，政府定价或指导价发生调整时，按交付时的价格计价。

（2）逾期履行合同义务时的价格规则。逾期履行表明当事人存在违约行为，那么违约方应承担价格变动的风险责任。逾期交付标的物的，遇价格上涨时，按原价格执行；价格下降时，按照新价格执行。逾期提取标的物或者逾期付款的，遇价格上涨时，按照新价格执行；价格下降时，按照原价格执行。

（三）涉及第三人的履行规则

合同具有相对性，即合同效力仅限于合同当事人，这一规则源于罗马法，根据罗马法，合同作为法锁，能够且只能对合同债权人和债务人产生拘束力。由于合同的相对性，违约责任只能发生在合同当事人之间，也只有合同当事人才能向另一方当事人基于合同提出请求。因此，当事人约定由债务人向第三人履行债务的，债务人未向第三人履行债务或者履行债务不符合约定，应当向债权人承担违约责任；当事人约定由第三人向债权人履行债务的，第三人不履行债务或者履行债务不符合约定，债务人应当向债权人承担违约责任。

案例分析

甲公司与乙公司签订了一份木材买卖合同，约定由甲公司在6月底之前预付30万元货款，乙公司在8月底之前向甲公司供货。合同订立后，甲公司以资金紧张为由支付了10万元预付款。到了8月份，甲公司要求乙公司如期供货，被乙公司拒绝。乙公司拒绝甲公司的要求合法吗？为什么？

三、双务合同中的履行抗辩权

所谓抗辩权，又称异议权，是指对抗或否认对方权利主张的一种权利。通过行使抗辩权，可以使对方的请求权消灭或延期发生。双务合同履行中的抗辩权，是指在符合法定条件时，当事人一方对抗对方当事人的请求权，拒绝履行其债务的权利。根据我国合同法的规定，双务合同履行中的抗辩权主要有同时履行抗辩权、先履行抗辩权和不安抗辩权。

（一）同时履行抗辩权

同时履行抗辩权，又称不履行抗辩权，是指在双务合同中，没有先后履行顺序的，双方当事人应当同时履行合同，一方在对方不履行义务时，有权拒绝其履行要求。同时履行抗辩权制度，是对“一手交钱，一手交货”这一古老交易规则的确认，有利于平衡当事人之间的权益，维护交易秩序，增进双方的协作。

（二）先履行抗辩权

先履行抗辩权，又称后履行抗辩权，是指在双务合同中，有先后履行顺序的，应当先履行义务的一方未履行或者履行债务不符合约定的，后履行一方有权拒绝其相应的履行请求。先履行抗辩权有利于保护后履行义务一方的合法权益，也是对本应先履行义务的一方未履行义务或履行义务不符合约定的一种制裁，该抗辩权的确立可以避免实践中大量出现的所谓“双方违约”现象。

（三）不安抗辩权

1. 不安抗辩权的含义

不安抗辩权，指双务合同中应先行履行义务的当事人在有确切的证据证明后序履行债务的当事人在缔约后出现足以影响其对待给付的情况下，可以中止履行合同并有条件地解除合同的权利。不安抗辩权体现了合同法的公平原则。因为在双务合同中，双方互负债务，互为债权人和债务人，如果明知后履行义务的一方将不会或不能履行义务，仍然强迫先履行义务的一方履行义务，则有悖公平原则。为了避免单方给付，也为了避免给付人利益落空，我国合同法确立了不安抗辩权。

2. 不安抗辩权的适用条件

（1）双务合同中双方的给付义务互为对价。

（2）各自的债务履行有先后顺序，且后序履行义务一方当事人的履行期限尚未届至。

（3）应当先履行债务的当事人有确切证据证明对方当事人有丧失或可能丧失履行债务能力的情形。《合同法》第68条规定，应当先履行债务的当事人，有确切证据证明对方有下列情形之一的，可以中止履行：①经营状况严重恶化；②转移财产、抽逃资金，以逃避债务；③丧失商业信誉；④有丧失或者可能丧失履行债务能力的其他情形。但是，当事人没有确切证据中止履行的，应当承担违约责任。

3. 不安抗辩权的行使及其法律效果

只要具备行使不安抗辩权的条件，先履行债务的当事人就可以行使不安抗辩权，中止履行合同义务。当事人行使不安抗辩权时应当及时通知对方，可以要求对方提供适当担保。当对方提供适当担保时，应当恢复履行；若对方在合理期限内未恢复履行能力并且未提供适当担保的，中止履行的一方可以解除合同。

四、合同的保全

合同权利与义务具有关联性。在合同履行的过程中，债权的实现依赖于债务的适当履行，而债务的适当履行又以债务人的财产为基础，债务人财产的增减关系到债权能否实现。合同的保全又称为合同的对外效力，是债权人为防止债务人的财产不当减少危害其债权的实现而采取的积极措施或手段，包括行使代位权和撤销权。

（一）代位权

1. 代位权的含义及行使条件

代位权是指债务人怠于行使其对第三人的到期债权，对债权人造成损害的，债权人可以向人民法院请求以自己的名义代位行使债务人的债权的一种权利。简言之，代位权就是债权人以自己的名义行使债务人对第三人的债权。债权人行使代位权必须具备如下条件：（1）债务人已经延迟履行债务；（2）债务人怠于行使其到期债权，对债权人造成损害。即指债务人既不履行其对债权人的到期债务，又不以诉讼方式或者仲裁方式向其债务人主张其权利，致使债权人的到期债权未能实现；（3）债务人的债权不是专属于债务人自身的债权，专属于债务人自身的债权，债权人不得代位行使。专属于债务人自身的债权，是指基于身份关系、劳动关系以及人身损害赔偿关系产生的给付请求权和人身伤害赔偿请求权等权利。

2. 代位权的行使

根据合同法的规定，代位权需通过诉讼的方式行使，由债权人向法院请求以自己的名义代位行使债务人的债权。代位权的行使以债权人的债权为限，行使代位权的必要费用，由债务人负担。

动态实训

在甲、乙之间的买卖合同中，甲对乙享有债权100万元，乙又是丙的债权人，债权数额为200万元且已到期，乙因碍于亲戚情面怠于向丙主张债权，致使甲的债权到期而乙却无力偿还。甲是否可以行使代位权？如何行使？数额是多少？

（二）撤销权

1. 撤销权的含义及行使条件

撤销权是指债权人对债务人所为的不当处分财产从而损害自己债权的行为，请求法院依法撤销的权利。撤销权的行使有两种情况：一是债务人放弃到期债权或者无偿转让财产，对债权人造成损害的，债权人可以请求人民法院撤销债务人的行为；二是债务人以明显不合理的低价转让财产，对债权人造成损害，并且受让人知道该情形的，债权人也可以请求人民法院撤销债务人的行为。

2. 撤销权的行使

根据《合同法》第 74 条的规定，撤销权的行使范围以债权人的债权为限，债权人行使撤销权的必要费用如律师费、差旅费等，由债务人负担。第三人有过错的，应当适当分担。

债务人、第三人的行为被撤销以后，债务人的处分行为无效，债务人放弃的到期债权依然存在，第三人从债务人处取得的财产应返还给债务人，第三人与债务人恶意串通，损害债权人利益的，还应该向债权人承担赔偿责任。

《合同法》第 75 条还规定了撤销权行使的期限。撤销权自债权人知道或者应当知道撤销事由之日起 1 年内行使，如果在一年之内没有行使撤销权，则撤销权消灭。债权人不知道有撤销事实，从撤销事由产生之日起满五年没有行使撤销权的，该撤销权消灭。

第五节　合同的变更、转让与终止

一、合同的变更

广义的合同变更包括合同主体的变更和合同内容的变更，狭义的合同变更仅指合同内容的变更，是依法成立的合同在尚未履行或者尚未完全履行以前，当事人就合同内容进行修改和补充。

（一）合同变更的方式

1. 协议变更

《合同法》第 77 条规定，当事人协商一致，可以变更合同。协议变更遵循协商一致的原则，必须经当事人协商一致才产生合同变更的效力，单方无权变更合同内容。当事人对合同变更的内容约定不明确的，推定为未变更。变更合同是采用口头形式还是书面形式，由当事人自行约定。但是，为避免产生不必要的纠纷，应尽量采用书面形式。法律、行政法规规定变更合同应当办理批准、登记等手续的，依法办理批准、登记等手续产生合同变更的效力。

2. 法定变更

当然，合同也可依法律的规定而变更，当法定事由出现时，合同当事人享有单方变更合同内容的权利，在与对方当事人协商不成时，可单方请求法院或仲裁机构作出变更合同的裁判。如前文所述的可变更或可撤销的合同，当事人一方有权请求人民法院或者仲裁机构予以变更。

（二）变更的效力

合同变更实质上是以变更后的合同替代了原合同，变更生效后，变更部分原有的债权债务关系消灭，当事人应当按照变更后的合同内容履行合同，未变更的部分依然有效。此外，合同变更对已履行的部分不具有追溯力。

二、合同的转让

合同的转让，是指合同当事人一方依法将其合同的权利和义务全部或者部分转让给第三人的行为。合同的转让是在不改变合同的权利义务内容的同时发生主体的变更。合同的转让，可分为合同权利的转让、合同义务的转移及合同权利和义务概括转让三种形态。

1. 合同权利的转让

依据合同法的规定，合同权利的转让是指不改变合同的内容，由合同债权人通过协议将其合同的权利全部或者部分转让给第三人的行为。其中，转让权利人称之为让与人，接受合同权利的人称之为受让人。合同权利全部转让的，受让人取代原债权人，原债权人退出合同关系，合同权利部分转让的，受让人作为第三人加入合同法律关系中，与原债权人共同享有债权。根据《合同法》第 79 条的规定，有下列情形之一的，合同的权利不得转让：(1) 根据合同性质不得转让。包括根据个人信任关系而发生的债权，以选定的债权人为基础发生的合同权利、从权利等；(2) 按照当事人的约定不得转让。任何一方擅自转让的，属违约行为；(3) 依照法律规定不得转让。

债权人转让权利，不必经债务人同意，但应当通知债务人；未经通知，该转让对债务人不发生效力。为保障受让人的权利，《合同法》第 80 条规定，除经受让人同意外，债权人转让权利的通知不得撤销。

2. 合同义务的转移

合同义务的转移，是指债务人将合同的义务全部或者部分转移给第三人的行为。合同义务转移的，应当经债权人同意，否则义务转移不能生效。

合同义务全部转移时，新的债务人完全取代了原债务人，承担全面履行合同义务的责任；合同义务部分转移时，新债务人加入到合同关系中，与原债务人共同向债权人履行债务。

3. 合同权利和义务的概括转让

合同权利和义务的概括转让，是指合同当事人一方经对方同意，将自己在合同中的权利和义务一并转让给第三人的行为。合同权利和义务概括转让后，受让人取代原合同一方当事人的地位，享受其权利，承担其义务。法律、行政法规规定转让应当办理批准、登记等手续的，依照规定办理批准、登记等手续。

企业的合并和分立可以引起合同权利和义务的概括转让。《合同法》第 90 条规定，当事人订立合同后合并的，由合并后的法人或者其他组织行使合同权利，履行合同义务；当事人订立合同后分立的，除债权人和债务人另有约定的以外，由分立的法人或者其他组织对合同的权利和义务享有连带债权，承担连带债务。

三、合同的终止

合同的终止，是指依法生效的合同因法定原因或当事人约定的情形，使合同权利、义务消灭，合同关系在客观上不复存在。

（一）合同终止的原因

《合同法》第 91 条规定，有下列情形之一的，合同的权利义务终止：（1）债务已经按照约定履行；（2）合同解除；（3）债务相互抵销；（4）债务人依法将标的物提存；（5）债权人免除债务；（6）债权债务同归于一人；（7）法律规定或者当事人约定终止的其他情形。

合同的权利义务终止后，当事人应当遵循诚实信用原则，根据交易习惯履行通知、协助、保密等义务。合同的权利义务终止，不影响合同中结算和清理条款的效力。

（二）合同的解除

合同的解除，是指合同依法成立以后，未履行或未完全履行前，当具备合同解除的条件时，因当事人一方或者双方的意思表示而使合同的权利义务终止。合同的解除有约定解除和法定解除。

约定解除是指当事人通过协商一致或通过行使约定解除权而解除合同。这种约定可以是订立合同时就在合同中约定，也可以在订立合同后另行约定。《合同法》第 93 条规定，当事人协商一致，可以解除合同；当事人可以约定一方解除合同的条件，解除合同的条件成就时，解除权人可以解除合同。

法定解除是指依照法律规定的解除条件而解除合同。《合同法》第 94 条规定，有下列情形之一的，当事人可以解除合同：（1）因不可抗力致使不能实现合同的目的；（2）在履行期限届满之前，当事人一方明确表示或者以自己的行为表明不履行主要债务；（3）当事人一方迟延履行主要债务，经催告后在合理期限内仍未履行；（4）当事人一方迟延履行债务或者有其他违约行为致使不能实现合同目的；（5）法律规定的其他情形。

知识拓展

不可抗力

我国《民法通则》第 153 条及《合同法》第 117 条第 2 款规定，不可抗力是指不能预见、不能避免并且不能克服的客观情况。

为保持经济秩序的稳定，当事人应及时行使解除权。《合同法》第 95 条规定，法律规定或者当事人约定解除权行使期限，期限届满当事人不行使的，该权利消灭；法律没有规定或者当事人没有约定解除权行使期限，经对方催告后在合理期限内不行使的，该权利消灭。

解除合同应当符合一定的程序。当事人行使解除权而主张解除合同的，应当通知对方。合同自通知到达对方时解除。对方有异议的，可以请求人民法院或者仲裁机构确认解除合同的效力。法律、行政法规规定解除合同应当办理批准、登记等手续的，履行法定手续后合同解除。

合同解除后，尚未履行的，终止履行；已经履行的，根据履行情况和合同性质，当事人可以要求恢复原状，采取其他补救措施，并有权要求赔偿损失。

（三）抵销

抵销，是指当事人互负债务且给付种类相同时，各以其债权充抵对等数额的债务，从而使合同的权利义务终止。抵销有法定抵销和协议抵销。

法定抵销是指由法律规定其构成要件，符合要件时，依当事人一方的意思表示即可发生抵销的效力。根据《合同法》第 99 条规定，法定抵销应当具备下列要件：（1）当事人互负到期债务，未到清偿期的债务不允许抵销；（2）债务的标的物种类、品质应当相同；（3）双方互负的债务均为可抵销的债务。不能抵销的债务包括按照合同性质和依照法律规定不能抵销两种。如因侵权行为所负的债务，债务人不得以其债权抵销债务。

在法定抵销中，当事人主张抵销的，应当通知对方，通知自到达对方时生效。而且抵销不得附条件或者附期限。

协议抵销是指抵销因当事人协商一致而发生效力。《合同法》第 100 条规定，当事人互负债务，标的物种类、品质不相同的，经双方协商一致，也可以抵销。

（四）提存

提存，是指由于债权人的原因而无法向其交付标的物时，债务人可以将标的物交给提存部门而消灭合同关系的一项法律制度。在我国，目前提存部门为公证机关。

《合同法》第 101 条规定，有下列情形之一，难以履行债务的，债务人可以将标的物提存：（1）债权人无正当理由拒绝受领；（2）债权人下落不明；（3）债权人死亡未确定继承人或者丧失民事行为能力未确定监护人；（4）法律规定的其他情形。如果标的物不适于提存或者提存费用过高，债务人依法可以先拍卖或者变卖标的物，提存所得的价款。标的物提存后，除债权人下落不明的以外，债务人应当及时通知债权人或者债权人的继承人、监护人。

提存后，债务人的债务归于消灭，标的物的所有权转归债权人，标的物毁损、灭失的风险由债权人承担，标的物在提存期间产生的孳息归债权人所有，提存费用由债权人负担。

《合同法》第 104 条规定，标的物提存后，债权人可以随时领取提存物，但债权人对债务人负有到期债务的，在债权人未履行债务或者提供担保之前，提存部门根据债务人的要求应当拒绝其领取提存物。债权人领取提存物的权利，自提存之日起 5 年内不行使而消灭，提存物扣除提存费用后归国家所有。

（五）免除和混同

1. 免除

免除是指合同债权人放弃自己的债权，免去债务人的债务。《合同法》第 105 条规定，债权人免除债务人部分或者全部债务的，合同的权利义务部分或者全部终止。免除是债权人处分债权的单方法律行为，债权人向债务人或其代理人作出免除债务的意思表示后，即发生债务绝对消灭的效力，债务全部免除的，债务全部消灭；债务部分免除的，则仅该免除部分消灭。

2. 混同

混同是指合同的债权和债务同归于一人时，合同的权利义务归于消灭的事实。混同是合同终止的一种事实，但是，当合同涉及第三人利益时，不因混同而终止。如债权上设有抵押权，即债权作为他人抵押权的标的，此时即使债权债务发生混同，为保护抵押权人的利益，债权不因此消灭。

合同的权利义务终止后，当事人应当遵循诚实信用原则，根据交易习惯履行通知、协助、保密等义务。合同的权利义务终止，不影响合同中结算和清理条款的效力。

第六节　违约责任

一、违约责任的基本原理

（一）违约责任的概念与特征

违约责任即违反合同的民事责任，是指合同当事人不履行合同义务或者履行合同义务不符合约定时，依照法律规定或合同约定所应当承担的法律责任。违约责任是合同效力的体现，依法成立的合同对双方都具有法律约束力，如果不履行义务或履行义务不符合法律约定，就应承担违约责任。

违约责任具有以下特点：

（1）违约责任以合同有效为前提。无效合同不受法律保护，不具有可履行性，因而也就不会产生违约责任。

（2）违约责任具有相对性。基于合同的相对性，承担违约责任的主体只能是合同当事人，而不是合同之外的第三人。当事人一方因第三人的原因造成违约的，应当向合同相对方承担违约责任，当事人一方与第三人之间的纠纷，依照法律规定或约定另行解决。

（3）违约责任是一种财产责任。合同是财产流转的法律形式，合同关系为财产关系而非人身关系，合同的权利义务均以财产利益为内容。因此，一方违约可能会给对方造成经济损失，违约责任的主要目的在于补偿守约方因对方的违约行为所造成的财产损失，因而赔偿损失、支付违约金等财产性质的民事责任形式成为主要的违约责任承担方式，赔礼道歉等非财产性质的责任形式不适用。

（4）违约责任具有一定任意性。当事人可以在法律允许的范围内约定违约责任。如可以事先约定违约金的数额、损害赔偿的计算方法，以及通过设定免责条款来限制违约责任的发生。违约责任的事先约定是合同自由原则的体现，这种约定避免了在违约发生后确定损害赔偿的困难，有助于及时解决合同纠纷，同时弥补法律规定的不足。

（二）违约责任的规则原则

归责，是指依据某种事实状态确定责任的归属，归责原则就是确定责任归属所依据的法律准则。违约责任的归责原则是指基于某种事实状态而确定违约方是否应承担违约责任的法律准则。

我国民事责任的归责原则体系由过错责任原则、严格责任（又称无过错责任原则）、公平责任原则构成。推定过错责任是过错责任原则的特殊适用形式。违约责任归责原则的法律意义在于其直接决定了违约责任的构成要件，并决定了双方的举证责任。我国《合同法》采取了严格责任与过错责任双重归则原则，以严格责任原则为主，过错责任为辅。一般情况下，除非存在免责事由，无论违约方主观上是否有过错，只要违约即承担违约责任。在合同法有明确规定的情况下，违约方存在过错的才承担违约责任。如《合同法》第374条规定：“保管期间，因保管人保管不善造成保管物毁损、灭失的，保管人应当承担损害赔偿责任，但保管是无偿的，保管人证明自己没有重大过失的，不承担损害赔偿责任。”

（三）免责事由

如果当事人的违约是由于免责事由的出现而造成的，可根据情况免除违约方的违约责任。《合同法》规定了三种免责事由：不可抗力、免责条款和法律的特殊规定。

1. 不可抗力

不可抗力指不能预见、不能避免并不能克服的客观情况。不可预见，是指当事人在订立合同时对不可抗力事件是否会发生是不能预见的。不可避免，是指当事人对于可能出现的意外情况尽管采取了及时、合理的措施，但是客观上并不能阻止这一情况的发生。不可克服，是指合同的当事人对于事件的发生不可能抵御，即使已尽到最大的努力仍不能克服事件造成的损害后果，使合同得以履行。不可抗力主要包括以下情形：（1）自然灾害，如地震、台风、海啸等；（2）政府行为，如法律的更替、征收、征用等；（3）社会异常事件，如罢工、政治骚乱等。

除法律另有规定外，因不可抗力不能履行合同的，根据不可抗力的影响，部分或者全部免除责任，但当事人迟延履行后发生不可抗力的，不能免除责任。当事人一方因不可抗力不能履行合同的，应当及时通知对方，以减轻可能给对方造成的损失，并应当在合理期限内提供证明。

2. 免责条款

免责条款是当事人在合同中事先约定的，旨在限制或免除其未来的责任的条款。免责条款是合同的组成部分，其功能是限制或免除当事人未来所应负的责任，这种责任可以是违约责任，也可以是侵权责任。免责条款应符合法律规定的有效条件。

3. 法律的特殊规定

在法律有特殊规定时，可免除违约方的违约责任。如前所述《合同法》第374条之规定。

案例分析

甲公司与乙公司在协商订购某种机械零部件时提出，由于该零部件的工艺要求较高，只有乙公司先行制造出符合要求的样品后，才能考虑批量订购。乙公司完成符合要求的样品后，乙公司因生产经营战略发生重大调整已不需要此种零部件，遂通知乙公司，终止谈判。

请问：甲公司是否应向乙公司承担违约责任？甲公司是否应当赔偿乙公司的损失？

二、违约形态

当事人不履行合同义务或者履行合同义务不符合约定的，均属违约。违约形态的分类最早始于罗马法，罗马法将违约形态分为完全不履行和延迟履行，其中完全不履行又分为拒绝履行和不能履行两种。《法国民法典》将违约形态分为不履行和延迟履行；《德国民法典》将违约分为履行不能和履行延迟；《日本民法典》将违约形态分为不能履行、延迟履行和不完全履行。英国合同法将违约分为违反条件和违反担保，所谓违反条件是指违反合同的重要条款，违反担保是指违反合同次要条款和附随条款。美国合同法将违约形态分为轻微违约与重大违约（根本违约），并承认预期违约。我国《合同法》从实际出发，总结司法实践经验并借鉴国外法律制度，重塑了违约形态体系，将违约形态分为预期违约与实际违约。预期违约包括明示的预期违约与默示的预期违约；实际违约包括不履行、不完全履行和延迟履行。

1. 预期违约

预期违约又称先期违约，包括明示的预期违约与默示的预期违约。是指在合同履行期限到来之前，一方虽无正当理由但明确表示其在履行期到来后将不履行合同，或者其行为表明在履行期到来后将不可能履行合同。根据《合同法》第 94 条的规定，一方预期违约的，对方可以立即解除合同。

2. 实际违约

(1) 不履行。包括履行不能和拒绝履行，前者指履行期限到来后，债务人在客观上无法履行合同义务，如在交付特定物的合同中，该标的物灭失；后者是指合同履行期限到来后，债务人能够履行而故意不履行合同规定的义务。

(2) 延迟履行。指合同债务已经到期，债务人能够履行而未履行。延迟履行有给付延迟与受领延迟。

(3) 不完全履行。指债务人虽然履行了债务，但其履行不符合合同的约定。包括瑕疵给付（如履行时间、地点、方式不当或数量、质量等不符合约定）和加害给付（因履行不当给对方造成合同利益之外的其他损失，如出售不合格产品导致买受人的人身损害）。

三、违约责任的承担方式

(一) 继续履行

继续履行又称实际履行，是一方违约时，另一方有权要求违约方按照合同约定继续履行合同，而不得以支付违约金或赔偿金的方式代替履行。继续履行以违约方能够继续履行为条件，如法律上或事实上不能履行，或债务的标的不适于强制履行，或履行的费用过高，以及债权人在合理期限内未要求履行的，不适用继续履行。

继续履行是一种独立的违约责任，可以与违约金、违约损害赔偿等责任并用。即一方违约，在实际履行后，另一方还有其他损失的，违约方应当赔偿损失；一方就延迟履行约定违约金的，支付违约金后，还应继续履行义务。但继续履行不能与合同解除方式并用。

(二) 采取补救措施

标的物有瑕疵的，受损害方有权根据标的物的性质或损失的大小，合理要求债务人予以修理、更换、重作、退货，或者要求减少价款或报酬。采取补救措施后，受损害方还有其他损失的，违约方应赔偿损失。

（三）损害赔偿

1. 损害赔偿的含义及其构成要件

损害赔偿是违约方因违约而给对方造成损失的，依法或依合同约定赔偿对方所受损失的责任。在无过错责任原则下，违约方承担损害赔偿责任的构成要件有：（1）有违约行为；（2）有损害结果；（3）违约行为与损害结果之间有因果关系。

2. 确定损害赔偿范围的原则

（1）完全赔偿原则。支付损害赔偿金的目的在于补偿受害人因对方违约所遭受的损失，使受害人恢复到合同订立前的状态，或恢复到合同如约履行的状态。因此，违约方应当赔偿因违约所造成的一切损失，包括直接损失与间接损失，此为完全赔偿规则。所谓间接损失是指合同履行后可以实现和取得的财产利益。

（2）惩罚性赔偿原则。为了保护消费者的合法权益，《合同法》第 113 条第 2 款就消费合同中经营者的违约损害赔偿责任作了特别规定："经营者对消费者提供商品或者服务有欺诈行为的，依照《消费者权益保护法》的规定承担损害赔偿责任。"根据《消费者权益保护法》第 55 条的规定，经营者提供商品或者服务有欺诈行为的，应当按照消费者的要求增加赔偿其受到的损失，增加赔偿的金额为消费者购买商品的价款或者接受服务的费用的三倍；增加赔偿的金额不足五百元的，为五百元。

3. 完全赔偿原则的限制

为了公平地维护合同各方当事人的权益，控制交易风险，鼓励交易，从而提高经济效率，需要对完全赔偿原则作出适当限制。根据我国合同法及司法实践，完全赔偿原则的限制规则主要有：

（1）可预见性规则。根据《合同法》第 113 条的规定，当事人一方不履行合同义务或者履行合同义务不符合约定，给对方造成损失的，损失赔偿额应当相当于因违约所造成的损失，包括合同履行后可以获得的利益，但不得超过违反合同一方订立合同时预见到或者应当预见到的因违反合同可能造成的损失。以可预见性作为损害赔偿的限定标准，称为可预见性规则。预见的主体是违约方；预见的时间为"订立合同时"；预见的内容为违约可能造成的损害的大致范围。此外，判断违约方能否预见，采用主客观相结合的标准，即以同类的社会一般人（抽象的理性人）的预见能力为准，如果违约方的预见能力比一般人高，则以违约方的实际预见能力为准。因为违约行为的无限多样性，法律不可能穷尽所有的情形，而只能规定抽象的条文，是法官的裁判赋予这些抽象的条文以生命。因此，可预见性规则是一个弹性式概念，其实践应用需要法官在具体案件中行使自由裁量权。

（2）过错相抵规则。过错相抵规则是指在受害人对损害的发生或扩大也有过错时，可以减轻或免除违约方的损害赔偿责任的规则。过错相抵规则的适用前提是受害人也有过错，且因其过错促进了损失的发生或扩大。适用该规则的结果是根据违约方和受害人各自的过错程度减轻或免除违约方的损害赔偿责任。实践中一般来说，违约方有故意或重大过失时，只能减轻责任而不能免除责任；反之，受害人有故意或重大过失时，可免除违约方的责任。

（3）减轻损失规则。当一方违约给对方造成损失时，受害人应及时采取合理措施防止损失的扩大，若没有采取适当措施致使损失扩大的，不得就扩大的损失要求赔偿。这一规则称为减轻损失规则，简称减损规则。该规则可以激励受害人按促进社会经济效益的方式行为，以增进社会整体效益。

（四）违约金

违约金是由当事人在合同中约定的，一方违约时应支付给对方的一定数量的货币。违约金具有补偿性和惩罚性。违约金的补偿性是指违约金的功能是用来弥补因违约造成的损害，当事人在订立合同时，在合同中约定违约金实际上是对违约损害赔偿的一种预定。违约金的惩罚性是指违约金的支付不以违约方的过错为条件，也不以损害的发生为必要。只要合同约定了违约金，一方违约时，就应该按照约定支付违约金，其目的在于给债务人制造心理压力，督促其积极履行合同债务，同时也是合同自由原则的体现。但是过度的自由可能使违约金条款异化为一方压榨另一方的工具，造成不公平的结果。因此，对违约金的数额不能完全放任，基于公平原则，《合同法》114 条第 2 款规定："约定的违约金低于造成的损失的，当事人可以请求人民法院或者仲裁机构予以增加；约定的违约金过分高于造成的损失的，当事人可以请求人民法院或者仲裁机构予以适当减少。"

（五）定金

定金是指为了确保合同的履行，根据双方约定，由一方按照合同标的额的一定比例预先给付对方的金钱。定金的功能在于确保合同的履行，因而是一种合同的担保形式。定金作为合同的担保，具有从属性。定金合同为实践合同，除双方意思表示一致外，还应有定金的实际交付才能成立。

根据定金设立的目的及发生的效果，定金可分为成约定金、证约定金、解约定金和违约定金。根据合同自愿原则，定金的性质依当事人的约定而定，当没有约定或约定不明时，为违约定金，适用定金罚则。鉴于实践中大多数定金为违约定金，合同法规定，当事人既约定违约金，又约定定金的，一方违约时，对方可以选择适用违约金或者定金条款。此外，定金的数额由当事人约定，但不得超过主合同标的额的百分之二十，超过的部分无效。

> 《合同法》第一百一十五条　当事人可以依照《中华人民共和国担保法》约定一方向对方给付定金作为债权的担保。债务人履行债务后，定金应当抵作价款或者收回。给付定金的一方不履行约定的债务的，无权要求返还定金；收受定金的一方不履行约定的债务的，应当双倍返还定金。

四、违约责任与侵权责任的竞合

根据请求权竞合理论，责任的竞合是指一个具体事实同时具备侵权责任与违约责任的要件时，产生了两个独立并存的请求权，请求权人可以选择其一行使，其中一个请求权因被行使而消灭时，另一个请求权随之而消灭。简言之，违约责任与侵权责任的竞合是一个违约行为既构成违约责任，也构成侵权责任，受害人可以选择要求违约方承担违约责任或者侵权责任。根据《合同法》122 条的规定，因当事人一方的违约行为，侵害对方人身、财产权益的，受损害方有权选择依照本法要求其承担违约责任或者依照其他法律要求其承担侵权责任。

本章小结

合同是交易的法律形式，《合同法》调整合同关系，是市场经济的法律基石。合同在当事人意思表示一致时成立。一般情况下，合同依法成立时产生效力，当事人应当按照合同的约定履行各自的义务，以完成交易，实现交易目的。合同欠缺法定或约定的生效要件时，不产生效力，不受法律保护，也不具有履行性；意思表示存在瑕疵的，当事人可依法行使变更或撤销权。合同履行遵循一系列的规则，遵守诚实信用原则。在合同履行的过程中，当事人可依法行使抗辩权、代位权和撤销权保障自身权益。当事人协商一致时，可以变更合同内容，也可以向第三人转让合同下的权利或义务。合同债务已按约定履行完毕时，合同关系终止，合同权利义务关系也可因合同解除、债务相互抵销、提存、债权债务混同等原因而终止。当事人违反约定不履行合同义务或履行合同义务不符合约定时，除存在免责事由外，应承担违约责任，违约责任的承担方式有：继续履行、采取补救措施、支付违约金、赔偿损失以及承担定金责任等。

参考文献

罗燕，李运华等．经济法教程（第九版）．广州：华南理工大学出版社，2012
崔建远．合同法．北京：法律出版社，2010
韩世远．合同法总论．北京：法律出版社，2011
王利民，房绍坤，王轶．合同法．北京：中国人民大学出版社，2013

第六章　工业产权法律制度

目　标 学过本章之后，你应该能够

1. 了解工业产权的种类、特征、工业产权的国际保护；
2. 熟悉工业产权取得的原则及相关程序；
3. 了解工业产权的具体内容；
4. 明确工业产权的保护及法律责任。

关键词

工业产权　专利权　商标权　先申请原则　职务发明创造　专利强制许可　注册商标　显著性　驰名商标

知识链接 “知识产权法”的历史追溯

现代知识产权制度起源于西方国家，是科技、经济和法律相结合的产物，也是私法领域财产“非物质化革命”的结果。其实质是解决“知识”作为资源的归属问题，是一种激励和利益调节机制。纵观当今世界科技和经济的发展，不难发现这样一个事实：凡是科技发达与经济繁荣的国家，无一不是知识产权制度健全与完善的国家。尤其是在人类社会步入知识经济时代后，知识产权及知识产权法的重要性日益凸现。

世界上最早的专利法是1474年威尼斯颁布的，随后1624年英国的《垄断法》进一步系统地建立了近代意义的专利制度。1709年英国《安娜女王法》是世界上第一部保护作者权利的法律。1857年法国颁布了第一部成文《商标法》。经过数百年的发展演变及不断完善，包括专利法律制度、商标法律制度、著作权法律制度等在内的知识产权法律制度已为世界大多数国家普遍接受，并形成了一些共同遵循的准则。

案例导读 高通、朗科专利经营模式的隐忧

高通（Qualcomm）是一家美国的无线电通信技术研发公司，成立于1985年7月，总部在美国圣地亚哥，经过几十年的发展，已经成为没有工厂，仅凭借专利授权就能跻身世

界500强的典范。该公司十分重视研究和开发，以在CDMA技术方面处于领先地位而闻名。在发展过程中，高通始终没有忘记全力投入CDMA技术专利的后续研发和专利申请，并致力于让自己的专利成为行业标准。在一进高通公司大门的地方，有一堵厚厚的墙，上面镶嵌着高通所持有的CDMA的3 000多项专利，还有上千项专利在申请和批复过程中。庞大的专利数量构成了今天高通商业模式的基础。现在通讯领域使用的3G的技术标准都源自于同一技术CDMA。而早在1989年时，高通就已经申请与3G相关的专利，如今高通拥有3G技术标准中主要的知识产权。高通公司掌握的3G专利是如此之多，以至于连它的竞争对手都不得不使用它的专利，受制于高通。

随着CDMA产品和市场逐渐成熟，高通公司把手机部卖给了日本京瓷公司，基站部则卖给了瑞典爱立信公司，留下来的两大业务是CDMA专利授权和CDMA手机芯片。这两大业务是高通目前占绝对优势地位的收益来源。高通公司2013年财报显示，该公司的营收总额为248.7亿美元，其中78.8亿美元的营收来自于专利授权业务，占总收入的约30%，从利润表来看，专利授权业务所产生的利润占总利润的比例高于87%。高通公司已成了知识产权的专卖店，本质上是一个典型的靠专利权收许可费来盈利的公司，其专利许可费被业内称为“高通税”。其所创造的赢利模式，正在逐渐成为知识经济下顶尖企业的生存方式。“三流企业卖力气，二流企业卖产品、一流企业卖技术，超一流企业卖标准”，高通正处在企业发展的最高层次上。

高通的专利授权许可经营模式在给高通带来滚滚财源以及备受艳羡的同时，近10余年来，高通专利许可模式与芯片销售模式在欧美韩日及印度等地却备受质疑，反垄断与知识产权纠纷不断。欧盟委员会甚至成立了特别调查小组，一旦垄断事实成立，对高通的罚金预计在10亿美元以上，相当于高通年营收的1/10。2014年7月11日，我国发改委披露了高通涉嫌垄断行为的具体类型，具体包括：不公平高价许可费、免费反许可、对过期专利收费、捆绑许可、捆绑销售。对于高通目前的处境可谓是“乐也专利、苦也专利”。

无独有偶，目前国内也有一家公司在以高通为榜样，走类高通模式，就是成立于1999年的深圳朗科公司，其经过不断研发，拥有闪存盘、闪存应用及移动存储领域多项基础性及核心发明专利，分布于中国、美国、欧洲、韩国、日本、印度、新加坡、中国香港、中国台湾等全球数十个国家和地区。其专利技术直接促成了一场“取代软盘软驱”的存储革命。朗科已经成为国内为数不多的以专利生存的企业，其专利运营模式主要是专利授权许可以及打专利官司。但是曾经让朗科引以为荣的专利盈利模式现在已经陷入困境之中，2009年12月25日创业板上市后，国信证券、申银万国等机构将朗科科技列为“不建议申购”范畴。

专利权本是一种法律赋予的独占权，高通、朗科作为相关技术专利的权利人，其他厂商如果需要使用该专利技术，就必须取得高通、朗科的许可并支付使用费，如果擅自使用，权利人可以提起侵权诉讼要求赔偿。这是专利权的应有之义，也是专利法规定的。为何高通、朗科的专利经营模式却屡遭质疑甚至遭到反垄断调查以及诉讼呢？这需要从专利权的两面性进行回答。

专利权的设置目的是为了激励创新，“为天才之火添加利益之油”，由于有了法律上的保障，企业为了始终处于技术的领先地位，就需要不断地创新。在这个层面上看，专利具有激励创新的特性。企业获得了专利权后，就获得一定的独占权或垄断权，而法律允许这种垄断的存在，其目的是通过垄断权的授予刺激更多的发明创造、更大的创新，这是有利于全社会技术进步和经济发展的。因此专利权设置的最终目的还是为了社会公共利益，因此就决定了专利权并不是无边无际的，专利权人也不是可以为所欲为的。专利法律制度中的权利限制制度在协调专利权人与公众利益平衡中起着重要作用，反垄断法也如一柄达摩克利斯剑始终悬在专利权人头上，一旦专利权人行使权利，限制了竞争，导致垄断，那么这把剑就将挥下来，强制专利权人在合法的范围内行使自己的权利。

高通、朗科的遭遇已经折射出了其专利经营模式的隐患，如果其不及时调整其经营模式和条件，不持续地进行研发，还是摆出一副高高在上、唯我独尊的姿态，仅仅躺在专利上睡觉的话，那么就很有可能会出现“三十年河东、四十年河西”的局面，最终被新技术、被其他竞争对手所淘汰，曾经的辉煌也将成为明日黄花。

第一节　工业产权概述

一、工业产权与知识产权

知识产权是人们对于自己的智力创造成果和经营标记、信誉所依法享有的专有权利。知识产权包括工业产权和著作权。工业产权，是指人们依法对应用于商品生产和流通中的创造发明和显著标记等智力成果，在一定地区和期限内享有的专有权。按照《保护工业产权巴黎公约》的规定，工业产权包括发明、实用新型、外观设计、商标、服务标记、厂商名称、货源标记、原产地名称以及制止不正当竞争的权利，在我国，工业产权主要是指商标权和专利权。

知识拓展

世界知识产权日的由来

根据中华人民共和国和阿尔及利亚在 1999 年的提案，世界知识产权组织在 2000 年召开的第三十五届成员大会上通过决议，决定从 2001 年起，将每年的 4 月 26 日定为“世界知识产权日”。4 月 26 日是《建立世界知识产权组织公约》(《世界知识产权组织公约》) 生效的日期。设立世界知识产权日旨在全世界范围内树立尊重知识，崇尚科学和保护知识产权的意识，营造鼓励知识创新和保护知识产权的法律环境。

二、工业产权的特点

1. 法律确认

工业产权的取得并不像著作权那样是自动产生的，而是需要由国家有关部门审查确认符合法律规定的条件之后才能被授权。

2. 专有性

专有性也被称为独占性、排他性或垄断性，是指非经工业产权人许可或法律特别规定，他人不得行使，否则构成侵权。

在知识产权环境中，也可以将工业产权的专有性作为垄断的一种表现。但这种垄断和反垄断法中的垄断不能相提并论，其不被反垄断法所规制。

> 《反垄断法》第五十五条　经营者依照有关知识产权的法律、行政法规规定行使知识产权的行为，不适用本法；但是，经营者滥用知识产权，排除、限制竞争的行为，适用本法。

3. 地域性

地域性是指除非有国际条约、双边或多边协定的特别规定，依一国法律取得的工业产权只在该国境内有效，受该国法律保护。随着19世纪下半叶以来知识产权国际组织的成立及国际条约的缔结（目前已通过的世界性的知识产权国际公约有30多个，大部分由世界知识产权组织管理），知识产权的地域性受到一定程度的削弱，这在著作权领域体现最为明显。但对于工业产权，国际社会仍坚持权利独立原则，也就是说即使都是国际条约的缔约方，同一知识产品在不同国家或地区获得的专利权、商标权仍相互独立。

案例链接

2012年7月2日，广东省高级人民法院公布，苹果公司已与深圳唯冠就iPad商标案达成和解，苹果公司向深圳唯冠公司支付6 000万美元。至此轰轰烈烈的唯冠诉苹果侵权iPad商标一案以和解告终。此案中，财大气粗的国际知名公司苹果公司之所以从最开始的强硬到最终愿意向国内一家债台高筑、濒临破产的公司支付和解金，其中一个重要的原因就是由于商标的地域性原则和保护注册在先原则。深圳唯冠早在十年前就在大陆注册取得了“iPad”的商标权，苹果公司虽然通过购买或注册取得了在我国台湾或其他国家的“iPad”商标，但由于并没有取得“iPad”在大陆的商标权，所以其在大陆的该商标使用行为就构成侵权。现代汽车曾为“现代”二字向一名浙商支付了4 000万元的对价，也是如此。

4. 时间性

时间性，是指工业产权只在法律规定的期限内受到法律保护，一旦超过了法律规定的有效期限，这一权利就自行消灭，相应的知识产品即进入公有领域，任何人可以无偿使用。时间性的特征有利于协调工业产权权利人与社会公众之间的利益冲突。在保护期内侧重保护的是工业产权人的利益，期限届满后则侧重保护的是社会公众的利益。

根据我国《专利法》的规定，发明专利权的期限为二十年，实用新型专利权和外观设计专利权的期限为十年，均自申请日起计算。商标权的保护期限则比较特殊，由于可以续展，理论上可以永久受到保护。

新闻链接

1. “伟哥”中国专利到期，国内药企扎推研制仿药

2001年进入中国市场的美国辉瑞公司原研药万艾可（俗称“伟哥”），其中国专利于今年6月底到期。面对超过百亿元的国内抗ED（勃起功能障碍）药物市场，广州白云山制药、江苏联环药业、珠海生化制药等十几家国内药企都在申请“伟哥”仿药批文。实际上，中国医药集团河南天方医药已经获得临床批文，正在进行临床试验，国产“伟哥”最快将于明年上市。

资料来源：《社会万象》，载《东方今报》，2014－07－02。

2. “伟哥”在中国专利到期 国内医药争抢仿制

近日，全球领先的医疗健康领域调研公司 Evaluate Pharm 发布的统计报告称，在 2014 年至 2020 年的 7 年时间里，将有 2 590 亿美元的药品面临专利到期的风险，其中预期有 46%的市场份额会被仿制药占领。分析人士称，如今随着大量国外专利药到期、国内相关政策趋向松动，中国仿制药产业正在迎来一个前所未有的“机遇期”，到 2015 年市场规模可能接近 5 000 亿元。

资料来源：见健康网，2014－07－01。

知识拓展

何为仿制药？

仿制药一般是国内企业对国外专利药物到期后进行仿制的药物，也是与被仿制药具有相同的活性成分、剂型、给药途径和治疗作用的替代药品，该类药物也需经过各种测试、临床试验等，经过国家药监局的许可后方能上市。仿制药具有降低医疗支出、提高药品可及性、提升医疗服务水平等重要经济和社会效益。

三、工业产权的国际保护

工业产权国际保护制度是随着资本主义发展到垄断阶段，特别是到了近代，随着国际间技术交流、技术合作和技术贸易的愈益频繁而产生并迅速发展起来的。由于人类的智力成果极易超越国界，特别是现代社会，交通、通讯、联络异常便利，人员、知识、技术产品频繁交流，工业产权的地域性限制不能够适应科技成果迅猛发展的要求。

因此，各国政府经过谈判，在工业产权的不同领域订立了一系列的国际条约。它对于促进各国科学技术进步和推动经济增长都起了很重要的作用，对于众多的发展中国家来说，进行工业产权的国际保护又显得更为重要，它是维护国家主权，争取平等地位，促进和发展国际间经济合作，争取建立国际经济新秩序的有力的法律武器。有关工业产权国际保护的世界性或地区性的国际条约很多，最主要的有《保护工业产权巴黎公约》（1883 年）、《专利合作条约》、《商标国际注册马德里协定》、《商标注册条约》等等。另外，还成立了政府间的国际机构——世界知识产权组织（WIPO）。1980 年，我国加入了这一组织，承担起知识产权国际保护义务。工业产权保护制度的建立有力地促进了工业产权在世界范围内的发展，也是国际贸易发展的必然结果。

《保护工业产权巴黎公约》于 1883 年在巴黎签订，已经过多次修改，它是保护工业产权方面影响最大的国际公约，现有 100 多个成员国。我国 1984 年 11 月决定加入该公约，自 1985 年 3 月 19 日起该公约开始对我国生效。该公约主要规定了三项基本原则。

（1）国民待遇原则。在工业产权的国际保护方面，每一缔约国必须将它给予本国国民的待遇平等地给予其他缔约国国民；非缔约国国民如在缔约国国内有住所或营业场所，也应得到同样的保护。

（2）优先权原则。已经在公约成员国的某个国家正式提出专利、或实用新型注册、或外观设计注册、或商标注册的申请的人、或者其权利继受人，在法定期限内，该申请人或其继受人可以在其他所有成员国申请保护，这些后提交的申请被认为是和第一次申请同一天提出的。

（3）独立性原则。各缔约国独立地按本国的法律决定是否给予专利权或商标专用权，不受该专利权或商标专用权在其他缔约国决定的影响，即他们之间是相互独立的。

知识拓展

世界知识产权组织

1893年，根据《保护工业产权巴黎公约》成立的国际局与根据《保护文学艺术作品伯尔尼公约》成立的国际局联合起来，组成了国际知识产权保护联合局（BIRPI）。这一组织是世界知识产权组织的前身。1967年在斯德哥尔摩成立了世界知识产权组织（WIPO），1974年该组织成为联合国专门机构之一。它的宗旨是通过国际合作与其他国际组织进行协作，以促进在全世界范围内保护知识产权，并保证各知识产权同盟间的行政合作。截至2014年4月为止，有187个成员国。中国已在1980年3月3日参加了世界知识产权组织，同年6月3日成为该组织的正式成员国。世界知识产权组织、世界贸易组织（WTO）、联合国教科文组织（UNESCO）是现今三个最主要的管理知识产权条约的国际组织（后两个国际组织不是知识产权专门机构）。

第二节　专利法

一、专利与专利法

“专利”一词来自拉丁文“litterae patents”，含有公开之意，原指盖有国玺印鉴不必拆封即可打开阅读的一种文件。通常所称的专利一般就是指专利权，即国家专利机关依法授予专利申请人在法定期限内对其发明创造享有的专有权。专利法是确认发明人（或其权利继受人）对其发明享有专有权，规定专利权的取得与消灭、专利权的实施与保护，以及其他专利权人的权利和义务的法律规范的总称。

一般认为，国家颁布和实施专利法的目的，是为了促进市场资源向有利于发明创造不断产生的方向进行积极投入，推动经济产业的兴旺发展，为此，国家以法律程序赋予发明人一定期限内的垄断权利，同时要求其将发明的内容向全社会公开，以此在提高市场个体进行发明创造的意愿的同时，促进社会整体技术水平的快速积累和发展。

> 《专利法》第一条　为了保护专利权人的合法权益，鼓励发明创造，推动发明创造的应用，提高创新能力，促进科学技术进步和经济社会发展，制定本法。

二、专利法律关系

（一）专利法律关系的主体

专利法律关系的主体即专利权人，是指对国家专利机关依法授予专利权的发明创造在一定时期内享有独占权的自然人、法人或其他组织。在此需要将专利权人与专利申请权人以及发明人、设计人加以比较区分。

专利申请权人就是专利申请权的主体，指的是依照专利法的规定，有资格申请专利的自然人、法人或其他组织。

概念解析

一般而言，专利申请权人和专利权人是一致的，同一主体在专利申请阶段是专利申请权人，在专利权授予后则成为专利权人。

但有些情况下，最初享有专利申请权的人并不一定就是专利权人。如享有专利申请权的人在专利授权前将专利申请权转让给他人；享有专利申请权的人在获得专利权后转让专利权。

发明人、设计人是指对发明创造的实质性特点作出了创造性贡献的人。在完成发明创造过程中，只负责组织工作的人、为物质技术条件的利用提供方便的人或者从事其他辅助工作的人，不是发明人或者设计人。与著作权法中法人或其他组织可以视为作者不同的是，发明人或设计人须是自然人且不受行为能力的限制。

概念解析

发明人：指的是发明、实用新型的完成人，设计人指的是外观设计的完成人。在非职务发明创造中，发明人、设计人一般就是专利申请权人，在专利权被授予后即成为专利权人。在职务发明创造中，发明人、设计人与专利申请权人、专利权人往往会发生分离。

发明人、设计人依法享有：

（1）署名权：发明人或者设计人有在专利文件中写明自己是发明人或者设计人的权利。这是一种人身权，不随专利权的转移而转移，即使专利权转让了，发明人、设计人的身份永远不会改变。

（2）获得奖励、报酬的权利：这一权利是针对职务发明创造中专利权属于单位享有的情况而言的。

具体而言，专利人的确定有以下规定：

（1）非职务发明创造的专利申请权与专利权属于发明人、设计人。所谓非职务发明创造是指完全依靠发明人（设计人）自己的智力劳动以及设备、资金等外部条件所完成的发明创造 。这一类专利权人也被称为“民间专利权人”。

（2）对于职务发明创造，一般而言职务发明创造申请专利的权利属于该单位；申请被批准后，该单位为专利权人。如果利用本单位的物质技术条件所完成的发明创造，单位与发明人或者设计人订有合同，对申请专利的权利和专利权的归属作出约定的，从其约定。

> 《专利法》第六条第一款
> 执行本单位的任务或者主要是利用本单位的物质技术条件所完成的发明创造为职务发明创造。职务发明创造申请专利的权利属于该单位；申请被批准后，该单位为专利权人。

职务发明创造中“执行本单位的任务所完成的发明创造”具体包括：①在本职工作中作出的发明创造；②履行本单位交付的本职工作以外的任务所作出的发明创造；③退休、调离原单位后或者劳动、人事关系终止后1年内作出的，与其在原单位承担的本职工作或者原单位分配的任务有关的发明创造。

职务发明创造中的“主要是利用本单位的物质技术条件所完成的发明创造”，其中“主要利用”应理解为该物质技术条件在发明创造的完成过程中起着关键性的不可替代的作用，没有这一物质技术条件就不可能完成。

（3）两个以上单位或者个人合作完成的发明创造，除另有协议的以外，申请专利的权利属于共同完成的单位或者个人；申请被批准后，申请的单位或者个人为专利权人。

（4）一个单位或者个人接受其他单位或者个人委托所完成的发明创造，除另有协议的以外，申请专利的权利属于完成的单位或者个人；申请被批准后，申请的单位或者个人为专利权人。

动态实训

案例分析：

某研究所科研人员周某长期从事节能设施方面的研究。2013年4月，由于工作需要，单位内部调动其走上了行政管理工作岗位，负责人事管理。在工作之余，周某继续从事节能设施方面的研究。2014年5月，周某终于研制出一种“节能锅炉”，不仅可以节约能源，而且有利于环保。

问题：周某的“节能锅炉”发明创造是职务发明创造还是非职务发明创造？

（二）专利法律关系的客体

专利法律关系的客体即专利权的保护对象，是指能够取得专利权，可以受专利法保护的发明创造。根据《专利法》的规定，专利权的客体具体包括：发明、实用新型和外观设计。但《保护工业产权巴黎公约》及多数国家专利法规定的专利权的客体仅指发明。将发明、实用新型、外观设计作为专利权的客体由专利法统一规定，是我国的一大特色。

1. 发明

发明是指对产品、方法或者其改进所提出的新的技术方案。根据《专利审查指南（2014）》的规定，技术方案是对要解决的技术问题所采取的利用了自然规律的技术手段的集合。技术手段通常是由技术特征来体现的。以机械领域产品为例，技术特征可以包括以下几个方面：部件，这里指技术方案中包括的主要部分；零件，部件或者产品中包括的零件；零件的结构；部件之间的连接关系和/或位置关系；零件之间的连接关系和/或位置关系。对于方法，技术特征可以是：步骤；步骤的顺序；步骤中的条件、步骤的客体等。

根据不同的标准，发明可作以下分类：(1) 根据发明的最终表现形态，可分为：产品发明、方法发明。(2) 根据专利权的归属的不同可分为：职务发明与非职务发明。(3) 根据完成发明创造的人数的不同可分为：独立发明与合作发明。(4) 根据发明相互之间的关系可分为：基础发明与改进发明。

构成专利法意义上的发明需要具备以下条件：

(1) 发明是一种具体的可实施的技术方案，仅仅提出了一种设想不能构成专利法中的发明。

(2) 发明是一种新的技术方案，不能是对已有技术的重复或简单的改头换面。

(3) 发明是正确利用自然规律的技术方案，违背了自然规律的发明创造如“永动机”不具有可实施性，也就没有通过专利法保护的必要。

2. 实用新型

实用新型是指对产品的形状、构造或者其结合所提出的适于实用的新的技术方案。

实用新型需要具备以下条件：

(1) 实用新型必须是一种具有确定形状或者构造的产品。

(2) 实用新型必须具有实用价值，能解决技术问题，可以实施并可以工业方法再现。

(3) 实用新型具有一定的创新性。

实用新型与发明都属于技术方案，在申请手续、授权条件、保护方式等许多方面非常接近。但二者也存在相异之处。

知识拓展

发明与实用新型的比较

1. 实用新型专利与发明专利的保护主题不同。前者只能是产品，后者还可以是方法。
2. 即使对产品而言，也不是所有产品都可以申请实用新型。即实用新型专利只限于具有确定形状、结构的产品。
3. 实用新型专利的创造性要求较之发明专利低。
4. 实用新型专利审查程序比发明专利简单、快捷。
5. 保护期限不同，发明专利的保护期为 20 年，实用新型专利为 10 年。

---

3. 外观设计

外观设计是指对产品的形状、图案或者其结合以及色彩与形状、图案的结合所作出的富有美感并适于工业应用的新设计。

外观设计需要具备以下条件：

(1) 外观设计是对产品的外表所做的设计；

(2) 构成外观设计的是产品的形状、图案或者其结合以及色彩与形状、图案的结合；

(3) 外观设计是适于工业应用的新设计；

(4) 外观设计必须富有美感。

知识拓展

外观设计与实用新型的比较

1. 外观设计保护产品外表的设计，而实用新型保护的范围既涉及产品的外部结构，又涉及产品的内部构造。

2. 外观设计注重美感效果，但实用新型注重技术效果。

3. 外观设计把产品作为载体仅对其外表进行独特设计，而实用新型的创造性与产品本身融为一体，体现于产品本身。

4. 实用新型产品必须以固定的立体形态存在。而外观设计产品即可以是立体的，也可以是平面的。

---

4. 专利法不保护的对象

（1）违反法律、社会公德或妨害公共利益的发明创造。

（2）对违反法律、行政法规的规定获取或者利用遗传资源，并依赖该遗传资源完成的发明创造。

（3）科学发现。

（4）智力活动的规则和方法。

（5）疾病诊断和治疗方法。

（6）动物和植物新品种，但是对生产动物、植物品种的新的方法是可以依法授予专利权的。

（7）用原子核变换方法获得的物质。

（8）对平面印刷品的图案、色彩或者二者的结合作出的主要起标识作用的设计。

动态实训

案例分析：

1. 某公司科技人员发明了一种柴油机油泵制造新方法，采用此法可以节省人力、物力、财力，给公司带来很大的经济收益。考虑到实用新型比发明更容易获得专利，该公司打算按实用新型申请专利，请考虑是否合适？

2. 王某将一幅开怀大笑的笑佛图案配上色彩后非常富有美感。遂将该图案申请外观设计专利，但被驳回。某酒厂根据笑佛原型，将酒瓶设计成笑佛模样，图案造型别致，色彩也独具匠心。该厂将这种酒瓶申请外观设计专利，却获得了批准，为什么？

3. 某保健品厂发明了一种“养颜抗衰老饮料”，该产品富含多种营养成分，经过临床试验，能明显滋养皮肤，起到抗衰老作用。该厂为了控制市场，打算申请实用新型专利，能获得批准吗？

4. 范某的下列有关骨科病预防与治疗方面研究成果中，哪些可在我国申请专利？

A. 发现了导致骨癌的特殊遗传基因

B. 发明了一套帮助骨折病人尽快康复的理疗器械

C. 发明了如何精确诊断股骨头坏死的方法

D. 发明了一种高效治疗软骨病的中药制品

（三）专利法律关系的内容

专利法律关系的内容指的是专利权人享有的权利以及应履行的义务。

1. 专利权人享有的权利

（1）独占实施权。对于发明专利、实用新型专利权：产品专利权人享有制造、使用、许诺销售、销售、进口的权利；方法专利权人享有使用其专利方法以及使用、许诺销售、销售、进口依照该专利方法直接获得的产品的权利。对于外观设计专利：外观设计专利权人享有制造、许诺销售、销售、进口其外观设计专利产品的权利。

（2）许可实施权。专利权人将其实施权许可他人实施的权利。按照被许可人享有实施权的排他程度的不同可分为：独占实施许可；独家实施许可；普通实施许可。

（3）转让权。专利权人将其享有的专利权转让的权利。专利权人转让其专利权应订立书面的专利权转让合同，并经国务院专利行政部门登记、公告。专利权的转让自登记之日起生效。中国单位或者个人向外国人、外国企业或者外国其他组织转让专利权的，应当依照有关法律、行政法规的规定办理手续。

（4）放弃权。在专利权保护期满前，专利权人可以通过书面声明的方式提前终止专利权的保护。

（5）标记权。专利权人有在专利产品或产品包装、容器、宣传资料上使用专利标记和专利号的权利。

2. 专利权人应履行的义务

（1）实施专利。

（2）不得滥用专利权。

（3）缴纳专利年费（见表 6—1、表 6—2）。

表 6—1　　发明专利年费缴纳标准　　单位：元

专利年限	1～3 年	4～6 年	7～9 年	10～12 年	13～15 年	16～20 年
年费全额	900	1 200	2 000	4 000	6 000	8 000

表 6—2　　实用新型、外观设计年费缴纳标准　　单位：元

专利年限	1～3 年	4～5 年	6～8 年	9～10 年
年费全额	600	900	1 200	2 000

知识拓展

专利实施的强制许可

强制许可是指国家专利行政部门根据一定的条件，不经专利权人的同意，通过行政程序颁发专利强制许可证直接准许他人实施专利权人享有专利权的发明或者实用新型的一种法律制度。由于强制许可并非出自专利权人的自愿授权，所以，对于专利权人来讲，强制许可是一种权利限制。《巴黎公约》、《与贸易有关的知识产权协议》(TRIPS)均对专利强制许可作了规定。我国自1984年《专利法》颁布开始就规定了专利强制许可，之后不断修改完善。国家知识产权局于2012年3月15日公布了《专利实施强制许可办法》，自2012年5月1日起施行。此前2003年6月13日发布的《专利实施强制许可办法》和2005年11月29日发布的《涉及公共健康问题的专利实施强制许可办法》予以废止。

实施强制许可的目的是防止和限制专利权人滥用其专利权，维护国家和公众利益，促进发明创造的实施及推广应用。尤其对于发展中国家和不发达国家而言，这一制度是维护本国公众健康权，阻止外国人凭借专利垄断技术、获取垄断高价的一把利剑。巴西、南非、泰国等国对治疗艾滋病等传染病而对西方跨国制药公司的药品专利实施强制许可。2012年3月印度仿制药企业Natco公司发布消息称，已获得印度专利局签发的强制许可，所针对的是德国拜耳抗癌药“多吉美”(Nexavar)。该药售价将从拜耳正品的每月超过5 500美元降至175美元，降幅接近97%。中国至今尚无一起强制许可的成功案例。

根据我国专利法及相关规定，专利强制许可只适用于属于技术方案的发明和实用新型，不适用于外观设计。适于强制许可的情形包括以下几种：

1. 因专利权人不实施或未充分实施专利权给予的强制许可

专利权人自专利权被授予之日起满三年，且自提出专利申请之日起满四年，无正当理由未实施或者未充分实施其专利的；

2. 因构成垄断行为给予的强制许可

专利权人行使专利权的行为被依法认定为垄断行为，为消除或者减少该行为对竞争产生的不利影响的。

3. 因国家紧急状态、非常情况或社会公共利益给予的强制许可

在国家出现紧急状态或者非常情况时，或者为了公共利益的目的，国务院专利行政部门可以给予实施发明专利或者实用新型专利的强制许可。

4. 因出口专利药品给予的强制许可

为了公共健康目的，对取得专利权的药品，国务院专利行政部门可以给予制造并将其出口到符合中华人民共和国参加的有关国际条约规定的国家或者地区的强制许可。

5. 依赖专利之间的强制许可

一项取得专利权的发明或者实用新型（后一专利）比在前已经取得专利权的发明或者

实用新型（前一专利）具有显著经济意义的重大技术进步，而其实施又有赖于前一专利实施的，国务院专利行政部门根据后一专利的专利权人的申请，可以给予实施前一发明或者实用新型的强制许可。同时，前一专利权人有权在合理的条件下，取得使用后一专利中的发明或者实用新型的强制许可。

请求给予强制许可的，应当向国务院专利行政部门提交强制许可请求书，说明理由并附具有关证明文件。国务院专利行政部门决定给予实施强制许可的，应及时通知专利权人，并予以登记和公告。强制许可决定中应对强制许可的范围和时间作出规定，当强制许可的理由消除后并不再发生时，国务院专利行政部门应根据专利权人的请求，经审查后作出终止实施强制许可的决定。

需要注意的是，获得强制许可实施权的人取得的仅是普通实施权，专利权人仍有权自己实施或许可他人实施，获得强制许可实施权的人不得许可他人实施，并且有义务向专利权人支付合理的使用费。其数额由双方协商，协商不成的，由国务院专利行政部门裁决，对裁决结果不服的，可自收到通知之日起3个月内向法院起诉。

三、专利申请的原则

（一）书面原则

专利申请应以书面形式提出，可以是纸质也可以是电子方式，电子申请是未来发展趋势。发明与实用新型专利权应提交请求书、说明书及其摘要、权利要求书等文件，其中权利要求书是划定专利权保护范围的重要文件。外观设计专利权应提交的文件有请求书、外观设计图片或照片及简要说明。

> 《最高人民法院关于审理侵犯专利权纠纷案件应用法律若干问题的解释》（2010）第五条　对于仅在说明书或者附图中描述而在权利要求中未记载的技术方案，权利人在侵犯专利权纠纷案件中将其纳入专利权保护范围的，人民法院不予支持。

（二）单一性原则

单一性原则，指“一发明一申请”，即一件专利申请只限于一项发明创造。例外：

（1）属于一个总的发明构思的两项以上的发明或者实用新型，可以作为一件申请提出。

（2）同一产品两项以上的相似外观设计或者用于同一类别并且成套出售或者使用的产品的两项以上的外观设计，可以作为一件申请提出。

（三）先申请原则

两个以上的申请人就同一发明创造申请专利时，专利权授予最先申请的人，至于谁是最先发明人在所不问。

> 《专利法》第九条第二款　两个以上的申请人分别就同样的发明创造申请专利的，专利权授予最先申请的人。

直接递交专利申请文件的，以专利行政部门收到申请文件的日期为申请日；邮寄申请的，以寄出的邮戳日为申请日。邮戳日不清晰的，除当事人能够提出证明外，以国务院专利行政部门收到日为递交日。专利申请人享有优先权的，以优先权日为申请日。优先权分为国际优先权与本国优先权。如在国际优先权情形中，申请人在国外就某一发明申请专利后，在12个月的优先权期内就该同一发明又向我国申请专利时，如果其申请了优先权，那么其在中国的申请日就以其在国外的申请日为准。见表6—3。

知识拓展

优先权

国家知识产权局专利局在确定专利申请日时，不以专利局收到申请的实际日期为准，而按照某种标准确定一个先前的日期为申请日，申请人享有的这种权利即优先权。

表6—3　专利国际优先权与本国优先权的比较

	国际优先权		本国优先权
专利权的类型	发明、实用新型	外观设计	发明、实用新型
优先权期	12个月	6个月	12个月
申请人要求优先权的，应在提出专利申请时提出书面声明，并在3个月内提交第一次提出专利申请文件的副本。否则，视为未要求优先权。			

四、授予专利的条件

(一) 授予发明、实用新型专利的实质条件

专利申请要获得授权需要满足一定的条件，授予专利的条件可分为形式条件和实质条件。形式条件主要为专利申请文件应当符合专利法及其实施细则规定的格式，并依照法定程序履行各种必要的手续，详见后面的程序部分。实质条件即申请专利的发明创造本身有无专利性。

1. 新颖性

新颖性是指该发明或者实用新型不属于现有技术；也没有任何单位或者个人就同样的发明或者实用新型在申请日以前向国务院专利行政部门提出过申请，并记载在申请日以后公布的专利申请文件或者公告的专利文件中。

《专利法》第二十二条第一款　授予专利权的发明和实用新型，应当具备新颖性、创造性和实用性。

具体而言，判断一项发明创造是否具备新颖性，要从两个方面加以分析：是否属于现有技术以及是否出现抵触申请。只有既不属于现有技术也未出现抵触申请，该发明创

造才具有新颖性。

现有技术是指申请日以前在国内外为公众所知的技术，包括专利技术、非专利技术，但不包括技术秘密。“为公众所知”是指一项技术被公之于众，脱离秘密状态，任何人都可能得知和利用，而不管是否有人实际接触，是否真正为公众掌握。公开的形式包括出版物公开、使用公开、其他方式的公开。出版物公开是最普遍的形式，具体表现为书籍、报刊、杂志、录音带、录像带、缩微胶卷、专利文献等。使用公开是指以公开使用或实施形式的公开，如新产品的制造、销售、使用、公开展示；新方法的操作表演等。其他方式的公开则是除上述两种公开方式以外的其他任何可能的公开方式，具体表现为讲演、报告、讲课、影视播映等。后两种方式存在取证难、难以操作的现实难题。

抵触申请是指在申请日之前，已有同样的发明或实用新型由任何单位或者个人向国务院专利行政部门提出过申请并记载在申请日以后公布的专利申请文件或者公告的专利文件中。如出现抵触申请，则在后申请丧失新颖性。

2. 创造性

创造性是指与现有技术相比，该发明具有突出的实质性特点和显著的进步，该实用新型具有实质性特点和进步。

“实质性特点”是指与现有技术相比，有本质上的差异，有质的飞跃和突破，对本领域的普通技术人员来说并非是显而易见的。“同现有技术相比有进步”是指该发明或实用新型比现有技术有技术优点或有明显的技术优点。

创造性是一个很抽象主观的判断条件，为统一审查标准，尽量避免审查员主观因素的影响，以所属领域普通专业技术人员的知识水平作为判断创造性的标准，是目前各国的通行做法。所属领域普通专业技术人员是一个抽象的概念，并非真实的个体。其掌握某领域属于现有技术的一切知识，且只能在现有技术基础上作一些简单的逻辑推理和组合。具体来讲，即如果一个技术方案的完成对普通专业人员来说十分困难，那么该方案就具备创造性；相反，如果普通技术人员认为这一方案是显而易见的，那么它就不具备创造性。

3. 实用性

实用性指该发明或者实用新型能够制造或者使用，并且能够产生积极效果。

（二）授予外观设计专利的实质条件

1. 新颖性

授予专利权的外观设计，应当不属于现有设计，也没有任何单位或者个人就同样的外观设计在申请日以前向国务院专利行政部门提出过申请，并记载在申请日以后公告的专利文件中。

2. 明显区别性

授予专利权的外观设计与现有设计或者现有设计特征的组合相比，应当具有明显区别。

3. 不得与他人在申请日以前已经取得的合法权利相冲突

他人的在先取得的合法权利包括：商标权、著作权、企业名称权、肖像权、知名商品特有包装或者装潢使用权等。

（三）不丧失新颖性的公开

申请专利的发明创造在申请日以前六个月内，有下列情形之一的，不丧失新颖性：在中国政府主办或者承认的国际展览会上首次展出的（中国政府承认的国际展览会，是指国际展览会公约规定的在国际展览局注册或者由其认可的国际展览会）；在国务院有关主管部门和全国性学术团体组织召开的学术会议或者技术会议上首次发表的；他人未经申请人同意而泄露其内容的。

五、授予专利权的程序

（一）一般程序

不同的专利申请类型，审批程序也不同。发明专利实行“早期公开，延迟审查”的制度。

国务院专利行政部门收到发明专利申请后，经初步审查认为符合本法要求的，自申请日起满 18 个月，即行公布其申请，也可以根据申请人的请求早日公布其申请。早期公开的发明没有经过实质审查，不能授予专利权，但法律为其提供了一种临时保护，即发明专利申请公布后，申请人可以要求实施其发明的单位或者个人支付适当的费用。自申请日起 3 年内，国务院专利行政部门可以根据申请人随时提出的请求，对申请进行实质审查；申请人无正当理由逾期不请求实质审查的，该申请即被视为撤回。国务院专利行政部门认为必要的时候，可以自行对发明专利申请进行实质审查，但应当通知申请人。实质审查就是审查申请专利的发明创造是否具备“三性”，没有发现驳回理由的，决定授予专利权，发给专利证书并予以登记和公告，发明专利权自公告之日起生效；认为不符合专利法规定的，应当通知申请人，要求其在指定的期限内陈述意见，或者对其申请进行修改，无正当理由逾期不答复的，该申请即被视为撤回；经申请人陈述意见或者进行修改后，国务院专利行政部门仍然认为不符合专利法规定的，应当予以驳回。

（二）实用新型、外观设计专利的授权程序

实用新型、外观设计专利只采用初步审查制，即只要经过初步审查，没有发现驳回理由，国务院专利行政部门就作出授予专利权的决定，发给专利证书，并予以登记和公告。实用新型和外观设计专利权自公告之日起生效。

（三）救济性程序

1. 复审程序

专利申请人对国务院专利行政部门驳回申请的决定不服的，可以自收到通知之日起三个月内，向专利复审委员会请求复审。专利复审委员会复审后，作出决定，并通知专利申请人。专利申请人对专利复审委员会的复审决定不服的，可以自收到通知之日起三个月内向人民法院起诉。

专利权的授予程序见图 6—1。

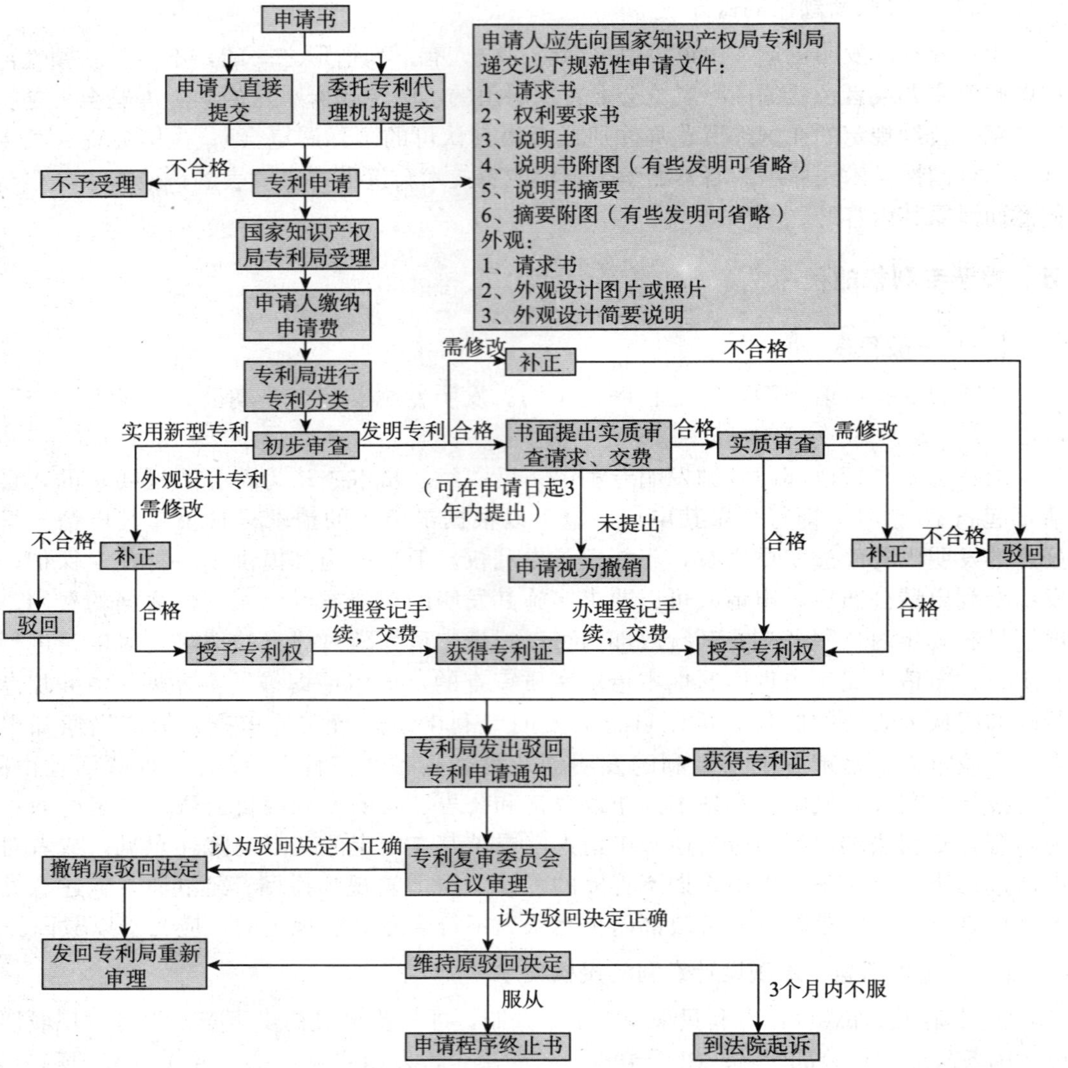

图 6—1　专利权的授予程序

2. 无效宣告程序

自国务院专利行政部门公告授予专利权之日起，任何单位或者个人认为该专利权的授予不符合本法有关规定的，可以请求专利复审委员会宣告该专利权无效。宣告专利权无效的决定，由国务院专利行政部门登记和公告。对专利复审委员会宣告专利权无效或者维持专利权的决定不服的，可以自收到通知之日起三个月内向人民法院起诉。人民法院应当通知无效宣告请求程序的对方当事人作为第三人参加诉讼。

宣告无效的专利权视为自始即不存在。宣告专利权无效的决定，对在宣告专利权无效前人民法院作出并已执行的专利侵权的判决、调解书，已经履行或者强制执行的专利侵权纠纷处理决定，以及已经履行的专利实施许可合同和专利权转让合同，不具有追溯力。但是因专利权人的恶意给他人造成的损失，应当给予赔偿。

3. PCT 程序

所谓 PCT，是 Patent Cooperation Treaty 的缩写形式，意为“专利合作条约”。专利合作条约是专利领域的一项国际合作条约。它规定了各个成员国之间在专利申请的提交、检索及审查等方面的合作事项。利用 PCT 途径提出专利国际申请，申请人仅需向中国专利局提交一份申请文件，就可以在申请人指定的任何 PCT 成员国得到受理，而不需要向每个国家分别提交专利申请文件。申请费用也比逐一申请要低廉。

PCT 申请流程见图 6—2。

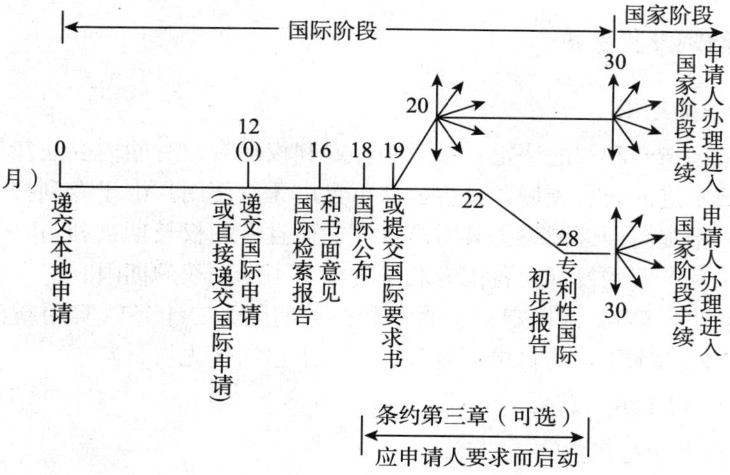

图 6—2 PCT 申请流程

行业动态

专利代理人

近几年来，我国的专利申请量、侵犯专利权的案件不断增长，对专利代理服务的需求日益增加，专利代理作为一种新兴的职业正受到社会各界越来越多的重视。要从事专利代理必须通过专利代理资格考试。截至 2012 年，大陆共有 1.448 7 万人取得专利代理人资格，执业专利代理人 7 232 人，专利代理机构 875 家。2013 年全国共有 3 812 人通过专利代理人资格考试，2014 年全国专利代理人资格考试报名人数达 2.936 4 万人，是历年来最多的一次。目前我国专利代理人的数量与社会的需求相比存在很大的缺口，可以说专利代理属于朝阳行业。

专利代理人资格考试的报名条件：

拥护中华人民共和国宪法，并且具备下列条件的中国公民，可以报名参加全国专利代理人资格考试：

1. 18 周岁以上，具有完全民事行为能力；
2. 高等院校理工科专业毕业或者具有同等学力；
3. 熟悉专利法和有关的法律知识；

4. 从事过两年以上科学技术工作或者法律工作。

高等院校理工科专业毕业是指取得国家承认的理工科大专以上学历，并获得毕业文凭或者学位证书。

持香港、澳门、台湾地区或者国外高等学校学历或者学位证书报名的，其学历或者学位证书须经教育部留学服务中心认证，符合报考学历或者学位条件的，可以报名参加考试。

高等院校在读硕士研究生学习期满一年的以及高等院校在读博士研究生，视为从事过两年以上科学技术工作。

六、专利权的期限及其保护

（一）专利权的期限

专利权期限是指专利权的法定有效时间。专利权在有效时间内受法律保护，保护期限届满，则专利技术进入公有领域，社会公众可自由无偿使用。由于专利技术自身随着时间推移和新技术水平提高而逐渐失去其财产价值，而且专利权长期被独占，不利于整个社会科学技术的进步和产业的发展，各国专利法均规定了专利权的期限。

我国《专利法》第42条规定：发明专利权的期限为二十年，实用新型专利权和外观设计专利权的期限为十年，均自申请日起计算（不包括优先权日）。

（二）专利权的保护

1. 专利权的保护范围

发明或者实用新型专利权的保护范围以其权利要求的内容为准，说明书及附图可以用于解释权利要求的内容。

外观设计专利权的保护范围以表示在图片或者照片中的该产品的外观设计为准，简要说明可以用于解释图片或者照片所表示的该产品的外观设计。

2. 专利侵权的判断

（1）发明、实用新型专利侵权的判断

判断是否构成侵犯专利权的行为，主要是比较被诉行为所涉及的产品或者方法是否落入了权利人的权利要求书所述的保护范围，如果被诉行为所涉及的产品或者方法全部包含了权利要求书中记载的技术特征，则侵权成立，如果只是部分包含或者根本不包含，则不构成侵权。我国司法实践中形成了一系列专利侵权判定原则和判定方法：全面覆盖原则、等同原则、禁止反悔原则、多余指定原则。

动态实训

甲公司拥有一项汽车仪表盘的发明专利，其权利要求记载的必要技术特征可以分解为a+b+c+d共四项。乙公司制造四种仪表盘，其必要技术特征可以作四种分解，甲公司与乙公司的必要技术特征所代表的字母相同，表明其相应的必要技术特征相同或等同。乙公司的哪项技术侵犯了甲公司的专利？

A. b+c+d　　B. a+b+c　　C. a+b+d+e　　D. a+b+c+d+e

（2）外观设计专利侵权的判断

将专利产品的外观设计与被控侵权产品的外观设计进行比较，判断是否构成相同或者相近似：如果两者的形状、图案、色彩等主要设计部分（要部）相同，则应当认为两者是相同的外观设计；如果构成要素中的主要设计部分（要部）相同或者相近似，次要部分不相同，则应当认为是相近似的外观设计；如果两者的主要设计部分（要部）不相同或者不相近似，则应当认为是不相同的或者是不相近似的外观设计。专利产品的外观设计与被控侵权产品的大小、材质、内部构造及性能，不得作为判定两者是否相同或者相近似的依据。

3. 专利侵权行为的类型

直接侵权行为包括：（1）未经专利权人许可，为生产经营目的制造、使用、许诺销售、销售、进口其专利产品，或者使用其专利方法以及使用、许诺销售、销售、进口依照该专利方法直接获得的产品。（2）未经专利权人许可，为生产经营目的制造、许诺销售、销售、进口其外观设计专利产品。（3）未经权利人许可，故意使用他人已经实际存在的专利号的行为。

动态实训

下列哪一选项不属于侵犯专利权的行为？

A. 甲公司与专利权人签订独占实施许可合同后，许可其子公司乙公司实施该专利技术

B. 获得强制许可实施权的甲公司许可他人实施该专利技术

C. 甲公司销售不知道是侵犯他人专利的产品并能证明该产品来源合法

D. 为提供行政审批所需要的信息，甲公司未经专利权人的同意而制造其专利药品

注意：为生产经营目的使用或者销售不知道是未经专利权人许可而制造并售出的专利产品或者依照专利方法直接获得的产品，能证明其产品合法来源的，不承担赔偿责任。

专利侵权纠纷涉及新产品制造方法的发明专利的，制造同样产品的单位或者个人应当提供其产品制造方法不同于专利方法的证明。

间接侵权行为是指行为人本身的行为并不直接构成对专利权的侵害，但实施了诱导、怂恿、教唆、帮助他人侵害专利权的行为。间接侵权人在主观上应当有诱导、怂恿、教唆他人直接侵犯他人专利权的故意。行为人明知别人准备实施侵犯专利权的行为，仍为其提供侵权条件的，构成间接侵权。间接侵权一般应以直接侵权的发生为前提条件，在没有直接侵权行为发生的情况下，不存在间接侵权。行为人与侵权人构成共同侵权，承担连带责任。

有下列情形之一的，不视为侵犯专利权：

（1）专利产品或者依照专利方法直接获得的产品，由专利权人或者经其许可的单位、个人售出后，使用、许诺销售、销售、进口该产品的；

（2）在专利申请日前已经制造相同产品、使用相同方法或者已经作好制造、使用的必要准备，并且仅在原有范围内继续制造、使用的；

（3）临时通过中国领陆、领水、领空的外国运输工具，依照其所属国同中国签订的协议或者共同参加的国际条约，或者依照互惠原则，为运输工具自身需要而在其装置和设备

中使用有关专利的；

(4) 专为科学研究和实验而使用有关专利的；

(5) 为提供行政审批所需要的信息，制造、使用、进口专利药品或者专利医疗器械的，以及专门为其制造、进口专利药品或者专利医疗器械的。

(三) 专利侵权的法律责任

1. 民事责任

在侵犯专利的侵权案中，主要承担的民事责任为：停止侵害、消除影响、赔偿损失等。

根据专利法规定，侵犯专利权的赔偿数额按照权利人因被侵权所受到的实际损失确定；实际损失难以确定的，可以按照侵权人因侵权所获得的利益确定。权利人的损失或者侵权人获得的利益难以确定的，参照该专利许可使用费的倍数合理确定。赔偿数额还应当包括权利人为制止侵权行为所支付的合理开支。权利人的损失、侵权人获得的利益和专利许可使用费均难以确定的，法院可以根据专利权的类型、侵权行为的性质和情节等因素，确定给予一万元以上一百万元以下的赔偿。

2. 行政责任

未经专利权人许可，实施其专利，即侵犯其专利权，引起纠纷的，由当事人协商解决；不愿协商或者协商不成的，专利权人或者利害关系人可以向法院起诉，也可以请求管理专利工作的部门处理。管理专利工作的部门处理时，认定侵权行为成立的，可以责令侵权人立即停止侵权行为，侵权人 15 日内不起诉又不停止侵权行为的，管理专利工作的部门可以申请法院强制执行。

假冒专利的，除依法承担民事责任外，由管理专利工作的部门责令改正并予公告，没收违法所得，可以并处违法所得四倍以下的罚款；没有违法所得的，可以处二十万元以下的罚款。该方法由国家行政力来制裁假冒专利的行为，简便、高效，《与贸易有关的知识产权协定》并不反对成员国采取该责任行式。

3. 刑事责任

现行《刑法》第 216 条规定："假冒他人专利，情节严重的，处三年以下有期徒刑或者拘役，并处或者单处罚金"。假冒他人专利情节严重的要负刑事责任。

第三节　商标法

一、商标的概念与特征

商标在当今时代的重要性日益凸现，尤其是近年来陆续发生的商标纠纷，如娃哈哈达能商标风波、王老吉商标大战以及唯冠苹果 iPad 商标权之争，无不让人们嗅到了商标所具有的无限商机，社会公众的商标意识显著增强。截至 2013 年年底，我国商标累计注册申请量超过 1 300 万件，达1 324.133 7万件；累计商标注册量为 865.235 8 万件，有效注册商标为 723.789 4 万件。均位居世界第一位。

(一) 商标的概念

美国品牌策略专家莱瑞莱特所言："拥有市场比拥有工厂更重要，而拥有市场的唯一办法就是拥有占市场主导地位的品牌。”在今天这个注意力经济时代，品牌的重要性更加突出。而品牌价值的体现需要穿上商标的法律外衣。商标，就是人们通常所说的“牌子”，是指商品或服务的提供者为了使自己的商品或服务与他人同种或类似的商品或服务加以区别而使用于商品或服务上的标记。即商标是一种用于商品上或者服务中的特定标记，消费者通过这种标记，识别或者确认该商品的生产经营者和服务提供者。

在知识经济时代，商标扮演着越来越重要的作用。一般认为商标具有以下功能：

1. 识别功能

这是商标最基本、最本质的功能。在现代社会，同一商品的生产者成百上千，同一性能的服务比比皆是，消费者选择哪家的商品或服务呢？商标可以帮助消费者达到识别之目的，引导消费者认牌购物或消费。因此有人形象地比喻“商标是商品的脸”。

2. 品质保证功能

商标本身不是商品质量的标志，但是商标的信誉却取决于商品的质量。商标并不必然代表商品质量高档或服务性能优质，但标有同一商标的商品或服务的质量或性能应是稳定或恒定的。商标的使用促使生产经营注重质量，保持质量的稳定。在现实中，牌子倒了，整个企业难以为继的现象时有出现。因此，商标的使用可以使生产经营者体会到市场竞争的压力而关注商品质量，商标从而起到了保证商品品质的作用。

3. 广告功能

消费者在选购商品时，多是记住商标，凭商标识别商品质量的优劣，即所谓认牌购货。消费者使用带有商标的商品，如果他们对商品的质量、价格、耐用程度等产生了良好的印象，就会努力把这种印象推广到其他消费者，从而使经营者的产品或服务深入人心。在这一过程中，商标起到了无声的推销员的作用，同时也发挥了其广告宣传的功能。较之广告，商标更具有经济性、灵活性和广泛性。

4. 价值功能

通过商标的运作，可以为权利人创造出超额利润或价值，前不久闹得沸沸扬扬的唯冠苹果 iPad 商标权之争（苹果向深圳唯冠支付 6 000 万美元）、王老吉商标大战（广药集团旗下“王老吉”品牌价值评估为 1 080.15 亿元）无不显示出商标的巨大无形资产价值。

（二）商标的特征

商标是商品的标志，它象征着商品的品质、信誉、评价和名声，通过对商标概念和功能的分析可看出商标具有如下特征：

1. 商标具有依附于商品的从属性

即商标是商品经济的必然产物，脱离了商品或服务，商标的存在也就无所依附。商标的生命在于使用。

2. 商标具有财产属性

商标虽然形式上体现为一种标记，但是其凝聚着企业的经营信誉，是一种具有财产价值的无形资产。

二、商标的种类

根据不同的标准，可将商标主要分为以下几类：

1. 平面商标与立体商标

根据商标的构成要素是平面还是立体，可将商标分为平面商标与立体商标。平面商标是指由文字、图形、字母、数字、颜色等的组合，或前述要素的相互组合构成的商标。立体商标是由产品的容器、包装、外形以及其他具有立体外观的三维标志构成的商标。

2. 商品商标与服务商标

根据商标是使用在商品上还是服务上，可将商标分为商品商标与服务商标。商品商标是指使用于各种商品上，用来区别不同生产者和经营者的商标，如“长虹”、“海尔”等。服务商标是指使用于服务项目上，用来区别服务提供者的商标。如“国美”、“苏宁”、“沃尔玛”、“屈臣氏”等。

3. 集体商标与证明商标

根据商标的注册人与使用人的不同，可将商标分为集体商标与证明商标。集体商标是指以团体、协会或者其他组织名义注册，供该组织成员在商事活动中使用，以表明使用者在该组织中的成员资格的标志。集体商标的注册和使用有利于把中小企业力量集中起来，形成数量优势和质量统一管理，创立驰名商标，提高商品和服务的竞争能力，实现规模经济效益，扩大国内市场及国际市场的影响力。证明商标，是指由对某种商品或者服务具有监督能力的组织所控制，而由该组织以外的单位或者个人使用于其商品或者服务，用以证明该商品或者服务的原产地、原料、制造方法、质量或者其他特定品质的标志。如真皮标志是中国皮革协会在国家工商行政管理局注册的证明商标，皮衣、皮鞋、皮包企业欲使用真皮标志，需经过中国皮革协会严格的审查，批准。中国皮革协会每年都要对其进行质量检测，以保证产品品质。绿色食品标志是由绿色食品发展中心在国家工商行政管理总局商标局正式注册的质量证明标志，凡具有绿色食品生产条件的单位与个人均可作为绿色食品标志使用权的申请人。

4. 联合商标与防御商标

根据商标的不同使用，可将商标分为联合商标与防御商标。联合商标是指同一个商标所有人在相同或类似商品上使用的若干个近似商标。在这些近似的商标中，首先注册或主要使用的商标为正商标，其余商标为该商标的联合商标。如剑南春公司注册“剑南春”后，又注册了“剑南纯”、“金剑南”、“银剑南”等众多文字商标。

防御商标是指同一商标所有人在不同类别的商品上注册使用同一个驰名商标。最先创设的商标为正商标，后在不同类别商品上使用的统一商标为防御商标。“可口可乐”商标已经被可口可乐公司在所有商品类别上注册。

联合商标和防御商标的注册目的都是为了保护正商标的显著性。

5. 注册商标与未注册商标

根据商标是否注册，可将商标分为注册商标和未注册商标。已经获得注册的商标为注册商标，未获得注册的商标是未注册商标。一般情况下，商标是否注册不影响其使用，但是会影响受法律的保护程度。注册商标获得的法律保护程度高于未注册商标。未注册商标只在很有限的范围内受到法律保护。

6. 普通商标、著名商标与驰名商标

根据商标的知名度的高低，可将商标分为普通商标、著名商标、驰名商标。普通商标的知名度一般，驰名商标的知名度最高，著名商标的知名度介于二者之间。著名商标并不是一个法律概念，而是由各省工商部门根据一定的条件认定的，目的是为培育驰名商标提供地方优惠资助，著名商标必须是注册商标。

驰名商标，英文译为“well-known trademark”，是商标法律中的一个专有名词，《巴黎公约》第6条之二最早对其做了专门规定，TRIPs对驰名商标的保护作了进一步规定。驰名商标是商标王国里的领军者，一个国家拥有的驰名商标数量，在一定程度上反映了一个国家的经济实力和竞争能力。拥有驰名商标意味着一个企业在市场上占有的优势地位，代表着企业拥有的经济利益。因此，驰名商标无论是在国内还是在世界贸易中都受到关注和特殊保护。

根据我国《驰名商标认定和保护规定》（2003年发布、2014年修订）的规定，驰名商标是指在中国为相关公众所熟知的商标。商标是否驰名是一个事实问题，与注册与否没有直接关系。与普通商标相比，驰名商标有以下特点：具有较强的识别功能；具有良好的声誉；蕴含较大的经济价值；彰显身份与品位的功能突出；易受侵害性。驰名商标制度的设立是为了在出现争议时对知名度高的商标提供特别保护。

我国《商标法》和《商标法实施条例》按照世贸规则和国际通行做法，对驰名商标认定制度形成了“被动认定，个案认定个案有效，行政认定与司法认定相结合、司法认定具有最终效力”的格局。行政认定是指商标局和商标评审委员会在对商标确权过程中产生的争议商标是否驰名予以认定。其认定结果不具有终局性。司法认定是指人民法院在审理商标纠纷案中，根据当事人的请求和案件的具体情况，可以对涉及的注册商标是否驰名依法作出认定。

驰名商标的特殊保护体现为：

（1）对未注册的驰名商标提供与已注册的普通商标同等水平的保护。

（2）对已注册的驰名商标实行“跨类”保护。

（3）对恶意注册驰名商标的行为可随时请求撤销。

三、商标法律关系

（一）商标法律关系的主体

商标法律关系的主体包括自然人、法人或者其他组织，两个以上的自然人、法人或者其他组织可以共同向商标局申请注册同一商标，成为同一商标法律关系的主体。

2007年2月12日国家工商行政管理总局商标局出台《自然人办理商标注册申请注意事项》，对自然人办理商标注册申请有新要求。

一是要求办理商标注册申请的个人，必须符合以下条件之一：（1）《营业执照》载明的企业负责人；（2）个人合伙企业的全体合伙人；（3）农村承包经营的承包合同签约人；（4）其他依法获准从事经营活动的自然人（有关行政主管机关颁发的登记文件中登载的经营者）。

二是要求自然人提出商标注册申请的商品和服务范围，应以其在营业执照或有关登记文件核准的经营范围为限，或者以其自营的农副产品为限。办理转让商标申请，受让人为自然人的，参照上述事项办理。

（二）商标法律关系的客体

商标法律关系的客体即商标，根据我国《商标法》第8条的规定，任何能够将自然人、法人或者其他组织的商品与他人的商品区别开的标志，包括文字、图形、字母、数字、三维标志、颜色组合和声音等，以及上述要素的组合，均可以作为商标申请注册。

作为商标的标记应具有显著特征，便于识别。显著性是指商标具有的足以使相关公众区分商品或服务来源的特征，包括固有的显著性和通过使用获得的显著性。有些本来不具有显著性的标记经过长期使用产生了“第二含义”，使得消费者看到这个标记首先联想到的不是其本来含义，而是其识别商品来源的“第二含义”，此时该标记也具备显著性。如“五粮液”、“小肥羊”、“两面针”、“茅台”等就是通过使用获得显著性从而能够注册为商标的。但是这些商标的专用权的效力范围要受到更多的限制，不能禁止其他人善意、正当的在第一含义意义上使用该标记。如在阿里注册了“双十一”等商标后，就不能禁止其他电商在商业宣传中在表达日期的符号意义上使用双十一或近似的表达。

根据我国《商标法》第10条规定，下列标志不得作为商标使用：

(1) 同中华人民共和国的国家名称、国旗、国徽、军旗、勋章相同或者近似的，以及同中央国家机关所在地特定地点的名称或者标志性建筑物的名称、图形相同的；

(2) 同外国的国家名称、国旗、国徽、军旗相同或者近似的，但该国政府同意的除外；

(3) 同政府间国际组织的名称、旗帜、徽记相同或者近似的，但经该组织同意或者不易误导公众的除外；

(4) 与表明实施控制、予以保证的官方标志、验证印记相同或者近似的，但经授权的除外；

(5) 同“红十字”、“红新月”的名称、标志相同或者近似的；

(6) 带有民族歧视性的；

(7) 夸大宣传并带有欺骗性的；

(8) 有害于社会主义道德风尚或者有其他不良影响的。

县级以上行政区划的地名或者公众知晓的外国地名，不得作为商标。但是，地名具有其他含义或者作为集体商标、证明商标组成部分的除外；已经注册的使用地名的商标继续有效。

此外，功能性的三维标志，与在先合法权利相冲突的标记都不能申请商标注册。

（三）商标法律关系的内容

1. 商标权人享有的权利

商标权是指注册商标所有人依法对其注册商标所享有的权利。具体而言，商标权的内容包括：

(1) 独占使用权。商标一经国家商标管理机关核准注册，商标权人即享有在一定范围内对其注册商标完全的独占使用权。所谓独占使用权，就是指他人未经注册商标所有人的许可，不得在同一种商品或者类似商品上使用该注册商标或者与该注册商标相近似的商标。否则即构成商标侵权，商标权人可以请求工商行政管理机关依法处理或者向法院起诉。注册商标的使用权，以核准注册的商标和核定使用的商品为限。

(2) 许可使用权。商标权人可以将其注册商标许可他人使用，并因此而获得报酬。许可人（商标权人）与被许可人（商标使用人）签订的使用许可合同类型可以有独家许可使用、独占许可使用、普通许可使用。独家许可使用中，商标权人放弃使用权，由被许可人独家使用；独占许可使用中，商标权人只许可被许可方独占使用商标，并保留自己对商标的使用权；普通许可使用中，商标权人可以许可多人同时使用商标，并保留自己对商标的使用权。无论商标权人保留或者是放弃使用权，商标的所有权人仍然是原来的商标注册人。在商标许可使用条件下，仅仅是商标的使用权发生转移，所有权并没有发生变化。《商标法》第43条规定，商标注册人可以通过签订商标使用许可合同，许可他人使用其注册商标。许可人应当监督被许可人使用其注册商标的商品质量。被许可人应当保证使用该注册商标的商品质量。经许可使用他人注册商标的，必须在使用该注册商标的商品上标明被许可人的名称和商品产地。许可他人使用其注册商标的，许可人应当将其商标使用许可报商标局备案，由商标局公告。商标使用许可未经备案不得对抗善意第三人。

（3）商标转让权。转让注册商标，是商标权人根据商标法规定的程序将商标权转让给他人的法律行为。商标权转让后，原商标权人则丧失对于注册商标的一切权利，商标权转移给受让人，注册商标本身没有发生变化，而注册商标的所有者发生了变化。《商标法》第42条规定，转让注册商标的，转让人和受让人应当签订转让协议，并共同向商标局提出申请。受让人应当保证使用该注册商标的商品质量。转让注册商标的，商标注册人对其在同一种商品上注册的近似的商标，或者在类似商品上注册的相同或者近似的商标，应当一并转让。对容易导致混淆或者有其他不良影响的转让，商标局不予核准，书面通知申请人并说明理由。转让注册商标经核准后，予以公告。受让人自公告之日起享有商标专用权。

（4）标记使用权。商标权人有在商品、商品的包装或容器以及宣传资料等上使用注册商标标记的权利。表明商标已获得核准注册的标记为在圆圈内注明“注册商标”、“注”或英文字母“R”。

（5）放弃权。商标权人有权在商标期满前以书面形式放弃商标权。

2. 商标权人应履行的义务

使用注册商标是商标权人应履行的义务。许多国家的商标法规定，已经实际使用的商标才能注册，或者商标在核准注册后一定期限内必须使用，否则将丧失商标权。我国商标法规定，商标经核准注册后，连续三年停止使用的，任何人都可以向商标局申请撤销该注册商标。商标的使用，包括将商标直接使用于商品上、商品包装或者容器上以及有关的商品交易文书上，或者将商标使用在广告宣传、展览以及其他业务活动中。

四、商标注册的程序

（一）一般程序

商标注册申请人向国家工商行政管理总局商标局提出商标注册申请后，商标局应当自收到商标注册申请文件之日起九个月内审查完毕，符合商标法有关规定的，予以初步审定公告。自公告之日起3个月内，法律规定的主体可向商标局提出异议，如果无人异议，3个月期满后商标局作出准予注册决定的，发给商标注册证，并予公告。如果有人提出异议，商标局经调查核实后自公告期满之日起12个月内作出是否准予注册的决定。

《商标法》第33条规定，对初步审定公告的商标，自公告之日起三个月内，在先权利人、利害关系人认为违反本法第十三条第二款和第三款、第十五条、第十六条第一款、第三十条、第三十一条、第三十二条规定的，或者任何人认为违反本法第十条、第十一条、第十二条规定的，可以向商标局提出异议。

流程见图 6—3。

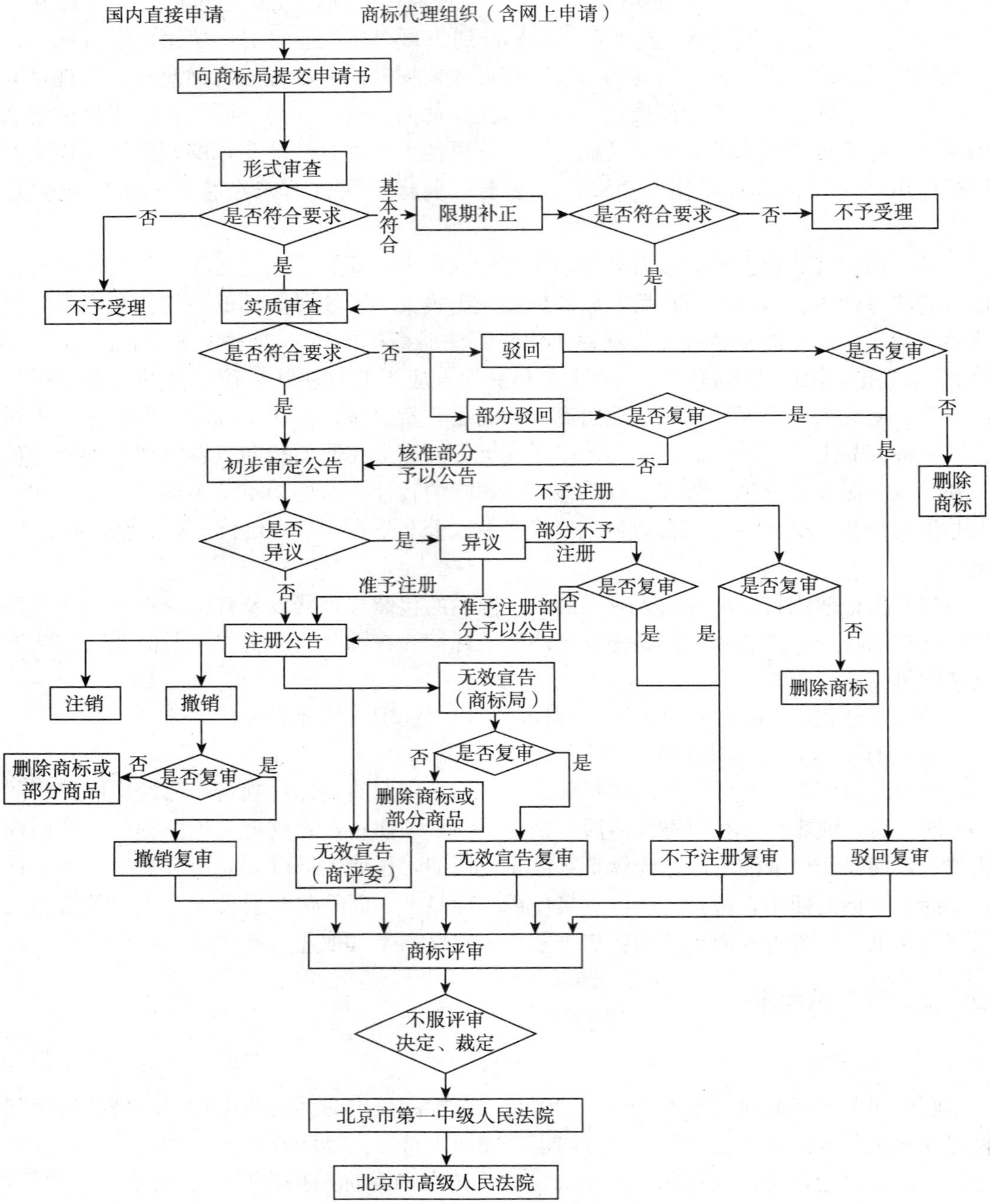

图 6—3　商标注册流程简图

（二）商标申请注册应遵循的原则

1. 自愿注册为主，强制注册为辅

自愿注册，是指商标使用人是否申请商标注册取决于自己的意愿。但注册商标和未注册商标在法律上地位不同。根据我国《商标法》第 4 条的规定，自然人、法人或者其他组织在生产经营活动中，对其商品或者服务需要取得商标专用权的，应当向商标局申请商标注册。

我国商标法实行自愿注册原则的同时，对极少数商品仍保留了强制注册办法。《商标法》第 6 条规定，国家规定必须使用注册商标的商品，必须申请商标注册，未经核准注册的，不得在市场销售。目前要求必须使用注册商标的商品是烟草制品。

为弥补注册取得商标权原则的缺陷，未注册商标并不是绝对不受保护。《商标法》第 32 条：申请商标注册不得损害他人现有的在先权利，也不得以不正当手段抢先注册他人已经使用并有一定影响的商标。《商标法》第 13 条第 2 款："就相同或类似商品申请注册的商标是复制、模仿或者翻译他人未在中国注册的驰名商标的，容易导致混淆的，不予注册并禁止使用。"因此，未注册仍能获得一定的法律保护。

2. 先申请原则

先申请原则指两个或两个以上的申请人，在相同或类似的商品上以相同或者近似的商标申请注册时，申请在先的商标，其申请人可获得商标专用权，在后的商标注册申请予以驳回。2013 年 8 月网易版"易信"面市，但此前已经申请注册"易信"商标的公司多达 13 家。网易版"易信"或将面临无法注册商标的尴尬。

商标注册的申请日期，以商标局收到申请书件的日期为准。申请人享有优先权的，以优先权日为申请日。优先权分为国际优先权与本国优先权。如在国际优先权情形中，申请人在国外就某一商标在某类商品上申请注册后，在 6 个月的优先权期内就该同一商标在同一类商品上又向我国申请注册时，如果其申请了优先权，那么其在中国的申请日就以其在国外的申请日为准。

先申请原则的例外：我国《商标法》第 31 条规定："两个或者两个以上的申请人，在同一种商品或者类似商品上，以相同或者近似的商标申请注册的，初步审定并公告申请在先的商标；同一天申请的，初步审定并公告使用在先的商标，驳回其他人的申请，不予公告。"因此，在同一天申请的情况下，采取的是先使用原则。见表 6—3。

概念解析

优先权：商标局在确定商标注册申请日时，不以商标局收到申请的实际日期为准，而按照某种标准确定一个先前的日期为申请日，申请人享有的这种权利即优先权。

表 6—3　　商标国际优先权与本国优先权的比较

	国际优先权	本国优先权（展览优先权）
适用的情形	申请人自其商标在外国第一次提出注册申请，又在中国就相同商品以同一商标提出注册申请	商标在中国政府主办的或承认的国际展览会展出的商品上首次使用
优先权期	6 个月	6 个月
申请人应在提出注册申请时提出书面声明并在 3 个月内提交相应的文件。否则，视为未要求优先权。		

动态实训

甲于 2013 年 3 月 1 日开始使用“建华”牌商标，乙于同年 4 月 1 日开始使用相同的商标。甲、乙均于 2014 年 5 月 1 日向商标局寄出注册“建华”商标的申请文件，但甲的申请文件于 5 月 8 日寄至，乙的文件于 5 月 5 日寄至。商标局应初步审定公告谁的申请？（　　）

A. 同时公告，因甲、乙申请日期相同

B. 公告乙的申请，因乙申请在先

C. 公告甲的申请，虽然甲、乙同时申请，但甲使用在先

D. 由商标局自由裁定

3. 单一性原则

单一性原则是指一份申请只限于一件商标。即一申请一商标。

4. 分类申请原则

申请商标注册，应当按照公布的商品和服务分类表按类申请。按规定的分类表填报使用商标的商品类别和商品名称。商标注册申请人在不同类别的商品上申请注册同一商标的，应当按商品分类表提出注册申请。

商标注册申请人可以通过一份申请就多个类别的商品申请注册同一商标。

知识拓展

《尼斯协定》

《尼斯协定》全称是《商标注册用商品和服务国际分类尼斯协定》。该协定于 1957 年 6 月 15 日在法国南部城市尼斯签订，1961 年 4 月 8 日生效。尼斯协定的成员国目前已发展到 65 个。我国于 1994 年 8 月 9 日加入了尼斯联盟。尼斯协定的宗旨是建立一个共同的商标注册用商品和服务国际分类体系，并保证其实施。根据该协定的规定，国际分类共包括 45 类，其中商品 34 类，服务项目 11 类，共包含一万多个商品和服务项目。一般每 5 年修订一次。目前使用的是尼斯分类第十版（自 2012 年 1 月 1 日起实行）。目前世界上已有一

百三十多个国家和地区采用此分类表。我国自1988年11月1日起采用国际分类。我国以世界知识产权组织提供的《商标注册用商品和服务国际分类》第十版为基础，由国家工商行政管理总局商标局编写了《类似商品和服务区分表——基于尼斯分类第十版》。

五、注册商标的无效宣告

（一）注册商标无效宣告的概念及情形

1. *注册商标无效宣告的概念*

注册商标的宣告无效是2013年修改的《商标法》首次引入的一种程序，是指因商标权的取得存在瑕疵，由商标主管机构宣告商标权自始就没有法律效力。原《商标法》未设置商标无效宣告的概念，而是统称为“撤销”，新《商标法》对此进行了区分。注册商标的撤销是指因商标权产生之后的事由使商标权丧失了继续受保护的基础，由商标主管机构取消该商标注册的决定，商标被撤销后不再受保护，但之前还是受法律保护的。而注册商标一旦无效宣告，则从申请之日起就不受法律保护。

2. *注册商标无效宣告的情形*

注册商标无效宣告的情形有以下两种，见表6—4。

（1）已经注册的商标，违反本法第10条、第11条、第12条规定的，或者是以欺骗手段或者其他不正当手段取得注册的，由商标局宣告该注册商标无效；其他单位或者个人可以请求商标评审委员会宣告该注册商标无效。

（2）已经注册的商标，违反本法第13条第2款和第3款、第15条、第16条第1款、第30条、第31条、第32条规定的，自商标注册之日起五年内，在先权利人或者利害关系人可以请求商标评审委员会宣告该注册商标无效。对恶意注册的，驰名商标所有人不受五年的时间限制。

表6—4　　商标无效宣告

	情形	方式	请求宣告无效的期限
商标无效宣告程序	第一种情形	商标局主动宣告无效	不受时间限制
		任何人可向商标评审委员会请求宣告无效	
	第二种情形	在先权利人或利害关系人	5年

（二）注册商标宣告无效的程序

对商标评审委员会的裁定不服的自收到通知之日起30日内向法院起诉。

（三）注册商标宣告无效的法律后果

注册商标被宣告无效视为自始不存在。宣告注册商标无效的决定或者裁定，对宣告无效前人民法院作出并已执行的商标侵权案件的判决、裁定、调解书和工商行政管理部门作出并已执行的商标侵权案件的处理决定以及已经履行的商标转让或者使用许可合同不具有追溯力。但是，因商标注册人的恶意给他人造成的损失，应当给予赔偿。依照前款规定不返还商标侵权赔偿金、商标转让费、商标使用费，明显违反公平原则的，应当全部或者部分返还。

六、注册商标专用权的保护

（一）注册商标专用权的保护期

根据我国《商标法》的规定，商标权的保护期为10年，自核准注册之日起计算。如果商标权人希望继续使用注册商标，继续维持商标权，可以在商标权有效期届满前申请续展。

注册商标有效期满，需要继续使用的，应当在期满前十二个月内申请续展注册；在此期间未能提出申请的，可以给予六个月的宽展期。宽展期满仍未提出申请的，注销其注册商标。每次续展注册的有效期为十年。由于续展没有次数的限制，理论上商标权可以永久受到保护。通过续展，一件商标的生命力可以无限延长，商标权的保护期限可以通过续展而远远超过专利权和著作权的保护期限。

（二）商标侵权行为

根据《商标法》第57条和《商标法实施条例》第76条以及最高法院有关司法解释的规定，商标侵权行为主要表现为以下几种形式：

（1）未经商标注册人的许可，在同一种商品上使用与其注册商标相同的商标的。

（2）未经商标注册人的许可，在同一种商品上使用与其注册商标近似的商标，或者在类似商品上使用与其注册商标相同或者近似的商标，容易导致混淆的。

（3）销售侵犯注册商标专用权的商品的（《商标法》第64条第2款规定："销售不知道是侵犯注册商标专用权的商品，能证明该商品是自己合法取得的并说明提供者的，不承担赔偿责任。"）。

（4）伪造、擅自制造他人注册商标标识或者销售伪造、擅自制造的注册商标标识的。

（5）未经商标注册人同意，更换其注册商标并将该更换商标的商品又投入市场的。即"反向假冒"。

案例分析

枫叶诉鳄鱼案

1993年12月29日，鳄鱼公司授权同益公司在北京销售"鳄鱼"（CROCODILEBRAND）皮革制品和"卡帝乐"（CARTEIOBRAND）服饰系列等。1994年4月7日，同益公司与百盛购物中心签订合同，百盛购物中心同意同益公司在该中心内设置鳄鱼专卖店。4月15日，同益公司以每条188元的价格购买北京市京工服装工业集团服装一厂（以下简称服装一厂）生产的"枫叶"男西裤26条，随后将其中25条的"枫叶"商标更换为"卡帝乐"商标，在百盛购物中心鳄鱼专卖店以每条560元的价格进行销售，并注明产地为新加坡。

1994年4月28日，服装一厂的职工发现百盛购物中心鳄鱼专卖店出售的"卡帝乐"西裤是经过改装的"枫叶"产品。1994年5月3日，服装一厂从该专卖店以每条560元购得西裤两条，经检验发现，该"鳄鱼"西裤系服装一厂的产品，仅将服装一厂的“枫叶”商标换上了“鳄鱼”商标，且其售价远远超过了原告每条200元左右的销售价格。5月13日，服装一厂正式向北京市中级人民法院起诉，状告百盛购物中心侵权，后又将同益公司、鳄鱼公司追加为共同被告。

法庭经审理认为，服装一厂享有的商业信誉和公平竞争的权利，应受到法律保护。同益公司是利用原告的优质产品牟取暴利，无偿地占有了原告为创立其商业信誉和通过正当竞争占有市场而付出的劳动，其行为违反了诚实信用、公平竞争的基本原则，妨碍原告商业信誉、品牌的建立，使原告的商业信誉受到一定程度的损害，正当竞争的权利受到一定的影响。因此，同益公司的行为构成侵权，应承担相应的法律责任，包括赔礼道歉、消除影响、赔偿损失。因当时我国商标法并未规定反向假冒为侵权行为，法院是依照《民法通则》和《反不正当竞争法》的有关规定作出了上述判决。2001年《商标法》第二次修订后，就基于这个案例将反向假冒明确规定为商标侵权行为。以后再出现这种现象，就可以直接援引《商标法》的规定了。

(6) 故意为侵犯他人商标专用权行为提供便利条件（如提供仓储、运输、邮寄、隐匿等便利条件的），帮助他人实施侵犯商标专用权行为的，即间接侵权。

(7) 给他人的注册商标专用权造成其他损害的。主要表现为：①在同一种或者类似商品上，将与他人注册商标相同或者近似的标志作为商品名称或者商品装潢使用，误导公众的；②将与他人注册商标相同或者相近似的文字作为企业的字号在相同或者类似商品上突出使用，容易使相关公众产生误认的；③复制、模仿或者翻译他人注册的驰名商标或其主要部分在不相同或者不相类似商品上作为商标使用，误导公众，致使该驰名商标注册人的利益可能受到损害的；④将与他人注册商标相同或者相近似的文字注册为域名，并且通过该域名进行相关商品交易的电子商务，容易使相关公众产生误认的。

法律链接

如何认定商品是否相同或近似、商标是否相同或近似？

《最高人民法院关于审理商标民事纠纷案件适用法律若干问题的解释》第11条：

商标法第五十二条第（一）项规定的类似商品，是指在功能、用途、生产部门、销售渠道、消费对象等方面相同，或者相关公众一般认为其存在特定联系、容易造成混淆的商品。

类似服务，是指在服务的目的、内容、方式、对象等方面相同，或者相关公众一般认为存在特定联系、容易造成混淆的服务

商品与服务类似，是指商品和服务之间存在特定联系，容易使相关公众混淆。

《最高人民法院关于审理商标民事纠纷案件适用法律若干问题的解释》第9条、10条：

商标法第五十二条第（一）项规定的商标相同，是指被控侵权的商标与原告的注册商标相比较，二者在视觉上基本无差别

商标法第五十二条第（一）项规定的商标近似，是指被控侵权的商标与原告的注册商标相比较，其文字的字形、读音、含义或者图形的构图及颜色，或者其各要素组合后的整体结构相似，或者其立体形状、颜色组合近似，易使相关公众对商品的来源产生误认或者认为其来源与原告注册商标的商品有特定的联系。

人民法院根据商标法第五十二条第（一）项的规定，认定商标相同或者近似按照以下原则进行：

（1）以相关公众的一般注意力为标准；

（2）既要进行对商标的整体比对，又要进行对商标主要部分的比对，比对应当在比对对象隔离的状态下分别进行；

（3）判断商标是否近似，应当考虑请求保护注册商标的显著性和知名度。

（三）不构成商标侵权的情形

1．非营利性合理使用

非营利性合理使用主要指的是新闻媒体在新闻报道和新闻评论中不可避免地提及某个商标，即使是对该商标商品的批评指责，只要基于事实进行客观报道和评论，商标所有人都不能以商标侵权为由阻止此种非商业性使用。

2．营利性合理使用

生产经营者对自己生产经营的商品予以叙述性描述时正当地不可避免地使用了他人的叙述性商标（叙述性商标多为表示商品质量、主要原料，功能、用途等的文字，或为含有地名的商标）。或为指明自己经营产品、服务的种类而使用他人的商标，不构成商标侵权。

3．商标权利用尽

商标权利用尽是指经商标所有人同意或其授权被许可人同意将带有商标的产品投放市场后，任何人使用或销售该产品，商标权人无权禁止。商标权利用尽后其他人可在贸易活动中继续使用该商标分销或转销已经售出的商品，但须以该商品未发生变化、未经过重新包装为条件。商标权具有地域性，须依各国商标法和行政程序相互独立产生，故商标权一国国内用尽的理论并不存在争议。但是商标权国内用尽是否导致在其他国家当然用尽，也就是国际用尽的问题，则分歧很大。

4．在先使用

商标注册人申请商标注册前，他人已经在同一种商品或者类似商品上先于商标注册人使用与注册商标相同或者近似并有一定影响的商标的，注册商标专用权人无权禁止该使用人在原使用范围内继续使用该商标，但可以要求其附加适当区别标识。

案例分析

“薰衣草”引发的商标侵权纠纷

原告李逢英诉称，2004年9月，他取得了“薰衣草”的商标专用权，经核准在纸手帕等十六类纸制产品上使用“薰衣草”商标，之后与两家造纸企业签订了生产许可合同，生产“薰衣草”牌纸类产品。2006年4月，李逢英发现湖南恒安纸业有限公司委托山东恒安心相印纸业有限公司生产的“心相印”生活用纸系列产品，在其外包装和内包装的显著位置，大量使用了同原告注册商标完全相同的文字标识“薰衣草”。原告认为，生产厂家和委托生产企业侵犯了其商标专用权，要求停止生产、销售侵权产品，并要求赔偿原告经济损失200万元人民币，承担各种合理支出费用12.5万余元。

被告湖南恒安纸业有限公司、山东恒安心相印纸业有限公司答辩称，李逢英所拥有的商标中的文字部分“薰衣草”是一种植物固有名称，薰衣草植物是常用的香料，被诉侵权产品包装标注“薰衣草”是善意说明产品含有薰衣草，两被告认为他们没有将原告拥有的“薰衣草”商标作为商标使用，其行为属于正当使用商标，并未侵犯原告的商标专用权。

法庭上，双方围绕“薰衣草”字样是否构成侵权展开了激烈辩论。原告方经公证购买了三种纸制商品提交法庭，被告则购买了一瓶薰衣草香精以证明其所生产的纸制系列产品中含有的香味与薰衣草的味道一样，产品上的“薰衣草”字样只是为了说明含有薰衣草成分，没有侵犯原告的“薰衣草”商标。

北京市第一中级人民法院经审理认为，被告使用“薰衣草”属于《商标法实施条例》（2002年公布、2014年修订）第四十九条的规定，即注册商标中含有的本商品的主要原料，注册商标专用权人无权禁止他人正当使用。判决驳回了原告的诉讼请求。

（三）侵犯商标权的法律责任

1. 民事责任

民事责任形式有停止侵权、消除影响、赔礼道歉、赔偿损失，侵犯商标专用权的赔偿数额，按照权利人因被侵权所受到的实际损失确定；实际损失难以确定的，可以按照侵权人因侵权所获得的利益确定；权利人的损失或者侵权人获得的利益难以确定的，参照该商标许可使用费的倍数合理确定。对恶意侵犯商标专用权，情节严重的，可以在按照上述方法确定数额的一倍以上三倍以下确定赔偿数额。权利人因被侵权所受到的实际损失、侵权人因侵权所获得的利益、注册商标许可使用费难以确定的，由人民法院根据侵权行为的情节判决给予三百万元以下的赔偿。赔偿数额应当包括权利人为制止侵权行为所支付的合理开支。

2. 行政责任

因侵犯注册商标权行为引起纠纷的，由当事人协商解决；不愿协商或者协商不成的，商标注册人或者利害关系人可以向人民法院起诉，也可以请求工商行政管理部门处理。工商行政管理部门处理时，认定侵权行为成立的，责令立即停止侵权行为，没收、销毁侵权商品和主要用于制造侵权商品、伪造注册商标标识的工具，违法经营额五万元以上的，可以处违法经营额五倍以下的罚款，没有违法经营额或者违法经营额不足五万元的，可以处二十五万元以下的罚款。对五年内实施两次以上商标侵权行为或者有其他严重情节的，应当从重处罚。销售不知道是侵犯注册商标专用权的商品，能证明该商品是自己合法取得并说明提供者的，由工商行政管理部门责令停止销售。

对侵犯商标专用权的赔偿数额的争议，当事人可以请求进行处理的工商行政管理部门调解，也可以依照《中华人民共和国民事诉讼法》向人民法院起诉。经工商行政管理部门调解，当事人未达成协议或者调解书生效后不履行的，当事人可以依照《中华人民共和国民事诉讼法》向人民法院起诉。

3. 刑事责任

未经商标注册人许可，在同一种商品上使用与其注册商标相同的商标，构成犯罪的，除赔偿被侵权人的损失外，依法追究刑事责任。

伪造、擅自制造他人注册商标标识或者销售伪造、擅自制造的注册商标标识，构成犯罪的，除赔偿被侵权人的损失外，依法追究刑事责任。

销售明知是假冒注册商标的商品，构成犯罪的，除赔偿被侵权人的损失外，依法追究刑事责任。

案件聚焦 “王老吉”商标案留下的反思

“王老吉”是国企广药集团的注册商标。1997 年广药集团与香港鸿道集团签订了商标许可使用合同，授权后者子公司加多宝集团在国内销售红罐王老吉，后续约至 2010 年 5 月 2 日。

但是在 2001 年 8 月和 2002 年 8 月，广药集团原副董事长李益民分别收受香港鸿道集团董事长陈鸿道 100 万港元，并在 2002 年 11 月双方签署了补充协议，将商标使用期限延长至 2013 年。2003 年 6 月，李益民再次收受陈鸿道 100 万港元，并在同月签署了第二份补充协议，约定将王老吉商标租期延长至 2020 年。后来李益民因受贿罪被判刑，陈鸿道也早已保释外逃，但“王老吉”商标却由此被贱租给鸿道集团，从 2000 年至 2011 年，广药集团的商标使用费仅增加 56 万元。

从 2008 年开始，广药集团就与鸿道集团交涉，未果之下，2010 年 8 月 30 日，广药集团向鸿道集团发出律师函，指出李益民签署的两个补充协议无效。

2010 年 11 月，广药启动“王老吉”商标评估程序，此时“王老吉”品牌价值已被评估为 1 080.15 亿元，跻身目前中国第一品牌。

2011 年 4 月，广药向中国国际经济贸易仲裁委员会提出仲裁请求，2012 年 5 月 9 日贸仲委做出裁决：广药集团与加多宝母公司鸿道（集团）有限公司签订的《“王老吉”商标许可补充协议》和《关于“王老吉”商标使用许可合同的补充协议》无效，鸿道集团停止使用“王老吉”商标。

2012 年 5 月 17 日，鸿道集团不服贸仲委的裁决，并向北京市第一中级人民法院提起了撤销该裁决的申请。北京市第一中级人民法院依法立案。

2012 年 7 月 16 日，北京一中院作出裁定，驳回鸿道集团提出的申请。该裁定为终审裁定，为“王老吉”商标争夺案画上了句号。

红罐“王老吉”商标案已落下了帷幕，广药集团收回了“王老吉”商标权，香港多加宝集团失去了他们精心打造的红罐王老吉的品牌。纷争虽然结束，却留下了很多的启示与反思。如企业经营要遵守法律的底线，越过了这个底线就将招致法律责任的追究；企业应尽量使用自有商标，避免加多宝集团的悲剧；在商标许可使用尤其是独占许可使用中，被许可人经过实际使用使得许可人的原本只有一般名气的商标的知名度扩大了，商誉和品牌价值提高了，许可使用期届满许可人收回商标权时是否需要对由于被许可使用人对商标价值的增值部分予以补偿？或者相反，由于被许可使用人将许可人的知名商标做砸了，导致商标价值贬损，许可使用期届满许可人收回商标权时是否有权要求对由于被许可使用人对商标价值的贬值部分予以补偿？

本章小结

专利法和商标法是知识经济时代激励创新、保护知识资源、维护市场公平竞争的重要利器。专利法和商标法通过一定的程序及公示方式将专利权、商标权授予某个特定的主体，使其在特定的期限及范围内享有排他性的独占权，并规定了有力的权利保护制度。同时为防止权利人滥用权利又设置了相应的权利限制制度，以达到权利人个人利益与社会公共利益的平衡。

参考文献

吴汉东主编．知识产权法（第五版）．北京：法律出版社，2014

冯晓青，刘友华．专利法［M］．北京：法律出版社，2010

黄晖．商标法．北京：法律出版社，2014

第七章　金融法律制度

目　标　学过本章之后，你应该能够

1. 了解证券市场的分类；
2. 了解证券的发行与上市；
3. 了解上市公司收购制度；
4. 了解票据的主要类型及主要票据关系与行为；
5. 理解保险法的基本原则；
6. 可以区分财产保险与人身保险的异同；
7. 能够说明信托当事人及其之间的关系；
8. 了解信托财产的范围。

关键词

证券发行与保荐　上市公司收购　票据关系与行为　保险法的基本原则　信托　信托当事人　信托财产

案例导读　平安银行的诞生

平安银行（全称为“平安银行股份有限公司”）作为中国大陆 12 家全国性股份制商业银行之一，注册资本为 51.233 5 亿元，总资产近 1.37 万亿元。现在的平安银行，是平安保险集团与原深圳发展银行通过一系列并购程序后，由原深圳发展银行吸收合并原深圳平安银行后更名为“平安银行”而成立的。平安保险集团与原深圳发展银行的并购程序主要经历了以下几个阶段。2009 年 6 月，平安发布公告，平安集团与平安人寿总共持有深发展银行 145 328 248 股的股份，占其总股本的 4.68%。之后，平安宣布，其将与深发展银行最大的股东新桥集团换股，并由深发展银行向平安人寿定向增发股份；2010 年 5 月，平安集团向新桥定向增发 299 088 758 股 H 股，新桥以其持有的深发展 520 414 439 股股份作为支付对价，交易完成后，平安集团持有深发展股份比例上升至 16.76%；2010 年 7 月，深发展银行向平安集团旗下的平安人寿定向增发 379 580 000 股新股，每股价格 18.26 元，认购资金 6 931 130 800 元，定向增发后，平安集团与平安人寿共持有深发展 29.99%的股份；2010 年 9 月，平安集团宣布预案，预计以 90.75%深圳平安银行股权和 26.9 亿现金交换深发展银行16.39亿股权，交易完成后，平安集团合计占深发展银行52.36%的股权，深发展银行占深圳平安银行90.76%的股权；2011年8月，深发展银行向平安集团定增募资不超过200亿，交易完成后，平安集团持有深发展银行61.36%的股份，成为深发展银行的第一大股东；2012年1月19日，深圳发展银行发布公告，宣布深发展银行吸收合并深圳平安银行，深圳平安银行将并入深发展银行，原深圳平安银行注销，深发展银行作为合并后的银行独立存续，并正式更名为“平安银行”，成为全国性的股份制商业银行。

资料来源：根据腾讯财经（2011年1月30日）、中国网·财经中心（2014年6月15日）相关新闻整理。

第一节　证券法

一、证券与证券市场

(一) 证券

1. 证券的含义

从广义的角度讲，证券是指以特定的专用纸单或电子记录，借助文字、图形或电子技术，记载并代表一定权利的法律凭证，用以证明持有人有权依其所持凭证记载的内容而取得特定权益的书面凭证。

狭义的证券主要是指资本证券，即由金融投资或与金融投资有直接联系的活动而产生的证券，具有筹集资金和获取利益的双重功能，主要包括股权证券和债权证券。本书以下部分所称“证券”均指资本证券。

2. 证券的分类

(1) 按证券发行主体不同，可分为政府证券、金融证券与公司证券。政府证券，又称为政府债券，是指由中央政府或地方政府为筹集财政资金或建设资金，以其信誉为担保，按照一定程序向社会公众投资者募集资金并发行的债权债务凭证；金融证券，是指银行或非银行金融机构为筹措资金，向投资者发行的，承诺到期还本付息的有价证券；公司证券，是指公司为筹措资金，向投资者发行的有价证券，可以是股权证券也可以是债权证券。

(2) 按证券是否在证券交易所挂牌交易，可分为上市证券与非上市证券。上市证券是指经证券主管机关核准发行，并经证券交易所依法审核同意，允许在证券交易所内公开买卖的证券；非上市证券是指未申请上市或不符合证券交易所挂牌交易条件而未能在证券交易所公开买卖的证券，但可以在其他证券交易市场发行与交易。

(3) 按募集方式不同，可分为公募证券和私募证券。公募证券是指发行人通过中介机构向不特定的社会公众投资者公开发行的证券，审核较严格并采取公示制度；私募证券是指向少数特定的投资者发行的证券，审查条件相对宽松，不采取公示制度。

(4) 按证券所代表的权利性质不同，可分为股票、债券和其他证券三大类。其他证券主要包括基金证券、证券衍生产品。

3. 证券的特征

(1) 收益性。投资者持有证券本身可以获得一定数额的收益，这是投资者转让资本所有权或使用权的回报。

（2）流动性。证券可以通过到期兑付、承兑、贴现、转让等方式变现。证券的流通性就是指证券变现的难易程度。

（3）风险性。证券的实际收益与预期收益存在背离的情况，收益具有不确定性。

（4）期限性。主要是指债券具有明确的还本付息的期限。而股票没有期限，可视为无期限证券。

（二）证券市场

1. 证券市场的含义

证券市场是股票、债券、投资基金份额以及各种证券衍生品等各类有价证券发行和交易的场所，是为解决资本供求矛盾和流动性而产生的直接融资市场。就本质而言，凡是进行证券发行和交易的空间，都属于证券市场，并不一定要具有实体形态，但仍以证券交易所为证券市场的主要形式。

2. 证券市场的产生与发展

16世纪的西欧，已经出现了以国债为交易标的的证券交易所；1611年，在荷兰的阿姆斯特丹，成立了世界上第一个股票交易所；1773年，在英国柴思胡同的“新乔纳森咖啡馆”成立了英国第一家证券交易所，并于1802年获得英国政府的正式批准，成为现伦敦证券交易所的前身；1792年，美国著名的“梧桐树协定”签订，纽约证券交易所的前身由此诞生，1863年纽交所正式成立。

世界证券市场的发展经历了三个阶段：17世纪初至20世纪20年代的自由放任阶段；20世纪30年代初至60年代末的法制建设阶段；20世纪70年代至今的快速发展阶段。

3. 证券市场的特征与功能

（1）证券市场的特征。证券市场上的交易对象是作为经济权益凭证的股票、债券、投资基金等有价证券，其本身就是财产权利和价值的代表。有价证券的转让过程是收益与风险的同时转移。因此，证券市场是财产权利、价值、风险直接交换的场所。

（2）证券市场的功能。证券市场是商品经济发展到一定阶段的产物，是市场经济条件下调节资源合理配置的重要机制，其功能主要表现为以下四个方面：①融资功能。证券市场属于直接融资市场，资金需求者在证券市场上不需要通过银行等中介机构，而能够直接与资金供给者协调，获得其所需要的资金。这种融资方式大大降低了资金需求者通过银行等中介机构获得资金的时间和金钱成本；②资本定价功能。证券是资本的存在形式，证券市场中资本的供给者与需求者能够直接接触，反映资本价格的证券价格可以通过供求竞争得到确定，从而能够直观的反映证券市场中的供求状况；③资本配置功能。在证券市场上，预期报酬率的高低是决定证券价格的关键因素，能够提供较高预期报酬率的企业通常是经营状况良好，有发展潜力的企业。证券价格的变化能够引导资金向这类企业流动，以提高资金的使用效率，实现资本合理配置的功能；④宏观调控功能。证券市场是一国经济的“晴雨表”，能够反映宏观经济的走势，也是央行实施宏观调控政策的主要对象。

4. 证券市场的分类

依据不同的划分标准，证券市场可以分为以下几类：

（1）按证券市场的功能不同，可分为一级市场和二级市场。一级市场，又称为初级市场或发行市场，是发行人以筹集资金为目的，按照法律规定的条件和程序，将某种证券首次出售给投资者的市场；二级市场，又称为次级市场或交易市场，是已发行的证券通过买卖交易实现流通转让的市场。

（2）按上市交易的条件不同，可分为主板市场和二板市场。主板市场，又称为一板市场，是一个国家或地区证券发行、交易的主要场所。主板市场对上市公司规模、营业期限、盈利水平等方面的要求标准较高，监管严格；二板市场，又称为创业板市场或高新企业市场，主要是为具有高成长性的中小企业和高科技企业提供融资的场所，对企业的规模、营业期限、盈利水平的要求较主板市场低，监管相对宽松。

（3）按交易对象不同，可分为股票市场、债券市场和基金市场。股票市场指进行各种股票发行和交易的场所；债券市场是进行各种债券发行和交易的场所；基金市场是进行基金发行和转让的市场。

（4）按组织形式的不同，可分为场内市场和场外市场。场内市场，又称证券交易所市场，是由证券交易所组织的，有固定交易时间、地点的集中交易市场；场外市场，是指在证券交易所以外的场所进行证券交易的市场，通常以协议价格成交，在场外交易市场交易的证券可以是已上市的证券，也可以是未上市的证券。

5. 证券市场的参与者

证券市场的参与者包括证券市场主体、证券市场中介机构、证券市场监管机构与证券行业自律组织。

（1）证券市场主体。证券市场的主体是指证券市场中的交易主体，由发行人与投资者两部分构成。在证券市场上，证券发行人是资金的需求者，为筹集资金而发行股票和债券的政府及其部门、金融机构、公司和其他企业。证券投资者是资金的供给者，包括机构投资者和个人投资者两类。机构投资者是指用自有资金或者从分散的公众手中筹集的资金进行专业的证券投资活动的法人机构。个人投资者，是指从事证券投资的社会公众个人。

（2）证券市场中介机构。证券市场中介机构是指为证券的发行、交易提供服务的各类机构，包括证券公司、证券登记结算机构和证券服务机构三类。证券公司又称券商，是指依法设立的可经营证券业务的具有法人资格的金融机构，主要业务有证券承销、经纪、自营、投资咨询以及购并、受托资产管理和基金管理等；证券登记结算机构是为证券交易提供集中的登记、托管与结算服务的专门机构，是不以营利为目的的法人；证券服务机构是指依法设立的从事证券服务业务的机构，主要包括证券投资咨询机构、财务顾问公司、资信评级机构、资产评估机构、会计师事务所、律师事务所。

（3）证券监管机构。在我国，证券监管机构是指中国证监会及其派出机构。中国证监会是国务院直属的证券监管管理机构，按照国务院授权和依照相关法律法规对证券市场进行集中、统一监管。

（4）证券行业自律组织。在我国，证券行业自律组织主要是指证券交易所和证券业协会。证券交易所是为证券集中交易提供场所和设施，组织和监督证券交易，实行自律管理的法人；证券业协会是协助证券监管机构组织会员执行有关法律，维护会员合法权益，为会员提供信息服务的社会团体法人。

二、证券发行与保荐制度

（一）证券发行

1. 证券发行的含义

对于证券发行（issuing of securities）的含义，我国《证券法》并未作出明确规定。学理上一般认为，证券发行是指证券的发行人为筹集资金或调整股权结构，依法向投资者以同一条件招募和出售证券的一系列行为。一系列行为包括证券募集、证券分派、缴纳资金及交付证券等相互关联的完整过程。在这一系列行为中，《证券法》主要规制的是证券募集阶段的法律关系与行为，包括证券发行的条件、程序与核准制度。

2. 证券发行的分类

(1) 按照发行证券的种类不同，可以分为股票发行、债券发行和基金发行。股票发行是证券发行的最基本类型，是指股份有限公司为筹集资金或调整股权结构，依照法定程序向不特定的投资者出售股票的行为，又可分为设立发行和增资发行；债券发行，是指发行人以筹集资金为目的，依照法定程序向不特定的投资者出售代表一定债权和支付条件的债券行为，依照债券发行主体的不同，可分为政府债券发行、金融机构债券发行和公司债券发行；基金发行，是指基金发起人或管理人为筹集资金，依照法定程序向不特定投资者出售代表一定信托受益权的基金券的行为。

(2) 按照发行对象的范围不同，可以分为公募发行与私募发行。公募发行，又称为公开发行，是指发行人通过中介机构向不特定的社会公众公开募集发行证券的发行方式。私募发行，又称不公开发行，是指发行人面向少数特定的投资者发行证券的方式。我国《证券法》仅对公募发行（公开发行）作出了明确规定。

> 《证券法》第十条　公开发行证券，必须符合法律、行政法规规定的条件，并依法报经国务院证券监督管理机构或者国务院授权的部门核准；未经依法核准，任何单位和个人不得公开发行证券。
>
> 有下列情形之一的，为公开发行：
>
> (1) 向不特定对象发行证券的；
>
> (2) 向特定对象发行证券累计超过二百人的；
>
> (3) 法律、行政法规规定的其他发行行为。
>
> 非公开发行证券，不得采用广告、公开劝诱和变相公开方式。

(3) 依据发行价格与证券票面金额或贴现金额的关系，可以分为平价发行、溢价发行和折价发行。平价发行，又称面值发行、等价发行，是指证券发行价格与证券票面金额相同的发行方式；溢价发行，是指证券发行价格高于票面金额的发行方式；折价发行，是指证券发行价格低于票面金额的发行方式。在我国，股票仅能采用平价发行和溢价发行的方式，债券、基金则可以采取三种方式的任何一种。

(4) 按照证券发行价格确定方式的不同，可以分为议价发行与招标发行。议价发行是指证券发行人与承销人通过协商发行条件，向投资者发行证券的方式。根据我国《证券法》第34条的规定，股票发行的基本方式为议价发行；招标发行，是指证券发行人与证券承销商之间以公开招标方式确定发行条件的发行方式，一般适用于债券的发行。

3. 证券承销的方式

证券承销是证券发行中的重要环节，是指证券经营机构根据其与发行人签订的证券承销协议，向证券投资者销售、促成销售或代为销售拟发行证券，并收取一定比例承销费用的行为，分为包销与代销两种方式。

（1）证券包销。根据我国《证券法》第 28 条第 3 款的规定，证券包销是指证券公司将发行人的证券按照协议全部购入或者在承销期结束时将售后剩余证券全部自行购入的承销方式。

（2）证券代销。根据我国《证券法》第 28 条第 2 款的规定，证券代销是指证券公司代发行人发售证券，在承销期结束时，将未售出的证券全部退还给发行人的承销方式。

除包销与代销两种方式之外，我国《证券法》对向不特定对象公开发行证券票面总值超过人民币五千万元的，要求由承销团承担承销。承销团承销，是指由两个或两个以上的证券承销商共同接受发行人的委托，完成证券承销任务的承销方式。

小思考

证券包销与证券代销有何区别？

4. 股票发行的条件

根据是否以设立公司为目的以及是否上市，股票发行可以分为设立发行、增资发行。我国股票发行实行核准制。

概念解析

核准制：是指发行人申请发行证券，不仅要公开披露与发行证券有关的信息，符合《公司法》和《证券法》所规定的条件，而且要求发行人将发行申请报请证券监管部门决定的审核制度。

由于设立发行不涉及向发起人以外的人发行股票，因此，其股票发行条件就是《公司法》规定的公司设立条件，而不涉及《证券法》。证券法意义上的设立发行特指募集方式下的设立发行，包括公开发行和定向方向，公开发行中又分为公开且上市发行与公开不上市发行。公开发行且上市的股票所遵循的条件将在“股票上市”问题中说明，此处仅对公开但不上市股票的条件作出说明。

公开发行股票但不上市的条件。公开发行但不上市的股票受《公司法》与经国务院批准的国务院证券监督管理机构的规制，《公司法》规定的发行条件为：发起人为 2 人以上 200 人以下，其中有半数以上的发起人在中国境内有住所；股份有限公司的注册资本为在公司登记机关登记的实收股本总额，法律、行政法规对股份有限公司注册资本的最低额有规定的，从其规定；发起人认购的股份不得少于公司股份总数的 35%；但是法律、行政法规另有规定的，从其规定。

公司成立后的非上市增资发行条件由《证券法》规定。《证券法》第 13 条第 1 款规定："公司公开发行新股，应当符合下列条件：（一）具备健全且运行良好的组织机构；（二）具有持续盈利能力，财务状况良好；（三）最近三年财务会计文件无虚假记载，无其他重大违法行为；（四）经国务院批准的国务院证券监督管理机构规定的其他条件。"

5. 公司债券的发行条件

依照《证券法》第 16 条的规定，公开发行公司债券，应当符合下列条件：（1）股份有限公司的净资产不低于人民币 3 000 万元，有限责任公司的净资产不低于人民币 6 000 万元；（2）累计债余额不超过公司净资产的 40%；（3）最近 3 年平均可分配利润足以支付公司债券 1 年的利息；（4）筹集的资金投向符合国家产业政策；（5）债券的利率不超过国务院限定的利率水平；（6）国务院规定的其他条件；（7）公开发行公司债券筹集的资金，必须用于核准的用途，不得用于弥补亏损和非生产性支出。

对于再次发行公司债券的限制，《证券法》第 18 条规定，有下列情形之一的，不得再次公开发行公司债券：（1）前一次公开发行的公司债券尚未募足；（2）对已公开发行的公司债券或者其他债务有违约或者延迟支付本息的事实，仍处于继续状态；（3）违反《证券法》规定，改变公开发行公司债券所募资金的用途。

（二）保荐制度

保荐制度最早产生于英国的"衍生投资市场（alternative investment market，AIM）"，其主要功能是降低创业板上市公司的创业风险，增强投资者信心。21 世纪初，保荐制度逐渐被引入主板市场。中国证监会于 2003 年 12 月推出了保荐制度，我国《证券法》明确规定保荐制度适用于公开发行股票、可转换公司债券及法律、行政法规规定实行保荐制度的其他证券的发行与上市。保荐制度，是指由具有保荐资格的保荐人（sponsor）负责公开发行和上市证券的推荐和辅导，并对所推荐的发行人披露的信息质量和所作承诺依法进行审慎核查并承担信用担保责任，以督导发行人规范运作的制度。

概念解析

可转换公司债券：是指发行公司依法发行，在一定期间内依据约定的条件可以转换成股份的公司债券。

依据《证券法》的规定，保荐制度适用证券发行与证券上市，两者之间的主要区别仅在于，保荐机构提交保荐意见及相关文件的机构不同，分别为证监会和证交所，具体内容基本一致。我国 2009 年 6 月 14 日正式施行的《证券发行上市保荐业务管理办法》规定的保荐期间分为两个阶段，即尽职推荐阶段和持续督导阶段，分别对应证券发行和证券上市。从证监会正式受理公司申请文件到完成发行上市为尽职阶段，其后为持续督导阶段，且规定同次发行的证券，其发行保荐和上市保荐应当由同一保荐机构承担。

三、证券上市

（一）证券上市的内涵

证券上市是指已公开发行的证券经过证券交易所批准在交易所内公开挂牌买卖，又称交易上市。通过证交所审核上市的证券包括股票、公司债券、基金份额及权证等证券衍生品种。政府债券的上市与其他证券不同，是由证券交易所根据证券监管机构的要求，接受其进入证券交易所上市交易，称为安排交易。在我国，国债在证交所上市所采用的方式即为安排上市。

（二）证券上市的条件

1. 股票上市的条件

依据《上海证券交易所股票上市规则》（2014 年修订）与《深圳证券交易所股票上市规则》（2013 年修订）的规定，股份有限公司申请股票上市的，应当符合下列条件：（1）股票已公开发行；（2）公司股本总额不少于人民币 5 000 万元；（3）公开发行的股份达公司股份总数的 25%以上，公司股本总额超过人民币 4 亿元的，公开发行股份的比例为 10%以上；（4）公司在最近 3 年无重大违法行为，财务会计报告无虚假记载；（5）证交所要求的其他条件。

我国《证券法》规定，上市公司有下列情形之一的，由证交所决定暂停其股票上市交易：（1）公司股本总额、股权分布等发生变化不再具备上市条件；（2）公司不按照规定公开其财务状况，或者对财务会计报告作虚假记载，可能误导投资者；（3）公司有重大违法行为；（4）公司最近 3 年连续亏损；（5）证券交易所上市规则规定的其他情形。

上市公司有下列情形之一的，由证券交易所决定终止其股票上市交易：（1）公司股本总额、股权分布等发生变化不再具备上市条件，在证券交易所规定的期限内仍不能达到上市条件；（2）公司不按照规定公开其财务状况，或者对财务会计报告作虚假记载，且拒绝纠正；（3）公司最近 3 年连续亏损，在其后 1 个年度内未能恢复盈利；（4）公司解散或者被宣告破产；（5）证券交易所上市规则规定的其他情形。

2. 公司债券上市的条件

依据《上海证券交易所公司债券上市规则》（2009 年修订）与《深圳证券交易所公司债券上市规则》（2012 年修订），企业申请债券上市的，应当符合下列条件：（1）经有权部门批准并发行；（2）债券的期限为 1 年以上；（3）债券的实际发行额不少于人民币 5 000万元；（4）债券须经资信评级机构评级，且债券的信用级别良好；（5）申请债券上市时仍符合法定的公司债券发行条件；（6）证券交易所认可的其他条件。

我国《证券法》规定，公司有下列情形之一的，由证券交易所决定暂停其公司债券上市交易：（1）公司有重大违法行为；（2）公司情况发生重大变化，不符合公司债券上市条件；（3）发行公司债券所募集的资金不按照核准的用途使用；（4）未按照公司债券募集办法履行义务；（5）公司最近两年连续亏损。公司有前述规定第（1）、第（4）项所列情形之一经查实后果严重的，或者有前条第（2）项、第（3）项、第（5）项所列情形之一，在限期内未能消除的，由证券交易所决定终止其公司债券上市交易。

（三）证券上市的程序

依据我国《证券法》的规定，股票、可转债上市的应当聘请具有保荐资格的机构担任保荐人，证券发行保荐制度适用于证券上市保荐制度。申请人向证券交易所提起申请，证券交易所审核通过后，双方签订上市协议，由申请人发布上市公告，公告之后即可在证券交易所挂牌交易。

四、证券交易

（一）证券交易的内涵

证券交易是指当事人之间在法定交易场所，按照特定交易规则，对依法发行并交付的证券进行买卖的行为。

（二）证券交易的方式

1. 集中竞价

集中竞价遵循“价格优先、时间优先”的原则，包括集合竞价与连续竞价两种方式。在我国，任何一个证券的竞价均分为对所有有效委托进行集中处理的集合竞价和对有效委托进行逐笔处理的连续竞价两部分。债券是例外，债券只有连续竞价而没有集合竞价。

集合竞价是指在规定的时间内接受的买卖申报一次性撮合的竞价方式；连续竞价是指对买卖申报逐笔连续撮合的竞价方式。开盘集合竞价期间未成交的买卖申报，自动进入连续竞价。连续竞价期间未成交的买卖申报，自动进入收盘集合竞价。

2. 协议转让

协议转让是指投资者不借助证券集中竞价交易系统，而通过私下协商的方式，完成证券交易的方式。协议转让，一般适用于下列情况中的证券交易：（1）与上市公司收购及股东权益变动相关的股份转让；（2）转让双方存在实际控制关系，或均受同一控制人所控制的；（3）外国投资者战略投资上市公司所涉及的股份转让；（4）中国证监会认定的其他情形。

3. 大宗交易

大宗交易是指证券单笔买卖申报达到交易所规定的数额规模时，在证券交易过程中，不采用价格优先、时间优先的集中竞价交易原则，而以协商一致作为达成大宗交易的方式。大宗交易不纳入证券交易所即时行情和指数的计算，成交量在大宗交易结束后计入该证券成交总量。

4. 做市商（market maker）制度

做市商制度，又称双边报价制度、报价驱动交易制度，是指在证券市场上，由具备一定实力和信誉的证券经营法人作为特许交易商，不断地向投资者报出特定证券的买卖价格，双向报价并在该价位上接受投资者的买卖要求，以其自有资金和证券与投资者进行证券交易，而投资者的买卖请求并不直接配对成交。在我国，债券大宗交易、外汇交易、记账式国债交易均实行做市商制度。

5. 回购交易

证券回购交易是指证券买卖双方在成交同时，约定于未来某一时间以某一价格双方再行反向成交的交易方式，其实质是以证券作为质押物进行资金融通业务。资金融入方（正回购方）将证券出质给资金融出方（逆回购方）融入资金的同时，双方约定交易到期日由正回购方按约定的回购利率向逆回购方支付利息及返还本金，逆回购方则向正回购方返售出质的证券。

五、上市公司收购

（一）上市公司收购的内涵

上市公司收购作为一种基本的资本运作方式，在世界各国应用广泛，但各国对上市公司收购并无明确、完整的界定，而是以收购方式为基准形成了较为弹性化的概念。根据我国《证券法》及《上市公司收购管理办法》的相关规定，可将上市公司收购定义为：收购人（投资者及其一致行动人）拥有权益的股份（包括登记在其名下的股份和虽未登记在其名下但该投资者可以实际支配表决权的股份）达到或者超过一个上市公司已发行股份的法定比例，导致其获得或可能获得以及巩固对该公司的实际控制权的行为。其中，达到下列情形之一的，为拥有上市公司控制权：（1）投资者为上市公司持股50%以上的控股股东；（2）投资者可以实际支配上市公司股份表决权超过30%；（3）投资者通过实际支配上市公司股份表决权能够决定公司董事会半数以上成员选任；（4）投资者依其可实际支配的上市公司股份表决权足以对公司股东大会的决议产生重大影响；（5）中国证监会认定的其他情形。

概念解析

一致行动：是指投资者通过协议、其他安排，与其他投资者共同扩大其所能够支配的一个上市公司股份表决权数量的行为或者事实。

（二）要约收购

1. 要约收购的概念

要约收购，是指收购人通过向目标公司全体股东发出收购要约的方式就同类股票以相同价格购买部分或全部发行在外股票的收购，可分为全面要约收购与部分要约收购，二者的区别在于收购人预收购的股份为被收购公司的全部股份还是部分股份。

2. 要约收购的适用

收购人通过证券交易所的证券交易，持有一个上市公司的股份达到该公司已发行股份的30%，继续增持股份的，应当采取要约方式进行，发出全面要约或者部分要约。除要约方式外，投资者不得在证券交易所外公开求购上市公司的股份。

3. 收购要约

收购要约是要约收购的核心，是指收购人向被收购公司股东公开发出的愿意按照要约条件购买其所持有的被收购公司股份的意思表示。关于收购要约有效期的规定主要有：（1）收购要约约定的收购期限不得少于30日，并不得超过60日；但是出现竞争要约的除外；（2）在收购要约约定的收购期限内，收购人不得撤销其收购要约；（3）采取要约收购方式的，收购人发出公告后至收购要约期届满前，不得卖出被收购公司的股票，也不得采取要约规定以外的形式和超出要约的条件买入被收购公司的股票；（4）收购要约期届满前15日内，收购人不得更改收购要约条件；但是出现竞争要约的除外。

4. 要约收购的支付方式

收购人可以采用现金、证券、现金与证券相结合的方式支付收购上市公司的价款。

动态实训

甲公司持有乙上市公司30%的股份，现欲继续收购乙公司的股份，遂发出收购要约。

甲公司发出的下列收购要约，哪些内容是合法的？（　　）

A. 甲公司收购乙公司的股份至51%时即不再收购

B. 甲公司将在45日内完成对乙公司股份的收购

C. 本收购要约所公布的收购条件适用于乙公司的所有股东

D. 在收购要约的有限期限内，甲公司视具体情况可以撤回收购要约

（三）协议收购

1. 协议收购的概念

协议收购，是指收购人不通过证券市场集中交易系统，而直接同目标公司股东达成股份转让协议，从目标公司股东手中获得上市公司股份的行为。协议收购仅能采用现金方式支付。

2. 协议收购与要约收购的关系

作为上市公司收购中两种主要的收购方式，协议收购与要约收购之间既有区别也有联系。二者之间的联系，主要表现为在对目标公司进行收购时两种收购方式是否可以同时使用。对此，根据我国《证券法》第93条的规定可知收购人在要约收购期内，不得采用协议方式买入被收购公司的股票。相反，收购人选择采用协议方式收购的，根据《证券法》第96条第1款的规定，当协议收购目标上市公司已发行股份达到30%时，继续收购的，应当采用要约收购的方式。即在收购人选择协议收购方式时，当收购股份达到30%这一强制要约收购触发点时，要完成之后的收购，收购人就必须采用要约收购的方式。二者的区别主要表现为：要约收购主要针对的目标公司多为没有绝对控股股东的股权较为分散的上市公司。在要约收购中，由于目标公司股东处于被动地位，其合法权益容易受到收购人的损害，因此，在要约收购中，对收购人的规制较多。协议收购主要针对的是股权分布较为集中，存在控股股东的目标公司。协议收购中，交易双方在资金与信息方面表现得较为均势，但对于目标公司中没有参与协议收购的股东而言，协议收购的结果将对其在公司的权益带来较大的影响，因此，协议收购中对于信息披露的规制较多，旨在保证维护目标公司内部其他非协议交易方股东的权益。

六、证券业监管

（一）证券监管的概念与特征

1. 证券监管的概念

广义的证券监管是指国家主管机关对证券市场所进行的监督管理以及证券自律组织进行的自律监管。狭义的证券监管是指证券监管机构根据法律、法规和规章，对证券市场主体与证券中介机构在证券发行、上市、交易、登记、存管、结算活动中的行为进行监督管理的总称。

2. 证券监管的特征

（1）证券监管机构的特定性与法定性。在我国，执行证券监管职能的机构由中国证券监督管理委员会担任。

（2）监管活动的合法性。法定证券监管机构在执行证券监督管理职能时，需要依据法律、法规及部门规章所规定的程序进行。

(3) 监管范围的广泛性。监管机构对证券市场的监管，包括了证券市场上的各类主体及所有与证券相关的市场行为。

(4) 监管目的的确定性。国际证监会组织将证券监管的目标确定为：保护投资者；确保市场公平、有效和透明；减少系统风险。这也是我国证券业监管所遵循的目标。

（二）证券监管体制分类

证券监管体制是指一国或地区通过立法或认可的对该国（地区）证券市场进行监督、管理、控制与协调的整个体系与职责权限划分的制度，主要分为以下三种模式：

1. 集中型证券市场监管模式

集中型模式，是指在专门的证券法调整下，由政府设立专门的证券监督管理机构对全国证券市场进行集中统一的监管，行业自律仅在政府监管机构的指导下发挥作用。采用集中型监管模式的国家主要有美国、中国、日本及中国台湾地区。

2. 自律型证券市场监管模式

自律型监管模式是指政府不设立专门的证券监管机构，主要由行业协会自律组织进行证券监管，采取此种监管模式的国家没有统一的证券立法，也没有统一的证券监管机构，主要以市场机制为基础，发挥自律组织的监督作用，政府较少干预。英国为自律型模式的典型代表。

3. 中间型证券市场监管模式

中间型监管模式是集中型模式与自律型模式相互结合、相互渗透的产物，监管主体松散，不设专门的、独立的监管机构，而是由政府有关部门及多个自律组织共同监管证券市场。德国、法国为中间型模式的典型代表。

（三）证券业监管的重点内容

1. 信息披露制度

信息披露制度是指公开发行证券的公司在证券发行与交易环节中，依法将有关信息资料，真实、准确、全面、及时地予以公开，以供投资者依据公开的信息作出投资判断的法律制度，包括证券发行的信息披露和持续信息披露两部分。我国《证券法》第53、54条、59条对证券上市信息的公开要求作出了明确规定；《证券法》第65条、66条对持续信息公开制度作出了规定。

法律链接

《证券法》第五十三条、五十四条、五十九条、六十五条、六十六条

---

2. 对操纵市场行为的监管

操纵市场是指某一组织或个人以获取利益或者减少损失为目的，利用其资金、信息等优势，或者滥用职权，影响证券市场价格，制造证券市场假象，诱导或者致使投资者在不了解事实真相的情况下作出证券投资决定，扰乱证券市场秩序的行为，包括：(1) 单独或者通过合谋，集中资金优势、持股优势或者利用信息优势联合或者连续买卖，操作证券交易价格或数量；(2) 与他人串通，以事先约定的时间、价格和方式相互进行证券交易，影

响证券交易价格或者证券交易量；（3）在自己实际控制的账户之间进行证券交易，影响证券交易价格或者证券交易量；（4）以其他手段操纵证券市场。对操纵市场行为的监管包括事前监管与事后处理，事前监管是一种预防机制，事后处理则主要是对当事人的损失予以赔偿。

3. 对欺诈客户行为的监管

欺诈客户是指以获取非法利益为目的，违反证券管理法规，在证券发行、交易及相关活动中从事欺诈客户、虚假陈述等行为，包括：（1）违背客户的委托为其买卖证券；（2）不在规定时间内向客户提供交易的书面确认文件；（3）挪用客户买卖的证券或者客户账户上的资金；（4）未经客户的委托，擅自为客户买卖证券，或者假借客户的名义买卖证券；（5）为牟取佣金收入，诱使客户进行不必要的证券买卖；（6）利用传播媒介或者通过其他方式提供、传播虚假或者误导投资者的信息；（7）其他违背客户真实意思表示，损害客户利益的行为。对于欺诈客户的行为，将根据不同情况，限制或者暂停相关机构的证券业务，并需由其依法承担对客户损失造成的赔偿责任。

4. 对内幕交易行为的监管

内幕交易是指公司董事、监事、经理、职员、主要股东、证券市场内部人员或市场管理人员，以获取利益或减少经济损失为目的，利用地位、职务等便利，获取发行人未公开的、可以影响证券价格的重要信息，进行有价证券交易，或泄露该信息的行为。内幕交易行为包括利用内幕信息进行交易和泄露内幕信息两种情况。《证券法》第 74 条、75 条分别对内幕信息知情人和内幕信息的范围作出了明确规定；第 202 条对从事内幕交易的自然人与单位所承担的判罚金额作出了规定，并明确规定证券监督管理机构的人员进行内幕交易的，从重处罚。

动态实训

以下关于《证券法》规定的证券内幕交易信息知情人的类型中，哪项是错误的？（　　）。

A. 证券交易所的有关人员

B. 证券监督管理机构工作人员

C. 发行人控股公司的监事

D. 持有公司百分之三以上股份的自然人

第二节　票据法

一、票据概述

（一）票据的产生及经济职能

1. 票据的产生

早在罗马时代，债务人向债权人交付“自笔证书”，以证明自己对债权人负有的债务。

债权人在向债务人请求给付时，需要出示该证书，债务人履行债务后有权要求债权人将证书交还给自己，以证明债务履行完成。“自笔证书”的性质类似于今天的本票。12 世纪的欧洲，各国贸易交往频繁，但货币种类不一，加之交通不便，商人在异地输送现金存在很大风险，成本高昂，通用货币兑换商应运而生，开始从事货币兑换业务，并使用票据作为隔地付款的凭证，现代意义上的票据由此产生。我国唐代的飞钱和贴子，南宋时代的交子都具有早期票据的特征，但由于它们既无一定的格式，又无确定的种类，当事人之间的权利义务较难确定，极大地影响了流通性，进而没能最终演变为现代意义上的票据。

2. 票据的经济职能

票据的产生得益于商品经济的发展，而票据制度的建立又反过来促进了商品经济的繁荣。票据能够对商品经济起到极大的促进作用，主要是由于票据所具有的以下经济职能：(1) 汇兑职能。票据的汇兑职能解决了长距离输送现金所遇到的安全风险，降低了空间成本；(2) 信用职能。票据当事人可以凭借某人的信用，将未来才能取得的金钱作为现在的金钱使用，从而克服了现金支付在时间上的障碍；(3) 支付职能。使用票据代替现金支付，对当事人而言可以减少计算现金的麻烦，对于国家而言，可以减少货币的发行；(4) 结算职能。互有债务的双方当事人，可以通过各签发一张本票给对方，待两张本票都届到期时抵销相互之间的债务；(5) 融资职能。持票人可以在到期日之前，通过法定程序和条件得到现金，即通过票据贴现实现资金的调度。

(二) 票据的概念及法律特征

1. 票据的概念

票据是指出票人依据票据法签发的，由本人或委托他人在见票时或者在票载日期无条件支付票据记载的确定金额给收款人或持票人的一种有价证券。

2. 票据的法律特征

票据具有以下八个法律特征：

(1) 票据是设权证券，即票据上所反映的权利义务关系是由出票行为而创设的。

(2) 票据是金钱债权证券。

(3) 票据是完全有价证券。票据代表了一定的财产权利，而权利的发生、转移和行使均与票据不分离，因而它是完全的有价证券。

(4) 票据是文义证券。票据上的一切权利义务，均须严格依照票据上记载的文义而定，文义之外的任何理由、事项均不构成票据权利义务的根据。

(5) 票据是要式证券。票据必须按照法定方式制作，否则票据的效力会受到影响。

(6) 票据是无因证券。票据的无因性，是指票据如果具备票据法上的条件，票据权利就成立，至于票据行为赖以发生的原因，不影响票据权利的存在和行使。

(7) 票据是流通证券。票据权利的转让可以通过背书或票据的直接交付完成，比民商法上一般财产权利的转让更为方便灵活。

(8) 票据是提示返还证券。持票人欲行使票据权利，必须提示票据，持票人收到票款后，需要将票据返还给付款人，以示票据上债权债务关系的消灭。

(三) 票据法的三大法系

1. 法国法系

法国法系是指以法国票据法以及仿效其制定的国家的票据法的统称，也称为拉丁法系。该法系票据法的特点表现为立法主要体现为对票据汇兑与支付问题的规制，但未确立票据的无因性。法国早在1637年就在《商事条例》中规定了票据制度，是最早制定票据法的国家。虽然法国票据法适应了资本主义经济早期发展的需要，但由于其未能确定票据的无因性，因此对票据的流通有所限制，从而使得早期仿效法国票据法立法的国家随着资本主义经济的发展纷纷转向德国法系。法国的票据法编于商法典中。

2. 德国法系

德国法系是指以德国票据法以及仿效其制定的国家的票据法的统称，也称为日耳曼法系。该法系确定了票据的无因性和要式性，侧重于对票据信用功能和流通功能的规制。德国的票据法采用了单行法的立法体例。

3. 英国法系

英国法系是指以英国票据法为代表，包括美国及其他受普通法传统影响的国家票据法的统称。该法系与德国法系一样，确定了票据的无因性，侧重对票据信用和流通功能的规制，但与德国法系不同的是其对票据的形式要求具有一定的灵活性。

尽管票据法仅分为三大法系，但同一法系各国间的票据法仍有较大差异，对国际间商事交易产生了不小的影响。为此，国际社会为统一票据的国际立法不断努力，20世纪30年代，在国际联盟的主持下，在日内瓦举行的两次统一票据法的会议，通过了四项关于统一票据法的《日内瓦公约》，统一了大陆法系国家的票据法，但由于美英拒绝参加日内瓦统一票据公约，至此出现了日内瓦统一法系和英美法系并存的局面。

（四）票据的主要类型

1. 汇票

汇票是由出票人签发的，要求受票人于见票时或于规定的日期或于将来可以确定的时间内，向特定人或凭特定人的指示或持票人，支付一定数额的无条件的书面支付命令。汇票的基础当事人有三个：出票人、持票人与付款人。汇票可以是即期的，也可以是远期的。汇票是一项付款命令。

2. 本票

本票又称为期票，是出票人签发的，承诺自己在见票时无条件支付确定金额给收款人或持票人的票据。本票的基础当事人有两个：出票人与收款人。支票是一项付款承诺。

3. 支票

支票是以银行为付款人的即期支付一定金额的支付证券。支票的基础当事人与汇票一样有三个：出票人、持票人与付款人。但支票的付款人仅限于银行，且为见票即付。支票是一项付款命令。

小思考

汇票、支票、本票三者之间的异同？

二、票据法律关系

票据法律关系分为两大类，一类是由票据行为产生的法律关系，即是由票据行为而形成的票据上的债权债务关系；另一类是指非基于票据本身而发生的，但却与票据有密切联系的基础法律关系。

（一）由票据行为产生的法律关系

票据当事人之间依票据行为直接发生的有关债权债务的法律关系，可以细化为债权人的付款请求权与债务人的付款义务，债权人的追偿权与债务人的偿还义务。因票据行为产生的法律关系与票据当事人关系密切。票据当事人包括以下几类：

(1) 出票人：签发票据并将票据交付收款人，从而创设票据权利义务的人，是票据关系中的义务主体。

(2) 收款人：记名票据上最初的持票人，是由出票人在票据上明确记载的票据权利的享有人，是票据关系中的权利主体。

(3) 付款人：汇票和支票中由出票人记载的，将来有可能承担票据主要付款义务的人，是票据关系中的义务主体。

(4) 背书人：在票据背面或粘单上记载一定事项，从而将票据转让给他人或者将票据权利授予他人行使的人，相对于被背书人而言是义务主体。

(5) 被背书人：经过背书人所为的背书行为而取得票据的人，是票据的继受取得人，相对于背书人而言是权利主体。

(6) 承兑人：在远期汇票上记载一定事项，表示在票据到期日无条件支付票据金额的人，是票据关系中的义务主体。

(7) 保证人：在票据上记载一定事项，以担保某一票据义务人履行票据义务的人。保证人一般由票据上原有义务人之外的第三人来担当，做出保证行为后，成为票据关系中的义务主体。

(8) 被保证人：保证人所担保的对象，被保证人必须是票据上的义务主体。若保证人未指明被保证人，已承兑的票据，承兑人是被保证人；未承兑的或无须承兑的票据，出票人为被保证人。

（二）票据的基础法律关系

1. 票据的原因关系

即授受票据的直接当事人（即出票人和收款人，背书人和被背书人）之间基于授受票据的理由而产生的法律关系。出票人签发票据，背书人转让票据都是基于一定的原因，可能是支付货款、交纳租金、偿还贷款等。与此同时，在票据流通环节中，甲出票给乙是为了偿付货款，乙又将票据背书转让给丙是为了交纳租金。甲出票的原因与乙转让的原因之间是相互独立的，没有任何关联性。根据票据原因是否有偿，可以将其分为两类：第一，有对价的原因关系。例如：支付货款、交纳租金；第二，无对价的原因关系。例如：赠与、继承等，无对价的原因关系属例外情形。

实践中，为了方便票据的流通，各国票据法都承认票据的无因性，即票据上的权利义务关系一经成立，即与原因关系脱离，不受原因关系的影响。但对于票据的无因性，法律也作出了一定的限制，对于持票人因欺诈、偷盗、胁迫等原因关系而取得票据的，该持票人绝对地不能享有票据的任何权利。

2. 票据的资金关系

即指汇票或支票的出票人与付款人之间的资金委托付款关系。票据的付款人之所以愿意为出票人承担付款义务，是因为他们之间有一定的约定，例如，汇票出票人与付款人约定，票据资金将在汇票到期日前提供给付款人或在付款人付款后的一定期限内对付款人作出补偿。这种对资金的约定即为票据资金关系。

三、票据行为

（一）票据行为的概念与特征

1. 票据行为的概念

票据行为是指当事人以发生票据权利义务为目的而依法设立、变更或消灭票据法律关系的行为。狭义的票据行为特指出票、背书、承兑、参加承兑、保证这六种行为。广义的票据行为除了前述六种行为外，还包括付款、参加付款、见票、画线、变更、涂销等。

2. 票据行为的特征：

（1）要式性。票据行为具有法定的形式，不允许当事人自主决定或变更。各种票据都有各自固定的款式，每一种票据行为都需要以书面的方式作出并附有行为人的签名，票据行为才发生法律效力。

（2）文义性。票据的文义性是指票据行为的内容必须以票据上的文字记载为准，即使票据上的记载与实际情况不符，也不允许当事人以票据外的证明方法变更或补充。票据当事人所享有的权利和负有的义务都以票据上的记载为准。

（3）独立性。票据行为的独立性是指在已经具备基本形式的同一票据上如有数个票据行为，每一个行为各依其在票据上所记载的文义分别独立地发生效力，其中某一行为无效，不影响其他行为的效力。

（二）票据行为的实质要件

票据行为的实质要件包括两个方面：票据当事人的行为能力、行为人的意思表示。

1. 票据当事人的行为能力

票据关系中，就自然人而言，只有《民法通则》中规定的完全行为能力人（18 周岁以上或 16 周岁以上不满 18 周岁，以自己的劳动收入为主要生活来源的）所为的票据行为才有效；就法人而言，法人在其票据权利能力范围内享有行为能力，而法人的票据权利能力始于法人成立并完成登记，终于解散、清算。

2. 行为人的意思表示

由于票据的文义性、无因性，对行为人意思表示的真实性不易查知，加之为促进票据的流通性，对票据行为人的意思表示，应采表示主义，即某一票据行为只要在形式上符合票据法的要求，就属有效行为，行为人就应承担相应的票据义务，而不问其在为此票据行为时意思表示是否真实。

（三）票据行为的形式要件

由于票据具有“文义性”、“要式性”、“无因性”，且票据形式的合法性决定了票据的有效性，因此票据法对票据的形式作了严格的规定。票据行为的形式要件主要包括以下三个方面：书面、签章、一定的款式。

1. 书面

票据必须以书面的形式作出。

2. 签章

行为人负有的票据义务以其在票据上的签章为准，即使其他事项已经具备，但如果没有行为人在票据上的签章，该票据行为仍不发生效力，行为人无票据债务可言。因此，签章是票据行为有效成立的必要条件之一。

3. 一定的款式

票据的款式是票据法对各种票据行为的记载事项所作的要求。票据记载事项可以分为两类：绝对记载事项、可以记载事项。

（1）绝对记载事项包括：表明票据种类的文字；表示无条件支付或无条件委托支付命令的文字；票据金额；票据的到期日；票据付款人；票据付款地；票据的出票地；出票日期；票据收款人。

（2）可以记载事项，又称任意记载事项，是指可由票据当事人选择是否记载的除绝对记载事项之外的其他事项，一旦记载就发生票据法上的效力。各国对于此类事项并无统一规定，在不违反票据法规定的前提下，由当事人自主决定所要记载的事项，如可以记载票据金额的利息及利率、付款处所、免除担保承兑等。

（四）主要的票据行为

1. 出票

出票是设立票据权利义务关系的基础行为，是指出票人签发票据并将其交付给收款人的票据行为。

2. 背书

背书是指在票据背面或粘单上记载有关事项并签章的票据行为。背书是票据转让的前提。

3. 保证

保证是指付款人以外的第三人表示在付款人不履行付款义务时，由其代为承担付款责任的票据行为。

4. 承兑

承兑是指付款人在票据到期日前，持票人向其提示票据时，在票据上签名承诺在票据到期日支付票据金额的票据行为。付款人承兑后成为票据的主债务人。

5. 参加承兑

参加承兑是指付款人以外的第三人参加到票据关系中来，代替付款人进行承兑的行为。

6. 付款

付款是指付款人在票据到期日或见票时向持票人支付票据金额以消灭票据关系的行为。

四、票据的瑕疵与抗辩

（一）票据的瑕疵

票据的瑕疵是指影响票据效力的行为，主要包括票据伪造、票据变造和票据涂销。

1. 票据伪造

票据伪造是指以行使票据权利义务为目的，假冒他人或者虚构他人的名义在票据上签章，伪造票据的违法行为。根据我国《票据法》第十四条的规定，伪造票据上的签章和其他记载事项的，应当承担法律责任。票据上有伪造签章的，不影响票据上其他真实签章的效力。

2. 票据变造

票据变造是指以行使票据权利义务为目的，无更改权的人对票据上签章以外的记载事项加以变更的行为。票据上其他记载事项被变造的，在变造之前签章的人，对原记载事项负责；在变造之后签章的人，对变造之后的记载事项负责；不能辨别是在票据被变造之前或者之后签章的，视同在变造之前签章。

3. 票据涂销

票据的涂销是指有关当事人涂抹消除票据上的签名或其他记载事项的行为。我国对票据涂销的行为未做规定，实务中，银行不允许票据上有涂销现象。

（二）票据的抗辩

票据抗辩是指票据上记载的债务人提出一定的合法事由对票据债权人提出的请求予以拒绝的行为。票据抗辩主要分为两种：物的抗辩与人的抗辩。

1. 物的抗辩

物的抗辩又称绝对抗辩、客观抗辩，是指基于票据本身的内容（票据上记载的事项以及票据的性质）发生的事由而发生的抗辩，可以对任何持票人或债务人提出。

2. 人的抗辩

人的抗辩又称相对抗辩，主观抗辩，是指基于持票人自身或者票据债务人与特定的持票人之间的关系而产生的抗辩。人的抗辩仅能向特定的持票人提出，这种抗辩关系产生于特定人之间。

动态实训

朱某持一张载明金额为人民币 50 万元的承兑汇票，向票据所载明的付款人某银行提示付款。但该银行以持票人朱某拖欠银行贷款 60 万元尚未清偿为由拒绝付款，并以该汇票票面金额冲抵了部分届期贷款金额。对付款人（即某银行）行为的定性，下列哪一选项是正确的？（　　）

A. 违反票据无因性原则的行为　　B. 违反票据独立性原则

C. 行使票据抗辩之对人抗辩的行为　　D. 行使票据抗辩之对物抗辩的行为

五、票据丧失的补救与汇票的追索权

（一）票据丧失的补救

票据丧失是指持票人并非出于自己的本意而丧失对票据的占有，包括绝对丧失如票据被撕毁、烧毁；相对丧失如票据遗失、被盗。我国《票据法》对票据丧失的补救措施作出了三种规定：挂失止付、公示催告、提起诉讼。

（二）汇票的追索权

1. 汇票的追索权的含义

汇票的追索权（right of recourse）是汇票的持票人在汇票权利无法实现的情况下，为维护自己的汇票权利依法采取的举措。具体而言，汇票的追索权是指汇票到期不能获得付款或临近到期日不能获得承兑或有其他法定原因发生后，持票人在依法履行了保全手续以后，向汇票上的所有票据行为人请求偿还汇票金额、利息及其他法定款项的一种票据权利。

2. 行使汇票追索权应具备的条件

(1) 发生了行使追索权的事由：汇票被拒付或拒绝承兑；承兑人或付款人死亡、逃匿；承兑人或付款人被依法宣告破产或者因违法被责令终止业务活动。

(2) 持票人完成了票据的提示。包括提示承兑或提示付款。

(3) 持票人需取得拒绝证书或者退票理由书等其他合法证明；拒绝证实，是一种由付款地的公证人或其他如法院、银行、公会等有权作出这种证书的机构作成的证明付款人拒绝付款或承兑人拒绝承兑的书面文件。

(4) 必须在汇票遭到拒付后的法定期间内将拒付事实通知其前手。

第三节　保险法

一、保险与保险法的一般理论

(一) 保险概述

1. 保险的内涵

保险与风险并存，是人类对风险进行事前规避及分摊风险可能造成的损失的一种方式。保险既出现在经济学领域也出现在法学领域，但二者对于保险的界定有所不同。"保险"一词原是14世纪意大利的商业用语，后随着各国商贸交往的发展在各国传播开来，并于清末传入中国。经济学意义上的保险主要是指一种通过商业行为建立起来的风险损失分散制度，众多的单位或个人根据合理的计算共同分担累积建立一笔资金，作为风险损失发生时的经济补偿和给付手段，以达到维护经济安定的目的，其本质是一种互助共济制度。作为法学领域中指称的保险，主要是指一种因契约（保险合同）而产生的法律关系。我国《保险法》第2条将保险界定为：投保人根据合同约定，向保险人支付保险费，保险人对于合同约定的可能发生的事故因其发生所造成的财产损失承担赔偿保险金责任，或者当被保险人死亡、伤残、疾病或者达到合同约定的年龄、期限等条件是承担给付保险金责任的商业保险行为。

保险的成立须具备以下条件：(1) 必须以特定的危险为对象；(2) 必须以多数人的互济共助为基础；(3) 必须以对危险事故所致损失进行补偿为目的。

2. 保险的职能

(1) 分散风险。这是保险最基本的职能。人类无法消灭或者完全避免自然灾害和意外风险，但却可以通过设立保险制度，分散风险造成的损失。

(2) 补偿损失。补偿损失与分散风险具有内在的一致性，补偿损失是分散风险的具体表现形式，也是保险的根本目的。

(3) 防灾防损。保险公司从自身效益的角度，利用自身在灾害处理方面的经验，为投保人与社会公众提供防灾防损方面的知识。与此同时，保险公司可以通过提高保险费的方式，督促投保人自身加强防灾防损意识，减少灾害发生的几率。

(4) 融通资金。保险基金的存在，一方面可以作为灾害损失的赔偿准备，另一方面，保险基金可以作为一种投资，投入到社会生产活动中，发挥资金的资源配置作用。诚然，保险基金可用于投资主要原因在于，灾害的发生是概率事件，保险事故不可能同时发生，所以保险基金就不可能一次性地全部支出，总有一部分资金是处于闲置状态的。

(5) 收入分配。保险通过向所有投保人收取保费，而仅向遭受损失的被保险人支付经济补偿的方式，以类似财政制度中转移支付的模式，在特定情况下完成部分资金的再分配。在众多保险险种中，社会保险是将收入分配职能发挥的最为充分的险种。

3. 保险的类型

根据不同标准，可将保险分为以下几类：

(1) 根据经营性质不同，保险可分为商业性保险和政策性保险。商业性保险是在平等的基础上，受市场机制的调节，依照商业习惯经营的以营利为目的的保险业务活动。政策性保险则是根据一国的特殊政策要求而开办的保险业务。

(2) 根据保险标的不同，保险可分为财产保险和人身保险。财产保险是以物质财产及与物质财产有关的利益或责任为标的的保险；人身保险则是以人的生命、健康或身体机能为标的的保险。

(3) 根据保险保障的范围不同，保险可分为财产保险、责任保险、保证保险和人身保险。其中责任保险是指以被保险人的民事赔偿责任为保险标的的保险。保证保险是指由保险人为被保险人向权利人提供担保，保证被保险人作为或不作为一定行为的保险。

(4) 根据实施形式不同，保险可分为强制保险和自愿保险。强制保险又称为法定保险，是指根据国家法律或行政命令，在投保人与保险人之间强制建立的保险关系。自愿保险又称为任意保险，是指投保人与保险人在平等、自愿、互利的基础上建立的保险关系。

(5) 根据保险人承担保险责任的次序不同，保险可分为原保险与再保险。原保险是指保险人对被保险人或受益人承担直接的、原始的赔偿或给付责任的保险关系。再保险亦称分保，是指保险人将其承保的业务的一部分或全部分给其他保险人承担，由其他保险人与之共担风险的一种保险。

(二) 保险法的一般理论

1. 保险法的概念

保险法，从广义角度而言，是指法律体系中一切有关保险的法律规范的总和，包括行政法规、规章、司法解释等；就狭义而言，保险法是指以商业保险关系为调整对象的法律规范的总称，但不包括社会保险法。保险法以保险营业和保险管理关系为调整对象，具有公益性与私益性相结合、强制性与任意性相结合的特征。

2. 保险法的基本原则

保险法的基本原则是贯穿于保险法律、法规、规章中的，当事人在保险活动中必须遵守的，既适用于财产保险也适用于人身保险的根本性准则，主要包括以下几项。

(1) 保险利益原则。保险利益原则是保险法中一项重要的原则，对于保险合同的效力有着决定性意义。具体而言，保险利益原则，是指投保人或被保险人在保险合同约定的事项发生时需对保险标的具有可保利益，否则，保险合同不具有法律效力。可保利益，又称保险利益，是指投保人或被保险人对保险标的具有的法律上承认的利益，即在保险事故发生时，投保人或被保险人可能遭受的损失或失去的利益。保险合同的有效性以具有保险利益为原则，主要是为了防止当事人将保险作为赌博，对与自己无关的标的任意投保，当事故发生时，在不受损失的情况下获得赔偿，从而以小博大获得额外利益。

财产保险的保险利益主要包括现有利益、期待利益和责任利益三方面。现有利益，是指投保人或被保险人对标的享有的已经确定的现实存在的利益，例如对标的享有的物权利益；期待利益，是指投保人或被保险人在订立保险合同时尚未对保险标的享有利益，但基于其现有权利在将来可获得的对保险标的的利益，例如企业因经营可获得的利润；责任利益，是指投保人或被保险人对保险标的所承担的合同上的责任以及侵权损害赔偿责任，例如汽车责任险。在责任保险中，保险标的是投保人或被保险人对第三人依法应当承担的赔偿责任。

人身保险的保险利益，是指投保人对于被保险人的生命或身体正常机能所具有的利害关系。由于人身保险的特殊性，其保险利益与财产保险的保险利益有所不同，主要表现在以下三个方面：第一，人身保险的保险利益不能用金钱计算而财产保险利益可以；第二，人身保险的保险利益，要求投保人在签订保险合同时就必须具有保险利益，而在保险事故发生时，投保人无须具有保险利益；而财产保险利益正与之相反；第三，人身保险的保险利益认定，特别是对第三人的生命投保人寿保险或意外伤害保险的，投保人不仅须对该第三人有保险利益，还须获得该第三人的同意，而财产保险利益则无此要求。

（2）最大诚实信用原则。诚实信用原则是民商法的一项基本原则，对一切民商事活动均具有指导意义。而在保险活动中，诚实信用原则的要求更加严格，表现为“最大诚信”，其基本要求为：保险合同的双方当事人在保险合同订立和履行的过程中，必须以最大的诚意，履行义务，互不欺骗和隐瞒，恪守合同的约定，否则保险合同无效。保险法中的最大诚实信用原则主要体现在以下三项具体制度中。

第一，告知义务。投保人在订立保险合同时，应当将有关保险标的的信息向保险人作出如实陈述、说明。告知义务主要发生在合同订立阶段，属于缔约义务，且由法律直接规定，属法定义务。告知的内容涵盖与保险标的有关的所有信息与情况，既包括对当前事实的描述，也包括对未来可能发生的情况的陈述。告知人对保险人已经知道的事实及保险人应当知道但因其自身重大过失未知的事项，不负有告知义务。我国《保险法》第 16 条对于违反告知义务的，作出了如下规定：“投保人故意或者因重大过失未履行前款规定的如实告知义务，足以影响保险人决定是否同意承保或者提高保险费率的，保险人有权解除合同；投保人故意不履行如实告知义务的，保险人对于合同解除前发生的保险事故，不承担赔偿或者给付保险金的责任，并不退还保险费；投保人因重大过失未履行如实告知义务，对保险事故的发生有严重影响的，保险人对于合同解除前发生的保险事故，不承担赔偿或者给付保险金的责任，但应当退还保险费。”

第二，保证。是指投保人或被保险人向保险人作出特定的承诺，担保为某一项作为或不作为，或担保某一项事实状态的存在。保证属保险合同的内容，目的在于保险合同生效后，投保人或被保险人能够对风险进行有效控制，减少道德风险的发生。投保人或被保险人违反保证事项的，不论其主观是否有过错，保险人均有权解除保险合同。

第三，说明。是指订立保险合同时保险人应当向投保人说明保险合同条款内容的义务。说明义务同样发生在保险合同的订立阶段，是与告知义务相对应的缔约义务、法定义务，且根据我国《保险法》的规定，保险人负有的说明义务不以投保人要求为说明条件，无论投保人要求与否，保险人都负有就保险合同的条款内容作出说明的义务。

（3）近因原则。近因原则是指导赔偿责任确认的一项基本标准，是指赔偿责任的有无是以损失与承保的风险有无直接或接近的因果关系为依据的，保险人只在导致事故的近因（直接导致事故发生的原因）属于保险人的承保范围时，才对风险所造成的损失予以赔偿。

二、保险合同

（一）保险合同的概念与特征

1. 保险合同的概念

保险合同是投保人与保险人签订的一份契约，根据我国《保险法》第 10 条的规定，保险合同是投保人与保险人约定保险权利义务关系的协议，双方当事人约定，由投保人向保险人支付约定的保费，保险人于约定的保险事故发生或人身保险事件出现时，履行给付保险金义务的法律行为。

2. 保险合同的特征

保险合同是双务、有偿、非要式、诺诚合同，且其具有继续性与射幸性。其中继续性，是指合同关系的内容并非一次性给付能够完成的，而是需要在一段持续的时间内履行的合同。所谓射幸性，是指当事人因特定行为而引致的损益，在合同订立时尚不能确定。

（二）保险合同的分类

依据不同的标准，保险合同可以分为以下几类：

（1）依据保险标的的不同，可分为财产保险合同与人身保险合同。

（2）依据保险价值在订立保险合同时确定与否，可分为定值保险合同与不定值保险合同。定值保险合同，是指当事人在订立保险合同时，就已经评定了保险标的的保险价值，并将之明确载明于合同中的保险合同。合同成立后，在合同有效期内，一旦发生保险事故，合同中所记载的保险价值就成为保险人计算保险金的基准；不定值保险合同，是指双方当事人在订立合同时，不预先约定保险标的的保险价值，而是在合同中载明，在保险事故发生后，再行估算保险标的的价值以确定其损失的保险合同。

（3）依据保险人给付保险金目的的不同，可分为损失填补保险合同与定额给付保险合同。损失填补保险合同，是指在保险事故发生时，由保险人评估被保险人遭受的实际损失，并在保险金额限度内给付保险金，以弥补被保险人所遭受的实际损失的合同；定额给付保险合同，是指双方当事人预先约定一定数额的保险金额，在保险事故发生（或是约定期限届满）时，保险人按照约定的保险金额给付保险金，既无增减，也不须重现计算的保险合同。人寿保险合同为典型的定额给付保险合同。

（4）依据投保人是否自行享有保险金请求权为标准，可分为为自己利益的保险合同和为他人利益的保险合同。为自己利益的保险合同，是指由投保人自己享有保险金给付请求权的保险合同，在此类合同中，投保人要么以自己为被保险人，而未另行指定受益人；要么以他人为被保险人，而将自己指定为受益人。为他人利益的保险合同，是指由投保人投保，而由投保人以外的其他人如被保险人或受益人享有保险金给付请求权的保险合同。

（三）保险合同的主客体与条款

1. 保险合同的主客体

保险合同的主体是指保险合同的当事人及与合同利益有关的关系人。保险合同的客体是指保险合同双方当事人权利义务共同指向的对象。

（1）保险合同的主体主要包括保险合同的当事人及保险合同的关系人两类。保险合同的当事人是指保险人与投保人。保险合同的关系人是指被保险人和受益人。被保险人，是指其财产利益或人身利益受保险合同保障，在保险事故发生（或保险合同约定期限届满）时，若受有损失，则享有保险金给付请求权的人，投保人可以和被保险人为同一人。受益人，亦称保险金受领人，是指由投保人或被保险人在保险合同中指定的，在保险事故发生后，享有保险金给付请求权的人，受益人通常仅限于人身保险合同中。当投保人与被保险人、受益人为同一人时，成立为自己利益的保险合同，当投保人与被保险人、受益人不为同一人时，成立为他人利益的保险合同。

（2）保险合同的客体。保险合同的客体是保险人向被保险人就相关保险标的提供保险保障的行为。

2. 保险合同的条款

保险条款是由保险人单方面预先拟定的、具有标准化的对于各种险种基本事项的陈述与说明，保险条款一经订入保险合同，即对双方当事人产生相应的法律约束力，由基本条款和特约条款两部分组成。

（1）基本条款主要包括：主体的名称和住所；保险标的；保险价值；保险金额；保险责任；除外责任；保险期间和保险责任开始时间；保险费；保险金给付办法；违约责任和争议处理；订立合同的年、月、日。其中保险价值、保险金额、保险费、保险金是比较容易混淆的概念，特作说明。

保险价值，是指在保险合同订立时，当事人所约定的保险标的的价值，或者在保险事故发生时，保险标的所具有的实际价值，是财产保险合同中的特有条款，人身保险合同中没有此条款。

保险金额，简称保额，是指投保人就保险标的向保险人实际投保的金额，亦是保险人给付保险金的最高限额。在人身保险合同中，保险金额就是保险人实际应给付的金额；而在财产保险合同中，保险金额则为保险人承担给付保险金责任的最高限额。在财产保险合同中，保险价值是确定保险金额的基础，保险金额超过保险价值的，超过部分无效。

保险费，简称保费，是指投保人向保险人交付的，作为保险人承担保险责任的对价。于保险人而言，保险费是其积累保险基金的来源，保费的多少，取决于保险危险、保险金额和保险期间等因素，由保险金额与保险费率的乘积确定。

保险金，是指保险合同约定的保险事故发生或者合同约定的期限届满时，保险人所应给付的款额。

小思考

保险价值、保险金额、保险费与保险金之间的关系？

（2）特约条款，是指由保险合同的当事人在基本条款之外，根据实际需要，就具体事项经过双方协商确定的特别条款，并非保险合同的必备条款。

（四）保险合同的订立、履行、变更与终止

1. 保险合同的订立

根据我国《保险法》的规定，保险合同为不要式合同，并不要求保险合同必须以书面形式订立，允许当事人采取口头形式订立保险合同。在保险合同的订立过程中，通常是由投保人向承保人发出订立合同的要约，承保人一旦接受要约，保险合同即告成立。实践中，投保人发出要约的方式一般表现为投保人填写承保人事先印制好的投保单并将其送交承保人。同时，也有投保人通过电话、传真、电子邮件、面谈或其他口头方式作出要约的。

2. 保险合同的履行

保险合同的履行是保险合同当事双方，依照合同的规定或法律的规定，全面、适当地履行自身承担的义务，从而保证保险合同权利人的权利得以实现的行为过程。

投保人的主要义务包括：按照保险合同的约定在合理的时间内以合同约定的方式交付保险费用；维护保险标的的安全；危险增加时及时通知保险人；出险通知义务；施救义务。

概念解析

施救义务：也被称为防止损失扩大义务，是指在保险事故发生后，投保人、被保险人除应为通知义务外，还需采取必要的合理措施，以防止或减少损失。

保险人的主要义务包括：签发保险单证；危险承担义务；通知义务；给付保险金的义务；给付必要合理费用的义务；保密义务。

3. 保险合同的变更和终止

法律链接

《中华人民共和国保险法》第三十六条、第三十七条

（1）保险合同的变更。我国《保险法》第21条规定：“在保险合同有效期内，投保人和保险人经协商同意，可以变更保险合同的有关内容。变更保险合同的，应当由保险人在原保险单或者其他保险凭证上批注或者附贴批单，或者由投保人和保险人订立变更的书面协议。”由第21条的规定可知，保险合同的变更发生在保险合同成立后，有效期内，变更对象为保险合同的内容。如果发生保险合同当事人的改变，则发生的是保险合同的转让。保险合同的转让，是指保险合同当事人一方，依法将其所享有的合同权利与负担的合同义务，全部或部分地让与第三人的行为。在保险合同发生转让的情况下，发生改变的仅为合同的当事人，保险合同的内容不发生改变。

（2）保险合同的中止与复效。保险合同的履行一般需要一段较长的时间，若投保人因忘记或是资金短缺，在一段时间内未能按时交纳保险费，且投保人仍具有投保意愿，如果在此种情况下，就判定投保人未能履行义务而解除保险合同，则有违保险设立的初衷，对被保险人而言有失公平。因此，本着保护投保人，特别是被保险人权益的目的，保险合同的中止与复效制度应运而生。

保险合同的中止，是指在保险合同的有效期内，因某种特殊事由的出现，而使保险合同的暂时处于效力停止的状态。在保险合同效力中止期间内，即使有保险事故发生，保险人也无须履行保险金给付义务。根据我国的法律规定，保险合同中止仅适用于人身保险合同。

保险合同的复效，是指在导致保险合同中止的事由消除后，经过一定的程序，中止的合同效力得以恢复。保险合同效力中止后，并不意味着必然发生复效，复效和保险合同解除是两种并存的可能结果。

（3）保险合同的终止。保险合同的终止，是指由于约定或法定事由的出现，使保险合同所设定的权利义务归于消灭，其直接法律后果是保险人所承担的保险责任得以免除。保险合同终止的事由主要包括：合同的解除；协议解除；有效期间届满；给付义务的全部履行；当事人行使终止权；保险标的灭失或被保险人死亡；保险标的转让。

小思考

保险合同的中止与保险合同的终止有何区别？

三、财产保险合同

（一）财产保险合同的概念及特征

1. 财产保险合同的概念

财产保险合同是以财产及其有关利益为保险标的的保险合同。此处的财产泛指有形财产和无形财产（利益）。有形财产如以机器设备、运输工具、建筑物；无形财产（利益）如信用、责任等。

2. 财产合同的特征

（1）标的是财产及其有关利益。财产及其有关利益的价值可以通过特定方式确定。标的具有价值上的确定性。

（2）属于补偿性合同。财产保险合同的目的在于保险事故发生后，对于被保险人的财产损失给予一定的补偿，而不能使被保险人通过保险获得额外收益。

（3）限定最高赔偿责任的合同。财产保险合同的赔偿责任受保险标的价值的制约，法律规定赔偿责任最高额不得超过保险价值。这一要求再次证明了财产保险合同的补偿性而非获益性的特点。

（4）保险人享有代位权。

概念解析

保险代位权：是指在财产保险合同中，保险人赔偿被保险人的损失后，在其赔偿范围内所取得的被保险人享有的依法向有民事赔偿责任的第三人请求赔偿的权利。

(二) 财产保险合同的分类

(1) 按照财产保险合同在保险立法上可将其分为：财产损失保险；责任保险；信用保证保险；海上保险。

(2) 按投保人订立财产保险合同的意愿可将其分为：自愿财产保险合同；强制财产保险。后者又被称为法定财产保险，是根据国家法律、行政法规规定必须参加的保险，如机动车第三人责任险。

(三) 财产保险合同中的可保利益

财产保险合同中的可保利益是投保人或被保险人可以向保险人投保的合法的、客观存在的、具有经济价值的利益。这种可保利益可以为现有利益，也可为期待利益。现有利益，是指投保人或被保险人在投保时已享有的且继续可享有的利益。期待利益，是指在投保人签订保险合同时，对于投保人或被保险人而言该利益尚未存在，但依法或基于其现有权利而可在未来获得的利益。

(四) 财产保险合同的保险责任

1. 保险责任的概念

保险责任是指当保险标的受到保险合同中承保的保险危险的侵害而遭受损失时，保险人根据保险合同所应当承担的赔偿责任。

2. 保险责任范围

(1) 可保风险。可保风险中的风险一般是指具备造成较大损失可能性，但损失又不是灾难性的风险，且由此类风险造成的损失是明确的和能够以货币衡量的。可保风险常分为：自然灾害、意外事故、其他保险事故。

(2) 除外责任。除外责任，是指依照法律规定或合同约定，保险人不负赔偿责任的范围。某些危险致使保险标的被损坏而给被保险人造成经济损失时，保险人不承担赔偿责任。除外责任的存在是为了进一步明确保险人赔偿责任的范围，减少不同险种保险责任的重叠，并有利于投保人或被保险人对某些特殊风险做特殊防范。

四、人身保险合同

(一) 人身保险合同的概念及特征

1. 人身保险合同的概念

人身保险合同，是指投保人与保险人约定，由投保人向保险人支付保险费，保险人在被保险人死亡、伤残、疾病或者达到合同约定的年龄期限时承担给付保险金责任的合同。根据保险危险的不同，人身保险合同可分为人寿保险合同、意外伤害保险合同、健康保险合同。

2. 人身保险合同的特征

第一，人身保险合同的标的是被保险人的寿命、身体，无法用金钱价值准确衡量。因此，标的具有不可估性；第二，由于人身保险合同标的价值的不可估性，因此，人身保险合同的保险金额不能以保险标的的价值为依据，而只能由合同双方当事人根据保险人事先综合各种因素计算得出的数额协商决定；第三，人身保险合同不适用财产合同中的补偿性原则，不存在代位求偿问题；第四，保险责任准备金具有一定的储蓄性。

（二）人寿保险合同

人寿保险合同是指投保人和保险人约定，在被保险人于合同规定的年限内死亡，或者在合同规定的年限届至时仍然生存的，由保险人按照约定给付保险金的合同。人寿保险合同是以被保险人的生命为保险标的而以死或生为保险金给付条件的人身保险，是一类长期性的定额保险合同。在人寿保险合同中，投保人和保险人是合同的当事人，被保险人与受益人是合同的关系人。其中，投保人、被保险人与受益人可以是同一人，也可以分别为不同的人。

（三）意外伤害保险合同

意外伤害保险合同，是指投保人和保险人约定的，在被保险人遭受意外伤害或者由此而致残废、死亡时，由保险人承担给付保险金责任的人身保险合同。构成意外伤害保险的保险事故需同时具有偶然性、外来性、急剧性三个特征。意外伤害保险合同的保险期限一般较短，原则上为定额保险，对被保险人的年龄一般没有特殊限制，但对其职业或工种有一定限制，被保险人会因其职业不同而缴纳不同额度的保险费。

（四）健康保险合同

健康保险合同，也称为疾病保险合同，是指保险人在被保险人发生疾病、分娩以及由此致残废、死亡时，依据约定给付保险金的一种人身保险合同。健康保险合同是具有综合保险性质的定额保险合同。

五、保险业监管

由于保险业的自身特点及其在国民经济中的重要性，需要通过外部监管规范行业内部的竞争，保护被保险人的合法权益，规范保险市场的正常运行。

（一）保险业监管的原则

1. 保障被保险人合法权益的原则；
2. 适度竞争原则；
3. 稳健经营与风险预防原则；
4. 适度与统一监管原则。

（二）保险监管的立法模式

保险监管的立法模式分为严格监管与松散监管两种。

1. 严格监管模式

严格监管模式是指对市场准入、保险合同条款、保险产品的费率管理、保险金偿付能力等全方位的监管。一般而言，发展中国家多选择严格监管模式。我国选择的是严格监管模式，在我国保监会是实行保险业监管职责的行政机构，与此同时，保险业协会作为行业自律性组织承担了部分保险监管职能。

2. 松散监管模式

松散监管模式是以对保险人偿付能力为监管核心，而相应地放松对保险产品、费率、市场准入等方面的监管模式，发达国家多选择松散监管模式。

（三）保险监管的内容

1. 保险组织监管

根据我国《保险法》的相关规定，在我国经营商业保险业务的，必须是依照《保险法》设立的股份有限公司或者国有独资公司，其他单位和个人不得经营商业保险业务。

2. 保险市场准入监管

保险市场准入监管主要是指对市场主体的资格、进入程序的监督与管理。根据我国《保险法》的相关规定，保险公司申请设立时需要具备公司章程、合格的注册资本（《保险法》规定的最低注册资本为人民币二亿元，且必须为实缴资本）、配有一定数量的具有专业知识和业务工作经验的高级管理人员、完备的组织机构（股东会、董事会、监事会）、固定的营业场所。

3. 保险市场退出监管

保险公司的解散、破产需经保险监管部门的批准，在遵守《公司法》、《企业破产法》相关规定的同时，还需要遵守《保险法》的特别规定，如人寿保险公司除分立、合并外不享有自行解散的权利。

4. 保险公司偿付能力监管

概念解析

保险保证金：是国家规定由保险公司成立时向国家缴存的资本金，可以用现金或其他方式交纳。

保险责任准备金：是保险人为了承担未到期责任和处理未决赔款而从保险费收入中提存的一种资金准备。

偿付能力是指保险公司偿付其到期债务的能力，一般分为实际偿付能力与最低偿付能力。根据我国《保险法》第 101 条的规定："保险公司应当具有与其业务规模和风险程度相适应的最低偿付能力。保险公司的认可资产减去认可负债的差额不得低于国务院保险监督管理规定的数额；低于规定数额的，应当按照国务院保险监督管理机构的要求采取相应措施达到规定的数额。"为保证保险公司具有一定的偿付能力，保险公司一般都被要求保持一定数量的资本金和盈余，以保证资本的充足性。保险公司通常是在保证满足最低注册资本限额要求的基础上，通过保险保证金及保险责任准备金的方式维持资本充足性要求的。

第四节　信托法

一、信托法的一般理论

（一）信托法的起源与发展

1. 信托法的起源

现代信托法起源于英国 13 世纪"用益设计"的做法。"用益设计"的产生，主要是英国人民为了规避封建诸侯对土地转让、土地没收的限制以及由于土地转让而产生的过重税费的产物。以规避土地转让的限制为例，由于英国人民在离世后有将土地捐赠给教会的习惯。这一做法不仅侵犯了封建地主对捐赠土地征收租税的权利，也使其丧失了取得无继承人臣民离世后土地所有权的机会。因此，国王亨利一世和爱德华三世颁行“死手法”（Statute of Mortmain），禁止臣民在离世后将土地捐赠给教会及宗教团体。英国民众利用“用益设计”，在生前就将土地转让于他人，约定由受让人替教会管理土地，并将土地收益归于教会，从而规避了“死手法”关于不得将土地捐赠给宗教团体的规定。“用益设计”是由若干项约定构成的，而其在英国初创实行的年代，契约义务还不为英国普通法所承认，所以受益人在“用益设计”中享有的权利不能得到普通法院的保障。于是，民众直接诉诸国王，请求保障他们的权利。随着英国法律体系的不断演化，至15世纪，早期代表国王的大法官发展成为与普通法院分庭抗礼的衡平法院，并取得了因“用益设计”而发生纠纷的管辖权，受益人的权利得到了衡平法院的保护。“用益设计”历经几个世纪的演变和发展，最终于1925年在英国颁布的“财产法”（The Law of Property Act）中更名为信托（Trust），从而形成了现代意义上的信托法。

2. 信托法的发展

信托作为一项起源于15世纪英国的法律制度，历经几个世纪的发展完善，已得到世界各国的普遍认可。各国的信托法主要以成文法的形式存在，即使是奉行判例法的普通法系国家，对于信托关系的规制也是以成文法的形式体现的。与此同时，现代信托法将“信托目的合法性”作为其基本原则，从根本上改变了早期信托为了规避当时封建领主制定的与土地有关的法律规范的“非法”属性，并对受托人的各项义务作出了更加细致完善的规定，从而保证了居于信托法律关系中心地位的受托人，能够更好地发挥自身的功能与作用，推动了信托制度的良性发展。

（二）信托的定义与功能

1. 信托的定义

> 《信托法》第二条　本法所称信托，是指委托人基于对受托人的信任，将其财产权委托给受托人由受托人按委托人的意愿以自己的名义，为受益人的利益或者特定目的，进行管理或者处分的行为。

信托是委托人自愿将自有财产，转移给受托人，由受托人以自己的名义为了受益人的利益或者特定目的管理财产，并将财产收益归于受益人的一种法律制度。例如，父亲甲在生前将自己50万元的财产交给某信托公司，设立“信托账户”，约定由该信托公司以50万元为投资资本，以谋取投资利润，并约定将投资收益按年支付给留学在外的儿子乙做生活费和学费，并约定在甲离世后，将本金的一半捐赠给公益事业，另一半继续由信托公司管理，并将收益支付给乙用作其生活费用。在本例中，甲是委托人，信托公司是受托人，乙是受益人，50万元为信托财产。

2. 信托的功能

在信托制度下，委托人可以自由转移自有财产，通过专业管理人员对信托财产进行管理，以求使信托财产得到最有效的利用，在实现信托目的的同时，充分发挥了信托制度的效率性。信托制度主要有以下三个方面的功能：

（1）财产转移功能。委托人可以自由转移部分或全部自有财产至某一信托关系中，而由受益人享有信托财产的利益。在信托制度中，受益人可以是除委托人之外的第三人，或者在公益信托中，受益人可以是社会中的某一群体。委托人可以通过信托将自有财产转移给他人或者社会。信托发挥着财产转移工具的作用。

（2）投资与保障功能。信托制度中，受托人多为专业的投资机构，能够运用专业投资知识为受托财产带来更多收益。与此同时，委托人也能够通过设立信托，防止作为财产继承人的受益人提前过度使用财产，为受益人的长远经济利益提供保障。

（3）公益功能。公益信托的存在，为社会特殊群体的福利、宗教、艺术、教育、学术、医学、教育等诸多领域的发展提供了源源不断的资金支持，在推动社会公益事业发展的进程中发挥了重要作用。

二、信托的分类

就广义的角度而言，信托的类型与品种繁多，出于理论研究、统计与实务的需要，可以依信托财产种类、信托财产运用领域、信托资产的形态对信托进行划分；就狭义的角度而言，依据信托的目的以及其在法律上的意义，可以将信托分为私益信托和公益信托、意定信托与非意定信托、积极信托与消极信托、民事信托与营业信托。本书主要从狭义角度，介绍信托的分类。

（一）私益信托与公益信托

依据信托设立目的性质的不同，可以将信托划分为私益信托与公益信托两类。为受益人的私人利益而设立的信托称为私益信托，为公共利益而设立的信托称为公益信托。

> 《信托法》第三条　委托人、受托人、受益人（以下统称信托当事人）在中华人民共和国境内进行民事、营业、公益信托活动，适用本法。

1. 私益信托

私益信托并不存在于《信托法》的条文表述中，而是一种学理上的概括。对于为了特定受益人的私人利益目的而设立的信托，学理将其概称为“私益信托”，对于私益信托，根据受益人不同，又可将其分为“自益信托”与“他益信托”。当委托人以自己为唯一受益人而设立信托时，成立自益信托；当委托人不以自己为唯一受益人而以其他人或与其他人一起成为受益人而设立信托时，成立他益信托。在自益信托中，委托人与受益人为同一个人，且受益人只有一个。而在他益信托中，包括受益人可以是委托人和第三人以及受益人是多个第三人两种情况；受益人也可以是一个人，即受益人是除委托人之外的第三人。除在受益人方面不同外，自益信托与他益信托在法律上的地位也有所不同，主要表现在以下两个方面：

（1）信托财产的独立性。在他益信托中，信托财产完全独立于委托人。在自益信托中，由于受益人就是委托人，所以信托财产并不完全独立于委托人。信托财产独立性方面的区别主要体现在设立信托后，委托人死亡或者依法解散、被依法撤销、被宣告破产时对信托财产的处理方式不同。在自益信托中，如遇前述情形，信托终止，信托财产作为委托人（受益人）的遗产或者清算财产；在他益信托中，委托人不是唯一受益人的，信托存续，信托财产不作为其遗产或者清算财产。

（2）委托人的解除权。在信托制度中，信托一旦设立，除非法律和信托文件另有规定，否则委托人不得解除信托。这一信托准则仅有一种例外，即在自益信托中，除非信托文件另有规定，否则委托人或其继承人可以随时解除信托。而他益信托中的委托人不享有此种权利。

《信托法》第五十条　委托人是唯一受益人的，委托人或者其继承人可以解除信托。信托文件另有规定的，从其规定。

2. 公益信托

作为为了公共利益目的而设立的信托，公益信托具有完全不同于私益信托的法律地位。与私益信托不同，公益信托没有特定的受益人或特定化的受益人范围；且公益信托的成立要以公益事业管理机构的批准为准。

（二）意定信托与非意定信托

根据信托设立的条件不同，即是否需要委托人明确的意思表示可将信托分为意定信托与非意定信托两类。

1. 意定信托

意定信托是依据委托人明确的意思表示而设立的信托，委托人的意思表示行为时意定信托成立的必要条件之一。英美法将其称为明示信托（express trust）。《信托法》中规定的合同信托、遗嘱信托及其他书面文件形式的信托，均属意定信托。

2. 非意定信托

非意定信托是指非依委托人意愿而设立的信托，分为法定信托（statutory trust）和默示信托（implied trust）两类。“法定信托”是依据法律的直接规定而成立的信托，规定法定信托的可以是信托法也可是其他法律。在立法实践中，各国均有对法定信托的规定。“默示信托”是英美法上的概念，是指依法院的推定和拟制而设立的信托。由于默示信托的成立需要法官执行“造法”功能，而大陆法系属于成文法系，法院没有“造法”功能，所以，大陆法系国家均不承认“默示信托”。

3. 积极信托与消极信托

积极信托与消极信托的划分是以受托人对信托财产是否承担管理义务来划分的。“积极信托”（active trust）是指受托人对信托财产承担积极的管理和处分义务的信托。“消极信托”（passive trust）是指受托人对信托财产不承担积极的管理和处分义务的信托。与积极信托相比，消极信托的受托人只是充当信托财产的名义所有人，其本身并不对信托财产的管理与处分做出积极的决策和实施，而是完全听从于委托人或受益人的指示。

4. 民事信托与营业信托

这类划分方式是我国《信托法》特有的分类。就立法精神而言，我国《信托法》设立民事信托与营业信托的区分标准应是：受托人是否为营业性信托机构。营业性信托机构是依法设立的，经相关金融监管部门批准而成立的以取得信托报酬而经营信托业务的金融机构。当前，我国从事营业信托活动的金融机构主要有两大类：一类是信托公司，根据《信托法》和《信托公司管理办法》可以开展各种形式的营业信托；另一类是基金管理公司，根据《信托法》、《证券投资基金法》、《证券投资基金管理公司管理办法》仅能开展公募的证券投资基金信托业务。

三、信托的设立、变更与终止

（一）信托的设立

信托，包括四个基本要素，信托当事人、信托财产、信托行为、信托目的。因此，一项信托能够有效成立，就需要信托的这四个要素符合法律的规定。

1. 信托当事人

信托当事人包括委托人、受托人、受益人，只有当这三者都具备法律规定的资格时，才能设立有效的信托。

> 我国《信托法》第十九条 委托人应当是具有完全民事行为能力的自然人、法人或者依法成立的其他组织。

（1）委托人。我国《信托法》第19条规定了委托人的资格与范围，要求委托人必须具有完全民事行为能力，可以是自然人、法人或依法成立的其他组织。对于自然人的民事行为能力，我国《民法通则》将其分为三类，符合《信托法》规定的完全民事行为能力人是指18周岁以上的公民或是成年人，具有完全民事行为能力，可以独立进行民事活动；16周岁以上不满18周岁的公民，能以自己的劳动收入为主要生活来源的，视为完全民事行为能力人的主体；法人的民事行为能力自法人成立时产生至法人终止时消灭。但由于法人的民事行为能力的范围取决于其民事权利能力的范围，而法人的民事权利能力是由法律和依法确定的章程决定的，因此，法人民事行为能力的范围取决于法律和章程的规定。法人只有在依法律规定和依章程确定的义务范围内，才能作为信托的委托人；对于依法成立的其他组织而言，虽然它们不具有法人资格，但其可在法律、章程或者相关协议允许的活动范围内依法享有完全的民事行为能力，因此，它们可以在上述范围内成为适格的委托人。

动态实训

下列哪些主体可以成为信托关系中合格的委托人（　　）。

A. 年满18周岁的精神病患者

B. 年满17岁的主要依靠自己劳动作为生活来源的公民

C. 公司章程中明确规定禁止法人设立信托关系的某民营公司

D. 某名牌大学

（2）受托人。在信托关系中，受托人承担着对信托财产进行管理、运用、处分的职责，对信托财产的安全与收益直接负责，因此，受托人必须是具有完全民事行为能力的自然人或法人，依法成立的其他组织不能担任受托人。与此同时，如果法人的章程或核准的业务范围对其从事信托活动有所限制，那么，该法人也不能成为受托人。在营业信托中，作为受托人的法人还必须符合法律、法规对其资格的特殊要求。

（3）受益人。在信托关系中，由于受益人不需要做出意思或为一定的法律行为，《信托法》对受益人的民事行为能力没有要求，只要具有民事权利能力，就具有成为受益人的主体资格。由此可知，自然人在其生存期间，法人和其他依法成立的组织在其存续期间均具有民事权利能力，都可以成为信托受益人。但依据《信托法》及其他法律法规的规定，对受益人的资格也存有以下两种限制：

第一，受托人不得成为同一信托的唯一受益人。我国《信托法》第 43 条第 3 款规定："受托人可以是受益人，但不得是同一信托的唯一受益人。"由此可知，受托人仅能成为同一信托多数受益人之一，但不得成为唯一的受益人。

第二，法律禁止取得特定财产利益的人，不能通过信托取得该利益。尽管我国《信托法》没有对此作出明确规定，但根据该法第五条关于信托活动应当遵守法律、行政法规的规定来看，受益人会受到其他法律法规对受益人资格的限制。即如果其他法律法规对某类自然人、法人或其他依法成立的组织取得特定信托利益有所限制，则即使前述主体具有完全民事权利能力也无法成为特定信托的受益人。

2. 信托财产

根据我国《信托法》第 14 条的规定，可将信托财产界定为受托人因两种方式取得的财产：一是受托人因承诺信托而取得的财产；二是受托人因信托财产的管理运用、处分或者其他情形而取得的财产。第一类财产是信托设立时受托人取得的财产，即原始信托财产。一项财产要成为信托财产，必须具备四个要件：信托财产的合法性、权利性、流通性、确定性。

(1) 信托财产的合法性。根据我国《信托法》第 7 条的规定，可以设立信托的财产包括委托人合法所有的财产以及合法的财产权利，主要包括：动产、不动产、物权、股权、债权、知识产权、有价证券、票据权利乃至信托受益权本身。

(2) 信托财产的权利性。信托财产的权利性是指委托人用以设立信托的财产必须在法律上具有独立的权利形态和权利外观。这主要是指对于财产而言，必须是有具体明确的标的；或是具有确定的权利内容；或是具有表明权利的凭证才可以成为设立信托的财产权。表现为单纯债务等法律上义务的财产不能设立信托。

(3) 信托财产的流通性。信托的成立，意味着委托人要将设立信托的财产转移给受托人，因此，信托财产必须具有可转让性，否则信托无法成立。可流通的财产才具有可转让性，对于此，我国《信托法》第 4 条规定："法律、行政法规限制流通的财产，依法经有关主管部门批准后，可以作为信托财产。"第 14 条第 3 款规定："法律、行政法规禁止流通的财产，不得作为信托财产。"

(4) 信托财产的确定性。我国《信托法》第 7 条、第 11 条对信托财产的确定性提出了明确要求。信托财产不能确定的，信托无效。信托财产的确定性是指信托财产存在的确定性、信托财产范围的确定性和信托权属的确定性。一项信托财产要符合信托财产确定性的要求，就意味着委托人在设立信托时，该项财产是实际存在的，有明确的范围，能够区别于委托人非设立信托的其他财产，并且该项财产是确属于委托人合法所有的，不存在权属争议的财产。尚未存在或已经不存在的，范围不明，权属不清的财产不能成为信托财产。

3. 信托行为

本节所指的信托行为是指以设立信托为目的的行为，即信托的设立行为，包括当事人设立信托意思表示的主观要件以及当事人转移信托财产的客观要件两方面。

(1) 意思表示行为。意思表示包括明示与默示两种表示方式。明示表示是行为人以语言文字或者直接表示内在意思的其他形式表现，包括口头形式、书面形式和其他特别形式；默示表示是从行为人的行为中以推定的方式间接知悉其所表示的内在意思。我国《信托法》第8条要求信托必须有明示的意思表示行为，通过书面的信托文件设立。信托文件包括了信托合同、遗嘱以及法律、行政法规规定的其他书面文件。我国《继承法》规定了五种遗嘱形式：公正遗嘱、自书遗嘱、代书遗嘱、录音遗嘱和口头遗嘱。根据《信托法》对信托文件书面形式的强制规定，在这种五种形式中，可以设立信托的遗嘱形式为公正遗嘱、自书遗嘱、代书遗嘱。尽管录音遗嘱是以口头形式做出的，但由于其采用了录音的形式对内容加以固定，因此，可以将其视为特殊的书面形式，符合《信托法》对信托设立的形式要求。

> 《信托法》第八条规定　设立信托，应当采取书面形式。书面形式包括信托合同、遗嘱或者法律、行政法规规定的其他书面文件等。采取信托合同形式设立信托的，信托合同签订时，信托成立。采取其他书面形式设立信托的，受托人承诺信托时，信托成立。

（2）财产转移行为。信托制度中，受托人管理处分的信托财产的所有权原本归委托人所有，信托财产需要由委托人转移给受托人。我国《信托法》并没有对信托财产的转移方式作出规定，可依据其他有关财产权转移的法律加以确定。

4. 信托目的

信托目的是委托人设立信托，意欲达到的目的，是由委托人确定的，其主观意愿的表达，并经由具体的信托条款客观化的结果。各国信托法虽然都以“信托目的自由”为原则，但同时也普遍确立了“信托目的合法性原则”。一项信托能够有效成立，除需要具备主体、形式、内容有效外，信托目的也需要具备合法性，以非法目的设立的信托是不能有效成立的。

（二）信托的变更

信托的变更，是指信托有效设立后，当出现约定或者法定的变更事由时，信托当事人依法对信托文件所规定的事项做出的改变和调整。

1. 信托变更的依据

（1）约定变更。信托属民事法律行为，民法确立的“意思自治”原则当然适用于信托。信托当事人可以依照“意思自治”原则，对信托的变更作出约定。

（2）法定变更。法定变更是依照法律的直接规定，对信托文件所规定的事项进行改变和调整。我国《信托法》第21条规定：“因设立信托时未能预见的特别事由，致使信托财产的管理方法不利于实现信托目的或者不符合受益人的利益时，委托人有权要求受托人调整该信托财产的管理方法。”

2. 信托变更的内容

信托变更的内容是指在信托设立后，哪些事项可以通过变更而得以改变和调整。法定变更，法律对变更事项已经做出了直接规定；约定变更，在实务中可变更范围主要限定于：信托当事人、信托目的、信托财产、信托利益、信托报酬、信托期限等方面。

（三）信托的终止

信托的终止，是指因出现法定或者约定的事由而使信托关系归于消灭。根据我国《信托法》第 15 条、第 46 条、第 53 条的规定，可将信托终止的事由归纳为以下 8 种：

（1）信托文件规定的终止事由发生。

（2）信托的存续违反信托目的。

（3）信托目的已经实现或者不能实现。

（4）信托当事人协商同意。

（5）信托被撤销。

（6）信托被解除。

（7）自益信托的委托人死亡或者依法解散、被依法撤销、被宣告破产。

（8）全体受益人放弃受益权。

信托一旦终止，原有信托关系的效力即归于消灭，受托人不再享有持有信托财产的权利，信托财产将依照法律规定发生归属划定。我国《信托法》第 54 条规定："信托终止的，信托财产归属于信托文件规定的人；信托文件未规定的，按下列顺序确定归属：①受益人或者其继承人；②委托人或者其继承人。"

本章小结

本章涉及的金融法律制度主要包括证券法、票据法、保险法与信托法四个领域。证券法部分，主要介绍了证券市场的分类、证券发行与上市的条件，证券保荐制度的运作机制，上市公司收购制度及证券业监管的相关内容；票据法部分，主要介绍了票据的类型、票据关系、票据行为；保险法部分，主要介绍了保险的功能、保险法的基本原则、保险合同的主要条款、财产保险合同、人身保险合同及保险业监管的相关内容；信托法部分，主要介绍了信托运作的原理与功能、信托的分类、信托当事人之间的关系以及与信托成立、变更、终止相关的内容。

参考文献

范健，王建文．证券法（第二版）．北京：法律出版社，2010

王小能．票据法教程（第二版）．北京：北京大学出版社，2001

温世扬，杨树明，樊启荣．保险法（第二版）．北京：法律出版社，2007

周小明．信托制度：法律与实务．北京：中国法制出版社，2012

中国证券业协会编写组．证券市场基础知识．北京：中国财政经济出版社，2010

中国证券业协会编写组．证券交易．北京：中国财政经济出版社，2010

第八章　竞争法律制度

目　标 学过本章之后，你应该能够

1. 讨论市场经济中自由竞争的积极意义；
2. 准确界定不正当竞争行为与垄断行为；
3. 掌握不正当竞争行为的认定及其法律责任；
4. 解释反垄断法规制的原则；
5. 掌握垄断行为的认定及其法律责任；
6. 讨论反垄断法实施的效果。

关键词

竞争　不正当竞争　垄断　垄断协议　滥用市场支配地位　经营者集中　反垄断法实施

第一节　竞争法概述

一、竞争与市场

竞争在不同的学科上反映的是不同的关系，在经济学上是市场经济发展的推动力。可以说，自由竞争是市场经济的重要特征。经济学上的竞争是指经济主体在市场上为实现自身利益最大化而竞相争夺的行为。从经济形式上来看，竞争型市场是指在市场上存在大量潜在的供应商和消费者，没有人能控制产品、价格等市场因素。

市场经济是自由竞争的经济，但自由过头了，竞争机制就会扭曲，不仅会导致恶性竞争，还会导致逾越市场形成垄断，阻止竞争机制发挥作用，出现市场失灵，因此需要竞争法律制度予以规制。竞争法中的竞争是指市场经济活动中的经营者为了实现自身经济利益的最大化，相互之间争取交易机会和市场的行为。

二、市场经济中的竞争法立法概况

竞争法是经济法的核心构成部分。从历史现象考察，现代意义上的经济法，都是以竞争法为核心而逐渐发展起来的。

（一）竞争法的历史发展

1. 世界各国的竞争法立法概况

19世纪末，竞争立法仅存于个别国家，表现为个别法规。自进入20世纪以来，竞争立法开始成为西方发达资本主义国家的共同现象，竞争法规蔚然成观，朝群体化、系列化方向发展。

发达的资本主义国家如美、德、日、英等国在20世纪的初期或中期，大力加强和完善竞争立法，建成了各具特色的竞争法规体系，当时的竞争立法可以说是发达国家的专有物。但自20世纪60年代以来，一些发展中国家及社会主义国家也开始了创制本国竞争法的活动。发展中国家如印度、巴基斯坦、菲律宾、韩国、尼日利亚、阿根廷、巴西、墨西哥、智利等国的竞争立法都取得了一定的成效。

在各国进行国内立法的同时，国际领域的竞争法律制度也得到不断的发展。1900年《保护工业产权巴黎公约》及其后来的修订本中形成了最早的国际竞争法律制度。其后的许多国际公约如《关税及贸易总协定》、《欧洲经济共同体条约》等，都对竞争法律制度有所涉及。近年来，联合国在协调各国竞争法律制度方面也做了大量的工作。目前，世界知识产权组织正在对世界各国的竞争立法进行全面、系统的研究论证，并正在为各国起草一份反不正当竞争指导方针或示范法。

2. 中国竞争法的立法概况

中国自改革开放以来，国家的工作重心转移到经济建设上来。20世纪90年代初，我国开始了社会主义市场经济建设，立法重点转向经济领域。一大批规范市场主体、维护市场秩序的法律陆续出台。1993年9月颁布了《反不正当竞争法》，之后，围绕《反不正当竞争法》，出台了《关于禁止有奖销售活动中不正当竞争行为的若干规定》等部门规章，最高人民法院还出台了《关于审理不正当竞争民事案件应用法律若干问题的解释》。至2007年8月30日，历经13年立法过程的《反垄断法》得以出台，围绕《反垄断法》出台了一系列部门规章等配套规定，形成了我国关于市场竞争的完整法律体系。

（二）竞争法的立法模式

综观现代各国的竞争立法，立法体例大致可分为三类：

一是分立式，即将垄断或限制竞争行为和不正当竞争行为区分开来分别立法。规范垄断或限制竞争行为的法律称作反垄断法或反限制竞争法；制止不正当竞争行为的法律称作反不正当竞争法。如：日本、德国。

二是合立式，即将反垄断和反不正当竞争合并立法，制定统一的反不正当竞争法（或称公平交易法）涵盖两方面的内容，调整范围涉及一切反竞争的行为。如：匈牙利的《反不正当竞争法》和台湾地区的《公平交易法》。

三是综合式，即对垄断行为或限制竞争行为和不正当竞争行为在法律上不做明确划分，也不制定以“竞争”、“交易”直接命名的法律，但法律的实质内容却是调整竞争关系和竞争管理关系，维护竞争秩序。这种体例就是美国以1890年《谢尔曼法》、1914年《克莱顿法》和《联邦贸易委员会法》（统称为《反托拉斯法》）为核心调整竞争活动中形成的经济关系，确立了美国独特的竞争法体例。

我国已经于1993年颁布实施了《中华人民共和国不正当竞争法》，其内容除包括狭义不正当竞争行为之外，还包含了限制竞争行为和垄断行为。2007年8月30日，第十届全国人大常委会高票通过了反垄断法草案。颁布后的《反垄断法》专门规制垄断行为。因此，从立法模式上看，我国竞争立法经历了从合立式向分立式的转变。但《反垄断法》出台后，《反不正当竞争法》应做相应修订。

三、竞争法的概念与体系

（一）竞争法的概念和调整对象

竞争法是指调整国家干预、管理或调控市场竞争活动中所形成的经济关系的法律规范的总称，其调整对象体现为竞争关系和竞争管理关系两方面。

1. 竞争关系

是指经营者之间在交易过程中形成的以利害关系方为对手，相互争夺资金、技术、劳动力以及市场占有额的经济关系。竞争关系一般形成于具有利害关系的平等经营者之间。任何一个经营者所面临的是同一市场范围内并且经营方向相同的竞争对手，由于市场是一个开放的系统，只要是具备一定资格的主体都可以参与竞争，所以竞争关系一般具有多个当事人。在竞争关系中某一个经营者的竞争对手既有特定的，有时也存在众多不特定的竞争对手。竞争法对竞争关系的调整主要是通过法律规制创设平等、公正的竞争环境，保证公平竞争；同时法律保护正当竞争，制止非法垄断与不正当竞争，维护合法竞争者的利益。

2. 竞争管理关系

是指国家经济管理机关在依照经济职权实施监督、管理市场竞争活动的过程中所形成的经济关系。竞争管理关系有以下特征：第一，竞争管理关系的一方当事人是具有竞争管理职权的国家授权主管竞争关系的国家机关；其他当事人则是参与竞争关系的经营者。第二，在竞争管理关系中享有管理职权的主体与其他主体的地位是不平等的，双方是管理与被管理、命令与服从的关系。第三，管理的目的不是为了直接参与竞争，而是为了保护公平竞争，限制制裁不正当竞争，从而实现竞争立法的目的，为公平竞争创造良好的外部条件。竞争法对竞争管理关系的调整主要是确立监督管理体制，明确管理职责，规定监督管理的程序，确认违法的法律责任；规定监督管理对象的范围及方式；明确管理的实体法律规范的依据；确认市场主体在管理关系中的义务和应有的权利等。

（二）竞争法的构成

竞争法作为经济法的重要组成部分，其意义在于矫正竞争机制的扭曲现象，主要规制不正当竞争行为和垄断行为，因此我国竞争法体系主要由规制不正当竞争行为的《反不正当竞争法》和规制垄断行为的《反垄断法》及其配套法律法规所构成。另外，《民法通则》、《商标法》、《专利法》、《著作权法》、《广告法》等民商、知识产权法律以及我国加入的国际公约中有关竞争的内容也是我国竞争法律体系的重要组成部分。

第二节 反不正当竞争法

案例导读 腾讯科技（深圳）有限公司等诉北京奇虎科技有限公司等不正当竞争纠纷案

2011 年 7 月 12 日，腾讯科技（深圳）有限公司、深圳市腾讯计算机系统有限公司以北京奇虎科技有限公司、奇智软件（北京）有限公司为被告，向广东省高级人民法院提起不正当竞争纠纷诉讼，请求判令：(1) 判令被告立即停止涉案不正当竞争行为，包括但不限于停止开发、传播和发行“360 扣扣保镖”及相关软件，停止已发行和传播的“扣扣保镖”软件现有功能，停止诋毁原告及原告的产品和服务的行为；(2) 判令被告连续三个月在其网站首页显著位置，在新浪网、搜狐网和网易网等网站首页显著位置，在《法制日报》和《中国知识产权报》等报纸第一版显著位置，就其不正当竞争行为向原告赔礼道歉，消除影响；(3) 判令被告连带赔偿原告经济损失人民币 1.25 亿元；(4) 判令被告承担原告维权支出的合理费用及全部诉讼费用。

广东省高级人民法院受理本案后，被告北京奇虎科技有限公司在提交答辩状期间对管辖权提出异议，广东省高级人民法院以（2011）粤高法民三初字第 1 号民事裁定驳回被告奇虎公司的管辖权异议，被告奇虎公司不服，向最高人民法院提起上诉，最高人民法院以（2012）民三终字第 3 号民事裁定驳回上诉，维持广东省高级人民法院的裁定。广东省高级人民法院于 2012 年 8 月 17 日组织双方当事人进行质证，并于 2012 年 9 月 18 日进行了公开开庭审理。广东省高级人民法院经审理认为：本案属于不正当竞争纠纷，双方当事人争议的焦点是：(1) 被告开发的“扣扣保镖”是否能够破坏原告 QQ 软件及其服务的安全性、完整性，使原告丧失增值业务的交易机会及广告收入，从而构成不正当竞争；(2) 被告在经营“扣扣保镖”软件及其服务时，是否存在捏造、散布虚伪事实，损害原告商业信誉、商品声誉的行为，从而构成商业诋毁；(3) 关于被告的“扣扣保镖”是否通过篡改 QQ 的功能界面从而取代原告 QQ 软件的部分功能以推销自己的产品，构成不正当竞争；(4) 如果被告构成不正当竞争，是否应当停止侵权以及应当赔偿原告多少数额的经济损失，是否应当赔礼道歉、消除影响。

2013 年 4 月 3 日，广东省高级人民法院判决：(1) 奇虎公司、奇智公司连带赔偿腾讯公司、腾讯计算机公司经济损失及合理维权费用共计 500 万元。(2) 奇虎公司、奇智公司连续 15 日在其网站（www.360.cn、www.360.com）首页显著位置，在新浪网（www.sina.com）、搜狐网（www.sohu.com）和网易网（www.163.com）网站首页显著位置，连续 7 日在《法制日报》和《中国知识产权报》第一版显著位置就其不正当竞争行为向腾讯公司、腾讯计算机公司赔礼道歉，消除影响。(3) 驳回腾讯公司、腾讯计算机公司的其他诉讼请求。

奇虎公司、奇智公司不服一审判决，向最高人民法院提出上诉，请求最高人民法院：(1) 撤销一审判决，驳回二审被上诉人的全部诉讼请求。(2) 判令本案一、二审诉讼费用均由二审被上诉人承担。2013 年 12 月 4 日，最高人民法院第一法庭公开开庭审理了这一案件。双方争议焦点包括五个方面：360 的“扣扣保镖”是否破坏了腾讯 QQ 服务的完整性和安全性，是否符合商业惯例，是否违反商业道德；“扣扣保镖”是否构成了对腾讯QQ的诋毁；“扣扣保镖”是否嵌入了腾讯QQ的界面，并取代其部分功能模块；如何看待技术创新、正当竞争和不正当竞争的界限；一审判赔500万的赔偿费用是否合理。最终，最高人民法院经审理后认为一审判决认定事实清楚，适用法律正确。“3Q大战”起始于2010年，该案件是“3Q大战”系列案件中第二案。这场历时三年多、不断升级的“3Q大战”最终以最高人民法院于2014年2月28日判决“驳回上诉，维持原判”而告终。

资料来源：根据广东法院网、最高人民法院网裁判文书整理。

一、不正当竞争与反不正当竞争法概述

（一）不正当竞争行为的概念辨析

1. 不正当竞争行为的概念及构成要件

> 《反不正当竞争法》第二条　经营者在市场交易中，应当遵循自愿、平等、公平、诚实信用的原则，遵守公认的商业道德。
>
> 本法所称的不正当竞争，是指经营者违反本法规定，损害其他经营者的合法权益，扰乱社会经济秩序的行为。
>
> 本法所称的经营者，是指从事商品经营或者营利性服务（以下所称商品包括服务）的法人、其他经济组织和个人。

不正当竞争是一个内涵十分广泛、外延模糊不定的概念。从世界各国关于不正当竞争的立法来看，对不正当竞争的界定存在很大差异。竞争法意义上的不正当竞争行为是一种商业行为，发生在市场交易的经济领域。根据我国《反不正当竞争法》第2条的规定，不正当竞争行为是指经营者在市场竞争中，违反《反不正当竞争法》规定，采取一切违反自愿、平等、公平、诚实信用原则和公认的商业道德的手段，损害其他经营者和消费者的合法权益，扰乱社会经济秩序的行为。其构成要件如下：

（1）行为人应具有经营者的资格，即主体是经营者。经营者是指从事商品经营或营利性服务的法人、其他经济组织和个人。

（2）经营者在主观上有过错，并且多为故意和恶意，即行为人主观心态上存在排斥其竞争对手，使自己取得竞争优势地位的违法故意，当然也不排除过失。

（3）不正当竞争行为侵犯的客体是反不正当竞争法所保护的公平竞争的市场关系，以及其他经营者合法权益。

（4）在客观方面，实施各种各样的为《反不正当竞争法》所规制的不正当竞争行为。

2. 不正当竞争行为与相关概念辨析

不正当竞争行为的含义有广义和狭义之分。从广义来理解，可以说，不正当竞争是指对正常竞争秩序的维持和竞争机制作用的发挥造成破坏的行为。因此，垄断行为、限制竞争行为、狭义的不正当竞争行为，从广义上说都属于不正当竞争行为。垄断行为，主要是指经营者自己或者通过企业兼并等方式，形成对一定市场的独占或控制。限制竞争行为，主要是指经营者滥用经济优势或几个经营者通过联合方式损害竞争对手的利益。狭义的不正当竞争行为，主要是指经营者采用欺骗、胁迫、利诱以及其他违背诚实信用和公平商业惯例的手段从事市场交易的行为。在立法上，相对于限制竞争行为而言，对垄断行为并不一概禁止，有些行业形成垄断有利于创造规模经济。因此，法律禁止的是垄断权的滥用而

非垄断。如知识产权法就带有维护垄断的立法宗旨，不禁止的垄断主要体现为国家认可，即垄断适用除外。为法律所禁止的垄断行为和限制竞争行为以排斥限制竞争为特点，破坏市场的后果较为严重。而不正当竞争行为则不排斥、限制竞争，是在承认并准许其他竞争对手参与竞争的前提下，采用了不正当、不合法的手段从事经营活动，因此其行为破坏后果相对垄断和限制竞争行为而言要较轻一些。

（二）反不正当竞争法概述

1. 反不正当竞争法的概念和调整对象

简而言之，反不正当竞争法是调整在制止不正当竞争行为过程中发生的经济关系的法律规范的总称。其调整对象包括四个方面：一是不正当竞争者相互之间的关系；二是不正当竞争者与正当竞争者之间的关系；三是不正当竞争者与消费者之间的关系；四是不正当竞争者与反不正当竞争者之间的关系。

2. 我国反不正当竞争法的立法概况

我国现代意义上的反不正当竞争立法，始于20世纪80年代。最初的反不正当竞争立法出现在地方立法和部门立法之中。1987年，国务院首次提出要制定全国性的制止不正当竞争法。于是，由国务院法制局牵头，国家体改委、国家工商局等7个部门参加，起草了《禁止垄断和不正当竞争条例》。此后由于立法意图的变化，拟分别制定《反不正当竞争法》和《反垄断法》，因而起草工作暂停。1991年底，《制止不正当竞争法》被正式列入全国人大常委会立法规划，并确定由国家工商行政管理局承担起草任务。国家工商行政管理局于1992年初成立起草小组，同年10月形成了《反不正当竞争法（征求意见稿）》。1993年5月组织召开了专家论证会，并广泛征求意见。同年10月，经国务院常务会讨论通过，形成了《中华人民共和国反不正当竞争法（草案）》。1993年6月国务院将该法草案提请全国人民代表大会常务委员会第三次会议审议，于1993年9月2日通过了《中华人民共和国反不正当竞争法》，并于1993年12月1日起施行。为了配合《反不正当竞争法》的实施，各省、市、自治区大都制定了反不正当竞争的地方性法规，同时国务院各部委也发布了一系列专门性实施细则，如国家工商行政管理局先后发布的《关于禁止有奖销售活动中的不正当竞争行为的若干规定》（1993年）、《关于侵犯商业秘密行为的若干规定》（1995年）、《关于禁止仿冒知名商品特有的名称、包装、装潢的不正当竞争行为的若干规定》（1995年）、《关于禁止串通招投标行为的暂行规定》（1995年）、《关于禁止商业贿赂行为的暂行规定》（1996年）等。

在当时的立法背景下，我国市场经济体制刚刚建立，违背商业诚信的不正当竞争行为现象突出，而垄断行为表现得还不充分，需要一部以规制不正当竞争行为为主、垄断行为为辅的法律出台。因此我国立法最终选择了综合调整的模式：即我国反不正当竞争法的调整范围并不局限于狭义上的不正当竞争行为，还包括垄断和限制竞争行为。不过，我国竞争立法后来呈现为分别立法模式，即2007年8月30日十届人大常委会通过了《中华人民共和国反垄断法》，专门规制垄断行为。

二、不正当竞争行为的表现形式

制止不正当竞争行为，并保护经营者和消费者的合法权益，鼓励和保护公平竞争、保障社会主义市场经济的健康发展是我国反不正当竞争法的立法目的。因此，该法从第5条至第 15 条以列举的方式指出了 11 种不正当竞争行为。从严格意义上说，这 11 种行为既包括不正当竞争行为，也包括限制竞争行为。

(一）不正当竞争行为

1. 混淆行为

混淆行为是指经营者在市场经营活动中，以种种不实手法对自己的商品或服务作虚假表示、说明或承诺，或不当利用他人的智力成果推销自己的商品或服务，使用户或者消费者产生误解，扰乱市场秩序、损害同业竞争者的利益或消费者利益的行为。根据《反不正当竞争法》第 5 条的规定，混淆行为包括：

(1) 假冒他人的注册商标。注册商标权是一项重要的知识产权。商标法对注册商标权的内容、行使方式、保护范围作了专门规定。反不正当竞争法将假冒他人的注册商标作为不正当竞争行为予以禁止，其立法意图在于使这种行为受到来自商标法和反不正当竞争法两方面的防范和制裁。在法律责任上，依据商标法对此种行为加以处罚。如果无法适用商标法制裁，而行为人的确对他人注册商标造成损害的，可依据反不正当竞争法追究其法律责任。

(2) 与知名商品相混淆。即擅自使用知名商品特有的名称、包装、装潢，或者使用与知名商品近似的名称、包装、装潢，造成和他人的知名商品相混淆，使购买者误认为是该知名商品。国家工商行政管理局 1995 年 7 月 6 日发布的《关于禁止仿冒知名商品特有的名称、包装、装潢的不正当竞争行为的若干规定》对知名商品进行了全面细致的保护。其中，“知名商品”是指在市场上具有一定知名度，为相关公众所知悉的商品。“特有名称”是指与通用名称有显著区别的商品名称。他人擅自使用知名商品特有的名称、包装、装潢，其目的在于利用其良好的商品信誉和一定的知名度推销自己的商品或牟取其他非法利益，其不正当性是显而易见的，应予禁止。

(3) 擅自使用他人的企业名称或者姓名，引人误认为是他人的商品。企业名称权和姓名权是受法律保护的人格权中的重要组成部分。在市场经营活动中，企业名称和生产经营者的姓名是区分商品生产者、经营者或服务的提供者来源的重要标志，它反映的是该企业或生产经营者的商品声誉和商业信誉。未经他人同意，擅自使用行为不仅侵犯他人的在先权利，也是对消费者的欺骗、对市场竞争规则的破坏。因此，反不正当竞争法予以明文禁止。

(4) 伪造、冒用各种质量标志和产地的行为。根据我国有关法律和行政规章的规定，质量标志主要包括产品质量认证标志和名优标志。产品质量认证标志，是企业通过申请，经国际国内权威认证机构认可，颁发给企业的表示产品质量已达认证标准的一种标志。名优标志是一种荣誉性质量标志。只有按照法定程序，经专门机构认定，方可获得并使用。未经认证而伪造、冒用认证标志不仅践踏了国家商品质量认证制度，而且是一种欺骗性的提高商品竞争力、增强用户信用度的行为，有可能危及用户和消费者的生命或财产安全。伪造、冒用名优标志，也是有悖于诚实信用的商业道德的欺骗性行为。因此，这两种行为都为反不正当竞争法所禁止。另外，产地名称是表示某项产品来源于某个国家或地区的说明性标志。当产品质量、特点与其产地存在某种固定联系时，产地名称对产品质量也具有了区别功能，因此受到法律以及国际公约或者条约的保护，如《保护工业产权巴黎公约》关于原产地名称的规定、《与贸易有关的知识产权协议》中关于地理标志的规定等。实践中，如果伪造产地的行为不能依据产品质量法、知识产权法有效制止的话，应当根据反不正当竞争法予以制裁。

《反不正当竞争法》第五条

经营者不得采用下列不正当手段从事市场交易，损害竞争对手：

（一）假冒他人的注册商标；

（二）擅自使用知名商品特有的名称、包装、装潢，或者使用与知名商品近似的名称、包装、装潢，造成和他人的知名商品相混淆，使购买者误认为是该知名商品；

（三）擅自使用他人的企业名称或者姓名，引人误认为是他人的商品；

（四）在商品上伪造或者冒用认证标志、名优标志等质量标志，伪造产地，对商品质量作引人误解的虚假表示。

动态实训

以下哪项行为是不正当竞争行为？（　　）

A. 使用知名商品的包装，造成混淆

B. 以低于成本价格销售鲜虾

C. 在不了解情况的前提下为他人制作虚假广告

D. 设置最高奖额为 5 000 元的抽奖式有奖销售

2. 商业贿赂行为

商业贿赂是指经营者为争取交易机会，暗中给予交易对方有关人员或者其他能影响交易的相关人员以财物或其他好处的行为。实践中，经营者以回扣、折扣、佣金、咨询费、介绍费等名义争取交易机会的现象非常普遍，我们必须依据法律，分析其实质特征，从而判断其行为的违法性。根据《反不正当竞争法》第 8 条规定，商业贿赂行为的构成要件：一是行为的主体是经营者和受经营者指使的人，包括其职工；二是行为的目的是争取市场交易机会，而非其他如政治目的、升职、评聘职称等；三是行为存在私下暗中给予他人财物和其他好处的情节，且达到一定数额。如果只是许诺给予财物则不构成该行为，如果给予的财物或好处数额较小，如为联络感情赠送小礼品等，也不构成该行为；四是该行为由行贿和受贿两方面构成。一方行贿，另一方不接受，不构成商业贿赂；一方索贿，另一方不给付，也不构成商业贿赂。

《反不正当竞争法》第八条　经营者不得采用财物或者其他手段进行贿赂以销售或者购买商品。在账外暗中给予对方单位或者个人回扣的，以行贿论处；对方单位或者个人在账外暗中收受回扣的，以受贿论处。

经营者销售或者购买商品，可以以明示方式给对方折扣，可以给中间人佣金。经营者给对方折扣、给中间人佣金的，必须如实入账。接受折扣、佣金的经营者必须如实入账。

根据国家工商行政管理局 1996 年 11 月 5 日《关于禁止商业贿赂行为的暂行规定》，有关单位或个人购买或销售商品时收受贿赂的，同样按照反不正当竞争法对经营者行贿的处罚规定予以处罚。

3. 虚假宣传行为

虚假宣传行为是指经营者利用广告或者其他方法，对产品的质量、性能、成分、用途、产地等所作的引人误解的不实宣传。以广告或其他方式销售商品是现代社会最常见的促销手段。但各类虚假广告和其他虚假宣传，对消费者和用户造成误导，使其做出错误的消费决策，并侵犯了其他经营者特别是同行业竞争者的合法权益，造成公平竞争秩序的混乱，应予禁止。根据《反不正当竞争法》第 9 条的规定，虚假宣传行为的构成要件如下：一是行为的主体是广告主、广告代理制作者和广告发布者；二是上述主体实施了虚假宣传行为；三是上述虚假广告或虚假宣传达到了引人误解的程度，因而具有社会危害性；四是主观方面，广告商在明知或应知情况下方对虚假广告负法律责任；对广告主，则不论其主观上处于何种状态，均必须对虚假广告承担法律责任。

> 《反不正当竞争法》第九条　经营者不得利用广告或者其他方法，对商品的质量、制作成分、性能、用途、生产者、有效期限、产地等作引人误解的虚假宣传。
>
> 广告的经营者不得在明知或者应知的情况下，代理、设计、制作、发布虚假广告。

社会团体和其他组织，在虚假广告中向消费者推荐商品或者服务，使消费者的合法权益受到损害，应当依法承担连带责任。

4. 侵犯商业秘密行为

侵犯商业秘密行为是指以不正当手段获取、披露、使用他人商业秘密的行为。其中，商业秘密是指不为公众所知悉，能为权利人带来经济利益，具有实用性并经权利人采取保密措施的技术信息和经营信息。根据《反不正当竞争法》第 10 条的规定，侵犯商业秘密的不正当竞争行为有以下三种情形：

> 《反不正当竞争法》第十条　经营者不得采用下列手段侵犯商业秘密：
>
> （一）以盗窃、利诱、胁迫或者其他不正当手段获取权利人的商业秘密；
>
> （二）披露、使用或者允许他人使用以前项手段获取的权利人的商业秘密；
>
> （三）违反约定或者违反权利人有关保守商业秘密的要求，披露、使用或者允许他人使用其所掌握的商业秘密。
>
> 第三人明知或者应知前款所列违法行为，获取、使用或者披露他人的商业秘密，视为侵犯商业秘密。
>
> 本条所称的商业秘密，是指不为公众所知悉、能为权利人带来经济利益、具有实用性并经权利人采取保密措施的技术信息和经营信息。

（1）以盗窃、利诱、胁迫或者其他不正当手段获取权利人的商业秘密。盗窃商业秘密既包括内部知情人员也包括外部人员盗窃权利人的商业秘密。以利诱手段获取商业秘密，是指行为人通过向掌握、了解商业秘密的有关人员直接提供财物或提供更优厚的工作条件或对此作出某些承诺，诱使其向行为人提供商业秘密。以胁迫手段获取商业秘密是指行为人用威胁、强制方法迫使了解、掌握商业秘密的人员向其提供商业秘密。以其他不正当手段获取商业秘密是指用盗窃、利诱、胁迫等之外的手段，如通过虚假陈述而从权利人处骗取商业秘密，通过所谓“洽谈业务”、“合作开发”、“学习取经”等活动套取权利人的商业秘密。

(2) 披露、使用或者允许他人使用以前项手段获取的权利人的商业秘密。以盗窃、利诱、胁迫或其他不正当手段获取权利人的商业秘密是不正当竞争行为。因此，商业秘密非法获取者再向第三人披露、自己使用或允许第三人使用以不正当手段获取的商业秘密同样应予禁止。

(3) 违反约定或者违反权利人有关保守商业秘密的要求，披露、使用或者允许他人使用其所掌握的商业秘密。这种情况是指在与权利人签订有保密协议或权利人对其商业秘密有保密要求的情况下，掌握或了解权利人商业秘密的人，应当遵守有关保密的约定或权利人提出的保密要求。否则，如果违反约定或要求，擅自向他人披露、自己使用或允许他人使用其所了解或掌握的商业秘密，同样是侵犯他人商业秘密的不正当竞争行为。需要指出的是，如果权利人与通过合法手段掌握、了解权利人的商业秘密的人之间没有保守商业秘密的约定，或者权利人也没有向他们提出保守商业秘密的要求，商业秘密的合法获取人披露、使用或允许他人使用其掌握的商业秘密，不构成侵犯商业秘密的不正当竞争行为。

此外，第三人明知或者应知以上违法行为，获取、使用或者披露他人的商业秘密，视为侵犯商业秘密。这样规定，弥补了上述三种情况规定的不足，有利于全方位地禁止侵犯商业秘密的不正当竞争行为。

5. 不当有奖销售行为

有奖销售是经营者常用的一种促销手段，是指经营者销售商品或提供服务时，附带向购买者提供物品、金钱或者其他经济利益，以刺激消费者购买商品或服务的行为。

有奖销售主要包括附赠式有奖销售和抽奖式有奖销售两种形式。附赠式的有奖销售顾客购买某种指定的产品或者达到一定数额的商品时就可以得到一定的奖励，该奖励针对所有的消费者；抽奖式有奖销售即以抽签、摇号等带有偶然性的方法决定购买者是否中奖并显示中奖等级的有奖销售，该奖励针对部分购买者，是带有偶然性的有奖销售。

法律链接

国家工商行政管理局 1993 年《关于禁止有奖销售活动中不正当竞争行为的若干规定》

有奖销售这种促销手段对市场竞争秩序有着双重的影响。符合公认的商业道德的有奖销售可以起到活跃市场促进公平竞争的积极作用；违背公认的商业道德采取不正当竞争手段的有奖销售，不仅会损害其他经营者的合法权益、损害消费者的利益，而且会扰乱社会经济秩序。因此，世界各国对有奖销售都有立法加以规范和严格限制。

我国《反不正当竞争法》并没有简单地肯定或否定有奖销售，而是通过禁止以下三种形式的有奖销售而对这一促销手段进行调整的。

(1) 采用谎称有奖或者故意让内定人员中奖的欺骗方式进行有奖销售。很明显，这是一种欺骗性的有奖销售，也是欺诈消费者的行为。主要表现为两种形式：其一是谎称有奖，事实上根本无奖；其二是虽然有奖但故意让内定人员中奖，此“奖”对于广大消费者而言，形同虚设。其中“内定人员”可能是经营者自身，也可能是其亲友或其他特定的购买者。

(2) 利用有奖销售的手段推销质次价高的商品。与前一种非法有奖销售不同的是，经营者既没有谎称有奖，也没有故意让内定人员中奖来欺骗消费者，其违法性并不在于采用了有奖销售的促销手段，而是由于经营者采用有奖销售所要实现的目的，即推销质次价高的商品。至于所推销的商品是否属“质次价高”，一般应由工商管理部门根据同期市场上同类商品的价格、质量和购买者的投诉进行认定，必要时会同有关部门认定。

(3) 抽奖式的有奖销售，即最高奖的金额超过5 000元。根据《反不正当竞争法》的规定，前两种有奖销售被《反不正当竞争法》绝对禁止，但对抽奖式的有奖销售则是有条件的禁止。其标准就是最高金额是否超过5 000元，超过者即被禁止。我国《反不正当竞争法》之所以对抽奖式有奖销售的最高奖的金额作出限制，是因为巨奖销售会引发消费者的暴利心理，传递错误的市场信息、妨碍市场机能的正常发挥，以及破坏正常的市场竞争秩序。如果以非现金的物品或者其他经济利益作奖励的，按照同期市场同类商品或者服务的正常价格折算其金额。

6. 诋毁商誉行为

商誉主体依法对其所创造的商誉享有专有权和商誉不受侵犯的权利，即商誉权。因此，我国《反不正当竞争法》禁止经营者从事捏造、散布虚伪事实、损害竞争对手的商业信誉、商品声誉的行为。毁誉行为实质上就是一种侵犯商誉权的行为，直接后果导致商誉主体的销路堵塞、销量下降，会给竞争对手正常经营活动造成不利影响、损害其应有的市场竞争优势地位、甚至导致严重的经济损失。

> 《反不正当竞争法》第十四条
> 经营者不得捏造、散布虚伪事实，损害竞争对手的商业信誉、商品声誉。

毁誉行为的构成要件包括：

(1) 行为主体是经营者。只有从事商品经营或者营利性服务的法人、其他经济组织和个人所实施的损害竞争对手商誉的行为才是不正当竞争行为，而非经营者实施的侮辱、诽谤、诋毁行为则是一般的名誉权侵权行为。新闻单位或者消费者因为对经营者的产品质量或者服务质量批评失当，甚至借机诽谤、诋毁、损害经营者的，应当认定为一般的侵害名誉权的行为，而不是商业诋毁行为。

(2) 行为人主观上有故意，以使自己在竞争中处于有利地位。经营者的宣传，散布言行具有诋毁的故意。违法经营者对竞争对手的伤害并非出于言行不慎，而是故意诋毁，目的是削弱对手的竞争能力。但也有学者认为并不排除过失。当捏造虚伪事实与散布虚伪事实的主体不是同一主体时，散布人主观上没有故意而是因过失散布虚假事实时，根据过错原则，也不能免除责任。

（3）行为人客观上实施了捏造、散布虚伪事实的行为。经营者采用了捏造、散布虚假事实的手段，如果经营者散布对竞争对手不利的事情，但不属无中生有或故意歪曲，而是客观事实，便不能构成诋毁商誉的行为。这种捏造和散布虚伪事实的行为可以是通过文字、图画或者口头进行，也可以是通过报纸、广播等大众传媒进行宣传。另外，经营者对竞争对手商誉的诋毁针对的可能是产品的制造过程，产品或服务对特定目的的适用性，商品或服务的质量、数量或其他特征，也可能是商品或服务提供或供应的条件，产品或服务的价格或其计算方式等。

（4）侵害客体——商业信誉与商品声誉。商业信誉、商品声誉是社会从商业角度对经营者的能力和品德、商品品质的积极的社会评价，是经营者通过参与市场竞争的连续性活动逐渐形成的。商业信誉主要表现为社会对经营者的生产力水平、资产状况、市场占有率、售后服务等积极的综合性评价；商品声誉则表现为对商品品质的赞誉，如：商品的价格、包装、品种、性能等。两个概念之间有着密切的联系，因为一个企业如果没有好的商品声誉就谈不到好的商业信誉；没有商业信誉的企业，也不会有好的商品质量或者售后服务。可以说，商品声誉给经营者带来商业信誉，商业信誉促进商品声誉，它们是一种互动的关系，它们为经营者带来巨大的经济效益以及市场竞争中的优势地位。

小思考

诋毁商誉行为与虚假宣传行为有何区别？

（二）限制竞争行为

如前所述，限制竞争行为属于广义的不正当竞争行为，但从狭义而言，限制竞争行为是妨碍或排除市场主体进行竞争的行为，行为实施的主体具有特定性。我国《反不正当竞争法》所禁止的限制竞争行为与后来出台的《反垄断法》所禁止的垄断行为在某些内容上有重复交叉，但并未完全替代。为克服这一问题，还需通过修订《反不正当竞争法》加以解决。

1. 公用企业或其他依法具有独占地位的经营者的限制竞争行为

我国《反不正当竞争法》第6条对公用企业或其他依法具有独占地位的经营者实施限制竞争行为加以了禁止。为了使该条规定更具有操作性，1993年12月9日国家工商行政管理局发布了《关于禁止公用企业限制竞争行为的若干规定》，对公用企业的范围以及限制竞争行为的具体类型做出了明确规定。根据这些规定，公用企业或者其他依法具有独占地位的经营者的限制竞争行为构成要件如下：第一，主体具有特殊性，即必须是公用企业或者依法具有独占地位的企业；第二，行为的特定性，即主体利用自己优势地位实施了法律、行政法规明文禁止的限制竞争行为；第三，行为具有现实或潜在社会危害性，表现在一方面排挤了其他经营者的公平竞争，另一方面损害了消费者和用户的合法权益。

>《反不正当竞争法》第六条　公用企业或者其他依法具有独占地位的经营者，不得限定他人购买其指定的经营者的商品，以排挤其他经营者的公平竞争。

2. 政府及其所属部门的限制竞争行为

我国《反不正当竞争法》第7条对政府及其所属部门滥用行政权力实施限制竞争行为

做出了禁止性规定。其中第 1 款禁止政府及其所属部门实施行政性强制经营行为，第 2 款禁止其实施地区封锁行为。行政性强制经营行为，是指政府及其所属部门滥用行政权力，对市场经营活动进行非法干涉，强制经营者从事或者不从事某种经营活动的行为。地区封锁行为，则是指地方政府及其所属部门以行政权力为后盾，无法律依据地限制商品在本地和外地之间正常流通，以谋取地方利益的行为。

《反不正当竞争法》第七条 政府及其所属部门不得滥用行政权力，限定他人购买其指定的经营者的商品，限制其他经营者正当的经营活动。

政府及其所属部门不得滥用行政权力，限制外地商品进入本地市场，或者本地商品流向外地市场。

政府及其所属部门滥用行政权力限制竞争行为要件如下：第一，行为主体限于政府及其所属部门。其中，“政府”是指除中央政府外的各级人民政府，“政府所属部门”指中央机构中的各有关职能部门（部、委、局等）和地方各级政府的职能部门。第二，政府及其所属部门，实施了法律、行政法规禁止的限制竞争行为，客观上具有滥用行政权力的事实。第三，其行为目的在于保护本部门、本地区的利益，从而损害外地经营者和本地消费者的合法权益。第四，该行为违反了依法行政的原则，损害了法律保护的市场竞争秩序。

法律链接

国家工商行政管理局 1993 年《关于禁止公用企业限制竞争行为的若干规定》

动态实训

政府及其所属部门滥用行政权力限制竞争的行为包括（　　）。

A. 限制邻省、市企业所产商品进入本地

B. 为发展本地名牌产品，指定各大酒店购买本地酒厂生产的啤酒

C. 规定本地企业所产商品未经批准不得销售外地

D. 指定本地学校学生购买某品牌运动衣

3. 低价倾销行为

《反不正当竞争法》第 11 条对低价倾销行为进行了规定。低价倾销行为是指经营者以排挤竞争对手为目的，以低于成本的价格销售商品。低价倾销违背了企业的生存法则和价值规律，在市场竞争中往往引起恶性价格战，从而导致部分中小企业倒闭等恶性竞争事件。而且，价格法也禁止经营者为打击竞争对手而以低于成本的价格销售商品。如果因特殊原因而低于成本销售商品，则不构成低价倾销行为。反不正当竞争法第 11 条列举了四种除外情况。

《反不正当竞争法》第十一条　经营者不得以排挤竞争对手为目的，以低于成本的价格销售商品。

有下列情形之一的，不属于不正当竞争行为：

（一）销售鲜活商品；

（二）处理有效期限即将到期的商品或者其他积压的商品；

（三）季节性降价；

（四）因清偿债务、转产、歇业降价销售商品。

根据反不正当竞争法以及价格法的相关规定，低价倾销行为的构成要件包括：第一，行为的主体是经营者，而且在大多数情况下，是大型企业或在特定市场上具有经营优势地位的企业。第二，经营者客观上实施了低于成本的价格销售商品的行为。第三，经营者低于成本价格销售商品的行为目的是排挤竞争对手，以便独占市场。因此，实施该行为一般并非是一时，而是较长时间和以较大的市场投放量低价倾销。

小思考

低价销售行为是否当然违法？

4. 搭售或附加其他不合理条件的行为

《反不正当竞争法》第十二条　经营者销售商品，不得违背购买者的意愿搭售商品或者附加其他不合理的条件。

《反不正当竞争法》第 12 条对附条件交易行为作出了禁止性规定。根据民法通则以及合同法的相关规定，在交易中一方或双方均可附加一定的条件，但所附条件必须合理合法。搭售是附加不合理条件行为的一种，是指经营者出售商品时，违背对方的意愿，强行搭配其他商品的行为。其他不合理条件，是指搭售以外的不合理的交易条件，如限制转售区域、限制技术受让方在合同技术的基础上进行新技术的研制开发等。

实践中判断交易中是否存在搭售，可依据以下三方面判断：第一，搭售行为的主体是经营者，并且通常是具有经营优势的经营者。第二，所搭商品违背购买者的意愿。第三，搭售行为不当阻碍甚至剥夺了同行业竞争对手相关产品的交易机会。

5. 招标投标中的串通行为

《反不正当竞争法》第十五条　投标者不得串通投标，抬高标价或者压低标价。

投标者和招标者不得相互勾结，以排挤竞争对手的公平竞争。

招标投标是一种竞争性缔约方式。在招标投标过程中，如果招标人与投标人或者投标人之间相互串通，使招标投标的竞争性降低或丧失，就完全失去了招标投标制度的意义和作用。因此，反不正当竞争法将其作为限制竞争行为加以禁止。1999 年 8 月 30 日颁布了《招标投标法》，反不正当竞争法中关于禁止串通招标投标的规定便更加完备，更易于操作。根据这些法律规定，招标投标中的限制竞争行为可分为两类。

一类是投标者之间串通投标，抬高标价或压低标价，其行为要件是：第一，行为主体是投标者，既可能是投标者中的一部分，也可能是全体投标者；第二，在客观方面，投标者之间实施了串通行为，其方式如进行联络、进行私下协议、作出共同安排等；第三，串通的目的是通过某种安排排挤其他投标者或使招标者得不到竞争利益，即理想的价位及其他合同条件。

法律链接

1999 年 8 月 30 日颁布的《招标投标法》

另一类是投标者和招标者相互勾结排挤竞争对手。其行为要件包括：第一，行为主体包括两方，即招标者和投标者；第二，在客观方面，招标者与投标者之间有共谋行为；第三，这种共谋行为的目的是为了让参与共谋的投标者中标，以排挤其他的投标者。但如果共谋的是其他与招标事项无关的内容，则不构成招标投标中的限制竞争行为。

三、违反反不正当竞争法的法律责任

不正当竞争行为的法律责任是多元的，包括民事责任、行政责任和刑事责任。不正当竞争行为是一种侵权行为，受害人可以要求行为人承担赔偿损失等民事责任。不正当竞争行为还是扰乱市场经济秩序和损害公共利益的行为，根据其危害性的大小，还要承担行政责任和刑事责任。

（一）不正当竞争行为的民事责任

根据《反不正当竞争法》的规定，经营者实施不正当竞争行为，给被侵害的经营者造成损害的，应当承担损害赔偿责任，请求损害赔偿的人必须是被侵害的经营者。在赔偿额的确定上，首先要按照实际损失赔偿；实际损失难以计算的，将侵权人在侵权期间因侵权所获得的利润作为赔偿额。此外，承担被侵害的经营者因调查该经营者侵害其合法权益的不正当竞争行为所支付的合理费用，也属于赔偿范围之列。另外，被侵害的经营者的合法权益受到不正当竞争行为损害的，可以向人民法院提起诉讼。由于该法没有赋予行政执法机关对民事赔偿的处理权，受害人只能向法院提起民事诉讼。

《反不正当竞争法》第二十条　经营者违反本法规定，给被侵害的经营者造成损害的，应当承担损害赔偿责任，被侵害的经营者的损失难以计算的，赔偿额为侵权人在侵权期间因侵权所获得的利润；并应当承担被侵害的经营者因调查该经营者侵害其合法权益的不正当竞争行为所支付的合理费用。

被侵害的经营者的合法权益受到不正当竞争行为损害的，可以向人民法院提起诉讼。

（二）不正当竞争行为的行政责任

行政责任是指由行政执法机关（监督检查部门）对不正当竞争行为进行的行政处罚，包括罚款、没收违法所得等。

例如，《反不正当竞争法》第 21 条规定，经营者假冒他人注册商标，擅自使用他人的企业名称或者姓名，伪造或者冒用认证标志、名优标志等质量标志，伪造产地，对商品质量作引人误解的虚假表示的，依照《商标法》、《产品质量法》的规定处罚。经营者擅自使用知名商品的名称、包装、装潢，或者使用与知名商品近似的名称、包装、装潢，使购买者误认为是该知名商品的，监督检查部门应当责令停止违法行为，没收违法所得，可以根据情节处以违法所得一倍以上三倍以下的罚款；情节严重的，可以吊销营业执照。《反不正当竞争法》第 24 条规定，经营者利用广告或者其他方法，对商品作引人误解的虚假宣传的，监督检查部门应当责令停止违法行为，消除影响，可以根据情节处以一万元以上二十万元以下的罚款。广告的经营者在明知或者应知的情况下，代理、设计、制作、发布虚假广告的，监督检查部门应当责令停止违法行为，没收违法所得，并依法处以罚款。

（三）不正当竞争行为的刑事责任

《反不正当竞争法》对于不正当竞争行为的刑事责任的追究都是只作原则性的提及，而 1997 年 3 月 14 日第八届全国人民代表大会第五次会议修订的《刑法》对于许多不正当竞争行为的刑事责任作出了规定。

例如，《反不正当竞争法》第 21 条第 2 款有“销售伪劣商品，构成犯罪的，依法追究刑事责任”的规定，《刑法》第三章第一节规定了“生产、销售伪劣商品罪”。因此，仿冒知名商品特有的名称、包装和装潢的行为，如果涉及“销售伪劣商品，构成犯罪的”，可以依照《刑法》第三章第一节有关“生产、销售伪劣商品罪”的相应规定，追究刑事责任。此外，刑法还规定了侵犯商业秘密罪等与不正当竞争行为有关的罪名。

动态实训

《反不正当竞争法》规定的行政责任主要有（　　）。

A. 责令停止违法行为　　B. 责令赔偿

C. 责令改正　　D. 吊销营业执照

第三节　反垄断法

案例导读 奇虎公司与腾讯公司垄断纠纷案

2012 年 11 月，北京奇虎科技公司（简称奇虎公司）向广东省高级人民法院起诉，主张腾讯科技（深圳）有限公司（简称腾讯公司）和深圳市腾讯计算机系统有限公司（简称腾讯计算机公司）滥用在即时通讯软件及服务相关市场的市场支配地位，构成垄断。

奇虎公司诉称：2010 年 11 月 3 日，腾讯公司和腾讯计算机公司发布《致广大 QQ 用户的一封信》，明示禁止其用户使用奇虎公司的 360 软件，否则停止 QQ 软件服务；拒绝向安装有 360 软件的用户提供相关的软件服务，强制用户删除 360 软件；采取技术手段，阻止安装了 360 浏览器的用户访问 QQ 空间，在此期间大量用户删除了奇虎公司相关软件；2010 年 11 月 20 日工业与信息化部以具体行政行为，谴责并禁止了腾讯公司和腾讯计算机公司的前述行为。腾讯公司和腾讯计算机公司将QQ软件管家与即时通讯软件相捆绑，以升级QQ软件管家的名义安装QQ医生，构成捆绑销售。腾讯公司和腾讯计算机公司的上述行为构成滥用市场支配地位，排除、妨碍竞争，违反了反垄断法的规定。请求判令腾讯公司和腾讯计算机公司立即停止滥用市场支配地位的垄断行为，赔礼道歉，连带赔偿奇虎公司经济损失1.5亿元及合理开支100万元。

2013年3月20日，广东省高级人民法院作出一审判决，驳回奇虎公司全部诉讼请求。奇虎公司不服，向最高人民法院提出上诉。2013年6月24日，最高人民法院受理了该案。2014年10月8日，最高人民法院作出终审判决：驳回上诉，维持原判。

该案是迄今为止我国互联网领域诉讼标的额最大的垄断案件。涉诉双方均为我国互联网领域中的领军公司，双方之间爆发了多起诉讼，被业界称为“3Q”大战。本案是“3Q”大战中最引人注目的案件。

资料来源：根据人民网、最高人民法院网站相关信息整理。

一、垄断与反垄断法概述

（一）垄断的概念

垄断现象是一种非常复杂的经济和法律现象。垄断的法学定义虽然不同于垄断的经济学定义，但要以后者为基础。

经济学中垄断是反映市场竞争和垄断关系的一种市场结构。一般认为，依其集中度，市场结构有两大类四种类型：完全竞争和不完全竞争市场，纯粹竞争、垄断竞争、寡头垄断、垄断。不同市场结构下的经济效率是不同的：完全竞争市场的经济效率最高，垄断竞争市场的经济效率较高，寡头市场的经济效率较低，垄断市场的经济效率最低。经济学著述中所称的垄断，有三个层面的含义：一是最狭义的垄断，指完全垄断的市场结构，即独占。二是狭义的垄断，是指不完全竞争的市场结构，是除完全竞争之外所有的市场结构，包括垄断竞争、寡占和独占。三是广义的垄断，既指包括垄断竞争、寡占和独占在内的市场结构，又指市场主体的垄断行为（如滥用市场支配地位行为、联合限制竞争行为、经营者集中行为等）。由此可见，经济学家在使用“垄断”一词时，一般是指社会经济所处的一种状态或社会经济形成这种垄断状态的过程，着眼点是经济力集中所造成的“垄断利润”，即绝大部分经济学者所论述的垄断限于垄断结构，虽然他们不否定垄断行为的存在，但他们对垄断行为一般不予研究。

垄断的法学定义，可以从广义角度而言，垄断是指经营者或其利益代表者排除或限制竞争的行为或状态。其含义包括四个方面：

1. *垄断的客观方面主要是垄断行为，但并不排斥垄断结构*

垄断结构，即某一生产经营领域由一个或少数几个企业控制的状态。法律上对市场垄断状态的调整，就是责令分割垄断企业或责令其转让营业，以解除垄断状态。

垄断行为主要包括：垄断协议（联合限制竞争行为）、滥用市场支配地位、经营者集中。

但就目前在全球化条件下，垄断状态越来越难以形成，在垄断企业存在的情况下，只要对其通谋和滥用优势加以有效控制，也可能存在真正的、有效的竞争，所以，当代竞争法实际上已不把市场垄断状态作为直接的调整对象，而是在对滥用优势地位的认定和企业结合的控制中将其作为考虑的因素，譬如在构成垄断状态的情况下推定相关垄断企业具有市场优势地位，或者某项结合行为可能导致缺乏竞争状况的后果，竞争执法机关可以依法加以阻止或责令恢复到原先的竞争状态。众所周知，反垄断法经历了从以结构主义为主到以行为主义为主的演变。各国反垄断立法所关注的垄断已经不是或者主要不是垄断结构，而是居于垄断地位的经营者或其利益代表者所为的垄断行为。

我国的《反垄断法》中主要规制的也是垄断行为，而非垄断结构。

2. 垄断的主体是经营者或其利益代表者

经营者是通过提供商品和服务而获取利润的企业、其他组织或个人。经营者是垄断行为最常见的主体。在市场运行中，为垄断行为的，除了经营者外，还有其利益的代表者，如各种行业协会（行会、商会、公会等），特定情形下还包括地方政府和各级政府主管部门。前者主要是在联合限制竞争行为中，后者主要是在行政性垄断行为中。行业协会、地方政府和各级政府主管部门，虽然不是经营者，但当它成为垄断行为的主体时，实际上作为或者演变成为经营者利益的代表者。

3. 垄断的主观方面是牟取超额利益

这里所说的超额利益，正是指超过完全竞争状态下所获得的合理利润以上的利润。就经营者来说，这种超额利益是由生产、销售等市场行为形成的. 表现为利润。就经营者的代表者来说，并不一定要通过市场行为，但其所实施垄断行为的目的仍然是牟取超额利益。

4. 垄断的后果是排除或限制竞争

垄断行为的结果是排除或限制竞争，并不意味着每一个垄断行为的构成中都以造成排除或限制竞争的后果为要件。造成或可能造成排除或限制竞争的后果，都可构成垄断行为。

由上可知，法学家在使用“垄断”一词时，一般是指处于市场支配地位的企业或企业之间联合起来所进行的一种行为或市场结构状态，着眼点是这种行为或结构状态对竞争的限制与损害。即法学上的垄断除研究市场结构外，还包括垄断行为，但一般各国反垄断法中主要是将“垄断”作为一种行为来规范的。

就反垄断法而言，促成垄断的扩张、联合及由此造成的独占或寡占的结果，都是对竞争的限制；限制竞争的行为则都是垄断行为。所以，垄断和限制竞争的概念在反垄断法上是等价的。

(二) 反垄断法上关于垄断的分类

根据垄断一词在反垄断法中不同场合的使用，可将垄断分为：

1. 狭义的垄断与广义的垄断

狭义的垄断是指独占或者少数企业共同占据市场支配地位的情况，后者也称之为寡头垄断。广义的垄断看作是狭义的垄断加上限制竞争行为。反垄断法中的垄断一语就是指广义的垄断。

2. 合法垄断和非法垄断

合法垄断是指法律允许的垄断。非法垄断是指合法垄断之外的具有社会危害性的应受禁止的垄断。

3. 国内垄断和国际垄断

国内垄断指在一国境内发生作用的垄断。国际垄断是近现代经济国际化的产物。随着国际经济的发展，跨国公司、多国公司等垄断组织相继产生形成国际垄断。

（三）反垄断法概述

1. 反垄断法的产生与发展

通说认为，现代反垄断法发端于1890年美国国会通过的由参议员约翰·谢尔曼提出的名为《保护贸易和商业不受非法限制与垄断之害法》（简称之为《谢尔曼法》）。继《谢尔曼法》之后，1914年美国国会又通过两个法案《克莱顿法》和《联邦贸易委员会法》。这样由《联邦贸易委员会法》创设了反垄断和反不正当竞争的专门行政执法机关——联邦贸易委员会，并对其职责和工作程序进行了完整的规定。至此，美国反垄断法的基本框架即告形成。

在同时期，英、法、德等欧洲资本主义国家，不正当竞争行为比较猖獗，因此这些国家关于竞争政策的立法主要是反不正当竞争法。为防止德、日两战败国的法西斯势力东山再起，同盟国所要做的第一件大事，就是尽快结束该两国的各种垄断集团所造成的经济力过分集中的状态。这一时期，世界上各主要市场经济国家，普遍认识到垄断对市场竞争秩序的破坏作用。以德国和日本为代表，创立了有别于美国反垄断法的法典化的立法模式，并将反垄断与反不正当竞争分别立法。此后很多国家纷纷效仿，进行反垄断立法。于是，在世界范围内呈现出反垄断立法数量多、范围广泛、内容日趋丰富的局面。

反垄断法经过近百年的理论与实践，到本世纪80年代发展成熟。这一时期，世界上经济较发达的国家均制定了自己的反垄断法，如老牌的资本主义国家，像美、英、日、德等国家，均修改完善自己的反垄断法，并在这些国家逐步形成了世界反垄断法并发展为两大类型：以美日为代表的结构主义反垄断法和以英德欧共体为代表的行为主义反垄断法。为后制定反垄断法的国家提供了可供选择的立法模式和价值取向标准。很多后起的市场经济国家和地区，也纷纷制定反垄断法。大多数原来实行计划经济的国家，都先后进行经济体制改革，向市场经济体制转变。为了形成统一市场，巩固改革的成果，建立自由竞争的新经济秩序，这些国家先后都制定了反垄断法。

2. 反垄断法的概念与调整对象

纵观世界各国反垄断法，我们可以将反垄断法定义为：反垄断法，是由国家制定并由国家强制力保证实施的调整国家在反对垄断保护竞争活动中产生的各种社会关系的法律规范的总称。

反垄断法调整对象是：（1）确定禁止垄断范围中发生的经济关系；（2）确定禁止垄断管理体制的过程中产生的经济关系；（3）制裁非法垄断行为过程中发生的经济关系。

3. 我国反垄断法的立法目的与调整范围

《中华人民共和国反垄断法》（以下简称《反垄断法》）于2007年8月30日通过，并自2008年8月1日起施行。该法第1条明确规定了其立法目的，即“为了预防和制止垄断行为，保护市场公平竞争，提高经济运行效率”是其直接目的，“维护消费者利益和社会公共利益，促进社会主义市场经济健康发展”是其根本目的。由此，反垄断法与反不正当竞争法的联系与区别清晰可辨。

反垄断法调整的主要是具有竞争关系的经营者之间的法律关系，而经营者之间的竞争，主要存在于相关市场之中。同时，结合我国国情，反垄断法将具有行政垄断性质的限制竞争行为纳入调整范围。而且，我国反垄断法既适用于境内经济活动中从事的垄断行为，同时也适用于对境内市场竞争产生排除、限制影响的境外的垄断行为。

二、垄断行为

我国反垄断法既规制经济垄断行为，也规制行政垄断行为。总的来说，我国反垄断法规制的垄断行为包括：垄断协议，滥用市场支配地位，具有排除限制竞争效果的经营者集中，滥用行政权力排除限制竞争行为。

（一）垄断协议

1. 垄断协议行为的概念

垄断协议行为也称联合限制竞争行为，是指经营者为限制竞争而达成协议、决定或者其他协同一致的行为。

该名称是对一类垄断行为的学理概括。一些国家和地区的反垄断立法用其他名词概括此类行为，如德国《反对限制竞争法》称为“卡特尔”（“限制竞争行为”），日本《禁止私人垄断及确保公正交易法》称为“不正当交易限制”，意大利《竞争和公平交易法》称为“限制竞争自由的协议”，美国《谢尔曼法》称为“合同”，“联合”和“共谋”，后来美国联邦贸易委员会和司法部联合公布的《关于竞争者之间联合行为的反托拉斯指南》称为“联合行为”。

2. 垄断协议行为的特征

(1) 联合限制竞争行为的主体是两个或两个以上的市场独立主体，可以是经营者和经营者团体。首先，是双方或多方行为，因而该行为也被称为“联合行为”；其次，是独立主体，具有独立决策的能力，即行为主体彼此独立、相互间没有隶属关系；最后，经营者无疑是联合限制竞争行为的主体。但同时，以团体形式出现的市场主体的联合组织也很容易为市场主体的联合一致提供便利条件，即经营者团体，如各种行业协会也可能通过其决定、决议等形式限制竞争。这时，经营者团体也是联合限制竞争行为的主体。特殊情形下，从业人员或专业人员的团体，也会成为联合限制竞争行为的主体。因此，在许多国家，行业协会和股东会的决定被视为企业间的协议，一样受到反垄断法的规制。

(2) 联合限制竞争行为的客观方面是采用了合同、协议、决议或其他协同一致的行为。由于联合限制竞争行为的主体彼此独立、相互间没有隶属关系，如果没有合同、协议、决议和其他相应的行为，就不可能协调一致。没有协调一致，就不会产生联合之效，进而造成限制、削弱以至排除参与者之间竞争的后果。

反垄断法上的“合同”一般是指合同法意义上的“合同”，而协议则是指合同以外的协议、约定，如“君子协议”。除合同和协议以外，联合行为还可以采取其他形式，如行业协会或者企业协会的决议、行为人之间协调一致的共同行为。

(3) 联合限制竞争行为的目的和后果是排除或限制竞争。排除或限制竞争的后果，并不以现实性为必要。即使仅存在着排除或限制竞争的可能性，如果其他条件具备，也可构成联合限制竞争行为。

一般而言，垄断协议行为的实施使得参加企业之间原来的竞争受到限制，或者使得参加企业以外的其他企业的交易受到限制。

《反垄断法》第十三条　禁止具有竞争关系的经营者达成下列垄断协议：

（一）固定或者变更商品价格；

（二）限制商品的生产数量或者销售数量；

（三）分割销售市场或者原材料采购市场；

（四）限制购买新技术、新设备或者限制开发新技术、新产品；

（五）联合抵制交易；

（六）国务院反垄断执法机构认定的其他垄断协议。

本法所称垄断协议，是指排除、限制竞争的协议、决定或者其他协同行为。

3. 垄断协议行为的类型

根据在产业链上不同关系主体间的联合分为：横向限制行为和纵向限制行为。该分类是最常见的分类。

（1）横向限制行为。处于产业链同一环节的经营者订立联合协议。如彩电销售商之间的联合限制竞争行为。

A. 价格通谋行为。也称固定价格行为，是指处于产业链同一环节的经营者通过协议、决议或其他协同一致的方式确定、维持、改变价格的行为。

下列情形也有价格通谋之嫌，需在执法或审判中认真考量：关于提价的协议，关于价格计算标准公式的协议；在具有竞争关系但又非相同商品之间维持固定比率的协议；关于取消价格折扣或统一价格折扣的协议；会对客户产生影响的信用条款的协议；关于取消某种廉价商品以限制供应和保持高价的协议；关于未经其他成员同意不得减价的协议；关于遵守公布价格的协议；关于不同意某种价格条款就概不出卖的协议；关于使用统一的价格作为谈判条件的协议，等等。

B. 划分市场行为。竞争者通过划分区域市场、客户或产品市场，取消相互之间的竞争可以达到间接控制价格的效果。

C. 限制数量行为。这种行为人为地制造市场紧张，使价格得以固定，对竞争和消费者的危害也很大。包括限制产量、销量、库存、原材料采购供应、有关技术的采用等。

D. 联合抵制行为。这种行为又称集体拒绝交易，是指诸多竞争者联合起来不与其他竞争对手、供应商或者客户交易的行为。其典型情况之一，是竞争者联合起来迫使供应商或者客户停止与其他竞争对手进行交易。联合抵制还可以用作对破坏任何横向限制竞争协议的行为人的惩罚。

（2）纵向限制行为。纵向限制竞争行为，是指处于同一产业链上下环节（即有供求关系）的两个或两个以上经营者所为的联合限制竞争行为。比如，电脑整机生产商和电脑整机销售商之间所为的联合限制竞争行为，就是电脑整机产销链中上下环节经营者之间所为的纵向联合限制竞争行为。

A. 限制转售价格。通常是在制造者与销售者、批发商与零售商之间达成协议，规定销售者或零售商必须按固定的价格转售其商品。

限制转售价格可能是上下游厂商间的一种共谋，更多情况下可能是上游厂商（制造商或批发商）利用其优势地位强加给下游厂商（批发商或零售商）的交易条件，或者说下游厂商迫于生计不得已接受的一种交易条件，在此情况下它也是一种滥用优势地位的行为或结果。

B. 独家经营协议。通过协议约定对方或双方在特定地区内不与第三方发生与对方有竞争关系的产品或服务的交易行为。

《反垄断法》第十四条　禁止经营者与交易相对人达成下列垄断协议：

（一）固定向第三人转售商品的价格；

（二）限定向第三人转售商品的最低价格；

（三）国务院反垄断执法机构认定的其他垄断协议。

由于横向限制行为，排斥了最具竞争关系的各方之间的竞争，对竞争的危容至为严重，对其规制也至为严厉。美国法院一般不考虑其合理性，认为横向限制本身就是违法的。纵向限制行为一般是非竞争者之间达成的协议，对竞争的危害较小，所以法律上通常对其适用“合理原则”，通过个案分析来确定其是否合理抑或不法。

《反垄断法》第 46 条：经营者违反本法规定，达成并实施垄断协议的，由反垄断执法机构责令停止违法行为，没收违法所得，并处上一年度销售额百分之一以上百分之十以下的罚款；尚未实施所达成的垄断协议的，可以处五十万元以下的罚款。

法律链接

国家工商行政管理总局《工商行政管理机关禁止垄断协议行为的规定》

经营者主动向反垄断执法机构报告达成垄断协议的有关情况并提供重要证据的，反垄断执法机构可以酌情减轻或者免除对该经营者的处罚。

（二）滥用市场支配地位

通过滥用优势地位和不公正对待来限制竞争，须有某种优势可以依赖，所以，要判断某行为是否构成滥用优势地位和不公正对待，须首先确定行为人是否具有某种优势，其中主要是市场优势，也可能是行政权力等，市场优势主要也不是指市场占有份额。

《反垄断法》第十八条　认定经营者具有市场支配地位，应当依据下列因素：

（一）该经营者在相关市场的市场份额，以及相关市场的竞争状况；

（二）该经营者控制销售市场或者原材料采购市场的能力；

（三）该经营者的财力和技术条件；

（四）其他经营者对该经营者在交易上的依赖程度；

（五）其他经营者进入相关市场的难易程度；

（六）与认定该经营者市场支配地位有关的其他因素。

1. 市场优势地位的认定

市场优势地位一般是指企业在特定市场上所具有的某种程度的控制力。许多国家的反垄断法在禁止企业滥用优势地位时都试图对市场优势地位本身加以界定，界定的标准因行业和国家而异，反映了不同行业的集中度以及每个国家的不同情况和竞争政策取向。

长期实践经验表明，大多数市场支配地位的判断并不一定需要全面考察上述所有的因素。重点观测、分析经营者的市场份额、主要的价格行为和非价格行为，有助于判断经营者的市场地位。认定市场支配地位的依据，一般以市场份额为主，兼顾市场行为及其他相关因素。

（1）市场份额和市场份额标准。市场份额，是指经营者的生产量、销售量或生产能力占相关市场的比例。为调查和计算的便利，常以销售量为据。计算经营者的销售量占相关市场总销售量的百分比，进而根据法律的规定判断经营者的市场支配地位。

不同国家和地区的反垄断法律，对具备市场支配地位的市场份额规定了不同的起点标准。德国《反对限制竞争法》以 1/3 以上的市场份额为起点。日本《禁止私人垄断及确保公正交易法》则分别规定：一年内，1 个事业者的市场占有率超过 1/2，或者 2 个事业者各自的市场占有率的总和超过 3/4 的，该事业者具有市场支配地位。我国《反垄断法》对市场支配地位的起点标准，采用分别规定的办法，如果一个经营者的市场占有率达到 1/2 以上，或者 2 个经营者的市场占有率达到 2/3 以上，或者 3 个经营者的市场占有率达到 3/4以上的，可以推定其具有市场支配地位。考虑到后两种情形中经营者的市场份额可能存在显著差异，还规定倘其中有的经营者市场份额未达到 1/10 的，则该经营者不能被认定为具有市场支配地位。在测算时，须准确把握相关市场的含义和范围。

（2）市场行为和市场行为标准。经营者的市场行为，包括价格行为、非价格行为和组织调整行为，其中主要是价格行为。当某经营者实施价格竞争行为之后，相关市场的其他经营者会有相应的价格反应。这样，就可以在调查的基础上，运用相应的经济数学方法，测算该经营者价格行为对市场其他经营者以至整个相关市场的影响程度，进而判断该经营者的市场支配力。

（3）其他相关标准。研究表明，当某经营者具有市场支配地位后，往往同时存在其他市场现象。这些现象也可以作为认定其是否具有市场支配地位的依据，比如：市场进入退出障碍；交易自由度；经营者资产规模及其横向或纵向联合的紧密程度等等。

上述依据，大多已经被纳入一些国家和地区的反垄断法律。

2. 滥用优势地位行为的表现形式

（1）垄断高价和不当低价收买。缺乏竞争压力的企业，自然会利用其垄断地位，通过垄断高价和不当低价收买而谋求利润最大化。

（2）掠夺性定价或不当贱卖。我国《反不正当竞争法》第 11 条规定，经营者不得以排挤竞争对手为目的，以低于成本的价格销售商品；有下列情形之一的，不属于不正当竞争行为：①销售鲜活商品；②处理有效期限即将到期的商品或者其他积压的商品；③季节性降价；④因清偿债务、转产、歇业降价销售商品。

《反垄断法》第十七条　禁止具有市场支配地位的经营者从事下列滥用市场支配地位的行为：

（一）以不公平的高价销售商品或者以不公平的低价购买商品；

（二）没有正当理由，以低于成本的价格销售商品；

（三）没有正当理由，拒绝与交易相对人进行交易；

（四）没有正当理由，限定交易相对人只能与其进行交易或者只能与其指定的经营者进行交易；

（五）没有正当理由搭售商品，或者在交易时附加其他不合理的交易条件；

（六）没有正当理由，对条件相同的交易相对人在交易价格等交易条件上实行差别待遇；

（七）国务院反垄断执法机构认定的其他滥用市场支配地位的行为。

本法所称市场支配地位，是指经营者在相关市场内具有能够控制商品价格、数量或者其他交易条件，或者能够阻碍、影响其他经营者进入相关市场能力的市场地位。

(3) 不当拒绝交易。这是指具有市场优势地位的企业无正当理由拒绝或限制接受交易，或者拒绝向他人供货、提供服务等。但是在市场中经过讨价还价达不成交易是正常现象，所以在认定这种行为时，必须区分不能成交和不当拒绝交易，关键是要考虑未能成交的交易条件对该具有市场优势地位的行为人而言是否合理或划算。如果合理或划算，则构成不当拒绝交易，否则就是正常的不能成交。对此行为我国法律尚无规定。

(4) 强制交易。这是指行为人违背他人意愿强制其进行交易。行为人固然可能利用市场优势强制交易，但也可能利用非市场优势更为轻松便捷，如倚仗自然垄断、法定垄断、行政权力等。

(5) 搭售或附加不合理的交易条件。这是指行为人违背交易相对人的意愿，强求其在购买某种商品或服务或者为某项交易时，同时购买某种其不愿购买的商品或服务，或者接受其他不合理的交易条件。我国《反不正当竞争法》第12条对此已作了规定。

(6) 交易条件或价格的歧视。这是指没有正当理由，在交易条件和价格上，对某些生产经营者给予明显有利或不利的对待。但是差别待遇能够适当地反映成本的除外。所以，认定这种滥用行为，除行为人须具有优势地位外，主要应视其是否不合理地限制或损害了竞争，并考虑对不同客户的差别待遇是否有成本依据。

法律链接

国家工商行政管理总局《工商行政管理机关禁止滥用市场支配地位行为的规定》

(7) 其他滥用支配地位行为。《反垄断法》第47条：经营者违反本法规定，滥用市场支配地位的，由反垄断执法机构责令停止违法行为，没收违法所得，并处上一年度销售额百分之一以上百分之十以下的罚款。

动态实训

关于市场支配地位的说法，下列哪些选项是正确的？（　　）

A. 有市场支配地位而无滥用该地位的行为者，不为《反垄断法》所禁止

B. 市场支配地位的认定，只考虑经营者在相关市场的市场份额

C. 其他经营者进入相关市场的难易程度，不影响市场支配地位的认定

D. 一个经营者在相关市场的市场份额达到二分之一的，推定为有市场支配地位

（三）经营者集中

1. 经营者集中的概念和特征

所谓经营者集中，是指经营者通过合并、收购、委托经营、联营或控制其他经营者业务或人事等方式，集合经营者经济力，提高市场地位的行为。

经营者集中行为主要有以下特征：（1）经营者集中行为的主体是经营者。无论是合并、股份或资产收购、委托经营或联营、业务或从事控制等，其行为施动者和受动者都是经营者。（2）经营者集中行为的目的和后果是迅速集合经济力，提高市场份额，提升市场地位，对市场竞争和经济发展利弊互现。（3）经营者集中行为属于市场行为的组织调整行为，具体方式包括经营者合并和不形成新经营者的股份或资产收购、委托经营或联营、业务或人事控制等。

2. 经营者集中的类型

在市场运行中，经营者集中行为的方式很多，概括起来就是经营者合并和经营者控制两类。这两大类行为中的具体、典型的行为方式被大多数国家和地区的反垄断法律类型化。

第一，经营者合并。

（1）经营者合并的含义。经营者合并，是指两个或两个以上经营者合为一个经营者，从而导致经营者集中的行为。

（2）经营者合并的类型。根据合并后原经营者主体资格存续与否，经营者合并可分为新设合并和吸收合并。新设合并，是指两个或两个以上的经营者合为一个新的经营者，原来几个经营者的主体资格均消失的合并行为。吸收合并，是指两个或两个以上的经营者合为一个经营者，其中一个经营者的主体资格存续下来，其他经营者的主体资格消失的合并行为，也称兼并。如波音公司和麦道公司合并后，波音公司存续下来。

> 《反垄断法》第二十条　经营者集中是指下列情形：
>
> （一）经营者合并；
>
> （二）经营者通过取得股权或者资产的方式取得对其他经营者的控制权；
>
> （三）经营者通过合同等方式取得对其他经营者的控制权或者能够对其他经营者施加决定性影响。

（3）经营者合并的多部门法问题。经营者合并，是多个部门法都关注的问题。商法关注随着合并而生的经营者存续、变更和消亡等法律问题。由于相当一部分经营者是公司，而且一部分经营者合并是通过股份收购而发生的，证券法关注基于收购而发生的经营者合并中的法律问题。由于经营者合并会改变产业组织结构，提高合并后经营者的市场地位，

从而发生反垄断法上的问题。因此，经营者合并，是多部门法学从不同角度共同关注的法律问题。

第二，经营者控制。

（1）经营者控制的含义。经营者控制，是指经营者通过收购、委托经营、联营和其他方式而控制其他经营者，从而导致经营者集中的行为。

（2）经营者控制的类型。依其获得控制权的途径可分为三类：一是经营者收购其他经营者的部分股份或资产享有股权或资产所有权而获得的对其他经营者的控制；二是经营者通过受托经营、联营等方式享有经营权而对其他经营者的控制；三是经营者通过享有债权而获得的对其他经营者的控制。

（3）经营者控制的反垄断法问题。经营者控制，其本身就导致限制竞争的后果，并且为滥用市场支配地位行为和联合限制竞争行为提供了市场条件，需要反垄断法予以规制。

3. 集中控制制度

集中控制制度包括两个方面：一是通过审批或备案审查等方式控制集中行为；二是通过限制董事兼任甚至分割企业或责令转让营业等方式对企业的结合度加以控制。

（1）集中行为控制。这种控制主要是基于竞争目的对企业获得市场垄断地位的行为进行的监督。

《反垄断法》第二十一条　经营者集中达到国务院规定的申报标准的，经营者应当事先向国务院反垄断执法机构申报，未申报的不得实施集中。

第二十五条　国务院反垄断执法机构应当自收到经营者提交的符合本法第二十三条规定的文件、资料之日起三十日内，对申报的经营者集中进行初步审查，作出是否实施进一步审查的决定，并书面通知经营者。国务院反垄断执法机构作出决定前，经营者不得实施集中。

第二十八条　经营者集中具有或者可能具有排除、限制竞争效果的，国务院反垄断执法机构应当作出禁止经营者集中的决定。但是，经营者能够证明该集中对竞争产生的有利影响明显大于不利影响，或者符合社会公共利益的，国务院反垄断执法机构可以作出对经营者集中不予禁止的决定。

在市场经济条件下，企业及其资本、资产、营业等原则上应当与各种产品和服务一样，可以自由交易，从而实现市场基础上的资源有效配置。所以，只要企业结合不会导致从实质上限制竞争，就不必在合同法、企业和公司法等之外另加审查；为了具有可操作性，则要求达到一定规模的结合应当接受政府主管部门的审查和监督。

我国《反垄断法》也采取这样的制度，此制度的要义是：达到一定规模的企业合并或收购的，须事先向反垄断执法机构申报；申报之后行为人在一定期间内不得实施结合，在该等待期间内反垄断执法机构未提出异议或未决定作进一步实质审查的，期间届满行为人即可实施结合；反垄断执法机构可以在该期间内依法酌情决定是否对某项结合进行实质审查，并限期作出同意或不准结合的决定。审查的标准就是视结合之后是否会实质性地损害竞争。

（2）对经营者集中度的控制。这是对已经存在或现实可能的结合状态加以某种控制，以免削弱或损害竞争。如对一人兼任多个企业的董事或管理人员加以限制，以防多数企业根据统一的意志行事，从而削弱或消灭竞争。

法律链接

国务院《关于经营者集中申报标准的规定》；商务部《经营者集中申报办法》、《经营者集中审查办法》

《反垄断法》第48条：经营者违反本法规定实施集中的，由国务院反垄断执法机构责令停止实施集中、限期处分股份或者资产、限期转让营业以及采取其他必要措施恢复到集中前的状态，可以处五十万元以下的罚款。

动态实训

根据《反垄断法》规定，下列关于经营者集中的说法哪些选项是正确的？（　　）

A. 经营者集中就是指企业合并

B. 经营者集中实行事前申报制，但允许在实施集中后补充申报

C. 经营者集中被审查时，参与集中者的市场份额及其市场控制力是一个重要的考虑因素

D. 经营者集中如被确定为可能具有限制竞争的效果，将会被禁止

（四）滥用行政权力排除、限制竞争

1. 行政性垄断行为的概念

定义人们常称的行政性垄断，困难较大，争议较多。提炼不同观点的共性，可以认为，是指行政主体利用行政权力实施的损害市场竞争，破坏市场经济秩序的行为。

2. 行政性垄断的法律特征

（1）行政性垄断行为的主体。行政性垄断行为的主体包括：①国务院各部门、直属机构和有行政权力的办事机构、直属事业单位。②地方各级人民政府。③地方各级人民政府各部门、直属机构和有行政权力的办事机构、直属事业单位。④其他经行政机关授权行使行政权力的非政府机构。

（2）行政性垄断行为方式。从法律规定上看，市场运行中表现更普遍、危害更严重、特性更突出的行政性垄断行为主要有：

A. 行政性强制交易。行政强制交易，是指地方政府及各级政府部门滥用行政权力，限定他人买卖其指定的商品或指定的经营者的商品。

B. 行政性限制市场准入。行政性限制市场准入，是指政府及其所属部门滥用行政权力，限制经营者的市场准入或者正常的市场流通，排除、限制市场竞争的行为。具体体现在：以排除或限制市场竞争为目的，限制符合法定条件的经营者的市场准入；以排除或限制市场竞争为目的，限制外地经营者的商品或服务进入本地市场，或者限制本地经营者的商品（尤其是重要资源、原材料）或服务进入外地市场。

C. 行政性强制经营者限制竞争。行政性强制经营者限制竞争，是指政府及其所属部门滥用行政权力，强制经营者从事法律所禁止的排除或者限制市场竞争的行为。比如，强制本地区、本部门的企业合并，或者通过经营者控制组建企业集团；强制经营者通过协议等方式固定价格、拒绝交易、划分市场等。

依行政性垄断行为的具体行为人的不同分为直接行政性垄断行为和间接行政性垄断行为（即行政强制经营者限制竞争行为）。

依其作用对象的不同分为具体行政性垄断行为和抽象行政性垄断行为；需要说明的是，对这三种行为，可能仅是具体行政行为，有时也可能是具体行政行为和抽象行政行为合一。当然，不排除仅通过抽象行政行为限制市场竞争，即抽象行政性垄断行为。所谓抽象行政性垄断行为，是指政府及其所属部门违反法律规定，滥用行政权力，制定含有排除或者限制竞争内容的规定，妨碍建立和完善全国统一、规范有序的市场体系，损害公平竞争环境的行为。

《反垄断法》第51条：行政机关和法律、法规授权的具有管理公共事务职能的组织滥用行政权力，实施排除、限制竞争行为的，由上级机关责令改正；对直接负责的主管人员和其他直接责任人员依法给予处分。反垄断执法机构可以向有关上级机关提出依法处理的建议。法律、行政法规对行政机关和法律、法规授权的具有管理公共事务职能的组织滥用行政权力实施排除、限制竞争行为的处理另有规定的，依照其规定。

动态实训

下列哪一选项属于《反不正当竞争法》和《反垄断法》均明文禁止的行为？（　　）

A. 甲省政府规定，凡外省生产的汽车，必须经过本省交管部门的技术安全认证，领取省内销售许可证后，方可在本省市场销售

B. 乙省政府规定，在进出本省的交通要道设置关卡，阻止本省生产的猪肉运往外省

C. 丙省政府规定，省内各机关和事业单位在公务接待等活动时需要消费香烟的，只能选用本省生产的“金丝雀”牌香烟，否则财政不予报销

D. 丁省政府规定，外省生产的化肥和农药在本省销售的，一律按销售额加收15%的环保附加费

三、反垄断调查机制

（一）反垄断调查机构及其职权

1. 宏观协调机构及其职权

我国反垄断法规定由国务院设立反垄断委员会，负责组织、协调、指导反垄断工作，其主要职责是：（1）研究拟订有关竞争政策；（2）组织调查、评估市场总体竞争状况，发布评估报告；（3）制定、发布反垄断指南；（4）协调反垄断行政执法工作；（5）国务院规定的其他职责。该委员会的组成和工作规则由国务院规定。从这些职责可以分析得出，反垄断委员会在性质上属于调研智囊型宏观协调机构而非直接执法机构。

2. 反垄断执法机构

出于建立全国统一、开放和竞争性大市场的需要，我国反垄断法把反垄断执法作为中央事权，明确规定由国务院规定的承担反垄断执法职责的机构负责反垄断执法工作。目前，我国国务院反垄断执法机构包括国家工商行政管理局、国家发展改革委员会、商务部。其中，国家工商行政管理局负责非价格垄断协议、非价格滥用市场支配地位、滥用行政权力排除限制竞争行为的反垄断执法，国家发展改革委员会负责价格垄断行为，商务部负责经营者集中行为的反垄断审查。这即是说，地方各级人民政府及其有关部门均不享有反垄断行政执法权。然而，考虑到我国辽阔疆域，人口众多，如果所有案件全部由国务院反垄断执法机构来处理，工作量势必太大，反垄断执法机构事实上也不可能有足够的时间进行反垄断调查，反垄断执法工作就会成为一句空话。因此，《反垄断法》第 10 条第 2 款规定，国务院反垄断执法机构根据工作需要，可以授权省、自治区、直辖市人民政府相应的机构负责有关反垄断执法工作。这即是说，省、自治区、直辖市人民政府的相关机构虽然没有执行反垄断法的职责，但它们可在国务院反垄断执法机构授权的范围执行反垄断法，例如授权处理省、自治区、直辖市行政区域具有限制竞争影响的案件。

（二）反垄断调查程序

1. 调查的启动

调查的启动，涉及由何种主体以何种方式启动对涉嫌垄断、限制竞争行为的调查。我国反垄断法将此项权利赋予了反垄断执法机构和私人主体。即反垄断执法机构依法对涉嫌垄断行为进行调查。对涉嫌垄断行为，任何单位和个人有权向反垄断执法机构举报。同时，反垄断执法机构应采取保密措施保障举报人的权利。当举报采用书面形式并提供相关事实和证据的，反垄断执法机构应当进行必要的调查。

2. 调查措施

调查措施是指反垄断执法机构在对涉嫌垄断行为的调查过程中依法可以采取的措施。根据《反垄断法》第 39 条的规定，反垄断执法机构调查涉嫌垄断行为，可以采取下列措施：（1）进入有关场所进行检查；（2）询问有关人员；（3）查阅、复制有关资料；（4）查扣相关证据；（5）查询经营者的银行账户。反垄断执法机构在采取上述措施时必须严格履行相关程序：首先，应由反垄断执法机构主要负责人书面批准；其次，执法人员不得少于两人，并应当出示执法证件；再次，执法人员在询问和调查时应当制作笔录，并由被询问人或者被调查人签字；最后，执法人员在调查过程中应遵守回避制度，以保证执法过程的公正进行。这样规定，一方面有利于反垄断执法机构认定和处理不法垄断行为，另一方面也防止了反垄断执法机构滥用权力。

（三）调查的中止、终止和恢复

调查中止是指在反垄断执法机构已经启动调查程序但尚未结束之前，被调查的经营者承诺在反垄断执法机构认可的期限内采取具体措施消除该行为后果的，反垄断执法机构可以决定暂时停止调查。这是一种附条件的暂时停止调查程序，并且反垄断执法机构也可以视违法行为的性质、程度和持续的时间等因素不作出中止调查的决定。

调查终止则是指，在中止调查后，若经营者履行了承诺，并且消除了垄断行为的后果，反垄断执法机构可以决定终止调查，即针对该被调查者的调查程序就此宣告结束。

调查恢复是指调查中止后，出现了法律规定的某些情形，反垄断执法机构重新恢复调查的一种程序。根据《反垄断法》第 45 条的规定，包括：一是经营者未履行承诺的；二是作出中止调查决定所依据的事实发生了重大变化的；三是中止调查的决定是基于经营者提供的不完整或者不真实的信息作出的。

法律链接

国家工商行政管理总局《工商行政管理机关查处垄断协议、滥用市场支配地位案件程序规定》

四、反垄断法的适用除外

反垄断法适用除外制度是指对某些特定行业、领域或在特定条件下，允许一定的垄断组织、垄断状态或垄断行为可以合法存在的法律制度。从各国立法例看，适用除外的对象主要是那些对本国整体经济利益和社会公共利益有重大意义的行业或领域，以及那些对市场竞争的影响不大、但对整体利益或特定社会成员却十分有益的限制竞争行为或垄断。

根据我国反垄断法的立法目的，反垄断法是维护正当竞争的法，规范的重心是垄断行为而非垄断状态。同时，为了促进科技进步、保护幼稚产业或者弱势团体，维护全体或者长远的社会公共利益，对于某些领域、某些行业还需承认、维持某种垄断。我国反垄断法借鉴国外立法经验，对不适用反垄断法的领域及行业作出了规定。

（一）行使知识产权行为

为了鼓励创新，知识产权法对发明创造的权利人赋予了一定期限的垄断特权。知识产权的权利人行使知识产权的行为，从表面上看似乎与反垄断法所禁止的垄断行为类似，但实则是促进科技进步必须予以保护的合法行为。为避免法律之间的冲突，我国《反垄断法》第 55 条对行使知识产权的行为作出了除外规定。

> 《反垄断法》第五十五条　经营者依照有关知识产权的法律、行政法规规定行使知识产权的行为，不适用本法；但是，经营者滥用知识产权，排除、限制竞争的行为，适用本法。
>
> 第五十六条　农业生产者及农村经济组织在农产品生产、加工、销售、运输、储存等经营活动中实施的联合或者协同行为，不适用本法。

（二）农业生产者及农村经济组织的联合

为了疏导我国农业生产风险，促进我国农业的规模化经营，我国《反垄断法》第 56 条对于农业生产者及农村经济组织从事农产品的生产经营活动给予特别保护，免于反垄断法的规制。

小思考

行政性垄断是否应纳入反垄断法调整范围？

案件聚焦 可口可乐收购汇源案

2008年9月3日，可口可乐公司和中国汇源果汁集团有限公司发布公告，可口可乐旗下全资附属公司将以179.2亿港元收购汇源果汁全部已发行股份及全部未行使可换股债券。

网上资料：汇源100%果汁占据了国内纯果汁46%的市场份额，中高浓度果汁占据39.8%的市场份额。2007年，汇源果汁销售79万吨，营业额26.56亿元。可口可乐旗下的“酷儿”、“美汁源”等果汁饮料在中国果汁饮料市场也有一定消费影响力。全部可口可乐品牌在中国的销售额早在2005年就已超过了100亿元。

2008年9月18日，可口可乐公司向商务部递交了申报材料。9月25日、10月9日、10月16日和11月19日，可口可乐公司根据商务部要求对申报材料进行了补充。

11月20日，商务部认为可口可乐公司提交的申报材料达到了《反垄断法》第23条规定的标准，对此项申报进行立案审查，并通知了可口可乐公司。

由于此项集中规模较大、影响复杂，2008年12月20日，初步阶段审查工作结束后，商务部决定实施进一步审查，书面通知了可口可乐公司。在进一步审查过程中，商务部对集中造成的各种影响进行了评估，并于2009年3月20日前完成了审查工作。

审查内容：商务部从以下几个方面进行全面审查：(1) 参与集中的经营者在相关市场的市场份额及其对市场的控制力；(2) 相关市场的市场集中度；(3) 经营者集中对市场进入、技术进步的影响；(4) 经营者集中对消费者和其他有关经营者的影响；(5) 经营者集中对国民经济发展的影响；(6) 汇源品牌对果汁饮料市场竞争产生的影响。

审查工作：立案后，商务部对此项申报依法进行了审查，对申报材料进行了认真核实，对此项申报涉及的重要问题进行了深入分析，并通过书面征求意见、论证会、座谈会、听证会、实地调查、委托调查以及约谈当事人等方式，先后征求了相关政府部门、相关行业协会、果汁饮料企业、上游果汁浓缩汁供应商、下游果汁饮料销售商、集中交易双方、可口可乐公司中方合作伙伴以及相关法律、经济和农业专家等方面意见。

竞争问题评估：确认集中将产生如下不利影响：(1) 集中完成后，可口可乐公司有能力将其在碳酸软饮料市场上的支配地位传导到果汁饮料市场，对现有果汁饮料企业产生排除、限制竞争效果，进而损害饮料消费者的合法权益。(2) 品牌是影响饮料市场有效竞争的关键因素，集中完成后，可口可乐公司通过控制“美汁源”和“汇源”两个知名果汁品牌，对果汁市场控制力将明显增强，加之其在碳酸饮料市场已有的支配地位以及相应的传导效应，集中将使潜在竞争对手进入果汁饮料市场的障碍明显提高。(3) 集中挤压了国内中小型果汁企业生存空间，抑制了国内企业在果汁饮料市场参与竞争和自主创新的能力，给中国果汁饮料市场有效竞争格局造成不良影响，不利于中国果汁行业的持续健康发展。

附加限制性条件的商谈：为了减少审查中发现的不利影响，商务部与可口可乐公司就附加限制性条件进行了商谈。商谈中，商务部就审查中发现的问题，要求可口可乐公司提出可行解决方案。可口可乐公司对商务部提出的问题表述自己的看法，并先后提出了初步解决方案及其修改方案。经过评估，商务部认为可口可乐公司针对影响竞争问题提出的救济方案，仍不能有效减少此项集中产生的不利影响。

审查决定：根据《反垄断法》第28条和第29条，商务部认为，此项经营者集中具有排除、限制竞争效果，将对中国果汁饮料市场有效竞争和果汁产业健康发展产生不利影响。鉴于参与集中的经营者没有提供充足的证据证明集中对竞争产生的有利影响明显大于不利影响或者符合社会公共利益，在规定的时间内，可口可乐公司也没有提出可行的减少不利影响的解决方案，因此，决定禁止此项经营者集中。

运用所学的反垄断法知识，分析本案对经营者集中进行审查的各项因素，从而进一步思考商务部审查的合法性与合理性。

本章小结

竞争法是调整不正当和不适当的市场竞争关系的法律规范的总称，而正常的市场竞争关系一般情况下是由民商法及合同法调整的。竞争法在外部表现形式上表现为规范性法律文件，如《反不正当竞争法》和《反垄断法》；在调整方法上具有综合性特征，即综合运用法律调整方法来维护市场竞争秩序，既可以采取行政执法程序处罚违法者，也可采取承担民事责任的方式，还可以刑事手段加以制裁，以有效遏制不法行为、保障竞争者和消费者的合法权益。我国《反不正当竞争法》对11种不正当竞争行为加以了规范，《反垄断法》禁止四种类型的垄断行为。由于我国特殊的经济背景，两部法律在内容上有所重复和交叉，但并不能完全替代，需要立法机关根据市场经济和市场竞争发展情况对两部法律做相应调整，并及时出台相关配套法律规定，以完善我国社会主义市场竞争法律体系。

参考文献

宋彪主编．经济法概论（第四版）．北京：中国人民大学出版社，2014
刘映春等．经济法概论．北京：中国人民大学出版社，2013
刘文华等．经济法（第四版）．北京：中国人民大学出版社，2012
刘文华等．经济法练习题集（第三版）．北京：中国人民大学出版社，2013

第九章　产品质量与消费者权益保护法律制度

目　标 学过本章之后，你应该能够

1. 了解产品质量监督管理制度；
2. 掌握生产者、销售者的产品质量义务；
3. 运用违反产品质量法的法律责任知识分析实际案例；
4. 理解“消费者”的含义；
5. 掌握消费者权益和经营者义务的内容；
6. 运用消费争议解决规则分析消费争议案例。

关键词

产品　产品质量　产品质量责任　产品责任　产品缺陷　消费者权益　经营者义务　消费争议　消费争议解决规则

第一节　产品质量法

案例导读 产品质量存在问题顾客应向谁索赔

居民甲在某商场购得一台“多功能食品加工机”，回家试用后发现该产品只有一种功能，遂向商场提出退货，商场答复：“该产品说明书未就其性能作明确说明，这是厂家的责任，所以顾客应向厂家索赔，商场概不负责。”

该案涉及几个法律知识点：其一，该产品是否属于瑕疵产品。其二，谁应对该产品负责。其三，居民甲有什么权利。

案例来源：肖江平主编：《经济法学理研究与案例分析》，187页，北京，北京大学出版社，2014。

一、产品质量法概述

（一）产品

我们平常所说的产品的范围相当广泛，是指天然或人工加工制作的具有使用价值的物品，可以是天然产品、人工产品、商品、非商品；可以是物质产品、精神产品；可以是工

业、农业、工程产品，也可以是矿产品。但我国《产品质量法》中所规定的产品，其范围小于平常所说的产品，是指经过加工、制作，用于销售的产品。据此，《产品质量法》中所称的产品是：

> 《产品质量法》第二条 在中华人民共和国境内从事产品生产、销售活动，必须遵守本法。本法所称产品是指经过加工、制作，用于销售的产品。
>
> 建设工程不适用本法规定；但是，建设工程使用的建筑材料、建筑构配件和设备，属于前款规定的产品范围的，适用本法规定。

1. 商品，而不包括非商品

即该产品生产出来的最终目的是用于销售，包括已经售出和将售未售。

2. 物质产品，而不包括精神产品

精神产品是指智力成果，如著作、专利技术、软件开发等等，其由知识产权法调整，但应当注意精神产品的物质载体应是本法所称的产品。如：CD、VCD、磁带等。

3. 人工产品，而不包括天然产品

即是指经过加工、制作的产品。天然产品即为初级农产品（种植业、渔业、畜牧业产品）其不是由人的意志和要求所能完全决定的，不能按照标准的质量要求它的成长。

4. 动产，而不包括不动产

不动产有其特殊的质量要求，需要通过另行立法来解决。但建设工程所使用的，经过加工、制作用于销售的建筑材料、建筑构配件和设备仍纳入《产品质量法》所指的产品范围，有利于保证建设工程的质量，从根本上杜绝因使用质劣的原材料而留下的隐患。

5. 民用产品，而不包括军工产品

军工产品由国务院、国家军委另行规定。

动态实训

根据《产品质量法》的规定，下列哪种产品属于该法所称的产品？（　　）

A. 芝麻油　　B. 大坝　　C. 冰毒　　D. 电力

（二）产品质量

产品质量主要是指产品所应具有的，能够满足人类需求的各种使用性能，包括安全性、适用性、耐用性、舒适性、可靠性、便利性、可维修性等。产品质量的内容，随经济、科技的发展以及人们需要的变化，也在不断丰富和发展。不同的产品其质量构成状况也不尽相同，如一双鞋子，其耐用性、舒适性是最主要的质量指标；而一部电器，其安全性、适用性和耐用性则为最重要的质量内容。不同的历史时期，人们的质量要求也有所不同。以服装为例，在物质匮乏时期，人们特别看中服装的结实和耐用；而在今天，随着市场的繁荣和消费水平的提高，人们则关注服装的面料、款式、色调和舒适程度。影响产品质量的，既有物质的因素，又有技术的因素，甚至还有社会的因素。

产品质量可以是法定的、约定的或者是隐含的，一般通过法律、合同、惯例等形式表现出来。即产品质量是指国家有关法律法规、质量标准以及合同规定的对产品适用、安全和其他特性的要求。

（三）产品质量法

1. 产品质量法的概念和调整对象

产品质量法，是调整产品生产、流通、交换、消费领域中因产品质量而产生的社会关系的法律规范的总称。一般地说，产品质量法是调整产品质量关系的法律。在我国，《产品质量法》调整的对象主要包括两方面：

一是产品质量监督管理关系，即行政机关执行产品质量管理职能的过程中，与生产者、销售者之间发生的经济关系，是国家在确立产品质量监督管理过程中与经营者之间产生的关系。产品质量法中的经营者主要指的是产品的生产者和销售者。其中，生产者是指从事产品生产、加工、制作的人，包括单位和个人。有广义与狭义之分，广义的生产者是指一切与产品生产有关联的人，包括原材料的生产者、零部件的生产者、成品生产者、组装者等；狭义的生产者仅指最终产品生产者。销售者是指从事产品销售的单位和个人，广义的销售者是指在生产者和用户、消费者之间参与产品销售活动的所有单位和个人，包括产品生产者（产品的生产者有时也同时是销售者）、批发商、零售商；狭义的销售者是指将商品直接给用户、消费者的单位和个人，主要是零售商。

二是产品质量责任关系，即生产者、销售者与用户、消费者之间进行商品交易所发生的经济关系。

这两种关系有时交织在一起，但在具体规范经济关系或处理经济纠纷时必须将它们分解开来。从经济法的角度审视产品质量法，重心还应是政府机关对产品质量的监督管理。

2. 产品质量法的适用范围

从空间上说，在中华人民共和国境内从事产品生产、销售活动，包括销售进口商品，必须遵守《产品质量法》。

从客体上说，该法只适用生产、流通的产品，即各种动产，而不包括不动产。

从主体上说，该法适用于生产者、销售者、用户和消费者以及监督管理机构。需要补充的一点是，运输者、仓储者也有可能成为责任主体，不过它们是对产品制造者、销售者或者是收货方、寄存方承担责任，属于合同法的范围。

二、产品质量监督管理制度

产品质量监督管理体制是指划分部门之间、中央与地方之间产品质量监督管理权限的法律制度。我国的产品质量监督管理实行的是统一管理与分级（中央、地方）、分部门（专门机构：各级产品质量监督管理部门，即质量监督检验检疫局；其他部门：国务院、县级以上地方人民政府有关部门，如：工商、卫生、医药等）管理相结合的体制。其中，国务院产品质量监督管理部门即国家质量监督检验检疫总局负责全国产品质量监督管理工作，是国务院主管全国质量、计量、出入境商品检验、出入境卫生检疫、出入境动植物检疫和认证认可、标准化等工作的专门机构。按照国务院授权，将认证认可和标准化行政管理职能，分别交给国家质检总局管理的中国国家认证认可监督管理委员会（国家认证认可监督管理局）和中国国家标准化管理委员会（国家标准化管理局）承担国务院有关部门在各自的职责范围内负责产品质量监督工作；国务院有关部门在各自的职责范围内负责产品质量监督管理工作；县级以上地方人民政府管理产品质量监督工作的部门负责本行政区域内的产品质量监督管理工作；县级以上地方人民政府有关部门在各自的职责范围内负责产品质量监督管理工作。

（一）工业产品生产许可证制度

生产许可证是政府赋予企业生产某项产品的资格凭证，是对企业产品质量认可的一种证明文件，也是一种市场准入措施。2005 年国务院颁布《工业产品生产许可证管理条例》、国家质检总局制订《工业产品生产许可证管理条例实施办法》，规定由国务院工业产品生产许可证主管部门会同国务院有关部门制定国家实行生产许可证制度的工业产品目录，并征求消费者协会和相关产品行业协会的意见，报国务院批准后向社会公布。

任何企业未取得生产许可证不得生产列入目录的产品。任何单位和个人不得销售或者在经营活动中使用未取得生产许可证的列入目录的产品。

生产许可证有效期为 5 年，但是，食品加工企业生产许可证的有效期为 3 年。生产许可证有效期届满，企业继续生产的，应当在生产许可证有效期届满 6 个月前向所在地省、自治区、直辖市工业产品生产许可证主管部门提出换证申请。

国务院工业产品生产许可证主管部门或者省、自治区、直辖市工业产品生产许可证主管部门应当依照条例规定的程序对企业进行审查。在生产许可证有效期内，产品的有关标准、要求发生改变的，国务院工业产品生产许可证主管部门或者省、自治区、直辖市工业产品生产许可证主管部门可以依照条例的规定重新组织核查和检验。

在生产许可证有效期内，企业生产条件、检验手段、生产技术或者工艺发生变化的，企业应当及时向所在地省、自治区、直辖市工业产品生产许可证主管部门提出申请，国务院工业产品生产许可证主管部门或者省、自治区、直辖市工业产品生产许可证主管部门应当依照本条例的规定重新组织核查和检验。

企业名称发生变化的，企业应当及时向企业所在地的省、自治区、直辖市工业产品生产许可证主管部门提出申请，办理变更手续。

（二）产品质量合格检验制度

《产品质量法》规定，产品应当进行检验合格，不得以不合格产品冒充合格产品。产品检验合格制度包括两个层次：

一是有关部门的合格检验。一般说来，一项新的产品在投放市场以前都要经过有关部门的检验，检验合格之后方可批量生产销售。

二是企业的自我合格检验。企业在产品出厂以前必须进行严格的自我检验，确保每一个产品都符合质量要求，严防劣质品流入市场。出厂检验既可由企业自行设立的检验机构进行，也可由企业委托的其他检验机构进行。检验的依据可以是国家法律、法规、标准，也可以是企业自己的标准以及企业与他人订立的经济合同中规定的要求。但是，可能危及人体健康和人身、财产安全的工业产品，必须依据保障人体健康、人身财产安全的国家标准和行业标准进行检验，并且产品质量必须符合上述标准的规定，才能出厂销售。对可能危及人体健康和人身财产安全的工业产品，如果没有制定国家标准和行业标准，则依据保障人体健康、人身财产安全的要求进行检验，并且必须符合这些要求。

（三）产品质量标准化制度

根据《标准化法》的要求，我国按照世界上的通行做法实行产品质量的标准化管理。

我国目前把产品标准划分为国际标准、国家标准、部颁标准（行业标准）、地方标准和企业标准等几个类型。

国家标准是指对需要在全国范围内统一的技术要求。国家标准由国务院标准化行政主管部门制定。对没有国家标准而又需要在全国某个行业范围内统一的技术要求，可以制定行业标准。行业标准由国务院有关行政主管部门制定，并报国务院标准化行政主管部门备案，在公布国家标准之后，该项行业标准即行废止。对没有国家标准和行业标准而又需要在省、自治区、直辖市范围内统一的工业产品的安全、卫生要求，可以制定地方标准。地方标准由省、自治区、直辖市标准化行政主管部门制定，并报国务院标准化行政主管部门和国务院有关行政主管部门备案，在公布国家标准或者行业标准之后，该项地方标准即行废止。

企业生产的产品没有国家标准和行业标准的，应当制定企业标准，作为组织生产的依据。企业的产品标准须报当地政府标准化行政主管部门和有关行政主管部门备案。已有国家标准或者行业标准的，国家鼓励企业制定严于国家标准或者行业标准的企业标准，在企业内部适用。国家标准、行业标准又分为强制性标准和推荐性标准。保障人体健康，人身、财产安全的标准和法律、行政法规规定强制执行的标准是强制性标准，其他标准是推荐性标准。

对可能危及人体健康和人身、财产安全的工业成品，法律要求必须符合保障人体健康，人身、财产安全的国家标准、行业标准（强制性标准）。对于一般的产品，到底采用何种标准，法律不作统一要求，只是鼓励达到并且超过高标准。对于国际标准不作强制性要求，而是鼓励采用。

（四）企业质量体系认证制度

所谓企业质量体系认证，是指依据一定的标准和要求，由认证机构对企业质量体系进行审核、评定，确认符合标准要求时，由认证机构向企业颁发认证证书，以证明企业质量体系符合相应要求的活动过程。企业质量体系认证，是目前国际上通行的一种产品质量监督管理制度。

（1）申请主体：企业质量体系认证的申请主体是企业。

（2）认证主体：即经国家产品质量监督管理部门或者由它授权的部门认可的机构。

（3）认证对象：企业质量体系认证的对象是企业，因而企业质量体系认证的效力仅限于企业，而不是企业的产品。也就是说，获得质量体系认证证书的企业，无权在其产品上使用产品质量认证标志。企业要想在其产品上使用产品质量认证标志，需要申请产品质量认证并获批准。

（4）认证原则：企业质量体系认证实行自愿原则，企业是否参加认证，由企业自己选择，国家不强制要求。

（5）认证依据：企业质量体系认证的标准和依据是国际通用的质量管理标准，是指国际标准化组织推荐的 ISO9000。

（6）认证目的和意义：对内，加强企业内部质量管理，实现质量目标；对外，提高企业质量信誉。

（7）认证程序：先由企业向国家认可的认证机构提出认证申请并报送有关材料，然后由接受申请的认证机构根据国际通用的质量管理标准进行认证，最后，经认证机构审查合格，认证机构向申请企业颁发企业质量体系认证证书。

（五）产品质量认证制度

产品质量认证是指国家认可的认证机构依据产品标准和相应的技术要求，对某项产品进行审核并证明其符合相应的标准和技术要求的法律制度。

（1）申请主体：企业。

（2）认证主体：认证机构。

（3）认证对象：产品质量，实质是产品。即产品质量认证的对象是产品，而非企业，其证明的是产品的质量状况。

（4）认证原则：自愿原则。

（5）认证依据：具有国际先进水平的国家标准或者行业标准。

（6）认证种类：产品质量认证分为安全认证和合格认证。安全认证是对产品安全性能的认证，实行安全认证的产品必须符合标准化法中有关强制性标准的要求。合格认证是对产品符合国家标准或者行业标准的认证，实行合格认证的产品，必须符合标准化法规定的国家标准或者行业标准的要求。

（7）认证程序：申请——企业审查——产品检验——审批。

（六）产品质量监督检查制度

行政性监督检查是由产品质量监督管理部门组织的对产品质量实行以抽查为主要方式的监督检查制度。包括国家监督检查和地方监督检查。国家监督检查采用抽查方法，抽查的对象是：可能危及人体健康和人身财产安全的产品；影响国计民生的重要工业产品；用户、消费者、有关组织反映有质量问题的产品。地方监督检查由县级以上地方人民政府管理产品质量监督工作的部门在本行政区内，根据实际情况，制定监督抽查计划，确定受检产品目录，定期或不定期地组织实施。

法律链接

《中华人民共和国产品质量认证管理条例》、《产品质量认证机构认可管理办法》

对产品进行行政性监督检查应该注意以下问题：

（1）抽查活动要讲求实效，不要流于形式。为此，抽查的产品要随机选定，不能以被抽查企业提供的样品为抽查对象；抽查时间也要随机确定，不能提前通知；要防止地方保护主义，防止在检查过程中弄虚作假。

（2）抽查活动要坚持公平、公开和公正的原则。政府的监督抽查活动要公开进行，接受社会大众和新闻媒体的监督；产品质量抽查的结果应当向社会公布，以便让公众知晓。

（3）抽查活动要坚持合理、经济的原则，根据监督抽查的需要，对产品进行检验时，检验抽取样品的数量不得超过检验的合理需要，并不得向被检查人收取检验费用。监督抽查所需检验费用按照国务院规定列支；而且国家监督抽查的产品，地方不得另行重复抽查；上级监督抽查的产品，下级不得另行重复抽查。

（4）抽查活动应当树立应有的权威，维护政府和法律的威信。抽查人员必须秉公执法，不得对私舞弊，要按照法定程序行使职权；对抽查的产品质量不合格的企业应进行严格的整改和复查，经整改仍达不到规定要求的，对企业要进行行政处罚。

产品质量监督检查制度查出不合格品的处理步骤：

生产者、销售者对抽查检验的结果有异议的，可以自收到检验结果之日起 15 日内向实施监督抽查的产品质量监督部门或者其上级产品质量监督部门申请复检，由受理复检的产品质量监督部门做出复检结论。

依照本法规定进行监督抽查的产品质量不合格的由实施监督抽查的产品质量监督部门责令其生产者、销售者限期改正。逾期不改正的由省级以上人民政府产品质量监督部门予以公告；公告后经复查仍不合格的，责令停业限期整顿；整顿期满后经复查产品质量仍不合格的，吊销营业执照。

另外，社会也可以对产品质量进行监督。产品质量的社会监督主要是指新闻舆论的监督、社会团体的监督、用户和消费者的监督。监督虽然不如行政性监督那样有力，但它却具有自己的优势。社会监督具有广泛性和经常性，它无时不在、无所不在，它时刻处于一种监督状态之中，对产品的生产者、销售者会产生一种无形的、无法摆脱的压力。所以，产品质量的社会监督能够弥补行政性监督的不足。

（七）产品召回制度

产品召回制度是指产品进入流通领域后，如果发现存在可能危害消费者健康、安全的缺陷时，产品的制造者或经销者应当及时采取有效措施，在政府监督下收回流通中的缺陷产品，以避免危害发生的制度。此制度发端于美国，现已成为发达国家的政府管理产品质量的一种特殊方式。我国在多种产品的管理制度中都含有召回的用语表述，如汽车、食品、乳制品、儿童玩具等。但这些产品在召回的条件、企业责任、政府职责、处理措施等方面不尽一致。2013 年 1 月 1 日起施行的《缺陷汽车产品召回管理条例》通过规范缺陷汽车产品召回，加强监督管理，保障人身、财产安全，建立了汽车领域的缺陷产品召回制度。2013 年 10 月 25 日修正的《消费者权益保护法》明确只要经营者发现其提供的商品或者服务存在缺陷，有危及人身、财产安全危险的，一要立即报告有关行政部门和告知消费者；二要采取停止销售、警示、召回、无害化处理、销毁、停止生产或者服务等措施；三是消费者因商品被召回支出的必要费用由经营者承担。2014 年 11 月 20 日修正的《上海市消费者权益保护条例》在此基础上还强化了有关行政管理部门的监督管理责任，进一步规定：有关行政部门发现并认定经营者提供的商品或者服务存在缺陷，有危及人身、财产安全危险的，应当立即责令经营者采取停止销售、警示、召回、无害化处理、销毁、停止生产或者服务等措施。市消保委发现商品或者服务存在缺陷的，可以向有关行政管理部门提出相应的建议。

知识拓展

产品召回制度与“三包”制度的区别

1. “三包”制度有严格的时限要求，并非任何时候都进行；产品召回制度时限无要求；

2. “三包”制度只解决个案问题（某一个产品）不涉及其他产品；产品召回制度解决批量产品质量问题。

三、生产者、销售者的产品质量义务

产品质量义务，是指产品质量法律关系的主体，必须为一定质量行为或者不为一定质量行为，以满足对方利益需要的一种约束力。其中，产品质量法律关系的主体，主要指产品的生产者和销售者。

（一）生产者的产品质量义务

根据我国《产品质量法》的规定，生产者的产品质量义务有以下几个方面：

> 《产品质量法》第二十六条　生产者应当对其生产的产品质量负责。
>
> 产品质量应当符合下列要求：
>
> （一）不存在危及人身、财产安全的不合理的危险，有保障人体健康和人身、财产安全的国家标准、行业标准的，应当符合该标准；
>
> （二）具备产品应当具备的使用性能，但是，对产品存在使用性能的瑕疵作出说明的除外；
>
> （三）符合在产品或者其包装上注明采用的产品标准，符合以产品说明、实物样品等方式表明的质量状况。

1. 产品质量担保义务

（1）产品应当符合默示的质量保证。一是产品不存在缺陷，即产品应当具有安全保障，不存在危及人身、财产安全的不合理的危险，有保障人体健康和人身、财产安全的国家标准、行业标准的，应当符合该标准。二是除对产品存在使用性能的瑕疵作出说明的以外，都应当使产品具备其应当具备的使用性能。如冰箱必须能制冷，保温瓶能够保温，电视机能够显示影像等。这些都是不言自明的质量保证，无须由生产者加以公开承诺。

知识拓展

产品瑕疵与产品缺陷之比较

严格意义上，瑕疵、缺陷有区别：（1）瑕疵产品不存在安全问题，无危险；而缺陷产品存在不合理的危险。（2）瑕疵产品经明示后可上市，可以由消费者自行决定接受与否；缺陷产品不可以上市，不可以接受。（3）瑕疵产品通常产生违约责任，负责修理、更换、退货以至赔偿损失；缺陷产品产生侵权责任，以损害赔偿为原则。

（2）产品质量应当符合明示的质量保证。即应当符合在产品或者其包装上注明采用的产

品标准，符合以产品说明、实物样品等方式表明的质量状况。生产者公开向用户、消费者作出质量方面的承诺，就必须实际履行这些承诺，否则即构成欺诈，要承担相应的法律责任。

《产品质量法》第二十七条　产品或者其包装上的标识必须真实，并符合下列要求：

（一）有产品质量检验合格证明；

（二）有中文标明的产品名称、生产厂厂名和厂址；

（三）根据产品的特点和使用要求，需要标明产品规格、等级、所含主要成分的名称和含量的，用中文相应予以标明；需要事先让消费者知晓的，应当在外包装上标明，或者预先向消费者提供有关资料；

（四）限期使用的产品，应当在显著位置清晰地标明生产日期和安全使用期或者失效日期；

（五）使用不当，容易造成产品本身损坏或者可能危及人身、财产安全的产品，应当有警示标志或者中文警示说明。

裸装的食品和其他根据产品的特点难以附加标识的裸装产品，可以不附加产品标识。

2. 产品质量标识义务

产品标识可以标注在产品上，也可标注在产品的包装上，用以标示产品的名称、产地、厂名、厂址、产品质量状况、保存期限、注意事项等情况，以便使用户和消费者识别、选择和使用。产品的标识是用户和消费者了解商品的重要窗口，不但具有指示功能，而且具有质量担保功能。

产品标识应当符合以下要求：

（1）产品或者其包装上应当有产品质量检验合格证明。产品质量检验合格证明是生产者为表明出厂的产品经检验合格的情况，附在产品或者其包装上的证书、标签等。

（2）产品或者其包装上的标识应当有中文标明的产品名称、生产厂名和厂址。

（3）根据产品的特点和使用要求，需要标明产品规格、等级、所含主要成分的名称和含量的，相应予以标明。如食品、饮料、药品、化妆品等都涉及生命安全、健康，所以都必须标明产品所含主要成分的名称和含量。

（4）限期使用的产品，应当标明生产日期、安全使用期或者失效日期。限期使用的产品主要是指食品、药品、化工产品、生物制品等，它们的质量都有一定的时间限制，往往超过一定的时间就会失效甚至变质。失效变质的产品若再加使用，就会对健康甚至生命造成威胁。

（5）使用不当，容易造成产品本身损害或者可能危及人身、财产安全的产品，应当有警示标志或者中文警示说明。警示标志或者警示说明是用来提醒使用者在使用产品时应当特别注意的事项。如所使用的电压、温度环境、禁止私自拆卸等。属于这一类的产品主要是易燃、易爆、剧毒、腐蚀等危险品以及结构复杂、技术含量高的机器设备、电器等产品。

应该说明的是，并不是所有的产品都要求必须有产品标识，裸装的食品和其他根据产品的特点难以附加标识的裸装的产品，可以不附加产品标识。不附加标识，当然也谈不到符合标识要求的问题。但裸装产品一旦附加了产品标识，也应当符合相应的要求。

3. 特殊产品的包装必须符合相应的要求

特殊的产品是指剧毒、危险、易碎、储运中不能倒置以及有其他特殊要求的产品。这些产品如果不按特定的要求进行包装，就极易发生危险或造成损失，为此其包装必须符合相应的要求，要有警示标志或者中文警示说明标明储运注意事项。

> 《产品质量法》第二十八条　易碎、易燃、易爆、有毒、有腐蚀性、有放射性等危险物品以及储运中不能倒置和其他有特殊要求的产品，其包装质量必须符合相应要求，依照国家有关规定作出警示标志或者中文警示说明，标明储运注意事项。

4. 生产者的其他产品质量义务

生产者的其他产品质量义务都是一些禁止性义务，内容包括：生产者不得生产国家明令淘汰的产品。不得伪造产地，不得伪造或者冒用他人的厂名、厂址。不得伪造或者冒用认证标志等质量标志。生产者生产产品，不得掺杂、掺假，不得以假充真、以次充好，不得以不合格产品冒充合格产品。

> 《产品质量法》第二十九条　生产者不得生产国家明令淘汰的产品。
>
> 第三十条　生产者不得伪造产地，不得伪造或者冒用他人的厂名、厂址。
>
> 第三十一条　生产者不得伪造或者冒用认证标志等质量标志。
>
> 第三十二条　生产者生产产品，不得掺杂、掺假，不得以假充真、以次充好，不得以不合格产品冒充合格产品。

动态实训

下列选项中哪些属于生产者对产品质量的默示担保义务？（　　）

A. 保健食品所含主要成分及其含量应当与其产品说明所列标准相吻合

B. 电冰箱应当具备制冷的功能

C. 燃气热水器应当符合保障人身、财产安全的国家标准

D. 家具应当符合以实物样品表明的质量状况

（二）销售者的产品质量义务

销售者是指从事产品购销活动的单位和个人。销售者属于中间环节，针对生产者而言，是用户；但针对最终消费者而言，是产品的提供者。因此，销售者也要保证产品质量，是产品质量的义务主体。根据《产品质量法》的规定，销售者的产品质量义务包括作为性义务和不作为性义务两方面。

1. 作为性义务

（1）进货检验义务。销售者在进货时，应当对产品质量进行检查验收，验明产品合格证明和其他标识。进货时的质量验收，是产品流转过程中的一项重要工作。通过进货时的质量验收，可以确定当产品由一生产经营者之手转至另一生产经营者之手

> 《产品质量法》第三十三条　销售者应当建立并执行进货检查验收制度，验明产品合格证明和其他标识。

时的质量状况，以便及时发现问题，查明问题，分清责任。

（2）保证产品质量义务。销售者在进货后，向用户、消费者出售产品之前的一段时间内，应当负责保持产品质量水平。至于保持产品质量的措施、方法，则由销售者自己根据产品的特点及经营状况决定。如：采取防晒、防雨、防霉变等措施来保持产品进货时质量状态。

《产品质量法》第三十四条　销售者应当采取措施，保持销售产品的质量。

（3）产品质量的标识义务。销售者销售的产品的标识应当符合相应的要求，具体要求与上述对生产者的要求相同。

2. 不作为性义务

销售者不得销售失效、变质的产品；不得伪造产地，不得伪造或者冒用他人的厂名、厂址；不得伪造或者冒用认证标志、名优标志等质量标志；不得掺杂、掺假，不得以假充真、以次充好，不得以不合格的冒充合格产品。

动态实训

某商店正降价销售一批标有“处理品”字样的塑料桶，经检验，该批塑料桶有明显的擦痕，则该商店（　　）。

A. 违反明示担保　B. 违反默示担保　C. 负有产品瑕疵责任　D. 不负有产品质量责任

四、经营者的产品质量责任

一般而言，产品质量责任是指产品的生产者、销售者违反其产品质量义务时应承担的法律后果，包括民事责任、行政责任和刑事责任三种。

（一）民事责任

1. 产品责任

严格说来，“产品责任”这个词就是指由于产品缺陷造成他人损害时，经营者应当承担的民事责任。民法上侵权责任的归则原则有三种：过错责任原则、无过错责任原则、公平责任原则。我国产品责任归责原则主要实行过错责任和无过错责任原则。

（1）过错责任原则

对销售者而言，实行过错责任和过错推定责任。过错责任是以行为人的过错作为归责原则的依据和最终要件，意味着无过错即无责任，一般要求确定责任时，由被害人来证明被告（加害人）主观有过错，即“谁主张谁举证”。缺陷在于：受害人举证困难，尤其是技术性很强的产品，受害人获得赔偿可能性很小。在这种情况下，出现了过错责任的特殊适用方法，即过错推定原则。为了保护相对人或受害人的合法权益，法律规定行为人只有在证明自己没有过错的情况下，行为人才可以

《产品质量法》第四十二条　由于销售者的过错使产品存在缺陷，造成人身、他人财产损害的，销售者应当承担赔偿责任。销售者不能指明缺陷产品的生产者也不能指明缺陷产品的供货者的，销售者应当承担赔偿责任。

不承担责任。与过错责任最主要的区别在于举证责任发生转移，需由加害人（经营者）证明自己无过错。如果行为人不能提出理由证明自己无过错，即推定有过错，应承担民事责任。

（2）无过错责任原则

> 《产品质量法》第四十一条　因产品存在缺陷造成人身、缺陷产品以外的其他财产（以下简称他人财产）损害的，生产者应当承担赔偿责任。
> 生产者能够证明有下列情形之一的，不承担赔偿责任：
> （一）未将产品投入流通的；
> （二）产品投入流通时，引起损害的缺陷尚不存在的；
> （三）将产品投入流通时的科学技术水平尚不能发现缺陷的存在的。

对生产者而言，采用无过错即严格责任原则，指不问行为人主观上是否有过错，只要行为与损害后果间存在因果关系，就应该承担民事责任的归责原则。

根据无过错责任原则，生产者承担严格责任的条件有：

第一，产品存在缺陷。产品缺陷是指产品存在不合理的危险，缺乏应有的安全。

第二，缺陷产品造成了损害，包括人身损害、财产损害。

第三，损害与产品存在的缺陷具有因果关系。即损害事实是由产品缺陷引起的。只要证明前者的存在足以引起损害的危险性，即可认为是因果关系。

但是，生产者能够证明具有《产品质量法》第41条第2款规定的情形之一的，不承担赔偿责任。此外，理论上还有三个免责条件：受害人自身的过错（重大过失或故意），指进行非正常使用或错误使用；使用旧货（已经超过有效使用期达不到原有性能的旧品）；其他免责条件：①产品不是基于营利目的而生产、为科研、实验、教学研究目的生产；②为了使产品符合国家强制标准而导致产品存在缺陷。

（3）承担产品责任的主体与方式

> 《产品质量法》第四十三条　因产品存在缺陷造成人身、他人财产损害的，受害人可以向产品的生产者要求赔偿，也可以向产品的销售者要求赔偿。属于产品的生产者的责任，产品的销售者赔偿的，产品的销售者有权向产品的生产者追偿。属于产品的销售者的责任，产品的生产者赔偿的，产品的生产者有权向产品的销售者追偿。

承担产品责任的主体即生产者与销售者。无先后次序之分，由受害人选择，在承担责任后，若属于他人责任的可追偿。

仓储、运输者一般不承担责任，若因其原因而造成产品缺陷，也只能向生产者、销售者要求赔偿，再由生产者、销售者向仓储、运输者追偿。

根据《产品质量法》第44条的规定，因产品存在缺陷造成受害人人身伤害的，侵害人应当赔偿医疗费、治疗期间的护理费、因误工减少的收入等费用；造成残疾的，还应当支付残疾者生活自助具费、生活补助费、残疾赔偿金以及由其扶养的人所必需的生活费等费用；造成受害人死亡的，并应当支付丧葬费、死亡赔偿金以及由死者生前扶养的人所必需的生活费等费用。因产品存在缺陷造成受害人财产损失的，侵害人应当恢复原状或者折价赔偿。受害人因此遭受其他重大损失的，侵害人应当赔偿损失。

(4) 时效问题。根据《产品质量法》第45条的规定，因产品存在缺陷造成损害要求赔偿的诉讼时效期间为二年，自当事人知道或者应当知道其权益受到损害时起计算。因产品存在缺陷造成损害要求赔偿的请求权，在造成损害的缺陷产品交付最初消费者满十年丧失；但是，尚未超过明示的安全使用期的除外。

知识拓展

诉讼时效与请求权的区别

1. 期限超过的后果不同：前者丧失胜诉权，不丧失实体权；后者丧失实体请求权。

2. 起算日不同：前者自当事人知道或者应当知道其权益受到损害时起计算；后者自造成损害的缺陷产品交付最初消费者算起。

3. 中止、中断、延长制度不同：后者无中止、中断、延长的规定。

---

2. 产品违约责任

产品违约责任，是指对于产品缺陷以外的其他原因造成的损害，应当承担的民事责任。承担责任的方式有：修理、更换、退货、赔偿损失。承担责任的主体是销售者。销售者负责修理、更换、退货、赔偿损失后，属于生产者的责任或者属于向销售者提供产品的其他销售者（即供货者）的责任的，销售者有权向生产者、供货者追偿。

> 《产品质量法》第四十条　售出的产品有下列情形之一的，销售者应当负责修理、更换、退货；给购买产品的消费者造成损失的，销售者应当赔偿损失：
>
> （一）不具备产品应当具备的使用性能而事先未作说明的；
>
> （二）不符合在产品或者其包装上注明采用的产品标准的；
>
> （三）不符合以产品说明、实物样品等方式表明的质量状况的。
>
> 销售者依照前款规定负责修理、更换、退货、赔偿损失后，属于生产者的责任或者属于向销售者提供产品的其他销售者（以下简称供货者）的责任的，销售者有权向生产者、供货者追偿。
>
> 销售者未按照第一款规定给予修理、更换、退货或者赔偿损失的，由产品质量监督部门或者工商行政管理部门责令改正。
>
> 生产者之间，销售者之间，生产者与销售者之间订立的买卖合同、承揽合同有不同约定的，合同当事人按照合同约定执行。

（二）行政责任和刑事责任

1. 行政责任

产品质量行政责任是指生产者、销售者因违反产品质量监督管理法律法规，而应承担的法律后果。我国《产品质量法》第五章以“罚则”形式规定了这类责任。据此，生产者、销售者的产品质量行政责任形式主要有：责令停止生产；责令停止销售；没收违法生产或销售的产品；没收违法所得；罚款；责令公开更正；吊销营业执照等。其中，罚款的幅度最高可达违法生产、销售产品货值金额的3倍，反映了罚款力度的加大。执行行政处罚的机关应为产品质量监督管理部门或工商行政管理部门，法律、行政法规另有规定的除外。但吊销营业执照处罚，则只能由工商行政管理部门执行。

2. 刑事责任

对于违法行为性质恶劣，危害后果严重的，由司法机关追究刑事责任。我国《产品质量法》的大量条款都涉及刑事责任，如生产者、销售者的刑事责任条款，国家工作人员的刑事责任条款以及其他刑事责任。

一般情况下，违法行为人承担刑事、行政责任的同时，不免除应承担的民事责任。根据一般法理，私法优先于公法责任。因此，违反《产品质量法》规定，应当承担民事赔偿责任和缴纳罚款、罚金，其财产不足以同时支付时，先承担民事赔偿责任。

动态实训

华星厂发运一批陶瓷器皿，以印有“营多牌方便面”的纸箱包装，在运输过程中，装卸工装卸时损坏若干件，该损失应由下列哪个部门承担？（　　）

A. 装卸工承担　　B. 装卸工的雇主承担

C. 运输部门承担　　D. 华星厂承担

案例思考 生产者在其产品铭牌上的做法是否符合《产品质量法》的规定？

某机电设备供应公司与某电机厂签订了总经销该厂某牌号新型电机的合同。该电机厂是军工企业，生产技术力量雄厚，这种新电机是刚开发的产品，已通过了有关部门的鉴定。然而，当首批100台电机送到机电设备供应公司的仓库时，仓库的保管员却拒收。为此，电机厂派员与供应公司领导交涉。双方各执一词，争执不下。电机厂遂以机电设备供应公司违约起诉至法院。电机厂诉称，这种电机经过部级鉴定，并领取了生产许可证。电机厂已经按照双方的合同交了货，供应公司的拒收行为违反了合同，要求供应公司履行合同义务，收受货物并依约支付货款。供应公司辩称，争执的焦点不在电机的质量，而在于电机上的铭牌。该铭牌上打着“中国制造”字样，却未标明电机厂的厂名和厂址，不符合有关法律规定；在厂方整改以前，供应公司不能收货并支付货款。

第二节　消费者权益保护法

案例导读 产品质量不合格 生产者与销售者谁应当承担赔偿责任？

某年农历正月初五，10岁的娜娜一人在家，她想打破眼前的沉寂，便去打开彩电。

可是，电视里没有图像显现，也没有声音传出，于是关掉。一会儿，她又打开电视，情况依然如故，便再次关机，走出家门，找小伙伴玩去了。走后不久，她家传出一声巨响，随之股股浓烟升腾，房屋失火了，四周的邻居闻讯，男女老少一齐出动将大火扑灭；娜娜的父母得到消息，迅速返回，只见室内的木制家具、衣被等多已化为灰烬，电视机烧焦。他们将情况向市消费者协会和附近消防中队作了汇报。经过消防部门现场勘查和技术鉴定，确认为电视机质量问题致使其爆炸，进而引起火灾。

娜娜父母在市消费者协会的支持下，向电视机的销售者××商场索赔。××商场提出，电视机质量是电视机生产厂家的责任。因此，又发电报给××电视机厂，要求派人来解决问题。××电视机厂厂长带领技术人员赶到现场，经过勘验和对鉴定结论复检，确认是本厂生产电视机质量不合格引起爆炸，因此，赔偿了娜娜家的财产损失。

一、消费者权益保护法概述

（一）消费者权益保护法立法概况

从世界范围内来看，对消费权益保护进行专门立法，是在西方国家进入垄断阶段以后，特别是在第二次世界大战以后开始的，这些专门立法构成经济法的新部门法——消费者权益保护法。该法与反垄断法、反不正当竞争法、产品质量法等有着天然的内在联系和许多共通之处，只是在立法的角度和侧重点方面各不相同而已。

就我国目前立法状况来看，消费者权益保护法有广义与狭义之分。狭义的消费者权益保护法，也可称为形式意义的消费者权益保护法，专指 1993 年 10 月 31 日第八届全国人大常委会第四次会议，在以往有关法律对保护消费者所作的零散规定的基础上，通过的《中华人民共和国消费者权益保护法》（以下简称《消费者权益保护法》），这是我国制定的第一部保护消费者权益的专门法律，该法于 1994 年 1 月 1 日开始实施。2013 年 10 月 25 日第十二届全国人民代表大会常务委员会第五次会议对《消费者权益保护法》进行了全面修订。广义的消费者权益保护法，是指所有涉及消费者权益保护的各种法律规范所组成的一个法律体系，因而可称为实质意义的消费者权益保护法。属于广义消费者权益保护法体系的法律规范还有《产品质量法》、《反不正当竞争法》、《广告法》、《专利法》、《商标法》等立法当中的某些规范。除此之外，近年来，随着最高人民法院陆续发布了《关于确定民事侵权精神损害赔偿若干问题的解释》（2001）、《关于民事诉讼证据的若干规定》（2002）、《关于审理商品房买卖合同纠纷若干问题的解释》（2003）以及《关于审理人身损害赔偿案件适用法律若干问题的解释》（2003）等司法解释，也为消费者维权逐步提供了比较完善的法律依据。

（二）消费者权益保护法的概念

消费者权益保护法，是指调整在保护消费者权益过程中发生的经济关系的法律规范的总称。其调整对象为保护消费者权益过程中发生的经济关系，包括：

第一，国家与经营者之间的关系，即为了保护消费者而在国家与经营者之间产生的监督管理与被监督管理的关系。

第二，国家与消费者之间的关系，在消费者权益保护法中表现为保护与被保护、指导与被指导的关系。

第三，消费者与生产经营者之间的关系，是一种横向经济关系，即是一种在自愿、平等、公平、诚实信用基础之上的等价有偿的商品交换关系。此外，还包括由消费者、消费者组织对经营者的监督关系。

第四，其他个人或组织对经营者的监督关系。根据《消费者权益保护法》第 6 条规定，保护消费者的合法权益是全社会的共同责任。此条含义应包括：(1) 不仅受害的消费者个人，而且所有个人和组织，均可对消费问题进行揭发、控告。(2) 消费者组织对此负有更重的责任，大众媒体也负有不可推卸的责任。(3) 消费者以外的其他个人和组织就消费者问题进行社会监督，既是权利，也是责任。

(三) 消费者权益保护法的适用范围

消费者权益保护法的适用范围是指该法效力所及的时间、空间和主体的范围。我国的《消费者权益保护法》从生效到废止这段期间，对于中华人民共和国主权所及的全部领域都是适用的，这是一般的法理。

此外，我国《消费者权益保护法》还从主体及其行为的角度规定了该法的适用范围，即：

(1) 消费者为生活消费需要购买、使用商品或者接受服务，其权益受该法保护；

(2) 经营者为消费者提供生产、销售的商品或者提供服务，应当遵守该法；

(3) 在消费者权益保护法对某些问题未作规定时，经营者应当遵守其他有关法律、法规，如《合同法》、《价格法》等。消费者权益保护法虽然是专门保护消费者的法律，但它不可能满足消费者的所有合理的要求。这就是说，在社会经济生活中，损害消费者权益的事件虽然到处可见，但我们不能仅依靠消费者权益保护法来解决所有的问题。

(4) 农民购买、使用直接用于农业生产的生产资料，参照该法执行。

二、消费者的权利与经营者的义务

(一) 消费者的权利

1. 安全保障权

> 《消费者权益保护法》第七条　消费者在购买、使用商品和接受服务时享有人身、财产安全不受损害的权利。
>
> 消费者有权要求经营者提供的商品和服务，符合保障人身、财产安全的要求。

消费者的安全保障权是消费者权利中居于核心地位的最为重要的一项权利，主要包括人身安全权和财产安全权。人身安全权是指消费者的身体、健康、生命不受侵害的权利；财产安全权是指消费者的财产不受损害的权利，表现为财产外观、价值的不减少。消费者的安全权源于民法中的人身权和财产权的规定，但又不同于民法中的财产权和人身权的规定。与民法规定的公民人身权和财产权相比，消费安全权具有以下特点：

(1) 权利主体的特定性。民法中的人身权和财产权的权利主体为所有民事主体，包括法人、公民等，而消费安全权的权利主体为消费者。

(2) 权利内容的限定性。民法中的人身权和财产权的内容非常广泛，人身权中既包括物质性人格权，还包括精神性人格权，也包括身份权，而消费安全权中的人身安全权，一般只限于物质性人格权，即身体、健康、生命不受侵害的权利，不涉及精神性人格权，如姓名权、肖像权等权利，更不涉及身份权。在民法的财产权中，财产权包括物权、债权等权利，而消费安全权一般只与物权有关，与债权等无关。

（3）与商品或者服务的联系性。消费安全权是与经营者提供的商品或者服务紧密相联的，离开了商品或者服务，消费者的安全权也就失去了存在的价值。而民法中的财产权和人身权，并不一定与商品或服务存在什么联系，它是作为民事主体在任何活动中都享有的权利。

对消费者的安全权的侵害，主要来自于商品存在的缺陷或者服务中的危险。

其中，商品中存在的缺陷是指产品存在危及人身、他人财产安全的不合理的危险；产品有保障人体健康，人身、财产安全的国家标准、行业标准的，是指不符合该标准。可见，产品是否存在缺陷，主要有两个衡量标准：一是产品存在不合理的危险；二是该产品不符合国家或行业的产品安全标准。

另外，服务中存在缺陷是指服务活动中存在危及消费者人身和财产安全的不合理的危险，包括：（1）服务人员行为所造成的不合理危险，是指服务人员在服务活动过程中直接或间接造成的不合理的危险，如医生对疾病的诊断或治疗措施不当，造成病人病情加重、病人死亡等；司机的驾驶行为不当，造成乘客受伤或死亡等。（2）服务场所或服务设施造成的不合理危险，是指服务场所或服务设施达不到应有的安全标准和安全要求，如商店所使用的场地不平、不具备应有的照明设备、物品的堆放不合理、危险物品或危险地方缺少警示标志等，交通运输经营者提供服务的交通运输工具超期服务或有故障等。

基于上述情况的危害性，要求经营者提供的商品和服务必须绝对安全可靠，经营者必须绝对保证商品和服务的质量不会损害消费者的生命与健康。消费者依法也有权要求经营者提供的商品和服务必须符合保障人身、财产安全的要求。对可能危及人身、财产安全的商品和服务，应当向消费者作出真实的说明和明确的警示，并说明和标明正确使用商品或者接受服务的方法以及防止危害发生的方法。经营者发现其提供的商品或者服务存在严重缺陷，即使正确使用商品或者接受服务仍然可能对人身、财产安全造成危害的，应当立即向有关行政部门报告和告知消费者，并采取防止危害发生的措施。消费者的这项权利实现的途径之一，是要求经营者承担义务。另一途径则是对安全权受到侵害的消费者予以救济的法律制度，特别是他们有取得各种损害赔偿的权利。

2. 知情权

知悉真情权或称获取信息权、了解权、知情权，即消费者享有知悉其购买、使用的商品或者接受服务的真实情况的权利。一般而言，消费者购买商品、接受服务是为了满足自己的生活需要，只有在对商品、服务适当了解的基础上，才知道该商品和服务是否满足需要。而且，有些商品和服务使用不当会具有一定的危险性，只有消费者了解正确使用的说明和知识，才会正常发挥商品的性能。因此，知情权也是消费者的一项重要权利。

> 《消费者权益保护法》第八条　消费者享有知悉其购买、使用的商品或者接受的服务的真实情况的权利。
>
> 消费者有权根据商品或者服务的不同情况，要求经营者提供商品的价格、产地、生产者、用途、性能、规格、等级、主要成分、生产日期、有效期限、检验合格证明、使用方法说明书、售后服务，或者服务的内容、规格、费用等有关情况。

国家对该项权利的保障，主要是通过加强对商品、服务的标识管理、商标管理、广告管理等管理制度来实现的。如要求经营者提供商品的价格、产地、生产者、用途、性能、规格、等级、主要成分、生产日期、有效期限、检验合格证明、使用方法说明书、售后服务，或者服务的内容、规格、费用等有关情况，并保证其真实、明确；对特殊产品要有产品包装，不得冒用认证标志，不得侵犯他人注册商标，不得做虚假宣传。

此外，从经营者的角度而言，经营者对消费者就其提供的服务质量和使用方法等具体问题提出的询问，应作真实的、明确的答复；在价格标示方面，应当明码标价。从消费者的角度而言，要对商品和服务有更多的了解，更好的享有知情权，提高自我保护意识，还可以行使另一项权利即受教育权。

3. 受教育权

受教育权是从知情权中引申出来的一种消费者权利。消费者的受教育权是指消费者享有获得有关消费知识和消费者权益保护知识的权利。消费者的受教育权，包括两方面内容：

> 《消费者权益保护法》第十三条　消费者享有获得有关消费和消费者权益保护方面的知识的权利。
>
> 消费者应当努力掌握所需商品或者服务的知识和使用技能，正确使用商品，提高自我保护意识。

（1）消费者有获得消费知识的权利。所谓消费知识，是指与商品或服务有关的选购、使用、保养等方面的知识。消费者只有获得必要的消费知识，对消费的商品或者接受的服务有正确的认识，才能获得消费的满足；如果没有必要的消费知识，消费者在购买、使用商品或者接受服务的过程中，其利益就会受到损害，消费的需求就难以实现。为了使消费者能够获得必要的消费知识，作为消费产品的制造者、销售者及服务提供者有义务向消费者提供必要的消费知识，国家和社会也有必要通过大众传播媒介、消费者组织等多种途径，向消费者提供有关消费知识和消费教育，提高消费者的消费知识水平。

（2）消费者有获得消费者权益保护方面知识的权利。消费者权益保护方面的知识，是指国家保护消费者利益方面的法律、政策、机构等方面的知识，主要是涉及消费者权利、经营者义务、消费者权益受到损害时如何救济、保障以及消费者权利行使应注意的问题等方面的知识。消费者只有掌握必要的消费者保护方面的知识，才能在自己的利益受到损害时，及时、合法地采取措施和行动维护自己的权利和利益，如果消费者不掌握有关消费者保护的一些基本知识，自己的权益受到损害时，往往没有办法采取合理的行动维护自己的权益。为了真正保护消费者利益，国家和社会有必要采取一些措施，如通过普法、大众媒介的宣传等，将有关保护消费者权益的一些知识传达给消费者，使消费者获得必要的知识，懂得如何维护自己的权益。

知识拓展

消费者的受教育权与消费者的知情权的区别

第一，受教育权中所指的消费知识其范围更加广泛，包括商品服务的信息，也包括有关消费者权益保护方面的知识。知情权中的消费信息，一般仅指与消费的商品或者服务有关的信息，即消费信息，不包括消费者权益保护方面的知识。第二，对于提供信息的要求不同。受教育权中的消费知识，不仅要求提供的信息真实准确，而且要求能够有利于消费者消费知识水平的提高。知情权中的信息，一般只要求经营者提供的信息真实准确即可，至于是否有助于消费者消费知识水平的提高，不在考虑范围。第三，义务主体不同。消费者受教育权的义务主体不仅包括提供商品和服务的经营者，也包括国家和社会的各种单位和组织。即不仅经营者有义务对消费者进行消费教育，有关国家机关、大众传播媒介、消费者组织等也有义务为消费者提供消费教育。消费者知情权的义务主体则一般只限于提供商品服务的经营者。

---

4. 自主选择权

消费者的自主选择权，是指消费者在购买、使用商品或接受服务的过程中，可以根据自己的意愿自主决定是否购买或接受经营者提供的商品或服务，以及接受什么样的商品或服务、接受哪一个经营者提供的商品或服务等的权利。具体讲，消费者的自主权包括以下内容：

《消费者权益保护法》第九条　消费者享有自主选择商品或者服务的权利。

消费者有权自主选择提供商品或者服务的经营者，自主选择商品品种或者服务方式，自主决定购买或者不购买任何一种商品、接受或者不接受任何一项服务。

消费者在自主选择商品或者服务时，有权进行比较、鉴别和挑选。

（1）自主选择商品和服务的权利。即购买什么样的商品或者接受什么样的服务，由消费者根据自己的需要和自己的情况，自主决定，不受经营者的干涉。

（2）自主决定交易对象的权利。在现代市场经济条件下，提供同类商品或者服务的经营者有许多，消费者在选购商品或者服务过程中，有权根据自己的意愿选择提供商品或者服务的经营者，消费者购买谁提供的商品或服务，由消费者自己决定，经营者无权干涉，不得强制消费者与其进行交易。

（3）对商品或服务进行比较、鉴别、挑选的权利。其中，既包括对不同经营者提供的商品和服务进行比较，也包括对同一经营者提供的商品或服务进行比较、鉴别和挑选。消费者只有在对商品或者服务进行充分的比较、鉴别和挑选的情况下，才能选择符合自己需要的商品和服务。

（4）自主做出决定的权利。对于经营者提供的商品或服务是否接受、接受什么类型的商品或服务等，消费者有权自主决定。消费者可以决定购买或不购买某种商品，接受或者不接受某种服务等。

动态实训

王先生在超市为其儿子挑选礼物时，看中了一台电动小汽车。服务员热情地向他介绍，并说可以打开来试试。经过测试，王先生觉得不是特别满意，不准备买。这时，服务员说：玩具已经打开包装，按照超市的规定，王先生必须买。你认为王先生必须买吗？

---

5. 公平交易权

消费者的公平交易权是指消费者在与经营者进行的消费交易活动中所享有的获得公平交易结果和公平交易条件的权利。

所谓公平交易结果，是指交易结果相当，即消费者在交易过程中所付出的和所得到的利益相称。交易结果是否公平，主要是看消费者所付出的金钱与所得到的商品或者服务之间是否相称。

公平交易条件是指合理的交易条件。交易条件包括许多方面内容，凡是对交易结果能够产生影响的各种因素，如价格、质量、数量、包装、信息等都属于交易条件。《消费者权益保护法》规定的公平交易条件主要包括以下几方面内容：

> 《消费者权益保护法》第十条　消费者享有公平交易的权利。
>
> 消费者在购买商品或者接受服务时，有权获得质量保障、价格合理、计量正确等公平交易条件，有权拒绝经营者的强制交易行为。

（1）质量有保障。所谓质量有保障，是指经营者向消费者提供的商品或服务质量应符合法律规定、通常质量要求、经营者的承诺等。

（2）价格合理。所谓价格合理，是指经营者提供商品和服务的价格应当符合国家有关价格管理的规定，制定的商品服务价格应当合情合理。

（3）计量正确。所谓计量正确，是指经营者向消费者提供的商品服务，应当符合国家计量法律法规的规定，使用国家法定的计量单位和合格的计量器具。

（4）其他公平交易条件。其他公平交易条件，是指经营者在向消费者提供商品服务过程中，除前述质量保障、价格合理、计量正确等公平交易条件之外，向消费者提供商品或服务的其他交易条件也必须是公平的。如必要的信息提供、合理的消费指导、完善的售后服务等。

（5）交易自愿。这是指经营者向消费者提供的商品和服务，应当尊重消费者的意愿，维护消费者的自主选择权，不得强制消费者接受其提供的商品或服务。

对自主选择权、公平交易权的保护，主要是要求经营者不得搭售商品或附加不合理的条件，不得胁迫、强制消费者交易，特别是公用企业或其他依法具有独占地位的经营者不得强制交易。

6. 受尊重和个人信息受保护权

消费者的受尊重权是指消费者在购买、使用商品或者接受服务时所享有的人格尊严、民族风俗习惯受到尊重的权利。

> 《消费者权益保护法》第十四条　消费者在购买、使用商品和接受服务时，享有人格尊严、民族风俗习惯得到尊重的权利，享有个人信息依法得到保护的权利。

消费者的受尊重权，首先是指消费者的人格受到尊重的权利。除了消费者的人格受尊重权，也包括消费者的民族风俗习惯受尊重的权利。民族风俗习惯是各民族在长期的历史发展过程中形成的，体现民族生活方式、心理状况、宗教、道德观念的一些作法和传统，它是一个民族长期历史、文化的积淀，在每一个民族成员的心目中都有极为重要的价值。

动态实训

王某承包了一家清真饭店，装修后以“清真饭店”招牌进行营业。一天，回民李某在该饭店用餐时发现王某并未以清真的方式和要求进行经营，违反了回民饮食禁忌，李某感到很气愤。你认为李某的什么权利受到了侵犯?

另外，将个人信息受到保护作为消费者的一种权益确认下来，是消费者权益保护法修订的一大亮点。同时，新《消费者权益保护法》第 50 条和 56 条规定了侵害消费者个人信息应当承担的民事责任、行政责任，并通过记入信用档案、向社会公布的方式增强对不法经营者的震慑力，有助于个人信息得到更好的保护。

案件聚焦 个人信息被违法泄露　消费者备受困扰

消费者王小姐发现，自从她在某网站试用并购买了化妆品后，一直有各种化妆品的广告和活动电话及短信频繁骚扰她，她怀疑是这家网站泄露和利用了她向网站提供的个人信息所致。向该网站提出质疑时，却被告知网站没有这样的行为。王小姐苦于没有证据，无法投诉，只能换了手机号码以避免骚扰，这给她的生活造成了极大的不便。

7. 受害求偿权

> 《消费者权益保护法》第十一条　消费者因购买、使用商品或者接受服务受到人身、财产损害的，享有依法获得赔偿的权利。

消费者的受害求偿权也称消费者的索赔权，是指消费者在购买、使用商品或者接受服务过程中合法权益受到损害时，所享有的依法获得赔偿的权利。消费者的受害求偿权，其含义包括以下三个方面：

第一，消费者在消费活动中合法利益受到损害。消费者在消费活动中合法利益受到损害是消费者受害求偿权成立的前提。只有消费者合法利益受有损害时，消费者才能享有要求赔偿的权利，没有损害，也就不可能有索赔权。消费者的合法利益受到损害，主要是指消费者人身和财产利益受到损害，如因购买的产品有缺陷，造成身体伤害、财产毁损，因经营者的侮辱、诽谤，造成消费者的名誉损失，因经营者的不公平交易，造成消费者经济利益损失等。

第二，经营者负有赔偿责任。消费者在消费活动中虽然有财产或人身的损害，但是，这种损害如果不是经营者的原因或行为造成的，或者虽然属于经营者的行为造成的，但是，经营者依法对损害不负有赔偿责任，消费者也不存在受害求偿权。

第三，消费者依法要求赔偿。消费者的受害求偿权，其本质上是消费者可以对自己所受损害，要求经营者给予赔偿。但是，其赔偿要求必须依法进行。这里依法既包括损害本身依法是可以请求赔偿的，即依据有关法律规定，消费者所受损害，应当由经营者承担责任；也包括其请求权行使过程必须依法。

8. 依法结社权

> 《消费者权益保护法》第十二条　消费者享有依法成立维护自身合法权益的社会组织的权利。

消费者的结社权是指消费者为了维护自身的合法权益而依法组织社会团体的权利。就目前来看，保护消费者权益的社会团体主要为消费者组织，其在性质上是群众性的社会团体，是保护消费者权益体系的一个重要组成部分。在我国，消费者组织有两种，一种是消费者协会，另一种是其他消费者组织。

9. 监督批评权

消费者监督权是指消费者对于商品和服务以及消费者保护工作进行监察和督导的权利。消费者的监督权包括两方面内容：

> 《消费者权益保护法》第十五条　消费者享有对商品和服务以及保护消费者权益工作进行监督的权利。
>
> 消费者有权检举、控告侵害消费者权益的行为和国家机关及其工作人员在保护消费者权益工作中的违法失职行为，有权对保护消费者权益工作提出批评、建议。

（1）消费者有对商品和服务进行监督的权利。这种权利是指消费者对提供商品或者服务的经营者进行监督的权利，包括对经营活动提出意见和建议的权利，对经营者损害消费者权益行为要求其纠正和向有关部门控告、检举和投诉的权利等。

动态实训

某公司生产销售一款新车，该车在有些新设计上不够成熟，导致部分车辆在驾驶中出现故障，甚至因此造成交通事故。事后，该公司拒绝就故障原因作出说明，也拒绝对受害人提供赔偿。该公司的行为侵犯了消费者的哪些权利？（　　）

A. 安全保障权　　B. 知悉真情权

C. 公平交易权　　D. 受害求偿权

（2）消费者有对消费者保护工作进行监督的权利。这种权利是指消费者对国家机关及其工作人员、对有关社会团体及其工作人员履行保护消费者职责的情况提出意见和建议的权利，对其违法失职的行为进行批评、检举、控告，要求其纠正的权利等。

（二）经营者的义务

在消费法律关系中，消费者的权利就是经营者的义务。为了有效地保护消费者的权益，约束经营者的经营行为，消费者权益保护法不仅专章规定了消费者的权利，还专章规定了经营者的义务。

1. 守法、守约、守德义务

经营者向消费者提供商品或者服务，应当依照本法和其他有关法律、法规的规定履行义务。经营者和消费者有约定的，应当按照约定履行义务，但双方的约定不得违背法律、法规的规定。经营者向消费者提供商品或者服务，应当恪守社会公德，诚信经营，保障消费者的合法权益；不得设定不公平、不合理的交易条件，不得强制交易。

2. 接受监督的义务

经营者应当听取消费者对其提供的商品或者服务的意见，接受消费者的监督。

3. 保证商品和服务安全的义务

经营者应当保证其提供的商品或者服务符合保障人身、财产安全的要求。对可能危及人身、财产安全的商品和服务，应当向消费者作出真实的说明和明确的警示，并说明和标明正确使用商品或者接受服务的方法以及防止危害发生的方法。宾馆、商场、餐馆、银行、机场、车站、港口、影剧院等经营场所的经营者，应当对消费者尽到安全保障义务。

经营者发现其提供的商品或者服务存在缺陷，有危及人身、财产安全危险的，应当立即向有关行政部门报告和告知消费者，并采取停止销售、警示、召回、无害化处理、销毁、停止生产或者服务等措施。采取召回措施的，经营者应当承担消费者因商品被召回支出的必要费用。

4. 提供真实信息的义务

经营者向消费者提供有关商品或者服务的质量、性能、用途、有效期限等信息，应当真实、全面，不得作虚假或者引人误解的宣传。经营者对消费者就其提供的商品或者服务的质量和使用方法等问题提出的询问，应当作出真实、明确的答复。经营者提供商品或者服务应当明码标价。

采用网络、电视、电话、邮购等方式提供商品或者服务的经营者，以及提供证券、保险、银行等金融服务的经营者，应当向消费者提供经营地址、联系方式、商品或者服务的数量和质量、价款或者费用、履行期限和方式、安全注意事项和风险警示、售后服务、民事责任等信息。

5. 标明真实名称和标记的义务

经营者应当标明其真实名称和标记。租赁他人柜台或者场地的经营者，应当标明其真实名称和标记。

6. 出具凭证或单据的义务

经营者提供商品或者服务，应当按照国家有关规定或者商业惯例向消费者出具发票等购货凭证或者服务单据；消费者索要发票等购货凭证或者服务单据的，经营者必须出具。

7. 保证质量的义务

经营者应当保证在正常使用商品或者接受服务的情况下其提供的商品或者服务应当具有的质量、性能、用途和有效期限；但消费者在购买该商品或者接受该服务前已经知道其存在瑕疵，且存在该瑕疵不违反法律强制性规定的除外。经营者以广告、产品说明、实物样品或者其他方式表明商品或者服务的质量状况的，应当保证其提供的商品或者服务的实际质量与表明的质量状况相符。经营者提供的机动车、计算机、电视机、电冰箱、空调器、洗衣机等耐用商品或者装饰装修等服务，消费者自接受商品或者服务之日起六个月内发现瑕疵，发生争议的，由经营者承担有关瑕疵的举证责任。

8. “三包”义务

所谓“三包”义务是指经营者对其售出的商品包修、包换、包退，即负责修理、更换、退货的义务。对某些商品实行“三包”，是经营者对所提供的商品或服务承担质量保证一种措施，也是对消费者进行保护的一种制度，“三包”义务又分为法定“三包”义务和约定“三包”义务，不论是法定的还是约定的“三包”责任或其他责任，经营者均需按照国家规定或约定来履行，不得故意拖延或拒绝。

根据消费者权益保护法的规定，经营者提供的商品或者服务不符合质量要求的，消费者可以依照国家规定、当事人约定退货，或者要求经营者履行更换、修理等义务。没有国家规定和当事人约定的，消费者可以自收到商品之日起七日内退货；七日后符合法定解除合同条件的，消费者可以及时退货，不符合法定解除合同条件的，可以要求经营者履行更换、修理等义务。依照该规定进行退货、更换、修理的，经营者应当承担运输等必要费用。

另外，对通过特定销售方式购买的商品，新消费者权益保护法还赋予了消费者在法定期限内享有无理由退货的权利。即经营者采用网络、电视、电话、邮购等方式销售商品，消费者有权自收到商品之日起七日内退货，且无需说明理由。无理由退货的商品不包括：消费者定作的；鲜活易腐的；在线下载或者消费者拆封的音像制品、计算机软件等数字化商品；交付的报纸、期刊。除前述所列商品外，其他根据商品性质并经消费者在购买时确认不宜退货的商品，不适用无理由退货。消费者退货的商品应当完好。经营者应当自收到退回商品之日起七日内返还消费者支付的商品价款。退回商品的运费由消费者承担；经营者和消费者另有约定的，按照约定。

动态实训

消费者李小姐在网上看中了一款皮包，货品到手一看，色差极大，淡米黄色变成土黄色，拉链根本没有照片上的质感，而且到处是线头，做工粗糙。想退货，却以无质量问题被拒。你认为此情形下李小姐可以要求退货吗？

---

9. 依法使用格式条款义务

经营者在经营活动中使用格式条款的，应当以显著方式提请消费者注意商品或者服务的数量和质量、价款或者费用、履行期限和方式、安全注意事项和风险警示、售后服务、民事责任等与消费者有重大利害关系的内容，并按照消费者的要求予以说明。经营者不得以格式条款、通知、声明、店堂告示等方式，作出排除或者限制消费者权利、减轻或者免除经营者责任、加重消费者责任等对消费者不公平、不合理的规定，不得利用格式条款并借助技术手段强制交易。格式条款、通知、声明、店堂告示等含有前述所列内容的，其内容无效。

动态实训

广东等地一些移动电话服务协议中称："客户充分认识到移动电话通信服务不可避免会受到网络覆盖、网络故障及移动通信系统优化、升级时的影响，并可能造成通信的中断。客户承诺和保证其不会因该类情况而向公司索赔。"你认为这样的协议条款是否有效？

---

10. 不得侵犯消费者人格权的义务

经营者不得对消费者进行侮辱、诽谤，不得搜查消费者的身体及其携带的物品，不得侵犯消费者的人身自由。

11. 保护消费者信息安全义务

经营者收集、使用消费者个人信息，应当遵循合法、正当、必要的原则，明示收集、使用信息的目的、方式和范围，并经消费者同意。经营者收集、使用消费者个人信息，应当公开其收集、使用规则，不得违反法律、法规的规定和双方的约定收集、使用信息。经营者及其工作人员对收集的消费者个人信息必须严格保密，不得泄露、出售或者非法向他人提供。经营者应当采取技术措施和其他必要措施，确保信息安全，防止消费者个人信息泄露、丢失。在发生或者可能发生信息泄露、丢失的情况时，应当立即采取补救措施。经营者未经消费者同意或者请求，或者消费者明确表示拒绝的，不得向其发送商业性信息。

三、消费争议的解决

（一）争议解决的途径

消费争议是指在消费领域中，消费者与经营者之间因权利义务关系而产生的争议。消费争议在本质上是一种民事争议。而从争议的内容看，主要有以下几类：（1）经营者不履行法定或约定义务损害消费者权益而产生的争议；（2）经营者和消费者对经营者提供的商品和服务存在不同看法而产生的争议；（3）其他争议。

《消费者权益保护法》第 39 条规定，消费者和经营者发生消费者权益争议的，可以通过下列途径解决：

法律链接

《合同法》第三十九～四十一条

---

1. 与经营者协商和解

在实践中，协商和解是消费者与经营者发生争议后首先使用的方式。如果消费者与经营者就其争议基本上能够达成共识，双方一般就可以达成和解。与经营者协商和解，也是消费者最乐意采取的方式，因为这样既可以节约时间，又可避免高额的律师费或者诉讼费。为了避免引起更大的麻烦，经营者一般也会考虑消费者提出的要求。但是，如果经营者对消费者的合理要求不理不睬，或者消费者不能接受经营者提出的解决方案，消费者就得寻求其他解决争议的办法。

2. 请求消费者协会或者依法成立的其他调解组织调解

如果消费者与经营者不能通过协商的途径解决争议，消费者通常选择的方式是向消费者协会投诉，请求消费者协会进行调解。《消费者权益保护法》第 37 条明确了消费者协会的 8 项公益性职责。其中，消费者协会最重要的职能是受理消费者的投诉，根据投诉案件的性质，在消费者和经营者之间进行调解，或支持消费者通过其他方式解决争议。

3. 向有关行政部门投诉

向行政部门的投诉主要是指向工商行政管理部门提出的申诉，当然，还可向质量、物价、卫生部门申诉。此外，向行政部门的投诉也包括向经营者所涉及的行业主管部门的申诉。

4. 根据与经营者达成的仲裁协议提请仲裁机构仲裁

提请仲裁是指消费者和经营者将他们之间的争议提交仲裁机构，该机构以第三者的身份对争议进行裁决的活动。仲裁作为解决争议的方式具有以下特点：（1）当事人之间达成了仲裁协议；（2）仲裁机构按照我国《仲裁法》的规定设立；（3）仲裁程序依照《仲裁法》的规定；(4) 仲裁裁决具有法律强制执行的效力；(5) 仲裁协议排除了法院对案件的管辖权。

理论上，提请仲裁是一种较好的解决争议的途径，原因在于：(1) 仲裁成本低；(2) 仲裁机构为第三人身份，对争议事实作出判断，是终局裁决，该裁决对双方当事人均有约束力。但在实践中，因为消费者与经营者之间很少有事先达成仲裁协议的情况，他们之间的争议很少通过仲裁解决。

5. 向人民法院提起诉讼

向人民法院起诉是指消费者将其与经营者之间的争议提交人民法院，由法院进行审理和判决的一种途径。《消费者权益保护法》第 35 条规定，“人民法院应当采取措施，方便消费者提起诉讼。对符合《中华人民共和国民事诉讼法》起诉条件的消费者权益争议，必须受理，及时审理。”向人民法院起诉是解决消费者争议的最后手段，也是权威的手段。

(二) 最终承担损害赔偿责任的主体的确定

1. 由生产者、销售者、服务者承担

(1) 消费者在购买、使用商品时，其合法权益受到损害的，可以向销售者要求赔偿。销售者赔偿后，属于生产者的责任或者属于向销售者提供商品的其他销售者的责任的，销售者有权向生产者或者其他销售者追偿。

(2) 消费者或者其他受害人因商品缺陷造成人身、财产损害的. 可以向销售者要求赔偿，也可以向生产者要求赔偿。属于生产者责任的，销售者赔偿后，有权向生产者追偿。属于销售者责任的，生产者赔偿后，有权向销售者追偿。

(3) 消费者在接受服务时，其合法权益受到损害的，可以向服务者要求赔偿。

(4) 消费者在展销会、租赁柜台购买商品或者接受服务，其合法权益受到损害的，可以向销售者或者服务者要求赔偿。展销会结束或者柜台租赁期满后，也可以向展销会的举办者、柜台的出租者要求赔偿。展销会的举办者、柜台的出租者赔偿后，有权向销售者或者服务者追偿。

2. 由变更后的企业承担

消费者在购买、使用商品或者接受服务时，其合法权益受到损害，因原企业分立、合并的，可以向变更后承受其权利义务的企业要求赔偿。

3. 由营业执照的使用人或持有人承担

使用他人营业执照的违法经营者提供商品或者服务，损害消费者合法权益的，消费者可以向其要求赔偿，也可以向营业执照的持有人要求赔偿。

动态实训

王某使用其朋友李某的营业执照经营，售出不合格茶杯，碎片划伤消费者张某。张某可向谁要求赔偿？(　　)

A. 只能向王某要求赔偿　　B. 只能向李某要求赔偿
C. 可向王某或李某要求赔偿　　D. 必须同时向王某和李某要求赔偿

---

4. 由销售者或者服务者、网络交易平台提供者承担赔偿或者连带责任

消费者通过网络交易平台购买商品或者接受服务，其合法权益受到损害的，可以向销

售者或者服务者要求赔偿。网络交易平台提供者不能提供销售者或者服务者的真实名称、地址和有效联系方式的，消费者也可以向网络交易平台提供者要求赔偿；网络交易平台提供者作出更有利于消费者的承诺的，应当履行承诺。网络交易平台提供者赔偿后，有权向销售者或者服务者追偿。网络交易平台提供者明知或者应知销售者或者服务者利用其平台侵害消费者合法权益，未采取必要措施的，依法与该销售者或者服务者承担连带责任。

动态实训

2014 年 1 月，湖北消费者陈先生通过网站购买了 3 个疗程的强力透骨膜，使用一个月后没有产生网上宣传的治疗效果。向网站提出退货要求后，得到网站同意，但直到 4 月份网站关停，一直没有提供退货的具体地址。你认为此种情形下陈先生应如何处理？

5. 由从事虚假广告行为的经营者和广告的经营者承担

消费者因经营者利用虚假广告或者其他虚假宣传方式提供商品或者服务，其合法权益受到损害的，可以向经营者要求赔偿。广告经营者、发布者发布虚假广告的，消费者可以请求行政主管部门予以惩处。广告经营者、发布者不能提供经营者的真实名称、地址和有效联系方式的，应当承担赔偿责任。广告经营者、发布者设计、制作、发布关系消费者生命健康商品或者服务的虚假广告，造成消费者损害的，应当与提供该商品或者服务的经营者承担连带责任。社会团体或者其他组织、个人在关系消费者生命健康商品或者服务的虚假广告或者其他虚假宣传中向消费者推荐商品或者服务，造成消费者损害的，应当与提供该商品或者服务的经营者承担连带责任。

动态实训

消费者因经营者利用虚假广告提供商品或者服务，其合法权益受到损害的，可能的赔偿责任承担者有哪些？（　　）

A. 广告经营者　　B. 广告制作人　　C. 经营者　　D. 发布广告的媒体

四、法律责任

消费者权益保护法以其独特的价值尺度规定了消费者的权利与经营者的义务，使得原本强弱悬殊的利益群体之间趋于平衡。当消费者的权益因经营者的原因无法行使或受到损害时，消费者权益保护法规定可采取相应的措施对违法者予以制裁。《消费者权益保护法》第七章对侵害消费者合法权益的行为区分不同情况，规定经营者应当分别或同时承担民事责任、行政责任和刑事责任。

（一）民事责任

1. 一般规定

经营者提供商品或者服务有下列情形之一的，除本法另有规定外，应当依照其他有关法律、法规的规定，承担民事责任：(1) 商品或者服务存在缺陷的；(2) 不具备商品应当具备的使用性能而出售时未作说明的；(3) 不符合在商品或者其包装上注明采用的商品标准的；(4) 不符合商品说明、实物样品等方式表明的质量状况的；(5) 生产国家明令淘汰的商品或者销售失效、变质的商品的；(6) 销售的商品数量不足的；(7) 服务的内容和费用违反约定的；(8) 对消费者提出的修理、重作、更换、退货、补足商品数量、退还货款和服务费用或者赔偿损失的要求，故意拖延或者无理拒绝的；(9) 法律、法规规定的其他损害消费者权益的情形。经营者对消费者未尽到安全保障义务，造成消费者损害的，应当承担侵权责任。

2. 特别规定

(1) “三包”或其他补救措施责任。经营者提供商品或者服务，造成消费者财产损害的，应当依照法律规定或者当事人约定承担修理、重作、更换、退货、补足商品数量、退还货款和服务费用或者赔偿损失等民事责任。

(2) 预收款方式提供商品或服务的责任。经营者以预收款方式提供商品或者服务的，应当按照约定提供。未按照约定提供的，应当按照消费者的要求履行约定或者退回预付款；并应当承担预付款的利息、消费者必须支付的合理费用。

(3) 依法经有关行政部门认定为不合格的商品，消费者要求退货的，经营者应当负责退货。

3. 因提供商品或服务造成人身伤害、人格受损、财产损失的民事责任及其赔偿范围

(1) 造成人身伤害的民事责任。经营者提供商品或者服务，造成消费者或者其他受害人人身伤害的，应当赔偿医疗费、护理费、交通费等为治疗和康复支出的合理费用，以及因误工减少的收入。造成残疾的，还应当赔偿残疾生活辅助具费和残疾赔偿金。造成死亡的，还应当赔偿丧葬费和死亡赔偿金。

(2) 侵害消费者的人格尊严、人身自由或者个人信息的民事责任。经营者侵害消费者的人格尊严、侵犯消费者人身自由或者侵害消费者个人信息依法得到保护的权利的，应当停止侵害、恢复名誉、消除影响、赔礼道歉，并赔偿损失。经营者有侮辱诽谤、搜查身体、侵犯人身自由等侵害消费者或者其他受害人人身权益的行为，造成严重精神损害的，受害人可以要求精神损害赔偿。

(3) 造成财产损害的民事责任。经营者提供商品或者服务，造成消费者财产损害的，应当依照法律规定或者当事人约定承担修理、重作、更换、退货、补足商品数量、退还货款和服务费用或者赔偿损失等民事责任。

4. 经营者欺诈行为的惩罚性赔偿制度

为了惩治危害社会公共秩序的欺诈行为，我国借鉴英美法系的相关制度，在1994年制定《消费者权益保护法》时，创造性地将惩罚性赔偿规定在该法第49条之中。这是该法颁布二十年来最为闪光的条款，对于唤起消费者维权意识、遏制欺诈

> 《消费者权益保护法》第五十五条　经营者提供商品或者服务有欺诈行为的，应当按照消费者的要求增加赔偿其受到的损失，增加赔偿的金额为消费者购买商品的价款或者接受服务的费用的三倍；增加赔偿的金额不足五百元的，为五百元。法律另有规定的，依照其规定。
>
> 经营者明知商品或者服务存在缺陷，仍然向消费者提供，造成消费者或者其他受害人死亡或者健康严重损害的，受害人有权要求经营者依照本法第四十九条、第五十一条等法律规定赔偿损失，并有权要求所受损失二倍以下的惩罚性赔偿。

行为起到了重要作用。

为了更有助于激励消费者的主动维权意愿，最大程度保护消费者集体利益，促进市场经济健康发展，2013年修订的《消费者权益保护法》第55条在原有惩罚性赔偿规定的基础上，进一步作出了新的规定。主要表现在：

一是提高了针对一般性欺诈行为的赔偿数额，由过去的增加赔偿一倍的商品、服务价款，提升到现在的增加赔偿三倍的商品、服务价款。

二是规定了最低赔偿金，解决了一些商品和服务价款过低，惩罚性赔偿没有力度，不利于动员消费者维权，使不法经营者得不到应有惩戒的问题。

三是规定了经营者明知商品和服务存在缺陷，仍向消费者提供，造成消费者或者其他受害人死亡、健康严重受损的，除可视情况依法要求赔偿损失外，还有权要求所受损失两倍以下的惩罚性赔偿。以造成消费者死亡为例，所受损失可能包括人身伤害损失（如：医疗费、护理费、交通费、误工费、丧葬费和死亡赔偿金）、财产损失、精神损害赔偿等，计算惩罚性赔偿时要将所有损失合计后再乘以“2”。这一规定大大提升了惩罚性赔偿额度，有助于对不法经营者形成有效震慑。

（二）行政责任

1. 应承担行政责任的情形

经营者有下列情形之一，除承担相应的民事责任外，还应承担行政责任：(1) 提供的商品或者服务不符合保障人身、财产安全要求的；(2) 在商品中掺杂、掺假，以假充真，以次充好，或者以不合格商品冒充合格商品的；(3) 生产国家明令淘汰的商品或者销售失效、变质的商品的；(4) 伪造商品的产地，伪造或者冒用他人的厂名、厂址，篡改生产日期，伪造或者冒用认证标志等质量标志的；(5) 销售的商品应当检验、检疫而未检验、检疫或者伪造检验、检疫结果的；(6) 对商品或者服务作虚假或者引人误解的宣传的；(7) 拒绝或者拖延有关行政部门责令对缺陷商品或者服务采取停止销售、警示、召回、无害化处理、销毁、停止生产或者服务等措施的；(8) 对消费者提出的修理、重作、更换、退货、补足商品数量、退还货款和服务费用或者赔偿损失的要求，故意拖延或者无理拒绝的；(9) 侵害消费者人格尊严、侵犯消费者人身自由或者侵害消费者个人信息依法得到保护的权利的；(10) 法律、法规规定的对损害消费者权益应当予以处罚的其他情形。

2. 处罚机关和处罚方式

经营者有上述所列情形之一，除承担相应的民事责任外，其他有关法律、法规对处罚机关和处罚方式有规定的，依照法律、法规的规定执行；法律、法规未作规定的，由工商行政管理部门或者其他有关行政部门责令改正，可以根据情节单处或者并处警告、没收违法所得、处以违法所得一倍以上十倍以下的罚款，没有违法所得的，处以五十万元以下的罚款；情节严重的，责令停业整顿、吊销营业执照。经营者有前述规定情形的，除依照法律、法规规定予以处罚外，处罚机关应当记入信用档案，向社会公布。

（三）刑事责任

我国《消费者权益保护法》规定的承担刑事责任的情形包括以下方面：

(1) 经营者违反本法规定提供商品或者服务，侵害消费者合法权益，构成犯罪的，依法追究刑事责任。

(2) 以暴力、威胁等方法阻碍有关行政部门工作人员依法执行职务的，依法追究刑事责任。

(3) 国家机关工作人员玩忽职守或者包庇经营者侵害消费者合法权益的行为的，情节严重，构成犯罪的，依法追究刑事责任。

立法背景 惩罚性赔偿机制的确立与发展

传统立法观念中，主张有损害才有赔偿，是填平损害原则，即有一赔一，有二赔二。但是，所谓损害应当从三个方面理解，一是对消费者个人的损害，二是对公共利益的损害，三是对社会经济秩序的损害。相比个人的损失，后两方面的损害所造成的社会危害更大，付出的社会成本更高。欺诈危害的是社会公共秩序，其后果不应以简单的个案衡量，应当加重经营者的违法成本。为此，我国借鉴英美法系的相关制度，在1994年制定《消费者权益保护法》时，创造性地将惩罚性赔偿规定在该法第49条之中。《消费者权益保护法》颁布二十年来，这一最为闪光的条款对于唤起消费者维权意识，遏制欺诈行为起到了重要作用。

当然，惩罚性赔偿理念的确立也经历了不少曲折。1995年和1996年，中消协关注社会上对“王海现象”的不同看法，两次召开“制止欺诈行为，落实加倍赔偿”座谈会，加深了各界对《消费者权益保护法》第49条的理解。自1997年开始，中消协每年推出一个年主题，集中开展消费维权工作，其中首个年主题就是“讲诚信、反欺诈”，再次扩大了对《消费者权益保护法》第49条的宣传。随着经济发展、社会进步，人们的生活水平不断提高，消费领域日益拓展，关于第49条的适用也在进一步探讨。2006年，四川成都汽车消费诉讼案件中，消费者一审二审败诉，当地法院以汽车消费是奢侈消费，不属于《中华人民共和国消费者权益保护法》所称的生活消费范畴，不应适用《消费者权益保护法》予以调整为由，驳回消费者提起的加倍赔偿诉讼请求。该判决作出后，在社会上引起强烈反响。汽车等大宗商品消费是否应受《消费者权益保护法》调整，成为社会关注的焦点。对此，中国消费者协会高度重视，并发表观点：“为生活消费需要购买、使用汽车属于《消费者权益保护法》调整范围”。此案引起学术界极大重视，中国法学会消法研究会与中消协联合召开315案例评析会，邀请法学专家专门就此进行分析，肯定了另一起汽车消费诉讼中，四川省达州中院适用加倍赔偿判汽车经营企业加倍赔偿的案例。后来，四川省高院为此撰写了省内判例指导意见，明确《消费者权益保护法》第49条适用问题。

惩罚性赔偿机制的建立，有助于激励消费者的主动维权意愿，最大程度保护消费者集体利益，促进市场经济健康发展。为此，新《消费者权益保护法》在原有惩罚性赔偿规定的基础上，进一步作出了新的规定。

资料来源：见网络上对新《消费者权益保护法》的解读。

本章小结

产品质量法是调整因产品质量产生的经济关系的法律规范的总称，其立法目的在于加强质量监督管理，明确产品质量责任，最终保护消费者的合法权益，促进生产、消费、再生产的良性循环，保障社会经济的正常秩序。产品质量法通过建立质量监督、质量检验、产品质量责任分配、违法制裁等规则以体现这一立法目的。消费者权益保护法是指调整在保护消费者权益过程中发生的各种社会关系的法律规范的总称。从广义上而言，不仅包括《消费者权益保护法》，还包括《民法通则》、《产品质量法》、《食品安全法》、《刑法》等有关保护消费者权利的法律规范，从而构成了较为完善的消费者权益保护体系。《产品质量法》和《消费者权益保护法》均从不同角度对强化政府的责任、规范经营者的行为，从而维护社会经济秩序和促进社会主义市场经济健康发展发挥重要意义。

参考文献

宋彪主编．经济法概论（第四版）．北京：中国人民大学出版社，2014

刘映春等．经济法概论．北京：中国人民大学出版社，2013

刘文华等．经济法（第四版）．北京：中国人民大学出版社，2012

刘文华等．经济法练习题集（第三版）．北京：中国人民大学出版社，2013

第十章　对外贸易法律制度

目　标 学过本章之后，你应该能够

1. 讨论进出口管理的一般制度；
2. 界定“双反一保”；
3. 描述反补贴的法律程序；
4. 熟悉进出口配额、许可证制度；
5. 掌握关税制度。

关键词

外贸法　关税　非关税壁垒　反倾销　反补贴　贸易救济　保障措施

案例导读 加拿大对中国的“双反”措施

2010 年 9 月 20 日，加拿大边境服务署发布公告，应 Fisher&Ludlow 公司的申诉请求，决定对原产于或进口自中国的钢格板进行反倾销和反补贴调查。

2010 年 12 月 20 日，加拿大边境服务署对该案作出初裁，裁定中国涉案企业的倾销幅度为 20%～91%，补贴率为 6%～129%。

2011 年 3 月 21 日，加拿大边境服务署对原产于中国的钢格板作出反倾销和反补贴终裁。

2011 年 4 月 28 日，加拿大国际贸易法庭发布公告，对原产于中国的钢格板反倾销和反补贴产业损害终裁作出修正，修正报告中指出，不锈钢门窗栅栏的倾销幅度和补贴幅度为微量，因此终止对该产品的反倾销和反补贴调查；而碳钢和合金蓖条的倾销和补贴行为对加拿大国内产业造成了实质性损害，因此将对该类产品继续实施反倾销和反补贴措施。

问题：1. 根据世界贸易组织的规则，加拿大在实施反倾销与反补贴时，应当遵循怎样的程序规则？

2. 倾销、补贴如何认定？采取反倾销、反补贴措施需要满足哪些条件？

3. 如果涉案中国政府认为加拿大的反倾销、反补贴不符合世界贸易组织规则，可以采取何种法律途径保护本国涉案企业？

第一节　进出口管理法

一、货物、技术进出口管理的一般规定

不仅国家的管理实践中存在政府对对外贸易进行管制，而且学术界也有这样的主张，人们将这种实践与理论主张，称之为贸易保护主义。虽然被贴上这样的标签，一直以来就遭到反对与抵触，但是政府管理对外贸易，却是历史悠久的。可考查的历史资料表明古希腊时代的雅典城邦国家就曾经对谷物粮食的出口加以限制。15 世纪欧洲一些国家在重商主义的影响之下，运用国家权力对贸易进行管制。到第一次世界大战前，世界各国普遍采取的主要管理措施是关税，各国运用关税措施来限制外国商品的输入，这被称之为“关税壁垒”。到第二次世界大战以后，在关税之外又出现了名目繁多的新的限制进出口措施，这些统称为“非关税贸易堡垒”。

政府管理对外贸易无外乎两类目的：一是为了保护国内生产或能源、或保护国内的产业不受外国竞争的影响。如当今的日本，始终没有与美国达成协议加入 TPP（Trans-Pacific Partnership Agreement，跨太平洋战略经济伙伴关系协定，也称为经济北约）的重要原因就在于保护国内的农业。二是为了某种政治目的。乌克兰危机过程中，俄罗斯改变其对乌克兰能源出口政策。

（一）货物、技术进出口管理制度的性质

国家对进出口进行管理的法律一般都是鼓励出口、控制进口，因此进口管理制度和出口管理制度差异很大，但是这些管理制度在法律上都是强制性的法律规范。也就是说这些管理制度是不能任意加以改变的，不仅进出口商要遵守，行政执法人员也要遵守。如我国鼓励出口的出口退税制度，即合格的出口商当其出口合同完成后，就有权从税务部门获得退税，税务部门必须予以退税。这种强制性的制度就意味着，如果违反了相关的管理制度，就要承担法律责任，轻则受到行政处罚、经济制裁，重则承担刑事责任。这与合同法这样的典型的任意性制度规范不一样，合同一方当事人不履行合同，除非另一方要求，则违约方是不需要承担责任的，而且即使承担责任也是以赔偿对方的损失为主，而不会涉及国家通过行政处罚、刑事责任予以制裁。

（二）货物、技术进出口管理法律制度的种类

一个国家对货物、技术的进出口进行管理，都是在法律的框架下进行，这是法治的要求。总体上这些制度的涉及面较广，主要包括外国人待遇制度、主体资格制度、外贸合同审查制度、海关稽查与管理制度、进出口限制与禁止制度。

1. 外国人待遇制度

国家给予外国人何种待遇，是一个国家根据自己对经济的管理权自主决定的，可以是通过国内立法的方式，也可以通过签订双边条约或参加国际公约，作出规定。中国与意大利、澳大利亚、加拿大、日本、美国、泰国等国家签订的众多通商、航海条约、贸易协定等双边协定中都载有关于外国人待遇的“最惠国待遇”条款；国际公约中最典型的是世界贸易组织中的最惠国待遇条款。

外国人在一国的待遇通常包括：国民待遇、最惠国待遇、互惠待遇和差别待遇。

(1) 国民待遇是指国家在一定范围内给予外国国民或法人与本国国民或法人相同的待遇。这一待遇的适用范围很窄，在贸易领域里主要适用于纠纷后的诉讼中的权利与义务。

(2) 最惠国待遇是指一国（施惠国）给予另一国（受惠国）的国民或法人的待遇，不低于现在或将来给予任何第三国国民或法人在施惠国享受的待遇。在货物、技术进出口贸易中，最惠国待遇运用非常广泛。最惠国待遇的出现实际上是对抗贸易保护主义的一种制度设计，起到保护本国国民或法人在对外贸易中不受到歧视性待遇。

最惠国待遇原则，又分为互惠的最惠国待遇和非互惠的最惠国待遇。互惠的最惠国待遇指缔约双方给予的最惠国待遇是相互的、同样的。非互惠的最惠国待遇则是指缔约一方有义务给予缔约另一方以最惠国待遇，即单方面给予，而无权从另一方享有最惠国待遇。

在互惠的最惠国待遇中，又可分为“无条件的最惠国待遇”和“有条件的最惠国待遇”。无条件的最惠国待遇是指缔约一方给予任何第三方国民的一切利益、优惠、豁免或特权应立即无条件地、无补偿地自动地适用于缔约对方。无条件的最惠国待遇在英国与其他国家签订的通商条约中使用，所以又叫作“欧洲式”的最惠国待遇条款。有条件的最惠国待遇条款是指缔约一方已经或将来要给予任何第三方的利益、优惠、豁免或特权是有条件的，缔约另一方必须提供“相应的补偿”才能享有这种利益、优惠、豁免或特权。有条件的最惠国待遇最先是在美国与他国签订的贸易条约中采用的，所以又叫“美洲式”的最惠国待遇条款。

但最惠国待遇的适用有以下四个方面的例外：

1) 给予邻国的利益、特惠、特权和豁免。

2) 关税同盟范围内的优惠。

3) 因参加自由贸易区和优惠贸易区而取得的优惠。

4) 经济共同体范围内的优惠。如英国与其他欧盟成员之间优惠，欧盟以外的与英国有最惠国待遇协定的国家是不能要求享有的。

(3) 互惠待遇。互惠原则是指国家间根据平等互惠的原则，相互给予对方国民同等的待遇。它可以与其他待遇相结合，如与最惠国待遇结合而产生“互惠的最惠国待遇”。

(4) 差别待遇。差别待遇是指国家给予外国人不同于本国公民的待遇，或对不同国籍的外国人给予不同的待遇。因此差别待遇包括与本国人的差别、外国人之间的差别。前者如某种企业、职业只能由本国人经营或担任；后者主要是基于民族、历史、地理等方面原因给予与自己国家紧密联系的国家的国民以较为优惠的待遇。

但是，无论差别待遇如何设定，不能是歧视性的。

动态实训

作为外国人，大卫在中国（　　）。

A. 起诉中国雇主欠其工资　　　　B. 不能参加司法考试

C. 不能收养子女　　　　D. 不能办公司

---

2. 主体资格制度

主体资格制度是指一国对于国内从事对外贸易者的贸易资格进行规定的制度。历史上，并非所有法律主体都享有对外贸易的权利，英国第一个现代意义上的公司——“东印度公司”取得对亚洲的贸易专属权利，是通过英国王室的特许获得的。新中国建立后的很长一段时间，从事进出口贸易的都是需要国家批准的“外贸公司或具有对外贸易资质的企业”来进行外贸的。但是，即使在全面放开对外贸易权利的国家，有些特殊商品——如军工、军民两用技术的进出口还是由国家特许的公司进行对外贸易。

3. 外贸合同审查制度

传统民商法理念下，除了发生纠纷在诉讼过程中司法权力对合同进行被动审查外，行政权力是不主动介入合同审查的。但在国际技术贸易中，技术进口国为了保护本国国民利益、保护竞争，对技术进出口合同往往进行事先的、主动的行政审查，审查通过合同方能生效。技术进出口合同往往是技术出口方许可技术进口方使用其技术而实现技术进出口的，因此也称之为“技术许可协议”，技术出口方也称之为许可方或供方，技术进口方称之为被许可方或受方。国家对于此类协议的审查，主要是审查合同中是否有不当的限制条款，即不正当地限制技术进口方的权利。如果有不当的限制，国家行政主管部门予以纠正，或者不予通过而使得合同不能生效。这种被禁止的限制性条款通常称之为“限制性商业惯例”，其包括：

1）回授条款。单方回授即许可方要求被许可方将后者对技术所作的改进和发展无条件地让许可方分享；但是，被许可方却无权分享许可方对技术所作的任何改进和发展。

2）不异议条款。不异议即许可方不允许被许可方对许可方专利或其他知识产权的有效性提出异议；也不得对许可方的其他权利提出异议或指控，或者协助任何第三方进行针对许可方的此类异议或指控。

3）搭售条款。搭售即要求被许可方在取得对技术的使用权的同时，必须向许可方购买某种原材料、零部件或机器、设备等货物，或者必须接受许可方所提供的某种服务。

4）固定价格条款。许可方要求被许可方的合同产品价格，必须符合许可方的某些限定，如许可方所规定的价格表、价格上限、价格下限或价格的季节浮动率等。

5）销售限制条款。许可方要求被许可方合同产品只能通过许可方，或者只能通过许可方指定的人销售；或者许可方要求被许可方必须以许可方或其指定的人作为自己的合同产品的总经销商等。

6）出口限制条款。许可方通过某种方式限制被许可方合同产品的出口。不过下列情况限制被许可方合同产品出口的国别或地区是正常的，不属限制性商业做法之列：禁止向许可方已取得知识产权保护的国家或地区出口被许可方的合同产品；禁止向许可方与任何第三方间已有独占许可合同的国家或地区出口被许可方的合同产品；禁止向许可方已有独家经销商的国家或地区出口被许可方的合同产品。

7）限制获得条款。许可方要求被许可方不得通过其他途径取得与许可方提供的技术相类似的技术，也不得从许可方的竞争者那里取得被许可方所需要的技术。

8）一揽子许可条款。把被许可方需要的技术和不需要的技术作为一个整体，一起许可给被许可方。被许可方不得只购买其需要的技术，而不购买其不需要的技术。

9）限制研究和发展条款。许可方要求被许可方在取得了有关的技术后，不得对该技术进行任何研究和发展，也不得对该技术进行任何改进。或者对被许可方研究和发展其从许可方所取得的技术设定某种不适当的条件。

10）对使用人员的限制条款。许可方要求被许可方必须使用许可方所指定的人员，或者要求被许可方不得使用某些人员或未经其同意的人员。

11）对广告宣传的限制条款。许可方要求被许可方在进行广告宣传时，必须遵守许可方所提出的条件，如事先取得许可方书面同意、使用许可方的名称或服务标志等。

12）经营管理方面的限制条款。许可方要求以某种形式参加或控制被许可方的经营管理，并以此作为许可交易的必要条件。

法律链接

海关总署、商务部2005年《两用物项和技术进出口许可证管理办法》

13）对生产能力或产品范围的限制条款。许可方以某种方式限制被许可方产品的产量或产品的品种、规格、型号等。

14）对失效的知识产权支付使用费条款。许可方要求被许可方必须为已经失效的知识产权支付使用费。

15）协议有效期届满以后的不合理限制。

4. 海关稽查与管理制度

货物贸易通常总是会有出入境的，对于出入境的货物，各国通常都是由海关来进行稽查与管理。防止走私、收缴关税都是通过海关来完成的，因此海关的相关稽查与管理制度是货物、技术进出口制度中的重要一环。

5. 进出口限制与禁止制度。（详见下文“货物、技术进出口的限制与禁止”）

二、货物、技术进出口的限制与禁止

在经济全球化趋势越来越加速的当代，国家对于贸易的管控越来越放宽。但是基于某些原因，对货物、技术进出口的限制或禁止还是在一定范围内存在的。

（一）限制与禁止的原因

在强调市场自由和坚持法治的主流之下，对贸易的限制与禁止一定是具有合理的理由，并且这种限制一定是事先公布的，这样才能限制政府滥用权力，让贸易处在透明的管理之中。通常对于贸易的限制与禁止主要原因在于：

第一，国家安全与社会公共利益或社会道德方面的原因。如无核国家不可能允许核武器或相关技术的进出口；伊斯兰国家不允许猪肉或猪肉制品的进口。

第二，涉及自然资源开发与利用、环境保护的。

第三，涉及贵重金属与战略物资的。

第四，基于特定产业建设、与市场供求平衡的。

第五，农牧渔业。

根据《中华人民共和国对外贸易法》的规定，我国限制与禁止货物、技术进出口的原因主要是针对于特定产品或在特定情况下，具体原因包括：

（1）为维护国家安全、社会公共利益或者公共道德，需要限制或者禁止进口或者出口的；

（2）为保护人的健康或者安全，保护动物、植物的生命或者健康，保护环境，需要限制或者禁止进口或者出口的；

（3）为实施与黄金或者白银进出口有关的措施，需要限制或者禁止进口或者出口的；

（4）国内供应短缺或者为有效保护可能用竭的自然资源，需要限制或者禁止出口的；

（5）输往国家或者地区的市场容量有限，需要限制出口的；

（6）出口经营秩序出现严重混乱，需要限制出口的；

（7）为建立或者加快建立国内特定产业，需要限制进口的；

（8）对任何形式的农业、牧业、渔业产品有必要限制进口的；

（9）为保障国家国际金融地位和国际收支平衡，需要限制进口的；

（10）依照法律、行政法规的规定，其他需要限制或者禁止进口或者出口的；

（11）根据我国缔结或者参加的国际条约、协定的规定，其他需要限制或者禁止进口或者出口的。

（二）限制与禁止的方法

对于禁止进出口的产品和技术，国家严格监管，通过执法部门和对合同的审查来进行控制。对于限制出口的，则通过关税与非关税的方式予以限制。

1. 关税

关税是最悠久的管理制度。世界各国都有复杂的关税表，这是对各种各类产品进行征收关税的法律依据。关税制度中主要有以下几个方面：

第一，对几乎所有的商品进行分类。对商品进行分类是征收关税的技术前提，没有明确分类，征收关税则会导致混乱。分类的目的还在于根据不同的国内产业环境，征收不同的关税，争取做到对本国工业起到保护作用。如我国 2014 年的海关关税表中，除了“特殊交易品及未分类商品”外，共分 97 类商品，而每类商品中又有不同子类和品种的商品。如“车辆及其零件、附件，但铁道及电车道车辆除外”这一类商品中有 16 个子类，而每个子类又有不同种商品，如“货运机动车辆”这个子类下有 13 种。可见我国对进出口商品的分类有三个层级，大类有 98 个，每个大类有若干子类，每个子类又有不同的品种。因此，税则代码由三个部分组成，最左边两位数是大类代码，从 01 到 98，左起第三、第四位是子类的代码，后四位是具体品种代码。税率及其他优惠是针对具体品种的。

第二，规定具体品种的进出口税率。我国货物进出口关税通常征收进口（或出口）关税，进口税率又分为“优惠关税”和“普通关税”，以及特殊情况下征收的“差别关税”。

优惠关税是基于国家间的条约或协定，国家间相互给予的。如世界贸易组织其他成员国进口到我国的就适用优惠关税。优惠关税可能是非互惠的，如发达国家给予特定的发展中国家按照普惠制原则实施的优惠关税。

普通关税，是一国对来自未建交或未签订贸易协定的国家或地区征收的关税。通常普通关税都高于优惠关税。

差别关税，又称为特别关税、歧视性关税，是指一国对于来自某些国家或地区的同一类产品，适用不同的税率来征收的关税。这类关税往往是带有制裁性的，因此通常是远高于一般的关税，甚至是本不征收的。如：反倾销税、反补贴税、报复性关税等。

对于出口商品，大多数是不征收关税的，这有两个方面的原因：一是为了出口创税，二是提高本国产品的国际竞争力。但是有些商品的出口也会征收关税，主要是资源类商品。如2014年海关税则对“钒矿砂”征收30%出口税，对“信封”出口征收13%关税。

第三，规定征税的计量方法。跟税率密切相关的是征税的计量方法，通常有四种：其一，从量税。以货物的计量单位作为征收标准加以计征。优点是对每一物量单位尤其是标准化的商品所征的税是固定的，在计征时较为简便；缺点是与商品的价格质量无直接关系，关税的保护作用与商品价格呈负相关性。其二，从价税。以货物的价格作为征税标准加以计征，其税率表即为货物价格的百分比率。优点是税负较为合理，关税的保护作用与货物价格呈正相关关系；缺点是海关据以计征的完税价格不易确定，如何实行“海关估价”往往引起异议。其三，混合税。同时使用从价、从量两种方法计征关税。有的国家以从量税为主加征从价，有的国家则以从价税为主加征从量。其四，选择税。对同一种商品同时计有从价、从量两种税率，一般选择其中较高税额征收。为了鼓励某种商品进口，也有从低征收的。

除了上述正常的计量外，有的国家还会使用“季节税”的方式征收，即在旺季的时候征收高关税，淡季的时候征收低关税，平常适用中间税率。这种做法是从维护市场出发，目的在于维持供销平衡，保持市场的均衡供应。

第四，保税制度。保税制度是指一国海关对进入本国特定区域的货物，或进口用于加工制造出口的原料、成品等予以免征关税的制度。按照保税区域的大小和功能，可以分为“保税仓库”、“自由港”和“自由贸易区”、“出口加工区”等。

(1) 保税仓库，是指经海关批准、注册，并在海关的监督下，存放免税货物的仓库。

(2) 自由港是外国货物可以全部或部分免税进出的港口。

(3) 自由贸易区，以港口为依托，在指定的隔离区实行自由港一样的关税政策。

(4) 出口加工区，是指由海关划定的特定地域，在该地域专门从事将免税进口的原材料进行加工出口活动。

(5) 综合型区域。就是将上述几种类型的保税区结合起来，在该区域从事货物贸易的存储、过境、加工等活动，甚至于也可以从事工业投资、商业销售以及诸如金融、旅游等服务业活动、科研开发及其成果运用等活动。综合性的保税区是最为自由的保税区，其实际意义已经超过免税优惠了。我国当前正在建设的上海自由贸易区即属此类。

2. 外汇管理制度

外汇管理是指一国政府对境内的自然人和法人的外汇买卖、汇率、外汇市场及其他外汇业务，如外汇收付、借贷、担保或转移等，进行管理的法律制度。国家对对外贸易进行限制的一种手段就是外汇的管理。进口总是要使用国际性的货币进行交易结算，因此对于进口方使用外汇进行限制，实际上就起到对进口的限制。世界上大多数发展中国家都建立了严格的外汇管理制度，我国也是如此。但随着不断融入全球经济，中国的外汇管理，尤其是贸易项下的外汇管理越来越宽松。在我国进口商需要向国家申请用于外贸结算的外币，申请得到批准，就可以按照外汇汇率以人民币兑换所需要的外币，用于支付进口所需要的货款。

3. 商品检验检疫制度和技术标准

国家对外贸进行限制的另一种方式是与技术有关的。每个国家都会有自己的商品标准体系，如中国的电器产品一定要通过 3C 认证，进入美国市场的药品都要通过美国 FDA 的认证。技术标准越高，对商品的进入就越起到限制作用。

为了保证进出口商品的质量，防止污染、病虫害，各国进出口管理部门都加强对进出口商品的检验检疫。检验检疫都是依据事先发表的技术标准进行的，苛刻的技术标准，繁杂、拖延的检验检疫手续与程序，事实上完全起到限制进出口，甚至是禁止进出口的作用，从而也起到排挤外国竞争对手的功效，起到贸易保护的作用。

三、进出口配额、许可证管理制度

除了前面所述的关税、外汇以及检验检疫和技术标准手段外，国家还可以通过进出口配额和许可证的方式进行贸易限制。

1. 配额制度

配额制度是指一国政府在一定的期限内，对某些进出口商品的数量或金额设定最高限度的制度。在该限额内，商品可以进出口，超额以后就不准进出口或者是需缴纳较高的关税或罚款方可进出口。

(1) 进口配额。进口配额通常分为绝对配额和关税配额。

绝对配额是指进口国政府在一定的期限内对某种商品的进口规定最高限额，一旦超出最高限额，则不准进口。按照额度针对的地域，绝对配额又分为：全球配额、国别配额和进口商配额。全球配额是针对全世界所有地方来的进口商品进行配额限制；国别配额是针对来自特定国家或地区的进口商品实施限制，或者是针对来自不同国家或地区的进口商品实施不同的额度限制；进口商额度则是指将规定的进口额度按照进口商予以分配，进口商用完额度，则不许其再进行进口。

(2) 关税配额。关税配额是指对配额内的进口商品征收较低关税，对配额外的进口商品征收较高关税的一种配额制度。这是综合运用关税和配额的限制方法。

法律链接

商务部 2012 年《进出口许可证证书管理规定》

2. 许可证制度

许可证可以运用于国家管理经济的各个方面，在对外贸易管理领域，许可证制度是指：一国政府规定对某些商品的进、出口必须领取政府颁发的许可证方可进口或出口的制度。这些需要通过许可证方能进行进出口贸易的商品，是由国家事先颁发商品目录的。本国进口商进口属于目录范围的进口商品，出口商需要出口属于目录范围的出口商品，都需要事先向政府主管部门提出申请，经过批准获得许可证，才可以进口或出口。许可证的颁发需要进出口商的申请，但是决定权在于政府，政府根据该商品的性质、性能，以及商品的来源国或目的国，国家的贸易政策，来决定是否予以许可以及许可的数量。

(1) 许可证的内容。许可证一般都载明以下内容：许可证的类别；进口或出口商的名称；商品名称；商品数量或重量；价值；进口或出口国别或地区或最终用户；许可证有效期。

（2）许可证的分类。根据不同的标准，许可证可做不同的分类，通常许可证分为“进口许可证”和“出口许可证”。出于对外国商品进口的限制、保持国家外汇收支的平衡以及国家安全或人类及动植物安全、环境保护等原因，进口许可证被广泛运用。出口许可证一般是基于保护国内资源或国家安全之目的，对国内短缺的原材料、重要战略物资、文物以及大规模杀伤性武器或军民两用商品和技术的出口进行限制。

根据许可证的获得方式又可以分为自动许可证和非自动许可证。前者指无需逐笔申请与获得批准，即可以自由从事进口、出口的，又称为一般许可。它往往是确认进出口资格以后，即可以进行进出口业务，而每笔业务无需许可。非自动许可又称特别许可，是要求进出口商每笔进出口交易都要通过主管部门的审查、批准后，凭借发放的许可证进行贸易。特别许可针对重要的战略物资、高精技术，或者是基于国家之间的贸易协定、或根据贸易制裁措施而针对特别国家或地区的。特别许可证往往是实施贸易配额制度时，必不可少的手段。

第二节　对外贸易救济

在国际贸易的传统中，国家往往鼓励出口而采取一些方式使得其商品在国际市场上具有更好的竞争性。这些手段通常有倾销和补贴。倾销是出口商自己采取的、或者是在国家鼓励的前提下采取的获得竞争优势的方法，而补贴则是国家对出口商或生产商采取的财政性补贴，使得出口商品具有不正当的竞争优势，这些严重扰乱了自由的竞争秩序，对进口国产生一些不利影响。因此，为了维护外贸秩序和公平的竞争，以及保护国内产业免遭实质损害，或免遭实质损害之威胁，各国都采取一些反制措施予以救济，这些救济通常就是“反倾销”、“反补贴”和“保障措施”（简称“两反一保”）。这种意义上的救济不同于特定合同因为违约而产生的救济，合同违约的救济是特定法律关系主体之间的违约救济，通过一般意义上的民事诉讼或仲裁获得救济；而“两反一保”意义上的贸易救济是对进口国整个行业受到损害或威胁而进行的救济。

一、反倾销

（一）倾销的含义

在反倾销制度中所谈的倾销严格说来是“产品倾销”，在国际贸易中的倾销是指“以一种价格将产品推销于国外，而以另一种较高的价格将同类产品在国内销售”①。世界贸易组织（WTO）在《关于实施1994年关税与贸易总协定第六条的协定》（又通常称为“WTO反倾销协议”）对倾销做了对

> 《中华人民共和国反倾销条例》第三条　倾销，是指在正常贸易过程中进口产品以低于其正常价值的出口价格进入中华人民共和国市场。

① 曹建明、陈志东：《国际经济法专论》，229页，北京，法律出版社，2000。

WTO 成员国都有约束力的权威定义："如果一项产品从一国出口到另一国，该产品的出口价格在正常的贸易过程中，低于出口国旨在用于本国消费的同类产品的可比价格，也即以低于其正常价值进入另一国的商业，则该产品即被认为是倾销。"

倾销是一种对进口国国内产业产生损害的有害贸易行为，根据其所产生的损害，倾销分为：

（1）偶发性倾销。这种倾销与生产过剩、市场饱和有关。由于其实际持续时间较短，通常对于进口国的产业不产生实质损害，也不至于对进口国的市场产生实质性的扰乱，因此进口国一般不会采取反倾销措施。

法律链接

最高人民法院《关于审理反倾销行政案件应用法律若干问题的规定》和《关于审理反补贴行政案件应用法律若干问题的规定》

（2）间接倾销。也称第三国倾销，是指甲国产品倾销至乙国，再由乙国出口至进口国，而对进口国相关工业产生损害或损害威胁。

（3）社会倾销。最初的社会倾销主要指利用刑事羁押人员廉价劳动力生产的产品出口到进口国，而获得巨大的竞争优势，现在已经扩大到发展中国家国内廉价劳动力或环境保护、企业社会责任方面的低标准，而使得其产品具有低价而获得的巨大竞争优势。以欧盟为代表的新贸易保护主义，近年来一直呼吁禁止此类倾销或采取反制措施，但没有被国际社会尤其是 WTO 承认。

（4）掠夺性倾销。主要是倾销方为了开拓市场、掠夺外国市场，以亏本价格进行销售，实现占领外国市场的战略。这种倾销以占领外国市场为目的，因此不是持续的，完成占领一般就停止倾销。但是这种倾销破坏了进口国的贸易秩序，对进口国与之竞争的产业造成实质损害或损害威胁，因此，进口国也会对此进行反制与管制。

（5）持续性倾销。倾销方为了维持现有生产能力而不降低国内价格，或者为了扩大生产规模而不降低国内价格，或为了获得本国政府补贴而在国外进行倾销。这种倾销时间较长，对进口国相关产业造成实质打击和损害，因此各国都会对此进行严格管控，进行反制。

（二）倾销的构成

倾销的构成，也就是出口商的行为满足法律上确定的倾销的条件，成为法律上认可的倾销，国家据此可以对此实施反制措施。根据 WTO《反倾销协议》和我国《反倾销条例》，构成倾销需要满足下列三个条件：

（1）确定存在倾销的事实。倾销事实就是外国商品低于正常价格进入国内市场销售。

（2）确定对国内产业造成了实质损害或实质损害的威胁，或对建立国内相关产业造成实质阻碍。

（3）确定倾销和损害之间存在因果关系。

只有上述三个方面的条件都满足，进口国才可以对倾销行为采取管制措施，进行反制。这三个方面的条件都满足，法律意义上的倾销才成立。第一个条件中涉及进口商品的正常价值和进口价格，以及二者之间的比较，第二个涉及实质性损害或威胁的确立，在此还要确立国内产业的范围。

（三）倾销的确定

1. 正常价值的确定

确定是否存在倾销，其关键是进口商品的“正常价值”，正常价值的确立，是整个反倾销制度的关键所在。根据我国《反倾销条例》，正常价值可以通过下列方法来确立：

（1）进口国国内市场可比价格。通常只有两种情形下可以运用这种方法确立正常价值：

第一，在正常的贸易中，国内存在同类产品的销售。这种情况需要满足一条件：国内市场上销售的同类产品一定要有代表性，是在正常贸易竞争中进行的销售。若在国内同类产品的销售没有代表性，或同类产品在国内的销售是在特殊的销售商之间进行的，或低于成本，或在合理期无法收回成本的销售，则将被认定为非正常贸易。

第二，进口产品不是直接来自原产国，也可以用国内市场价格来确定正常价值。

（2）第三国的可比价格或结构价格。第三国的可比价格即进口到本国的产品销往第三国的出口价格。这里的第三国一定要可比性。结构价格是由三个部分叠加组成的：原产地成本、合理费用、利润。

根据我国《反倾销条例》，在下列情况下可以选择可比的第三国价格或者结构价格：在出口国（地区）国内市场没有销售的，或者有销售，但所有的销售都不属于正常贸易；该同类产品的价格、数量不能据以进行公平比较的。

（3）原产国价格。在出口国（地区）国内市场的正常贸易过程中有可比价格的，使用这个价格作为正常价值。

（4）可获得的最佳信息规则（BIA 规则）。在通过前三种方法进行计算正常价值时，通常需要当事方的配合与合作。当当事人不配合不合作时，就可以采纳此方法。BIA 规则即：利害关系方不如实反映情况、提供有关资料的，或者没有在合理时间内提供必要信息的，或者以其他方式严重妨碍调查的，可以根据已经获得的事实和可获得的最佳信息对正常价值进行裁定。

（5）替代国价格。这是西方国家对非市场经济国家常用的确立方法。由于西方国家认为非市场经济国家的价格不是由市场竞争决定的，因此不能以非市场经济国家的价格确定正常价值，要寻找一个类似于该非市场经济国家的市场国家作为替代国，以替代国的价格来确定非市场经济国家的价格。这种方法的问题在于：选择替代国是一个非常主观性的选择，对于非市场经济国家而言是不公平的。

2. 出口价格的确定

确立倾销的前提是低于正常价值销售，也就是说出口价格低于正常价值，因此，出口价格的确立是确立倾销的另一要素。出口价格的确立方法包括：

（1）进口产品有实际支付或应当支付的价格的，以该价格为出口价格；

（2）没有（1）中的价格，或者（1）中的价格不可靠的（如跨国公司母子公司或子公司之间的转让价格），以该进口产品首次转售给独立购买人的价格为出口价格；

（3）如果在（2）的情形下，没有转售给独立购买人或未按进口时的状态转售的，可以将根据合理基础推定的价格视为出口价格。

3．正常价值和出口价格的比较

这一比较是成立倾销的重要环节，也是确立倾销幅度的必经环节。具体比较方法是：

（1）将加权平均正常价值与全部可比出口交易的加权平均价格进行比较，或者将正常价值与出口价格在逐笔交易的基础上进行比较；

（2）出口价格在不同的购买人、地区、时期之间存在很大差异，按照（1）难以比较的，可以将加权平均正常价值与单一出口交易的价格进行比较。

4．损害的确定

倾销构成中的损害，是指倾销对已经建立的国内产业造成实质性损害或者产生实质性损害之威胁，或者是对正在建立中的国内产业造成实质性的阻碍。损害的确立是由一国的反倾销行政执法部门负责，当前我国是由商务部负责调查确立。

（1）实质性损害的确定，通常从下面几个方面予以确定：

第一，倾销进口产品的数量增加或大量增加的可能性；

第二，倾销进口对国内市场同类产品价格产生的大幅压制和压低的影响；

第三，倾销进口对生产同类产品的国内相关产业产生的影响。

我国《反倾销条例》要求调查的因素除了上述三条之外，还有：

第四，出口国、原产国的生产能力、出口能力强，库存多；

第五，造成国内产业损害的其他因素。

（2）实质性损害威胁的确定。实质性损害威胁，不同于实质性损害，是指能够明显地预见到倾销的继续进行，将迅速导致实质性损害的出现。也就是说虽然还没有出现实质性损害，但情况继续下去，将的确、迅速导致实质性损害的出现。确立实质性损害威胁的方法包括：

第一，应当依据事实，不得仅依据指控、推测或者极小的可能性。

第二，应当依据肯定性证据，不得将造成损害的非倾销因素归因于倾销。

第三，倾销进口产品来自两个以上国家（地区），并且同时满足下列条件的，可以就倾销进口产品对国内产业造成的影响进行累积评估：首先，来自每一国家（地区）的倾销进口产品的倾销幅度不小于2%，并且其进口量不属于可忽略不计的；其次，根据倾销进口产品之间以及倾销进口产品与国内同类产品之间的竞争条件，进行累积评估是适当的。

可忽略不计，是指来自一个国家（地区）的倾销进口产品的数量占同类产品总进口量的比例低于3%；但是，低于3%的若干国家（地区）的总进口量超过同类产品总进口量7%的除外。

5．国内产业的确定

倾销所产生的损害应当是进口国国内的产业，而不是国内的个别生产企业。如何确定国内产业，也是反倾销中必需的环节，也不是一个一目了然的事实。考察国内产业，需要注意以下几个方面：

（1）必须是与涉嫌倾销的进口产品相同或相似的“同类产品”。也就是说从产品的可替代性上来看，虽然不属于相同产品，但产品之间具有可替代性，因而具有竞争关系，即为“同类产品”。

（2）国内生产者与出口商或进口商之间不存在关联关系，也就是说国内生产商本身不是进口产品的经营者；

(3) 国内产业必须是国内全部生产商，或者是占总量的主要部分的生产商。在特殊情况下，国内一个区域市场中的生产者，在该市场中销售其全部或者几乎全部的同类产品，并且该市场中同类产品的需求主要不是由国内其他地方的生产者提供的，可以视为一个单独的产业。典型如上个世纪八十年代的涪陵榨菜产业，就可以视为一个单独的产业。

6. 倾销与损害之间因果关系的确定

倾销的存在一定是国内产业实质性损害或实质性损害威胁的直接原因，否则倾销行为就不应该受到禁止或制裁。因为从消费者和福利的角度，低价产品是有利于消费者的。因此，二者之间一定有因果关系，也就是说倾销产生的损害，才属于法律上禁止或制裁的对象。可见，因果关系是最终成立倾销的必要条件，也是启动反倾销程序的必要条件。

(四) 反倾销措施

一旦确定倾销成立，那么国家就采取反倾销措施以处罚倾销行为，实际上往往在倾销的调查阶段就已经采取一些措施。

1. 临时措施。当反倾销主管当局已经作出倾销和损害存在的肯定性初步裁定时，就可以征收临时性倾销税或要求倾销者提交保证金。这种临时性措施通常有时间限制，世界贸易组织对成员国要求不超过 4 个月。

2. 征收反倾销税。当在法律程序上确定倾销的存在，则从裁决之日起征收反倾销税，已经实施的保证金则予以退换。反倾销税的额度以倾销的幅度为限。如果已经征收的临时反倾销税高于最终反倾销税，则予以退还；如果低于最终反倾销税，则差额部分无须补交。按照世界贸易组织的规则，反倾销税自征收之日起，不得超过 5 年。

《中华人民共和国反补贴条例》第三条　补贴，是指出口国（地区）政府或者其任何公共机构提供的并为接受者带来利益的财政资助以及任何形式的收入或者价格支持。

出口国（地区）政府或者其任何公共机构，以下统称出口国（地区）政府。

本条第一款所称财政资助，包括：

（一）出口国（地区）政府以拨款、贷款、资本注入等形式直接提供资金，或者以贷款担保等形式潜在地直接转让资金或者债务；

（二）出口国（地区）政府放弃或者不收缴应收收入；

（三）出口国（地区）政府提供除一般基础设施以外的货物、服务，或者由出口国（地区）政府购买货物；

（四）出口国（地区）政府通过向筹资机构付款，或者委托、指令私营机构履行上述职能。

二、反补贴

(一) 补贴的含义

补贴是指在政府或公共机构对本国或本国国境内的产业、个别企业或出口商给予财政支持，或者给予任何形式的收入支持或价格支持，或者是利益支持。补贴实际上就使得受补贴的企业或产品的成本降低，产生了更强的价格优势，而使得受补贴者的产品具有更强的市场竞争力。政府或公共机构进行补贴有很多种形式：

1. 政府拨款

就是政府直接给企业拨款，所拨的款项是在拨款时就明确了款项的用途。这种政府拨款的原因有很多种，如支持企业的研发、企业执行特定的国家政策而遭受的可能损失、扶持产业的建立或发展、国家进行产业结构调整时对有关企业的损失进行补偿等。

2. 财政贴息

财政贴息是政府为了支持特定产业或区域的发展，根据国家宏观经济形势和政策目标，对向这些产业或区域进行企业贷款的银行贷款的利息给予的补贴。财政贴息主要有两种方式：(1) 财政将贴息资金直接拨付给受益企业；(2) 财政将贴息资金拨付给贷款银行，由贷款银行以政策性优惠利率向企业提供贷款，受益企业按照实际发生的利率计算和确认利息费用。前一种情况一般是银行执行的是通常的贷款利息率，银行没有损失；后一种情况是银行按照国家的政策提供了优惠利率。

3. 税收返还

税收返还属于一种税收优惠，只有国家退返的税款才属于政府补助的范畴，即提供先征后返（退）、即征即退的办法向企业返还税款。除税收返还外的直接减、免、增加计税抵扣等没有直接收到资产的各种税收优惠，不属于政府补助。

4. 无偿拨付非货币资产

这种方式的补贴是政府通过将除货币以外某些有形的或无形的物质财富拨付给相关企业来实现的。如采矿权的免费划拨，公共设施的划拨等等。

（二）补贴的种类

任何形式的补贴都使得受补贴者获得竞争优势，这就扭曲了出口产品的价格构成，扭曲了自由竞争。因此就有了国家对补贴采取反制措施。但是不是所有的补贴都是不正当的，不是所有的补贴都是应当遭到制裁的。因此就有必要在制度上区分哪些补贴是合法的，哪些补贴是不合法。基于对成员国采取补贴和反补贴反制措施进行规范的目的，世界贸易组织《补贴与反补贴措施协议》将补贴分为三类："禁止使用的补贴"、"可申诉的补贴"和"不可申诉的补贴"。

1. 禁止使用的补贴

顾名思义，这类补贴是被世界贸易组织所禁止的，也就是说成员国不得进行这些补贴。如果有成员国政府进行此类补贴，则会出现两种处理方式：一是其他成员国可以采取反补贴措施；二是采取双方协商的方式，当协商不成则提交 WTO 的专家小组，由其来裁定。前者属于国内方式，其程序与采取反倾销的程序相似；后者属于承担国家责任，裁定采取补贴的国家败诉，则承担国家责任。这种补贴无论是否给其他成员国带来不利影响或产生损害，都是非法的，都是可以进行反制措施或在 WTO 中被提请裁决的。

2. 可申诉的补贴

这类补贴就是《补贴与反补贴协议》第 1 条定义的补贴，如果此类补贴给有关成员国带来不利影响或者造成严重损害，受害一方可以根据《补贴与反补贴协议》采取反补贴措施或者与采取补贴的成员国发起磋商，磋商不成即可要求 WTO 专家小组来裁决。这类补贴只有对相关成员国产生不利影响或带来实质损害，才可以被采取反制措施。

3. 不可申诉的补贴

这是指对科研活动、贫困落后地区以及企业为了执行环境保护的法律而增加的负担，由政府来予以资助，以及不具有特定性的补贴。这类补贴是完全合法的，不管是否对其他国家造成危害，都不可以在 WTO 框架下对其进行谴责和制裁。也就是不可以对其采取反制措施或要求 WTO 专家小组来裁决。

（三）反补贴的条件

从上文可见，并非所有的补贴都是违法的，因此，对补贴采取反补贴措施需要满足法定的条件。根据《中华人民共和国反补贴条例》的规定，反补贴的条件包括程序条件和实质条件：

1. 程序条件

反补贴一定要经过法定的程序进行确认后，才可以采取反补贴措施。反补贴的调查和确认由商务部负责，其他机关无权作出决定。反补贴调查可以是商务部主动发起调查，也可以是国内相关产业的受害者申请商务部进行调查。

2. 实质条件

我国是 WTO 成员国，因此，总体上来讲，只有"禁止性的补贴"和"可申诉的补贴"才可以构成反补贴措施的对象。根据我国《反补贴条例》，构成采取反补贴措施的补贴，应当符合以下条件：第一，补贴具有专向性①；第二，损害，是指补贴对已经建立的国内产业造成实质损害或者产生实质损害威胁，或者对建立国内产业造成实质阻碍；第三，因果关系，即国内相关产业所受到的实质性损害或实质性损害威胁，其原因是被调查的该项补贴导致的。

（四）反补贴措施

在我国反补贴的调查与确定由商务部负责，一旦确立补贴，则采取相应的反补贴措施，这些措施主要包括：

1. 临时反补贴措施

临时反补贴措施包括两种形式：保证金或保函（此二者是用以保证未来采取的正式反补贴措施能够得以实现）、征收临时反补贴税。采取临时反补贴措施，由商务部提出建议，国务院关税税则委员会根据商务部的建议作出决定，由商务部予以公告。海关自公告规定实施之日起执行。临时反补贴措施的实施是有期限的，从公告规定实施之日起，不超过 4 个月。对于何时开始采取临时性反补贴措施，我国《反补贴条例》规定是自反补贴立案调查决定公告之日起 60 天内，不得采取临时反补贴措施。

2. 反补贴税

当正式确立存在补贴以后，在通过磋商解决没有效果的情况下，可以征收反补贴税。

三、保障措施

作为贸易领域中重要的救济措施——保障措施，其源自世界贸易组织的规定。作为世

---

① 根据《中华人民共和国反补贴条例》第 4 条的规定，专向性补贴包括：（1）由出口国（地区）政府明确确定的某些企业、产业获得的补贴；（2）由出口国（地区）法律、法规明确规定的某些企业、产业获得的补贴；（3）指定特定区域内的企业、产业获得的补贴；（4）以出口实绩为条件获得的补贴，包括本条例所附出口补贴清单列举的各项补贴；（5）以使用本国（地区）产品替代进口产品为条件获得的补贴。

界贸易组织的成员国之一，我国根据世界贸易组织的重要协议《关税与贸易总协定(1994)》(以下简称《GATT 1994》) 第19条的规定，制订了《中华人民共和国保障措施条例》，作为我国采取保障措施的法律依据。

(一) 保障措施的定义

> 《中华人民共和国保障措施条例》第二条　进口产品数量增加，并对生产同类产品或者直接竞争产品的国内产业造成严重损害或者严重损害威胁（以下除特别指明外，统称损害）的，依照本条例的规定进行调查，采取保障措施。

在世界贸易组织制度框架之下的保障措施是指，当进口产品数量增加，并对生产同类产品或者直接竞争产品的国内产业造成严重损害或者严重损害威胁时，一国政府根据自己的国际权利和国内法，可以对上述产品的全部或部分实施贸易保护手段，也就是暂停实施其作为WTO成员国的义务，或者撤销或修改其关税减让。

通俗地说，就是因为突然增长的某种产品的进口，导致国内与之竞争的产业遭到严重损害，或者遭到严重损害之威胁时，一国国家可以采取必要的保护措施，包括在数量上限制进口，或者提高已经降低的关税，或者撤销已经降低的关税优惠。这是WTO成员国的一项权利。在世界贸易组织的框架下，关税减免是不可逆的、数量限制也是非法的，因此通常这些措施作为贸易保护主义的惯用手段是被禁止的。但是基于“保障措施”这一规定，各国却有权采取这些措施。

(二) 采取保障措施的条件

由于保障措施中所采取的措施是贸易保护主义常用的手段，因此这些手段通常是与WTO的主旨——贸易自由是不相符的，因此，要采取保障措施一定是需要在特定的情况下才可以。因此，采取保障措施是有条件的：

(1) 进口产品数量增加。这种数量增加是与国内生产相比较的结果，或是绝对地增加或是相对地增长。适用保障措施是针对所有进口的这一产品，而不考虑其来源。

(2) 国内与之竞争的产业遭到严重损害或者是严重损害威胁。这一条件是说国内的产业受到损害，否则是不允许采取保障措施的。

(3) 国内产业所遭到的损害的原因是这种进口数量增加的结果。

除了实质性的条件以外，根据《GATT 1994》的规定，采取保障措施还需要遵守一些原则和程序上的条件：

(1) 采取保障措施应当是非歧视的，也就是说是针对所有的进口产品，而不能是针对特定地区或国家的产品。

(2) 在确定数量增加、国内产业受到损害以及二者之间的因果关系时，应当公开调查、进行公告和举行听证程序。

(3) 采取保障措施应当符合WTO透明度原则的要求。

(4) 采取的保障措施应当不得超过防止或救济国内产业严重损害所必需的程度。

(5) 采取保障措施不得超过4年，特殊情况下可以延长，但是加上临时性保障措施，总计不得超过8年。

本章小结

在经济全球化日益加剧的今天，每个国家都对本国的对外贸易进行管理。通过立法的方式对管理行为和外贸行为进行规范。这些管理主要体现为日常的进出口鼓励和限制，甚至是禁止。限制的措施有进出口许可证制度、检验检疫制度、关税制度、技术限制制度等等。当某类产品的进出口对一国的经济产生重大影响时，又会采取手段去进行保护，这就是反倾销、反补贴和保障措施。但是在世界贸易组织体系下，这些“两反一保”措施需要符合世界贸易组织的规则。通常世贸组织的成员国会根据世贸组织的相关规则制定本国的“两反一保”制度。

参考文献

王传丽．国际经济法（第三版）．北京：中国人民大学出版社，2011

罗燕，李运华等．经济法教程（第九版）．广州：华南理工大学出版社，2012

屈广清．反倾销法律问题研究．北京：法律出版社，2004

高虎城．国外对中国产品反倾销反补贴保障措施案例集．北京：中国对外经济贸易出版社，2006

第十一章　仲裁与民事诉讼

目　标 学过本章之后，你应该能够

1. 讨论经济仲裁的价值；
2. 界定诉讼主体及其权利与义务；
3. 描述仲裁的程序；
4. 熟悉诉讼管辖制度；
5. 掌握诉讼的一审和二审程序。

关键词

仲裁　仲裁条款　仲裁庭　商事纠纷　诉讼　管辖　判决

案例导读 约定的争端解决方式的效力

2012年7月，意大利米兰的A公司与中国抚顺的B冶金公司约定，米兰A公司向冶金公司购买300吨电熔镁铬砂，装运期限为2012年8月，装运港大连港，目的港鹿特丹，FOB价格为每吨325美元。合同约定发生所有争端应当在中国仲裁或诉讼。2012年7月18日，米兰A公司给B冶金公司开出了信用证。8月17—18日，B冶金公司将货物装上中海货轮公司所属的“PEACH MOUNTAIN”轮，中海货轮公司签发了清洁提单。2012年10月中旬，当货物运抵波兰时，A公司发现该货物是没有价值的普通石头。A公司认为B冶金公司或者中海货轮公司或者二者共同实施欺诈行为，A公司提起诉讼，要求赔偿损失143 392.48美元和11.47欧元。

1. 请问米兰公司可以申请仲裁吗？为什么？
2. 如果提起诉讼，请问原告是谁？被告是谁？
3. 本案应该由哪个法院管辖？

社会生活中总会发生各种各样的纠纷，经济领域也是如此。当经济纠纷发生，就需要有解决纠纷的途径与方法。通常当事人可以选择相互之间协商解决，也可以找彼此都相信的第三方来调解。

第一节　经济仲裁

经济仲裁作为解决经济领域当事人之间的经济争端的一种手段，是在商人们之间自发形成的习惯。它的出现既不是国家制定法律构建出来的，也不是法学家们的学术创造物，它是在商人之间自发解决相互间的争端而形成的制度。所谓的经济仲裁就是平等主体的当事人之间自愿达成协议，将已经发生的经济争端或者将来在某项关系上可能发生的争端，交由非官方的仲裁员组成的仲裁庭进行裁判，并受仲裁庭裁决约束的一种制度。

一、经济仲裁的基本原则与基本制度

（一）经济仲裁的基本原则

1. 仲裁的首要原则是自愿原则

所谓自愿，就是双方当事人相互不得将自己的意愿强加给对方，在仲裁法中即为：将经济争端提交给由仲裁员组成的仲裁庭进行裁决是双方都自愿的，不是一方的单方意愿。这种自愿交由仲裁解决纠纷的意愿可以是在争端发生以后通过订立仲裁协议的方式，也可以在订立合同之时就约定将来可能发生的争端交由仲裁。也就是说可以事先约定，也可以事后约定；可以作为主合同的一个条款，也可以单独订立仲裁协议。

> 《中华人民共和国仲裁法》第四条
>
> 当事人采用仲裁方式解决纠纷，应当双方自愿，达成仲裁协议。没有仲裁协议，一方申请仲裁的，仲裁委员会不予受理。

2. 当事人协议选定仲裁委员会

当事人协议选定仲裁委员会的原则，实际上是自愿原则的一个重要部分。自愿原则不仅仅表现为自愿交由仲裁而不是通过诉讼来解决纠纷，还表现为交由哪个仲裁委员会，也是需要争端双方共同协商一致。国内外有众多的仲裁机构，因此，交由哪家仲裁机构，也是需要当事人协议选定。

3. 独立仲裁原则

仲裁机构对自己有管辖权的经济争端有权进行仲裁，仲裁只需遵守法律和当事人之间的协议。仲裁委员会在进行经济仲裁时，任何个人、单位、国家机构或者社会团体，都不得进行干预。这一原则体现了对当事人协议选择仲裁的尊重。当然，独立仲裁并不否定来自第三方的法律监督，法院可以撤销非法的仲裁。

4. 一裁终局原则

一裁终局就是说，经济争端交由仲裁，当仲裁机构对争端作出仲裁裁决后，裁决即生效。这与诉讼不一样，诉讼中二审裁判文书立即生效，而一审裁判只有在双方当事人在法定期限内都没有上诉才生效。

5. 依法公平合理解决纠纷原则

仲裁员在对经济争端进行裁决时，应当遵守法律以及当事人之间的约定，对当事人双方不得偏袒，公平合理地解决当事人之间的经济争端。

（二）经济仲裁的基本制度

虽然仲裁活动不是行使国家权力，但是由于它对当事人的利益产生影响，而成为一项重要的救济制度，因此，各国都会在法律上对仲裁进行规范，形成仲裁制度。除了下文所述的“仲裁组织制度”、“仲裁程序制度”和仲裁协议的相关制度外，仲裁制度具体包括以下几个方面：

1. 管辖制度

与诉讼不一样的是，仲裁庭对案件的受理与审理，不是根据任何与案件有关的实体性条件，如当事人的住所、合同的订立地、履行地等等，而是根据当事人的约定，即当事人按照自愿的原则，约定任何仲裁组织来裁决经济争端。这种约定完全取决于当事人的自愿，不受任何地域的限制，甚至是可以选择境外的仲裁机构。

但是不是所有的案件都可以选择仲裁，只有合同纠纷和财产性权益纠纷才能选择仲裁。我国法律明确规定婚姻、收养、抚养、监护、继承案件不可以选择仲裁来解决纠纷。至于“侵权纠纷”是否可以选择仲裁，我国法律没有明确排除，但有过排除侵权案件仲裁的先例。①

2. 仲裁裁决的执行制度

虽然根据仲裁协议或仲裁条款，仲裁机构有权对经济争端进行裁决，并且除非出现仲裁违法，否则仲裁裁决即刻具有法律效力。但是，由于仲裁机构本身不是国家机构，没有国家权力，因此如果当事人不履行仲裁裁决，那么就需要对仲裁裁决进行强制执行，而强制执行只能由国家机关去实现。根据我国相关法律，仲裁当事人只能向人民法院申请强制执行仲裁裁决，他们可以向被执行人住所地或者被执行的财产所在地的中级人民法院申请执行。②

当然，并非只要有当事人申请强制执行，法院就一定进行强制执行。如果被执行人能够证明仲裁裁决过程中出现一些违法情况，经法院组成的合议庭审查属实的，可以裁定不予执行。这些违法情形包括：

1）当事人在合同中没有订立仲裁条款或者事后没有达成书面仲裁协议的；

2）裁决的事项不属于仲裁协议的范围或者仲裁机构无权仲裁的；

3）仲裁庭的组成或者仲裁的程序违反法定程序的；

4）裁决所根据的证据是伪造的；

5）对方当事人向仲裁机构隐瞒了足以影响公正裁决的证据的；

6）仲裁员在仲裁该案时有贪污受贿，徇私舞弊，枉法裁决行为的。③

3. 关于仲裁裁决效力的制度

仲裁裁决自作出之时即具有法律效力，但是当仲裁庭出现违法行为时，法律将给予救济措施。在下列情形下，当事人可以申请人民法院撤销仲裁裁决：

1）没有仲裁协议的；

2）裁决的事项不属于仲裁协议的范围或者仲裁委员会无权仲裁的；

3）仲裁庭的组成或者仲裁的程序违反法定程序的；

4）裁决所根据的证据是伪造的；

---

① 参见“美国WP国际发展公司诉吉林市淞美醋酸有限公司、吉林化学工业股份有限公司侵权损害赔偿纠纷上诉案”，见 http://www.ccmt.org.cn/showws.php?id=1622。

② 参见《中华人民共和国仲裁法》第62条、《最高人民法院关于适用〈中华人民共和国仲裁法〉若干问题的解释》第29条的规定。

③ 参见《中华人民共和国民事诉讼法》第237条的规定。

5）对方当事人隐瞒了足以影响公正裁决的证据的；

6）仲裁员在仲裁该案时有索贿受贿，徇私舞弊，枉法裁决行为的。[①]

> 《中华人民共和国仲裁法》第十条　仲裁委员会可以在直辖市和省、自治区人民政府所在地的市设立，也可以根据需要在其他设区的市设立，不按行政区划层层设立。
>
> 仲裁委员会由前款规定的市的人民政府组织有关部门和商会统一组建。
>
> 设立仲裁委员会，应当经省、自治区、直辖市的司法行政部门登记。

受理当事人申请撤销仲裁裁决的法院是仲裁委员会所在地的中级人民法院。

二、仲裁组织

（一）仲裁委员会

仲裁有两种形式进行，一种是临时性的仲裁，另一种是常设性的仲裁。临时性的仲裁虽非常态，但在国际上是允许的。虽然我国相关法律没有规定临时性仲裁，但是由于《承认与执行外国仲裁裁决公约》中明确规定成员国承认临时性仲裁裁决的效力，而我国是该公约的成员国，因此，我国具有承认临时性仲裁裁决的国际义务。这就意味着临时性裁决在我国也是有效力的。

与临时性裁决不同的是常设性仲裁，常设性仲裁是在一个仲裁委员会中进行裁决。仲裁委员会就是进行经常性仲裁的一个固定机构。在我国仲裁机构由主任一人、副主任 2 至 4 人和委员 7 至 11 人，以及若干聘任的仲裁员组成。仲裁委员会具有以下几个特点：

首先，仲裁委员会不是官方机构，不是国家机构，不享有国家权力。它是一个民间机构，不是按照政府的级别设置的。虽然我国大多数地级市都设有仲裁委员会，而且根据我国《仲裁法》，仲裁委员会由政府主持组建，但它本身不是政府机构。仲裁委员会独立于行政机关，与行政机关没有隶属关系。仲裁委员会之间也没有隶属关系。

其次，虽然仲裁委员会作为仲裁机构，但不直接对外进行仲裁，对外进行裁决是通过成立仲裁庭来进行裁决的。

再次，仲裁委员会主要职责是进行日常的管理。但是当仲裁庭遇到重大疑难案件提交仲裁委员会讨论时，仲裁委员会的决定，仲裁庭必须执行。

然后，仲裁委员会的业务性质决定仲裁委员会的组成人员必然主要以经济、法律专业人士为主。因此，我国《仲裁法》规定，仲裁委员会的组成中，经济、法律专家不得少于三分之二。

最后，仲裁委员会聘任仲裁员来进行仲裁，仲裁员应当具备一定的资格条件。[②]

（二）仲裁庭

仲裁庭是仲裁案件的直接审理者，与仲裁委员会不同的是，仲裁委员会主要工作在于

---

① 参见《中华人民共和国仲裁法》第 58 条的规定。

② 根据我国《仲裁法》第 13 条的规定，仲裁员应当具备下列条件之一：（1）从事仲裁工作满八年的；（2）从事律师工作满八年的；（3）曾任审判员满八年的；（4）从事法律研究、教学工作并具有高级职称的；（5）具有法律知识、从事经济贸易等专业工作并具有高级职称或者具有同等专业水平的。

行政管理方面，而仲裁庭负责对具体案件进行审理。

1. 仲裁庭的组成

根据组成仲裁庭的仲裁员的人数的多少，仲裁庭可以分为由一名仲裁员组成的独任仲裁庭和两位或两位以上仲裁员组成的合议仲裁庭。常见的仲裁庭包括独任仲裁庭和3位以上仲裁员组成的合议仲裁庭。

在实践中两名仲裁员的情况并不常见。在“巴尔的摩仲裁条款”中规定船东和租船人各指定一名仲裁员组成仲裁庭进行裁决，若他们不能达成一致意见，则由这两名仲裁员共同指定的公断人（umpire）裁定。仲裁员或公断人的裁决是终局的。

通常独任仲裁庭的仲裁员是由争端双方共同指定的仲裁员担任，或者双方指定达不成一致时，由仲裁委员会主任指定。

2. 仲裁庭的管辖权

仲裁庭有权对所提交的仲裁的依据——仲裁协议的有效性和管辖权作出决定。在经济纠纷中往往出现一方将纠纷提交仲裁庭仲裁，而对方声称仲裁协议无效或不存在。此时，仲裁庭有权对仲裁协议的存在和有效性进行审查。根据我国民事诉讼制度，人民法院在审查起诉时，发现当事人之间存在仲裁协议，也应当不予立案，并告知当事人申请仲裁。但是，如果当事人一方向人民法院起诉时未声明有仲裁协议，人民法院受理后，对方当事人又应诉答辩的，视为该人民法院有管辖权。

关于仲裁庭管辖异议还存在一种情形：一方当事人提请仲裁庭仲裁，而另一方当事人提起民事诉讼。彼此对对方提起的仲裁或诉讼提出管辖异议，也就是说，在仲裁庭提起仲裁的一方在法庭上对法院的管辖提起异议，而在法院提起诉讼的一方在仲裁庭上对仲裁庭的管辖提出异议，此时按照法律和实践，仲裁庭和法院都有权决定仲裁庭的管辖权。

三、仲裁协议

（一）仲裁协议的概念和特征

仲裁协议是指当事人各方同意将他们之间已经发生的，或者是将来可能发生的争议提交仲裁解决的协议。仲裁协议可以在争端出现之前签订，也可以在争端出现之后签订；其形式可以以合同一项条款的方式出现在合同中，也可以是一项单独的协议。

> 《中华人民共和国仲裁法》第十六条　仲裁协议包括合同中订立的仲裁条款和以其他书面方式在纠纷发生前或者纠纷发生后达成的请求仲裁的协议。
>
> 仲裁协议应当具有下列内容：
>
> （一）请求仲裁的意思表示；
>
> （二）仲裁事项；
>
> （三）选定的仲裁委员会。

作为当事人之间的重要协议，仲裁协议具有以下几个方面的法律特征：

第一，它是双方或所有各方当事人之间的共同一致的意思表示，而不是一方的意思表示。通俗地说是经济契约性法律关系中的所有当事人，或者侵权关系中的各方当事人的一致同意，而非单方的意思表示。

第二，正因为仲裁协议是双方或各方的一致同意，因此，协议的达成不能存在一方对另一方或他方的欺骗、威胁、胁迫。

第三，仲裁协议在法律上最明显的效力就是排除了法院对相关纠纷的司法管辖。有了仲裁协议，法院就不能进行司法管辖，而只能由协议中约定好的仲裁机构进行仲裁。

第四，仲裁协议是仲裁裁决的前提，也是仲裁裁决有效性和得以执行的法律条件。因此基于有效的仲裁协议和仲裁裁决，胜诉一方在败诉一方不自动执行仲裁裁决时，可以申请法院予以强制执行。相反，如果仲裁协议无效，那么法院可以拒绝对仲裁裁决进行强制执行。

（二）仲裁协议的主要内容

仲裁协议，无论是作为主合同的一项条款，还是单独的一项协议，它都需要具备特定的内容：

第一，要有明确的将争端提交仲裁来解决的意思表示。

第二，提交仲裁的具体事项，即将什么样的争端提交仲裁解决。这也是将来仲裁裁决的事项的范围，仲裁不能超出仲裁协议约定的事项范围。

第三，仲裁机构的名称或者是仲裁庭的组成。仲裁可以选择常设的仲裁机构，也可以选择临时的仲裁庭。选择临时的仲裁庭，就需要当事人明确仲裁员，或者仲裁员的产生方式。

第四，仲裁协议中还可以约定仲裁地点、仲裁应当适用的程序性规则。

上述1～3项是必备的内容，缺少其一则是内容不全，而导致无法提请仲裁。

（三）仲裁协议的效力及其认定

有效的仲裁协议应当具备哪些条件，各国规定不尽一致，但作为一种特殊的协议，它具备一般的合同有效要件，通常应当具备以下条件：

第一，仲裁协议一定是争端双方或各方真实的意思表示，而不是基于欺诈、胁迫等非自愿的方式达成的协议。

第二，签订仲裁协议的双方或各方当事人应当具有民事行为能力，如果当事人依据应当适用的法律是无行为能力的，那么协议是无效的。

第三，仲裁协议的内容要合法，也就是说约定提交仲裁的争端事项一定是依据有关国家的法律是属于可仲裁的事项。如我国将婚姻、抚养、继承等排除在仲裁的范围外，那么约定提交我国仲裁机构进行仲裁的事项就不得是这些事项。

第四，仲裁协议必须符合法定的形式。虽然合同可以是非书面的形式，但是根据有关的国际公约，仲裁协议必须采用书面形式，也就是说如果口头约定的仲裁协议，将不能作为仲裁的依据。

（四）仲裁条款的独立性

当仲裁协议是以仲裁条款的方式出现在主合同之中时，如果主合同是无效的，那么仲裁条款是否有效，并不依赖于主合同，而是根据自己的有效条件来进行认定。换句话说，仲裁条款是否无效，并不取决于主合同是否有效。这就是仲裁条款独立性原则，这一原则是各国普遍适用的。我国《仲裁法》第19条明确规定：仲裁协议独立存在，合同的变更、解除、终止或者无效，不影响仲裁协议的效力。我国1999年的《合同法》第57条也明确规定：合同无效、被撤销或终止的，不影响合同中独立存在的有关解决争议方法的条款的效力。

仲裁条款独立性意味着，合同之中的仲裁条款，不受主合同效力的影响，即在主合同无效、失效或被撤销时，仲裁条款依旧有效，当事人能够根据仲裁条款，申请仲裁。但是，并非是说仲裁条款就不存在无效，就一定是有效的。仲裁条款是否有效，在法律上是有条件的，因此是可以审查仲裁条款的有效性的，如果仲裁条款自身无效，那么，就不能进行仲裁。

四、仲裁程序

（一）仲裁程序的主要环节

1. 仲裁申请与受理

经济纠纷的一方当事人根据仲裁协议或仲裁条款，将当事人之间的争议提交仲裁解决，此即仲裁申请。仲裁庭根据对仲裁协议的有效性和自己的管辖权进行审查，认为仲裁协议或仲裁条款是有效的，并且自己有权进行仲裁管辖，则予以受理。提出仲裁申请的当事方为申请人，经济争议的另一方称之为被申请人。

一般而言，经济纠纷的仲裁申请书应当包括以下内容：

（1）申请人和被申请人的姓名（或名称）和地址；（2）仲裁请求事项及其所依据的仲裁协议；（3）仲裁请求所依据的事实和理由。

仲裁庭受理仲裁，应当及时通知被申请人，被申请人应当在仲裁庭所依据的仲裁规则规定的期间内提出答辩，如有反诉，也应当在此期间内提出。反诉申请如同仲裁申请一样，应当说明反诉请求及其所依据的事实、法律理由和证据等。仲裁庭收到答辩或反诉后，应当将答辩与反诉材料副本交于申请人。

这一过程如图 11—1 所示。

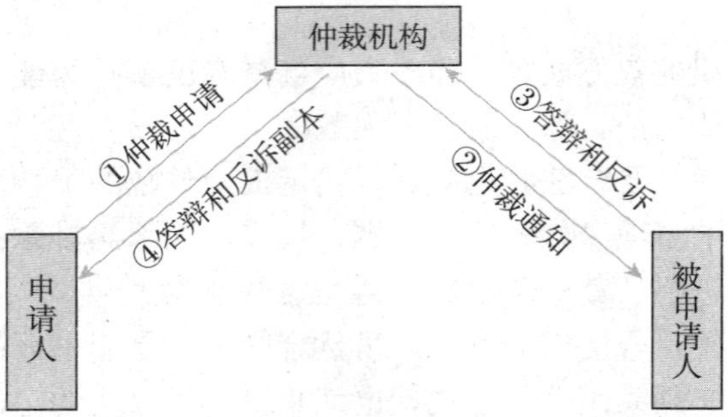

图 11—1　仲裁的申请与受理

2. 仲裁庭的组成

仲裁庭可以由一名仲裁员组成独任仲裁庭，也可以由三名仲裁员组成合议仲裁庭。独任仲裁员的产生根据仲裁规则，由争议双方共同推举产生或者由仲裁委员会主任任命产生；合议仲裁庭的仲裁员通常是争议各方各自指定一名仲裁员，第三名仲裁员由双方当事人共同指定，或者由他们共同约定的第三者去指定，如果双方不能达成上述约定，也可以由仲裁委员会主任任命。

3. 仲裁审理

仲裁作为解决经济纠纷的一种法律方式，其目的在于查明争议的相关事实，明确当事人之间的责任。因此，仲裁通常采取开庭的方式进行审理，即双方当事人在仲裁庭的主持之下，各自面对面提交证据并陈述自己的意见。只有有些比较简单的案件，仲裁庭可以决定不开庭审理，而进行书面审理。但是即使是书面审理，也必须允许当事人表达自己的意见，只不过在书面审理方式下，当事人是通过提交书面材料的方式来表达自己的意见。

4. 仲裁裁决

不同的仲裁机构对仲裁裁决的产生有不同的规定，但是多数仲裁机构的仲裁规则，都规定仲裁裁决根据多数仲裁员的意见作出，以书面的形式，并且在仲裁书中载明理由。如果不能形成多数意见，则以首席仲裁员的意见为仲裁裁决。仲裁裁决经仲裁员签字后送达双方当事人。

（二）仲裁程序的规则适用

仲裁庭在进行仲裁时所适用的程序性的规则，即仲裁庭按照怎样的程序规则进行仲裁，通常称之为“仲裁规则”。严格意义上仲裁规则不仅仅是仲裁庭需要遵守，仲裁机构、各有关组织与团体、仲裁协议的当事人都需要遵守。

就国际仲裁实践而言，每个仲裁机构都有自己的仲裁规则，用来规范其下的仲裁庭的仲裁活动。因此，当事人选择某个仲裁机构进行仲裁，就意味着当事人选择了该仲裁机构的仲裁规则。但是，各国法律和仲裁机构的仲裁规则，一般允许当事人自己另行选择仲裁规则，这就是说，可以选择A仲裁机构，却选择B仲裁机构（或者是国际组织制定的仲裁规则，或某国内法规定的仲裁规则）的仲裁规则。

虽然仲裁规则主要是仲裁机构制定的，当事人也可以选择，但是，仲裁规则的适用不得违反或规避仲裁应当适用的法律所规定的当事人必须遵守的各项规定。否则在请求法院强制执行仲裁裁决时，会遇到麻烦。就是说当需要一国法院去强制执行仲裁裁决，但该法院所属国的法律被违反或被规避，那么该国法院很可能因此而不予执行。

可见，仲裁规则具有两个明显的特征：其一是，仲裁规则的适用可以由当事人来选择，一经选择就对当事人和仲裁庭具有约束力；其二是，当事人所选择的仲裁规则不得与应当适用的仲裁法的规定相冲突。

（三）仲裁法及其适用

虽然，仲裁的程序主要接受仲裁规则的约束与支配，但是由于各种仲裁机构都一定是居于某个国家之内，因此，仲裁机构的仲裁规则至少是符合仲裁机构所在国的仲裁法。这是主权原则和地域管辖规则的必然要求。世界各国几乎都要求本国内的仲裁机构的仲裁规则符合其仲裁法，甚至是民事诉讼法。仲裁行为发生在本国，那么仲裁行为必须符合本国的法律，这是不言而喻的。

但是，由于仲裁是当事人之间自愿达成的解决争议的方式，因此，在国际商事仲裁的实践中，各国普遍的立法和国家惯例是：当事人不仅可以选择实体法来解决经济纠纷，也可以选择程序法来适用于仲裁活动。

（四）仲裁裁决及其承认与执行

1. 最终裁决、中间（或部分）裁决和追加裁决

仲裁裁决即为仲裁庭对当事人之间的经济争议作出的书面裁决。仲裁裁决一经送达双

方当事人，即产生法律上的约束力，这种约束力针对争议各方，也包括仲裁庭，也就是说仲裁庭一经裁决，不得变更自己的裁决。

仲裁活动随着仲裁裁决而结束，但是这里所说的仲裁裁决是指最终裁决，而不包括中间裁决和部分裁决。在仲裁程序的进行过程中，仲裁庭可以就当事人提出的某些事项做出中间裁决或部分裁决，这些裁决仅仅解决的是需要立即处理不易保存的物品，或者是双方不存在争议的部分。这些中间裁决或部分裁决均构成最终裁决的一部分，但是，如果在最终裁决形成之时，中间裁决或部分裁决已经履行完毕的，它们可以不写入最终裁决。

当然，如果最终裁决中漏掉了当事人请求中的某些事项，在应予适用的法律或仲裁规则规定的期限内，无论是当事人提出请求，还是仲裁庭自行发现，仲裁庭认为情况属实，可以就这些漏掉的事项作出追加裁决，追加裁决同样具有法律效力。

2. 仲裁书的内容

仲裁裁决书应当以书面方式作出，在裁决书中应当载明裁决所依据的理由。这里的理由包括事实和法律两个方面，仲裁裁决中所依据的法律通常是允许当事人首先协议适用何种法律，如果当事人没有约定，则仲裁庭可以根据法律适用规则予以确定，因此仲裁庭适用的法律，可能是某个国家的法律，也可以是国际条约，甚至可能是商人习惯法。

如果仲裁过程中，争议各方就他们之间的部分争议或者全部争议达成和解，则仲裁庭可以根据当事人之间的和解协议作出裁决。在此种情况下，一般可以不载明裁决所依据的法律理由。

动态实训

甲公司因与乙公司的合同纠纷向某仲裁委员会申请仲裁，甲公司的仲裁请求得到仲裁庭的支持。裁决作出后，乙公司向法院申请撤销仲裁裁决。法院在审查过程中，甲公司向法院申请强制执行仲裁裁决。关于本案，下列（　　）是正确的？

A. 法院对撤销仲裁裁决申请的审查，不影响法院对该裁决的强制执行

B. 法院不应当受理甲公司的执行申请

C. 法院应当受理甲公司的执行申请，同时应当告知乙公司向法院申请裁定不予执行仲裁裁决

D. 法院应当受理甲公司的执行申请，受理后应当裁定中止执行

仲裁裁决书应当由同意该裁决书内容的仲裁员签署，仲裁裁决的内容依多数意见作出，若无多数意见，则以首席仲裁员的意见作出。仲裁员的不同意见可以记入笔录。

裁决书中应当写明仲裁裁决书作出的时间和地点，因为通常裁决书是以裁决书所载明的日期起生效。如我国《仲裁法》规定裁决书自作出之日起生效，这与法院判决书的生效时日不同。

3. 裁决书的撤销

由于仲裁裁决具有法律效力，因此，当事人通常不能去法院请求诉讼。但是，为了防

止仲裁庭的违法仲裁、纠正仲裁庭的错误仲裁，各国仲裁法都规定在一定条件下，允许当事人请求法院对仲裁裁决予以撤销。这些条件通常包括：

第一，期限条件。即在收到裁决书的一定期限内提出申请撤销，超过该期限，则法院不予受理。我国《仲裁法》规定的期限是自收到裁决书之日起 6 个月内；《国际商事仲裁示范法》规定的是 3 个月内。

第二，仲裁庭没有管辖权。这包括：没有仲裁协议的、仲裁协议无效、仲裁裁决超越仲裁协议范围或法律规定的范围的。

第三，仲裁庭的组成与当事人的约定不符，或者与应当适用的法律不符。

第四，证据方面出现重大错误的。如证据是伪造的、当事人隐瞒了重要证据。

第五，仲裁员违法。如仲裁员接受贿赂枉法裁决等。

第六，违背公序良俗或社会公共利益的。

受理当事人申请撤销仲裁裁决的法院，应当是仲裁庭所在地的法院，而不是当事人自己所在地的法院。我国《仲裁法》规定仲裁庭所在地的中级人民法院有权受理撤销仲裁裁决的申请。

仲裁裁决被人民法院撤销后，当事人可以根据双方重新达成的仲裁协议申请仲裁，也可以向人民法院提起诉讼。

4. 仲裁裁决的执行

由于仲裁机构不是国家机构，因此没有强制执行权力，而且通常各国也不会授权仲裁机构以执行权，因此，仲裁裁决的执行依旧需要具有执行权力的国家机构。根据我国《民事诉讼法》和《仲裁法》的规定，仲裁裁决的执行是由法院来进行的，通常是仲裁机构所在地的中级人民法院来执行。法院对仲裁裁决的执行不是依职权进行的，而是需要仲裁当事人的申请。即，当一方不履行仲裁裁决时，另一方当事人可以申请人民法院予以强制执行。被申请人有证据证明仲裁程序存在下列问题时，法院组成合议庭进行核查，核查证实，则裁定不予执行：

(1) 当事人在合同中没有订有仲裁条款或者事后没有达成书面仲裁协议的；

(2) 裁决的事项不属于仲裁协议的范围或者仲裁机构无权仲裁的；

(3) 仲裁庭的组成或者仲裁的程序违反法定程序的；

(4) 裁决所根据的证据是伪造的；

(5) 对方当事人向仲裁机构隐瞒了足以影响公正裁决的证据的；

(6) 仲裁员在仲裁该案时有贪污受贿，徇私舞弊，枉法裁决行为的。

第二节　经济诉讼

虽然在商事领域中，使用仲裁方式解决纠纷非常常见，尤其是在国际贸易中。但是所有的纠纷，包括经济纠纷，最具权威的解决方式还是国内法院的裁决。因为，只有法院拥有国家权力，通常也只有法院才具有强制权力去强制人们履行义务。因此，通过法院诉讼的方式解决经济纠纷，尤其频繁。

一、经济诉讼的基本原则与基本制度

> 《中华人民共和国民事诉讼法》第三条
> 人民法院受理公民之间、法人之间、其他组织之间以及他们相互之间因财产关系和人身关系提起的民事诉讼，适用本法的规定。

经济诉讼，在本质上属于民事诉讼。民事诉讼是解决平等者之间的人身权利和财产权利纠纷的一种诉讼方式。经济诉讼只不过是解决平等者之间的一种特殊的财产权益纠纷。根据我国民事诉讼法律制度，经济纠纷的基本原则与基本制度在本质上是与民事诉讼的基本原则和基本制度是一致的。

（一）基本原则

1. 当事人诉讼权利平等原则

诉讼法是用来解决人们之间实体权利纠纷的程序制度。民事诉讼是解决民事纠纷，而民事纠纷的当事人是平等的。在民事诉讼中，当事人的地位也是平等的。无论当事人是原告还是被告，其诉讼中的权利是平等的。这种平等主要体现在以下几个方面：

第一，诉讼地位是平等的。诉讼地位平等也就意味着双方在诉讼中的权利义务是平等的。原告、被告、第三人，这些仅仅是称谓上的区别，本身并无高低、贵贱之分，在法律上的权利义务都是平等的。双方享有的权利要么是一样的，要么是相对应的。前者如：委托代理人、申请回避、提起上诉、申请执行、请求和解、提供证据、进行辩论等等；后者如原告的起诉权和被告的反诉权。此外双方都要遵守和履行同样的诉讼义务。

第二，双方当事人都有平等行使诉讼权利的手段，法院平等地保护双方、保障双方当事人平等地行使诉讼权利、保障双方当事人都平等地履行诉讼义务。法院不能偏私任何一方当事人，不得对双方当事人予以区别对待。没有在行使权利方面的平等保障措施，平等的权利与义务就成为空谈。诉讼制度不仅规定双方当事人权利义务的平等，也规定人民法院在保障当事人行使权利、履行义务方面的平等对待。

第三，当事人在适用法律上的平等。对一切当事人都应当适用同样的法律，不得根据民族、种族、性别、职业、财产状况、社会出身、宗教信仰或受教育程度等方面的差异，区别适用法律。

2. 同等原则和对等原则

当诉讼涉及外国人（包括法人）、无国籍人时，根据我国《民事诉讼法》第 5 条的规定，在原则上他们与中华人民共和国公民、法人享有同等的诉讼权利和义务，这就是同等原则。同等原则实际上是平等原则延伸适用于外国人或无国籍人。

但是，如果外国法院对中华人民共和国公民、法人的诉讼权利加以限制，那么我国法院在诉讼时也对该国公民、法人的在我国法院的诉讼权利加以限制，即所谓对等原则。对等原则实际是平等原则的一种例外，是为了保护本国公民或法人在外国法院也能获得平等的诉讼权利，而实施的一种对等的限制措施，其本质不在于给予外国人在本国法院以不平等的待遇，而在于通过对等措施，促使外国改变对中华人民共和国公民、法人在该国法院的不平等待遇。对等原则的实施，促进国家间的平等互利，最终实现人们在任何国家的法院进行诉讼，都能获得平等的待遇，享有平等的诉讼权利。

3. 自愿、合法调解原则

调解是我国诉讼制度中一项具有特色的制度，但是调解应当遵循自愿、合法的原则。这一原则包括四项含义：首先是指人民法院在受理民事案件后，应当重视调解解决纠纷，能用调解，就尽量使用调解的方式来结案。其次，调解是在双方自愿的基础之上的。法院应当多做当事人的思想教育工作，通过说服教育，宣传法律，使当事人自愿接受调解。第三，调解应当合法，即在法律规定的范围和幅度内，解决当事人的权利义务纠纷，不能以威胁、胁迫的方式迫使当事人同意。最后，合法调解还意味着，不能及时调解或调解不成，应当及时判决结案，案件的办理不得拖延。

4. 辩论原则

辩论原则是指，在法院的主持之下，当事人有权就有争议的问题，包括实体权利义务问题，也包括程序问题，相互进行辩驳，通过相互间的辩论来揭示案件的真实情况和法律的正确适用。在证据上，只有经过论辩核实的证据才能作为判决的依据。辩论贯穿于整个案件的始终，不仅体现在法庭审理的论辩之中，也体现在当事人双方提交给法院的意见中。既可以是对一个具体证据的论辩，也可以是对整个案件性质的辩论；既可以是对事实的辩论，也可以是对法律适用方面的辩论。辩论的表现形式是多种多样的，既可以是口头方式，也可以是书面方式。

5. 处分原则

处分原则是指在诉讼过程中，当事人在法律规定的范围内，自由处分自己的民事权利和诉讼权利。也就是说，在法律规定的范围内，当事人可以自愿放弃自己的民事权利或诉讼权利，或者是放弃部分权利。

对实体权利的处分主要表现为：第一，起诉时可以自由确定请求法院保护的权利的范围和保护的方式。如可以要求对方继续履行合同，而不要求损害赔偿。第二，在诉讼中放弃部分诉讼请求，也可以降低赔偿额请求。

对诉讼权利的处分主要表现为：根据不告不理原则，当事人有权决定是否起诉，起诉以后当事人也可以请求撤诉，放弃对被告的权利请求；放弃回避申请权；放弃调解请求权；不提起上诉、在执行中当事人放弃执行请求权或者撤回执行请求等等。

（二）基本制度

法律的基本原则是通过制度来实现的，这些基本原则与基本制度一起构建其一个部门法的基本框架。我国民事诉讼法的基本制度主要有以下几个方面：

1. 合议制度

合议制是指法院在裁判纠纷时，由若干名审判人员组成合议庭，对案件进行审理的制度。实行合议制目的在于避免一个人在案件审理时认识能力上的不足、个人价值观等方面的影响，发挥集体的智慧，以保证案件的审理质量。

通过由多名审判人员组成的集体审判组织，称之为合议庭。通常合议庭的组成人员是由3名或3名以上的单数审判人员组成。审判人员包括审判员和人民陪审员，但合议庭中一定要有审判员，可以全部由审判员组成，但不能全部由人民陪审员组成。合议庭由审判长负责主持，当法院院长或法庭庭长参加会议庭时，由院长或庭长担任审判长，若院长或庭长没有参加合议庭的，由庭长指定一名审判员担任。

合议庭对案件进行全面评议，评议实行少数服从多数的原则，评议中的不同意见必须如实记录在评议笔录中。

2. 回避制度

回避制度是指为了保证案件的公正审理，要求与案件有直接利害关系的人员，或者有其他关系可能影响案件公正审理的人员，不得参与本案的审理活动或诉讼活动的一项基本制度。该制度主要包括：

第一，回避的对象包括审判人员（包括审判员和人民陪审员）、书记员、翻译人员、鉴定人、勘验人等。

第二，回避的原因包括：（1）审判人员或其他人员是本案的当事人或是当事人、诉讼代理人的近亲属；（2）审判人员或其他人员与本案有利害关系；（3）与本案有其他关系可能影响案件公正审理的。所谓的其他关系是指近亲属之外的其他特殊关系或仇嫌等关系。

第三，回避的程序。回避可以由当事人申请，也可以由审判人员或其他人员主动自行提出。可以在案件开始审理时提出，也可以在案件审理过程中、法庭辩论终结前提出。回避的决定权在法院：审判人员的回避由院长决定；其他人员的回避由审判长决定。在时间上应当在申请提出的 3 日内，以口头或书面的形式作出。申请人不服的可以申请复议一次。

3. 公开审判

公开审判是指人民法院审理案件时，除了法律规定的情况外，审判的过程及结果应当向社会大众公开。这种公开即意味着允许人们旁听案件的审判过程，而审判过程主要是指庭审过程和宣判过程；也要允许新闻记者对庭审过程进行采访，允许其对案件审理过程进行新闻报道，向社会披露审判进程。

当然，审判公开也有例外，这里的例外是法律规定的不予以公开的情形。法定不公开的情形主要包括：一是涉及国家和军队秘密的案件；二是涉及个人隐私的案件；三是法律特别规定的其他情形。此外，我国法律允许当事人申请不公开，主要包括：一是离婚案件；二是涉及商业秘密的案件。

4. 两审终审

所谓两审终审，是指民事案件经过两级人民法院审判后，即一审和二审后，即告终极的制度。根据两审终审制度，当事人不服一审人民法院的判决或允许上诉的裁定①，可以上诉到一审法院的上一级法院，二审人民法院对案件进行审理，所作出的判决或裁定，即为生效的最终裁决，不得再上诉。

两审终审也有例外：最高人民法院一审的案件立即生效，不存在上诉；适用特别程序、督促程序和公示催告程序审理的案件，以及采取简易程序审理的标的额在各省、自治区、直辖市上年度就业人员年平均工资百分之三十以下的简单案件，实行一审终审。

动态实训

关于民事仲裁与民事诉讼的区别，下列（　　）是正确的？

① 根据我国民事诉讼法，适用裁定的事项有 11 项，但不是所有的裁定都可以上诉，只有下列 3 项裁定可以上诉：不予受理；对管辖权有异议的；驳回起诉。

A. 具有给付内容的生效判决书都具有执行力，具有给付内容的生效裁决书没有执行力

B. 诉讼中当事人可以申请财产保全，在仲裁中不可以申请财产保全

C. 仲裁不需对案件进行开庭审理，诉讼原则上要对案件进行开庭审理

D. 仲裁机构是民间组织，法院是国家机关

二、经济诉讼的主体

（一）诉讼当事人

1. 当事人的含义及其权利与义务

当事人是指因为经济权利义务发生争议，以自己的名义进行诉讼，要求法院对争议进行裁判的人。狭义上的当事人仅指原告和被告，广义的当事人还包括共同诉讼人、第三人。

当事人的称谓在不同的诉讼阶段有着不同的名称：在一审中为“原告”、“被告”；在二审中称为“上诉人”和“被上诉人”；在特别程序中称为“申请人”和“被申请人”；在公示催告程序中称为“申请人”和“利害关系人”；在执行程序中称为“申请执行人”和“被执行人”。

原告，通常是指为了维护自己的经济利益，以自己的名义向法院起诉，从而引起民事诉讼程序的人。被告是指被原告诉称侵犯了原告经济利益，或与原告发生经济争议，而由法院通知应诉的人。

原告、被告的称谓，仅仅具有程序上的意义，二者是平等的，其诉讼中的权利义务也是平等的。他们有着相同的或对等的权利，承担着同样的诉讼义务。他们的诉讼权利主要包括：

原告有起诉的权利、被告有反诉的权利；

都有委托代理人的权利；

申请回避的权利；

收集和提供证据的权利；

进行陈述、质证和辩论的权利；

选择调解的权利；

自行和解的权利；

申请财产保全和先予执行的权利；

提起上诉的权利；

申请执行的权利；

参阅、复制本案有关材料的权利。

2. 当事人的变更

当事人的变更是指在诉讼过程中，根据法律或者当事人的意愿，原诉讼的当事人被变更或变动为新的当事人的一种诉讼现象。当事人的变更主要有三种情形：

第一，在诉讼过程中当事人死亡。此时其经济上的权利与义务将转移给其继承人，诉讼中的权利与义务也由其继承人继承。因此，此时就发生了当事人的变更。

第二，因为法人或其他组织发生合并或分立，而产生当事人的变更。

第三，因为法人解散、依法被撤销或宣告破产。在诉讼中法人发生上述情况，清算组织或管理人接管法人财产，而参与诉讼，因此发生当事人的变更。

（二）第三人

1. 第三人的概念与特征

第三人是指对原告与被告所争议的诉讼标的有独立请求权，或者虽然没有独立请求权，但与案件的处理结果有法律上的利害关系，而参与到诉讼中的人。第三人分为有独立请求权的第三人和无独立请求权的第三人。第三人有以下特征：

首先，参与到他人正在进行的诉讼中。第三人是在原被告的诉讼已经开始，但没有结束之前与到别人的诉讼之中。可以是法院通知其参与，也可以是第三人自己申请、经过法院同意而参与进来。

其次，第三人要么对诉讼标的有独立的请求权，要么与案件的处理结果有法律上的利害关系。

2. 有独立请求权的第三人

有独立请求权的第三人是对诉讼标的有自己的请求权，如作为有独立请求权的第三人认为，原被告所争议的房屋是自己所有，而对抗原被告的诉讼请求。他的独立请求权既对抗原告也对抗被告，因此是具有原告地位，而将本诉的原被告都置于被告地位。

3. 无独立请求权的第三人

无独立请求权的第三人不是完全独立的诉讼当事人，不具有与当事人相同的诉讼地位，因此无独立请求权的第三人在诉讼中无权承认、放弃、变更诉讼请求，无权要求和解和申请执行。但无独立请求权的第三人是广义上的第三人，仍然具有自己的诉讼地位：

首先，可以以自己的名义参加诉讼，有权选择辅助一方当事人；

其次，可以独立地行使某些诉讼权利，承担诉讼义务，不受他人的制约；

再次，在一审判决中，无独立请求权的第三人若承担实体义务，享有上诉权；

最后，本诉的原被告之间的调解涉及无独立请求权第三人承担实体义务时，应该有无独立请求权的第三人参加。

（三）诉讼代理人

1. 诉讼代理人的概念与特征

诉讼代理人是根据法律的规定或当事人的委托，代理当事人进行民事诉讼活动的人。诉讼代理人基于法律的规定或当事人的委托，实施诉讼行为，具有以下几个特点：

首先，是以被代理人的名义进行诉讼活动，而不是以自己的名义参与诉讼活动，因此其诉讼活动的目的在于维护被代理人的合法利益，而不是为了维护自己的利益参与诉讼。

其次，诉讼代理人要具有诉讼上的行为能力，没有诉讼行为能力的人不能代理当事人参与诉讼活动。

再次，诉讼代理人只能在代理的权限范围内实施诉讼行为。这种代理权限来自两个方面的限制，一是法律的限制，如离婚案件中，无论当事人的授权为何，诉讼代理人不能就离婚与对方当事人达成调解；二是当事人的授权范围的限制；

第四，诉讼代理人的代理行为的法律后果由被代理的当事人承担；

最后，在同一诉讼中，诉讼代理人不能同时代理双方当事人。

2. 诉讼代理人的种类

根据诉讼代理权的来源，诉讼代理人分为法定代理人和委托代理人。法定代理人是由于当事人没有诉讼行为能力，法律规定特定的人代理当事人从事诉讼行为；委托代理人是基于当事人或法定代理人委托而代当事人进行诉讼的人。在我国的诉讼实践中会出现“指定诉讼代理人”，实际上法院指定的诉讼代理人，仍然是属于法定代理人，也就是说法院指定当事人的法定代理人参与诉讼。

三、经济诉讼的管辖

管辖，是指各地、各级法院之间在受理第一审案件时的分工与权限，就是法院内部具体确定特定案件由哪个法院行使审判权的一种制度安排。管辖坚持管辖恒定原则，即确定特定案件的管辖法院，是以起诉时为标准，也就是说，起诉时对案件享有管辖权的法院，不因为确定管辖的事实在诉讼过程中发生变化而影响其管辖权。

（一）专门法院的管辖

1. 军事法院管辖

军队内部单位的经济纠纷由军事法院管辖，但仅有一方当事人是军事单位的经济纠纷，应当由有管辖权的地方法院管辖。

2. 海事法院管辖

因为海事侵权纠纷、海事合同纠纷（包括海上运输合同、海船租用合同、海上保险合同、海船船员劳务合同等），以及法律规定的其他海事纠纷（如海难救助），由海事法院管辖。

3. 铁路运输法院管辖

铁路运输法院专门管辖的事项包括：（1）铁路运输合同纠纷；（2）代办托运、包装整理、仓储保管、接取送达等铁路运输的延伸服务合同纠纷；（3）铁路系统内部的经济纠纷；（4）对铁路造成损害的侵权纠纷案件。

法律链接

《最高人民法院关于适用〈中华人民共和国民事诉讼法〉的解释》

（二）级别管辖

1. 级别管辖的概念及确立依据

级别管辖，是按照一定的标准，划分上下级法院受理第一审案件上的分工和权限。通常我国的四级人民法院都受理第一审案件，但是这是有分工的。分工的标准主要包括：案件的性质、简繁程度以及案件的影响范围的大小来划分。性质越重大、案件越复杂、影响越大的案件，交由级别更高的法院来管辖。

2. 基层人民法院管辖的第一审民事案件

大多数案件都是交由基层人民法院来管辖的。

3. 中级人民法院管辖的第一审民事案件

中级人民法院管辖的第一审民事案件主要有三类：一是重大的涉外案件；二是在本辖

区有重大影响的案件；三是最高人民法院确定由中级人民法院管辖的案件，这类案件主要有：(1) 海事案件，海事案件都由海事法院来管辖，海事法院都是中级法院；(2) 专利纠纷的案件；(3) 重大的涉港澳台案件；(4) 诉讼金额大的案件或者是诉讼单位是省、自治区、直辖市以上的经济纠纷案件。

4. 高级人民法院和最高人民法院管辖的第一审案件

高级人民法院管辖的案件一般是在本辖区有重大影响的案件，实践中是以诉讼金额作为确定在本辖区有重大影响的标准。最高人民法院管辖的案件是在全国有重大影响的案件，或者是最高人民法院认为应当由最高人民法院审理的案件。

(三) 地域管辖

地域管辖，是指根据各法院的辖区与案件的隶属管辖来划分诉讼管辖的制度。确立地域管辖的主要标准有两个：其一是诉讼当事人的所在地尤其是被告人的所在地与法院辖区之间的联系；其二是根据诉讼标的、诉讼标的物或法律事实与法院辖区之间的联系。

1. 一般地域管辖

一般地域管辖是指以当事人的所在地与法院的隶属管辖来确定诉讼的管辖。当事人有原告与被告之分，确定管辖时根据"原告就被告"的原则，以被告所在地来确定管辖法院。以被告所在地法院来管辖，有利于法院传唤被告参加诉讼，有利于对诉讼标的物进行保全或勘验，也有利于判决的执行。一般地域管辖，具体可分为：(1) 被告是自然人的，由被告的住所地①法院管辖；被告的住所地与经常居住地②不一致的，由经常居住地人民法院管辖。③ (2) 被告是法人或其他组织的，由被告住所地法院管辖。这里的住所地是指法人或其他组织的主要办事机构所在地或者主要营业地。如果是没有办事机构的合伙、联营体，则由注册地法院管辖；没有注册地的，几个被告的住所地法院都可以管辖。

一般地域管辖还有例外规定，例外情况是指由原告住所地法院管辖，原告住所地与经常居住地不一致的，由经常居住地法院管辖，具体包括以下情形④：

(1) 对不在中华人民共和国领域内居住的人提起的有关身份关系的诉讼；

(2) 对下落不明或者宣告失踪的人提起的有关身份关系的诉讼；

(3) 对被监禁的人、被采取强制性教育措施的人提起的诉讼；

(4) 被告被注销户籍的；

(5) 追索赡养费、抚育费、扶养费案件的几个被告住所地不在同一辖区的，可以由原告住所地人民法院管辖；

(6) 夫妻一方离开住所地超过一年，另一方起诉离婚的案件，可以由原告住所地人民法院管辖；

---

① 住所地，即该自然人的户籍所在地。

② 经常居住地，是指从离开住所地至起诉时起，已经连续居住满一年的地方，但公民住院就医的地方除外。

③ 特殊情况则有例外：(1) 双方当事人是被监禁的，由被告原来住所地法院管辖；被告被监禁或被劳动教养 1 年以上的，由被告被监禁地或被劳动教养地法院管辖；(2) 双方当事人均被注销城市户口的，由被告住所地法院管辖；(3) 离婚当事人都是军人的，由被告住所地或被告当事人团级以上单位驻地的法院管辖；(4) 夫妻双方离开住所超过 1 年的，一方起诉离婚的案件，由被告经常居住地法院管辖。

④ 参见《中华人民共和国民事诉讼法》第 22 条以及 2015 年《最高人民法院关于适用〈中华人民共和国民事诉讼法〉的解释》。

（7）中国公民双方在国外但未定居，一方向人民法院起诉离婚的，应由原告或者被告原住所地人民法院管辖。

2. 特殊地域管辖

特殊地域管辖是指以被告住所地、诉讼标的所在地、法律事实所在地为标准来确定的管辖，主要有以下十种特殊地域管辖：①

（1）因合同纠纷提起的诉讼，由被告住所地或者合同履行地人民法院管辖；

（2）因保险合同纠纷提起的诉讼，由被告住所地或者保险标的物所在地人民法院管辖；

（3）因票据纠纷提起的诉讼，由票据支付地或者被告住所地人民法院管辖；

（4）因公司设立、确认股东资格、分配利润、解散等纠纷提起的诉讼，由公司住所地人民法院管辖；

（5）因铁路、公路、水上、航空运输和联合运输合同纠纷提起的诉讼，由运输始发地、目的地或者被告住所地人民法院管辖；

（6）因侵权行为提起的诉讼，由侵权行为地或者被告住所地人民法院管辖；

（7）因铁路、公路、水上和航空事故请求损害赔偿提起的诉讼，由事故发生地或者车辆、船舶最先到达地、航空器最先降落地或者被告住所地人民法院管辖；

（8）因船舶碰撞或者其他海事损害事故请求损害赔偿提起的诉讼，由碰撞发生地、碰撞船舶最先到达地、加害船舶被扣留地或者被告住所地人民法院管辖；

（9）因海难救助费用提起的诉讼，由救助地或者被救助船舶最先到达地人民法院管辖；

（10）因共同海损提起的诉讼，由船舶最先到达地、共同海损理算地或者航程终止地的人民法院管辖。

3. 专属管辖

专属管辖是指某些特殊类型的案件，由专门的特定法院管辖。我国诉讼制度中的专属管辖包括三类：

（1）因为不动产纠纷提起的诉讼，由不动产所在地人民法院管辖；

（2）因为港口作业发生的纠纷，由港口所在地法院专属管辖；

（3）因为继承而发生的诉讼，由被继承人死亡时住所地或者主要遗产所在地人民法院管辖。

四、经济诉讼的程序

（一）普通程序

普通程序也称为第一审普通程序，是指人民法院审理第一审民事案件通常适用的最基本的程序。经济诉讼适用民事诉讼程序，因此普通程序也是经济诉讼通常适用的最基本的程序。在众多的民事诉讼程序中，普通程序在立法上最为完整，地位最重要，程序结构最完整、复杂，层次最复杂。

① 参见《中华人民共和国民事诉讼法》第 23 条至第 32 条。

1. 普通程序的基本特征

第一，普通程序具有程序的基础性和独立性。诉讼的基本原则、基本制度集中体现在普通程序中，而不是在其他程序中，因此，普通程序为法院适用其他程序审理案件建立了基础。人民法院适用普通程序审理案件，无须参照其他程序，但适用其他程序审理案件时，往往要参照法律关于普通程序的规定。也就是说关于其他程序的法律规定，往往省去与普通程序相一致的规定，而只进行其特殊性的规定。

第二，普通程序具有程序上的完整性。立法上对民事诉讼程序的规定，集中于对普通程序的规定，关于普通程序的规定是完整的。从原告的起诉到法院的审查受理、庭前准备、开庭审理直到最后的判决与送达，都作出详细的规定，包括一些偶然、特殊情况，如延期审理、中止审理等等。因此，普通程序是一个分段有致、相互衔接、严谨周密，构成一个完整体系的程序。

第三，普通程序具有广泛的适用性。这种广泛适用性体现在：各级人民法院审理第一审案件都要适用该程序；适用于处理简单民事案件以外的其他所有一审案件；人民法院适用简易程序遇到立法对该程序无特别规定时，应当适用普通程序的相关规定。

2. 普通程序的基本阶段

普通程序通常分为：起诉与受理、审理前的准备、开庭审理三个基本阶段。其中起诉与受理又可以分为两个相对独立的阶段。

(1) 起诉阶段。经济诉讼如同其他民事诉讼一样，奉行“不告不理”原则。因此，当事人的起诉是第一审普通程序开始的前提条件。根据我国法律的规定，起诉需要具备以下条件：

第一，原告是与本案有直接利害关系的公民法人或其他组织；

第二，有明确的被告；

第三，有具体的诉讼请求、事实和理由；

第四，属于人民法院受理民事案件的范围和受诉人民法院管辖。

在形式上，原则上还需要原告提交书面的起诉状，书写起诉状确有困难的，可以口头起诉。起诉状中需要写明：双方当事人的有关情况；原告的诉讼请求以及请求的事实和理由；证据和证据的来源、证人的姓名和住所；受诉法院的名称、起诉的时间以及起诉人签名或盖章。

(2) 立案登记。人民法院接到当事人提交的民事起诉状时，对符合起诉条件的，应当登记立案；对当场不能判定是否符合起诉条件的，应当接收起诉材料，并出具注明收到日期的书面凭证。需要补充必要相关材料的，人民法院应当及时告知当事人。在补齐相关材料后，应当在七日内决定是否立案。立案后发现不符合起诉条件或者属于民事诉讼法第一百二十四条规定情形的，裁定驳回起诉。

人民法院在审查经济起诉时遇到以下特殊情况，依法不予受理：属于行政诉讼的，告知原告提起行政诉讼；属于达成书面仲裁协议申请仲裁的；依法应当由其他机关解决纠纷的；不属于本法院管辖的；对判决、裁定、调解书已经发生效力的案件，又起诉的；依法不得在一定期限内提起诉讼的案件。

(3) 开庭审理前的准备。这是在法院受理案件之后、开庭审理前，为了保障庭审的正常进行，而由本案合议庭进行的一系列活动。

合议庭开庭审理前的准备主要包括：在法定时间内送达司法文书；告知诉讼当事人的诉讼权利以及合议庭的组成人员；组织当事人进行证据交换；审阅诉讼材料，调查收集必要的证据；追加当事人等等。

（4）开庭审理。开庭审理，是指人民法院在当事人和其他诉讼参与人的参加下，依照法定的程序和方式，全面审查、认定案件事实，并依法作出裁判的诉讼活动。开庭审理是第一审普通案件中最重要、最关键的诉讼阶段，是人民法院行使审判权以及当事人行使诉讼权利的最重要阶段。开庭审理的目的在于审查、核实案件的证据的真伪以及证明力，查明案件事实情况，分清是非，正确适用法律，依法作出裁判。在庭审阶段，又分为几个独立又相互联系的步骤：

第一，庭审准备。这一步骤主要是完成两项工作：一是告知当事人及其他诉讼参与人出庭日期。为了保障当事人的权益，通常要求在开庭 3 天前告知；二是发布开庭审理公告。这是审判公开原则的要求，周知群众以便其旁听。

第二，开庭审理。开庭审理首先由审判长宣布开庭，宣布开庭后书记员要查明出庭当事人和其他诉讼参与人，并宣布庭审纪律，告知当事人的权利与义务，尤其是申请回避的权利。

审判长宣布开庭以后，就进入法庭调查环节，法庭调查的顺序是：先由当事人陈述事实与自己的主张，按照先原告后被告的次序；当事人陈述完毕，由审判长归纳争议焦点或法庭调查的重点。此后由证人出庭作证，由于特殊原因，证人不能出庭作证的，经法庭许可，可以提供书面证言。对于证人，法庭首先要查明其身份，证人提供证言并接受双方当事人的提问。在证人提供证言之后，当事人提供书证、物证、视听资料、鉴定结论，法庭也可以宣读自己依法收集的证据，尤其是勘验笔录。

法庭调查完毕，进入到法庭辩论阶段。双方当事人及其代理人就法庭调查查明的事实、证据，阐明自己的意见，反驳对方的意见相互进行论辩。辩论按照先原告后被告的次序进行，可以进行多轮辩论。辩论的最后是审判长按照原告、被告、第三人的先后顺序征询各方的最后意见。

法庭辩论结束，就进入到合议庭评议和宣判环节。合议庭对案件进行不公开的评议，评议后可以当庭宣判也可以择日宣判。无论是否公开审判，宣判都是要公开的。

3. 撤诉与缺席审判

撤诉是指在人民法院受理案件之后、宣判之前，当事人要求撤回自己提起的诉讼的行为。撤诉由当事人自愿向法院申请的，经人民法院审查同意撤诉即发生诉讼程序终结的效力。除了自愿撤诉的外，还有按照撤诉处理的情形。①

缺席审判是相当于“对席判决”而言的，是指人民法院在一方当事人无正当理由拒不参加庭审或未经许可中途退庭的情况下，法院依法对案件所作出的判决。简言之，缺席判决就是在一方当事人缺席开庭审理的情况下作出的判决，其效力与对席判决的效力是同等的。

---

① 这些情形主要包括：（1）原告或上诉人未按期交纳诉讼费用。（2）原告经传票传唤，无正当理由拒不到庭。（3）原告未经法庭许可中途退庭。（4）原告应预交而未预交案件受理费，人民法院应当通知其预交，通知后仍不交纳，或申请缓、减、免未获人民法院批准仍不交纳诉讼费用的，按撤诉处理。（5）无民事行为能力的原告的法定代理人，经法院传票传唤无正当理由拒不到庭的，可按撤诉处理。（6）有独立请求权的第三人经法院传票传唤，无正当理由拒不到庭的，或未经法庭许可中途退庭的，可按撤诉处理。

4. 延期审理、诉讼中止和诉讼终结制度

延期审理，是指因法定事由使得人民法院已经确定的开庭日期或者正在进行的开庭审理无法继续进行，而顺延至另一期日进行审理的制度。这些法定的事由包括：必须到庭的当事人和其他诉讼参与人有正当理由没有到庭的；当事人临时提出回避申请的；需要通知新的证人到庭，调取新的证据，重新鉴定、勘验，或者需要补充调查的以及其他应当延期的情形。延期审理前已经进行的诉讼行为对延期后的审理仍然有效，并且延期的时间不计算在审理期限内。

诉讼中止，是指在诉讼进行过程中因发生某种法定的原因，诉讼无法继续进行下去或者不宜进行，因而法院裁定暂时停止诉讼程序，等这种原因消失后继续恢复诉讼程序。此前已经进行的诉讼活动，在恢复诉讼后，继续有效。导致诉讼中止的法定原因主要包括：一方当事人死亡，需要等待继承人表明是否参加诉讼的；一方当事人丧失诉讼行为能力，尚未确定法定代理人的；作为一方当事人的法人或者其他组织终止，尚未确定权利义务承受人的；一方当事人因不可抗拒的事由，不能参加诉讼的；本案必须以另一案的审理结果为依据，而另一案尚未审结的；其他应当中止诉讼的情形。

诉讼终结，是指在诉讼的进行过程中，因为发生某些法定的原因，导致诉讼程序进行下去没有必要或者是不可能，从而由人民法院裁定终止诉讼程序的一种终结诉讼制度。

导致诉讼终结的法定原因主要包括：原告死亡，没有继承人，或者继承人放弃诉讼权利的；被告死亡，没有遗产，也没有应当承担义务的人的；离婚案件中的一方当事人死亡的；追索赡养费、扶养费、抚育费以及解除收养关系案件的一方当事人死亡的。

（二）简易程序

简易程序，是指基层人民法院及其派出法庭审理简单民事案件所适用的简易便行的诉讼程序，是第一审程序中与普通程序相并列的一种独立的程序。简易程序只能适用于基层人民法院审理的一审案件，也仅限于事实清楚、权利义务关系明确、争议不大的简单民事案件。同时，起诉时被告下落不明的案件、发回重审的案件、适用特别程序或督促程序、公示催告程序等案件，或者共同诉讼中一方或双方当事人人数众多的案件，是不可以适用简易程序的。

简易程序在程序上简易便行主要表现在：可以口头起诉也可以口头答辩、一律采用独任审理（即由一名审判员审理案件）、采取灵活多样的传唤方式通知当事人及证人出庭、法庭调查与辩论也比较简便等。

（三）第二审程序

第二审程序，是指因当事人不服各级人民法院尚未生效的一审判决或裁定，依法向上一级人民法院提起上诉，要求撤销或变更原审判决或裁定，由上级人民法院对此案件进行审理所适用的程序。

1. 提起上诉的条件

首先要有法定的上诉对象：一审判决或可以上诉的一审裁定（包括不予受理的裁定、对管辖权有异议的裁定、驳回起诉的裁定）；其次由合法的上诉人提起，并有合法的被上诉人，无独立请求权的第三人是不可以提出上诉的；再次，要在法定的期限内提出上诉，对判决书不服提出上诉的期限是送达判决书之日起 15 日内，对裁定书不服的则是送达之日起10之内（均为自然天数，而非工作日）；最后，必须要提交书面的上诉状。

2. 上诉状的提起程序

原则上，上诉状应当通过原审法院提出，并且按照对方当事人或代表人的人数提交副本。之所以通过原审法院提出，主要为了：一是方便当事人行使上诉权，二是有利于原审法院向二审法院送达相关司法文书，完成对上诉材料、原审案卷的整理与报送工作。如果当事人直接向二审法院提出上诉状，则二审法院应当在5日内将上诉状转交原审法院。

3. 上诉的受理与审理

同一审普通程序一样，二审法院收到当事人的上诉状及其副本时，应当在法定时间内通知对方当事人并向对方当事人送达上诉状副本，对方当事人应当提交答辩状，不提交答辩状的，不影响法院的审理。

二审对上诉案件的审理必须组成合议庭进行审理，审理的方式，以开庭审理为原则，在特殊情况下，合议庭认为不需要开庭审理的，也可以径行判决、裁定。不开庭审理的情形主要包括：（1）对一审不予受理、驳回起诉、管辖权异议裁定的案件提出上诉的案件；（2）当事人提出的上诉请求明显不成立的案件；（3）原审案件事实清楚，但适用法律有错误的案件；（4）原审判决违反法定程序，可能影响案件公正审判，需要发回重审的案件。

4. 上诉案件的裁判

二审的审理对象是当事人上诉申请所涉及的事实认定和法律适用问题，既包括对实体判决的上诉，也包括对程序裁定的上诉。二审对判决和裁定的审查会作出不同的裁判。

对一审判决提起上诉案件的二审裁判通常有以下方式：（1）二审判决驳回上诉维持原判，这是针对原审事实认定清楚、法律适用正确的上诉案件；（2）依法判决改判，这是针对事实认定清楚，但适用法律错误的上诉案件；（3）裁定撤销原判，发回重审，这是针对原判事实认定错误、或原判认定事实不清、证据不足，以及原判违反法定程序，可能影响案件公正审理的。

对于第一审裁定提出的上诉案件，二审一律适用裁定。对原裁定认定事实清楚、证据充分、适用法律正确，裁定驳回上诉，维持原裁定；二审法院查明第一审的不予受理的裁定有错误的，应当裁定撤销原一审裁定，同时指令第一审法院立案受理；查明第一审的驳回起诉裁定有错误的，应当裁定撤销原裁定，同时指令第一审法院进行审理。

5. 第二审裁判的效力

我国实行两审终审制，因此，二审法院即为终审法院，第二审法院的裁判为终审裁判，此裁判具有即行、终极效力，具体表现为：

（1）对二审裁判，不得再行上诉。二审裁判文书一经送达当事人，即发生法律效力，对当事人具有法律约束力。

（2）不得就同一诉讼标的，以同一事实和理由重新起诉。但判决不准离婚、调解和好的离婚的案件，调解或判决维持收养关系的案件除外。

（3）具有强制执行的效力。对于第二审法院具有给付内容的裁判，如果义务人拒不履行，对方当事人可以向人民法院申请强制执行。

6. 第二审法院的审理期限

对于一审判决不服的上诉案件，应当在立案之日起3个月内审结，有特殊情况需要延长的，可以报请本院院长批准；对于裁定不服的上诉案件，应当在立案之日起30日内完成终审裁定。

（四）督促程序

所谓督促程序，又称之为“债务催偿程序”，是指人民法院根据债权人的申请，向债务人发出支付令，催促债务人在法定期限内向债权人清偿债务的法律程序。这一程序适用于债权债务关系明确的、当事人之间并不存在争议的案件，适用于金钱给付和有价证券的案件。

督促程序具有：适用范围窄，仅限于特定债权债务关系案件，非诉讼程序以及简便、快捷处理案件的特点。

督促程序的发起源于债权人的申请，即债权人向人民法院书面申请，请求人民法院签发支付令，要求债务人履行债务。申请人申请支付令需要满足下列条件：（1）申请支付的债务的标的必须是金钱、汇票、本票、支票以及股票、国债券。可转让的存单等有价证券。（2）请求给付的债务一定是已经到期的债务，且数额确定，并写明事实和证据。（3）债权人和债务人之间不存在对等给付义务。（4）支付令必须能够送达债务人。

人民法院在收到支付令申请时，要进行两个方面的审查：其一是形式审查，即审查申请人是否具备申请资格和申请能力、申请是否符合法定条件和方式、申请手续是否完备、是否属于本法院管辖；其二是对申请内容的审查，即实质审查，主要是审查申请人提供的事实和证据、债权债务关系是否明确、是否合法等。

形式审查与实质审查都符合条件，法院即向被申请人发出支付令，支付令应当向债务人本人送达，债务人拒绝签收的，法院可以留置送达。

债务人收到支付令，如果在法定的期间内，即收到之日起 15 日内，没有提出书面异议的，支付令即发生效力，如果债务人在法定的时间内提出书面异议，支付令不发生法律效力。对于债务人的支付令异议，法院应当及时告知债权人。

对于支付令异议，法院应当进行形式审查，而无须审查异议是否有理由、是否成立。形式审查通过，则支付令异议发生效力，即终结督促程序。

本章小结

经济纠纷可以通过仲裁和诉讼两种方式来解决。仲裁是基于当事人的自愿选择，当事人达成合意，无论是纠纷发生之前还是纠纷发生之后，都可以通过一致的协议，将纠纷交由仲裁人或仲裁机构来解决。是否可以通过仲裁、由哪个仲裁机构来仲裁都是取决于当事人的一致选择。

没有选择仲裁的所有经济纠纷是通过诉讼的方式来解决的。根据法律规定的管辖规则来决定受理纠纷的法院，这些管辖规则包括地域管辖规则和级别管辖规则。地域管辖规则又分为一般地域管辖规则、特殊地域管辖规则和专属管辖规则。在我国诉讼程序是两审终审制，一审程序分普通程序和简易程序两种。普通程序是典型的诉讼程序，由法院组成合议庭来审理。一审裁判已过上诉期限但双方都未提出上诉的裁判，发生法律效力。上诉案件，一审裁判文书不发生法律效力，二审裁判文书自送达当事人时即发生法律效力。

参考文献

黄进，宋连斌，徐前权．仲裁法学（第3版）．北京：中国政法大学出版社，2008
常怡．民事诉讼法学（第3版）．北京：中国政法大学出版社，2013

教师信息反馈表

为了更好地为您服务，提高教学质量，中国人民大学出版社愿意为您提供全面的教学支持，期望与您建立更广泛的合作关系。请您填好下表后以电子邮件或信件的形式反馈给我们。

<table>
<tr><td>您使用过或正在使用的我社教材名称</td><td></td><td>版次</td><td></td></tr>
<tr><td>您希望获得哪些相关教学资料</td><td colspan="3"></td></tr>
<tr><td>您对本书的建议（可附页）</td><td colspan="3"></td></tr>
<tr><td>您的姓名</td><td colspan="3"></td></tr>
<tr><td>您所在的学校、院系</td><td colspan="3"></td></tr>
<tr><td>您所讲授的课程名称</td><td colspan="3"></td></tr>
<tr><td>学生人数</td><td colspan="3"></td></tr>
<tr><td>您的联系地址</td><td colspan="3"></td></tr>
<tr><td>邮政编码</td><td></td><td>联系电话</td><td></td></tr>
<tr><td>电子邮件（必填）</td><td colspan="3"></td></tr>
<tr><td>您是否为人大社教研网会员</td><td colspan="3">□ 是，会员卡号：____________
□ 不是，现在申请</td></tr>
<tr><td>您在相关专业是否有主编或参编教材意向</td><td colspan="3">□ 是　　□ 否
□ 不一定</td></tr>
<tr><td>您所希望参编或主编的教材的基本情况（包括内容、框架结构、特色等，可附页）</td><td colspan="3"></td></tr>
</table>

我们的联系方式：北京市西城区马连道南街 12 号
中国人民大学出版社应用技术分社
邮政编码：100055
电话：010-63311862
网址：http://www.crup.com.cn
E-mail：rendayingyong@163.com